Robert C. Solomon

Ética e excelência:

cooperação e integridade nos negócios

TRADUÇÃO DE
Maria Luiza X. de A. Borges

CIVILIZAÇÃO BRASILEIRA

Rio de Janeiro
2006

Esta tradução de *Ética e excelência*, publicada originalmente em inglês, em 1992, foi publicada mediante acordo com a Oxford University Press, Inc., USA.

This translation of *Ethics and excellence*, originally published in English in 1992, is published by arrangement with Oxford University Press, Inc., USA.

TÍTULO ORIGINAL
Ethics and Excellence: cooperation and integrity in business

CAPA
Evelyn Grumach

PROJETO GRÁFICO
Evelyn Grumach e João de Souza Leite

CIP-BRASIL. CATALOGAÇÃO-NA-FONTE
SINDICATO NACIONAL DOS EDITORES DE LIVROS, RJ.

S674e Solomon, Robert C.
Ética e excelência: cooperação e integridade nos negócios / Robert C. Solomon; tradução de Maria Luiza X. de A. Borges. – Rio de Janeiro: Civilização Brasileira, 2006.

Tradução de: Ethics and excellence
Inclui bibliografia
ISBN 85-200-0641-6

1. Ética empresarial. I. Título.

06-0177 CDD – 174.4
CDU – 174.4

Direitos desta tradução adquiridos pela
EDITORA CIVILIZAÇÃO BRASILEIRA
Um selo da
EDITORA RECORD LTDA.
Rua Argentina 171 – 20921-380 – Rio de Janeiro, RJ – Tel.: 2585-2000

PEDIDOS PELO REEMBOLSO POSTAL
Caixa Postal 23.052 – Rio de Janeiro – 20922-970

Impresso no Brasil
2006

Para Kathy

Agradecimentos

Um livro como este se desenvolve por meio da experiência, em particular a agradável experiência de trabalhar e conversar com alguns indivíduos excepcionais e admiráveis. Se a ética dos negócios vem se tornando um campo reconhecido e valorizado nos mundos corporativo e acadêmico, isso se deve em grande parte ao apoio de pessoas excelentes e instituições notáveis. Meus agradecimentos especiais, portanto, a Ed Freeman, Pat Werhane e Joanne Ciulla, três colegas maravilhosos, sem os quais este livro não teria decolado. Quero agradecer também às ótimas pessoas com quem trabalhei no Chemical Bank, na IBM, na AT&T e em outras companhias que levam o assunto e seu pessoal a sério. Minha gratidão e respeito a Kathleen Ford, Bill Linderman, Donna Garcia, Laura Mindek, Jim Dixon, Melinda Murphy, Bill Johnson, Sylvia Stern, Walter Shipley e Tom Johnson. Paul Nelson deu início ao projeto muitos anos atrás, e Kristine Hanson despertou meu interesse por ele. Quero agradecer também às escolas de administração de empresas da Universidade do Texas, da Universidade da California e da Escola de Comércio da Universidade de Auckland por seu apoio e seus excelentes estudantes. Obrigado também a Bill Shaw, Tina Hanna, Mark Kraft, Nick Imparato, Peter French, Bill Cunningham, Bob King, Larry Carver, Carol Whitcraft, Paul Woodruff, Shirley Hull, Judith Sanders, Tim Ruefli e Robert Witt. Agradecimentos especiais a Quincy Lee, de San Antonio. Quero agradecer também ao coordenador da série Ruffin, Ed Freeman (novamente) e, na Oxford University Press, a Herb Addison, Mary Sutherland, Cynthia Read e meu excelente editor, Paul Schlotthauer. Sou grato a Clancy Martin, por me ajudar com as provas e o índice. Agradeço ao Ruffin Fund e ao Olsson Center seu apoio. Acima de tudo, meus agradecimentos pelo apoio e a paciência de Kathleen Higgins.

R. C. S.
Austin, Texas
Março de 1992

Sumário

Prefácio

Com este livro, Robert Solomon orienta nosso pensamento sobre os negócios numa nova direção. Nos últimos vinte anos, os estudos acadêmicos preocuparam-se sobretudo em julgar as reivindicações conflitantes dos negócios e da sociedade, ou em elaborar um consenso sobre questões sociais difíceis, como a poluição, os comitês de ação política ou o sindicalismo. Solomon aponta-nos um caminho diferente.

Ao propor uma teoria das virtudes dos negócios, ele nos permite perceber mais precisamente a realidade da vida corporativa. Amizade, honra, lealdade, confiança e justiça estão presentes em toda corporação bem-sucedida do mundo. Da mesma maneira, o ressentimento e a inveja são forças poderosas que todo executivo tem de enfrentar. Pela primeira vez, temos uma defesa clara e convincente das virtudes e dos vícios que estão em ação no mundo dos negócios atual. Administradores e acadêmicos serão, uns e outros, amplamente recompensados por entrar na conversa que Solomon iniciou aqui.

Este é um livro muito prático sob dois aspectos. Primeiro, trata das metáforas que usamos nos negócios, como competição, guerra e jogo, e nos mostra as limitações de nossa visão da corporação. Ao nos pedir que pensemos em ingressar na corporação como um parceiro num casamento, como um cidadão, Solomon nos faz perceber as deficiências humanas de nosso atual jargão de negócios. Em segundo lugar, há muita sabedoria prática neste livro, de sua discussão da concorrência como uma força moral que nos faz ser mais honestos com nós mesmos, a sua análise das virtudes que realmente fazem a vida corporativa valer a pena.

O propósito da série Ruffin sobre ética nos negócios, da qual este livro faz parte, é publicar o melhor pensamento sobre o papel da ética nos negócios. Num mundo em que há notícias diárias de práticas questionáveis nos negócios, de escândalos financeiros a desastres ambientais, precisamos tomar distância dessa disputa e compreender as amplas questões relativas aos vínculos que existem e devem existir entre os negócios e a ética. Os livros desta série destinam-se a três públicos: estudiosos da administração, eticistas e executivos de companhias. Há entre esses grupos um crescente consenso de que a ética deve ser integrada, como parte vital, ao ensino e à prática da administração.

Não há melhor exemplo do tipo de pensamento que é preciso desenvolver que o encontrado neste livro de Robert Solomon. Ele levou adiante a tendência atual a fazer os negócios e a ética confluírem. E deu-nos um importante tópico novo — as virtudes — para uma conversa que busca revitalizar a corporação.

R. EDWARD FREEMAN

Pois no desregramento destes tempos de ostentação,
A própria virtude deve pedir perdão ao vício.

WILLIAM SHAKESPEARE, *Hamlet* (III, iv)

Introdução:

É possível ensinar ética?

> Entendo perfeitamente qualquer homem de negócios que considere um tanto impertinente que um professor dê aulas de ética dos negócios a homens de negócios; se tal homem de negócios perguntasse, "Por que eu não deveria dar aulas de ética acadêmica para professores?" A única resposta apropriada seria, "De fato, por que não?"
>
> ALASDAIR MACINTYRE,
> "Why Are the Problems of Business Ethics Insoluble?"

O que anda fazendo Ivan Boesky hoje em dia, em suas longas horas vagas? Está estudando ética e sua própria tradição religiosa. "Tarde demais", gargalha o coro dos críticos, mas teriam esses estudos feito alguma diferença antes? Deve parecer óbvio, especialmente para o Sr. Boesky, que uma pitada de atenção à ética poderia ter interrompido a sôfrega obsessão por ganhos da famigerada década de 1980. Evidentemente, algumas pessoas continuariam distorcendo as regras (ou até zombando delas), mas, em sua maior parte, os delitos nos negócios que enchem os jornais atualmente são resultado de miopia moral, não perversidade.

Assim, a ética nos negócios estabeleceu-se finalmente como uma matéria e uma preocupação. Cursos são ministrados e muitas vezes exigidos em praticamente toda escola de administração de empresas dos Estados Unidos. O assunto é debatido quase diariamente em publicações de negócios tão sisudas quanto o *Wall Street Journal*, o *Business Week* e *The Economist*. Livros-texto elementares e alguns estudos de casos clássicos deram lugar a teorias sofisticadas e solução prática de problemas. Os tópicos, outrora independentes das ciências humanas e dos negócios começaram a se encontrar, a cooperar e a consolidar seus interesses e seus esforços. Os negócios, estamos mais uma vez lembrando a nós mesmos, são, antes de mais nada, um empreendimento humano.

O campo da ética dos negócios ganhou forma em apenas dez anos, passando de uma piada fraca ("estes não são termos contraditórios?") a um assunto de grande evidência.[1] A "ética nos negócios" deixou de ser objeto de zombaria; um paradoxo. De fato, em alguns círculos empresariais, vem sendo tratada com solenidade, até com reverência, como uma espécie de mágica que distingue as melhores e mais bem-sucedidas corporações. Estudantes de graduação e mestres em administração de empresas enchem salas de aula, curiosos por saber o que desperta tanto alvoroço. Eles assistiram a *Wall Street* e viram a queda de Milken e Boesky. Ouviram os apelos, muitas vezes moralistas, por "mais ética" e, mesmo que não tenham certeza do que isso envolve, sabem que um ataque preventivo não faria mal. No mínimo, o título de um curso como esses em seu currículo lhes faria algum bem.

Mas pode a ética ser ensinada? Há realmente alguma coisa sobre a qual escrever ou pensar?[2] Continuamos a ler ensaios mensais em publicações de negócios e a nos perguntar, 2.400 anos depois de Platão (e em geral esquecidos de suas meditações sobre o assunto), se a ética pode ser ensinada ou mesmo pensada. Um desses artigos de opinião recentes, publicado pelo crítico neoconservador Michael Levin no *New York Times*, proclama que cursos de ética são "inúteis".[3] Levin insiste (com certa razão) em que "o comportamento moral é produto da educação, não da reflexão", que é uma boa criação, não uma faculdade, tarde na vida, ou um curso corporativo, que ensina a diferença entre certo e errado. "Ciclistas não têm de pensar para que lado devem se inclinar e homens honestos não precisam pensar sobre como responder sob juramento", sustenta.

É verdade, sem dúvida, como Aristóteles nos ensinou 2.400 anos atrás, que a ética começa com uma boa educação. Mas ela continua, segundo ele, com a experiência prática, inclusive as experiências hipotéticas fornecidas pela literatura e o que hoje chamamos "estudos de casos", e culmina na reflexão e numa compreensão mais profunda das práticas em que uma pessoa está e esteve engajada. Essa reflexão e essa compreensão mais profunda das práticas de negócio são o que a ética nos negócios, em conjunto com a experiência nos negócios, busca fornecer. Essa compreensão e essa reflexão, constituem também o tema dos textos sobre a ética nos negócios e são o objetivo deste livro.

A finalidade da ética, seja para estudantes ou para executivos tarimbados, não é "ensinar a diferença entre certo e errado", mas deixar as pessoas mais tranqüilas diante da complexidade moral, o que Mark Pastin chamou corretamente de as "escolhas difíceis" da administração.[4] Mas essas escolhas não são exclusivas do mundo dos negócios, e os hábitos e modos de pensar que tornam algumas delas tão difíceis têm muito a ver com a natureza artificial da linguagem e do pensamento dos negócios. Negócios não são apenas "negócios", e a maior parte das decisões de "negócios" são igualmente éticas. Quando um gerente de nível intermediário depara com obrigações ou lealdades conflitantes, simplesmente não é verdade, como afirma o professor Levin, que "distinguir o certo do errado na vida cotidiana não é tão difícil; o difícil é superar a preguiça e a covardia para fazer o que se sabe muito bem que deve ser feito". É evidente que o professor Levin nunca teve de "enxugar" uma equipe de empregados bons e dedicados por causa de uma política de redução de custos estabelecida pelos que estão acima dele.

O que o estudo da ética propicia não é conhecimento novo, muito menos uma tentativa tardia de "ensinar a diferença entre certo e errado", mas um senso de propósito e visão renovado. Nada poderia ser mais oportuno ou mais útil no estado atual dos negócios. Depois de todas as reduções de custo, dos enxugamentos, das falências e reestruturações estratégicas, das fusões e incorporações, a pergunta é direta: O que é uma corporação? É um lugar decente para trabalhar e planejar uma vida? O que é feito da lealdade e da integridade quando todo emprego parece uma posição temporária? O que é feito do mérito e da qualidade, do progresso e da inovação? O que nos sobra quando a companhia fica enxuta e anêmica, e a sobrevivência é o único valor?

O apelo por ética nos negócios não vem fundamentalmente do público indignado, da imprensa faminta de polêmicas ou de comissões parlamentares em busca de publicidade. Vem dos próprios executivos, que querem a oportunidade de refletir sobre os conflitos em que se vêem diariamente e de resolvê-los. Ensino ética dos negócios numa universidade e em cursos corporativos, e devo dizer que raramente encontrei um administrador que não esteja preocupado com questões éticas e não queira conversar sobre elas, ainda que com algum constrangimento. Todo executivo reflexivo reconhece o perigo do estreitamento do campo de visão — "pleonexia", Platão chamava isso, uma doença de determinação. Michael Maccoby, autor do *best-seller The Gamesman*, qualificou isso de "carreirismo": "O senso de identidade, integridade e autodeterminação do indivíduo é perdido à medida que ele trata a si mesmo como um objeto cujo valor é determinado pela flutuação do mercado."[5] É difícil encontrar um administrador que não sinta as pressões do carreirismo ou não sofra contradições entre suas obrigações para com a companhia e seu senso de integridade pessoal. A ética dos negócios é o santuário de reflexão no qual essas pressões e problemas podem ser compartilhados e discutidos, compreendidos e resolvidos.

A pergunta sobre o que se espera ganhar com o estudo da ética dos negócios, contudo, permanece sem resposta. Reflexão e discussão são essenciais a negócios bem-sucedidos, mas haveria necessidade de algo como uma "teoria" da ética dos negócios? É disso que este livro trata. A ética dos negócios não é uma área especializada da filosofia, nem apenas mais um fórum para o debate de políticas públicas; e tampouco é (como tantas vezes parece ser) um estranho subproduto das ciências sociais.[6] A ética dos negócios é uma espécie de "entendimento" e também uma parte essencial de uma prática, em que cultivamos certos tipos de caráter para nos ajustar a certos tipos de organizações e a um certo tipo de sociedade (arcaicamente chamada "capitalista").[7] Aqui, como em outros lugares, é difícil discernir a tênue diferença entre socialização e doutrinação, e alguns vão se queixar de que qualquer tipo de cultivo equivale a uma programação por lavagem cerebral de acordo com o interesse do *establishment*, enquanto outros insistirão que o cultivo do caráter é deficiente sob o capitalismo. Mas o fato é que o que chamamos de capitalismo fornece efetivamente um certo tipo de cultura, que requer certos tipos de caráter e certas virtudes específicas, e a ética dos negócios é uma maneira de descrever essas virtudes. Assim também, a suposta linha divisória entre teoria e prática na melhor das hipóteses, revela-se dúbia, pois compreender e expressar a natureza do nosso próprio papel (na companhia ou na comunidade) é essencial e muitas vezes suficiente para o desempenho adequado desse papel. Continua havendo, é claro, o panorama geral, em que compreendemos nosso papel e contribuições, e é aqui que a ética dos negócios faz uma diferença decisiva. Saber o que se está fazendo não é, obviamente, irrelevante para fazê-lo bem. A ética dos negócios, continuo afirmando, não é a superposição de valores externos aos negócios, mas a compreensão dos fundamentos dos negócios em si.

Isto não quer dizer, é claro, que administradores que sabem o que estão fazendo não trapaceiam, ou que executivos esclarecidos não fazem jogadas por baixo dos panos. Ensinar um pouco de Aristóteles a velhacos não fará deles administradores melhores ou seres humanos melhores, e a leitura de um livro sobre ética dos negócios certamente não compensará uma criação deficiente ou execrável. Na verdade, não há nada tão sinistro quanto a linguagem da ética habilmente empregada por um executivo maquiavélico que percebe o valor de uma conduta nobre. Todos sabemos que os vigaristas mais perigosos *não* são os que louvam abertamente o "saldo final", mas os que vergam regras segundo os próprios objetivos. Muitos delitos nos negócios, no entanto, devem-se a uma linguagem empobrecida, a uma ou outra concepção falha da vida dos negócios e a uma falta de compreensão adequada, não à pura cobiça ou à perversidade. Por exemplo, se pensarmos nos negócios como uma luta feroz pela sobrevivência, ou calcularmos todas as decisões de negócios na linguagem limitada da análise de custo/benefício, o comportamento antiético será o resultado inevitável. Se, por outro lado, pensarmos em responsabilidade social, provavelmente agiremos de maneira socialmente responsável. A ética dos negócios, dessa forma, é autoconsciência social em sua expressão mais elevada, um senso claro de finalidade nos negócios e da importância da virtude, da honra e da ética. Quero desenvolver essa concepção de ética aqui. Por razões que tornarei claras à medida que avançar, chamo-a "uma abordagem aristotélica dos negócios".

Neste livro, quero desenvolver uma estrutura teórica para o pensamento sobre os negócios que não é nem abstrata nem formal, mas baseada num engajamento ativo e estimulante no mundo dos negócios. Esse engajamento elimina o distanciamento que seria necessário para uma teoria absolutamente crítica, abstrata, e devo portanto dizer com franqueza, desde já, que o que quero desenvolver aqui é uma teoria em que a livre empresa é tomada como ponto de partida, e não submetida ela própria a escrutínio. A ética dos negócios só tem sentido quando é parte do mundo dos negócios e adequada a ele. Não pretendo ter a visão de um Deus, e não me vejo como instrumento de mudança radical, por mais que tais fantasias prosperem em bibliotecas de faculdades e na sala de leitura do Museu Britânico. O que um estudioso da ética dos negócios pode fazer é penetrar no mundo dos negócios e melhorar as perspectivas e concepções que ele tem de suas próprias atividades — e, com isso, fazer uma enorme diferença para a comunidade corporativa e seus membros.

Ninguém no mundo corporativo negará que problemas profundos envolvem os negócios, e, embora não sejam discutidos usualmente em termos de ética, eles são, não obstante, profundamente éticos e filosóficos: questões sobre a própria natureza dos negócios e da corporação. Por exemplo, a própria concepção da corporação como uma "ficção legal" definida em termos de obrigações para com seus acionistas, implica que as corporações não são agências morais ou moralmente responsáveis e sugere (na melhor das hipóteses) um senso de responsabilidade moralmente ambíguo para seus executivos e empregados. Não surpreende, portanto, que algumas grandes companhias, outrora respeitáveis, vejam-se alvejadas e arruinadas por escândalos em que o cheque sem fundos da responsabilidade corporativa "voa" de um lado para o outro da hierarquia e parece não ser honrado em parte alguma.

Da mesma forma, a atividade dos negócios é ela própria erroneamente interpretada de uma maneira amoral, inserida (ou escondida) sob a imagem, de uso genérico, da "competitividade". Mas "competição" é apenas uma de um grande número de relações que as companhias têm umas com as outras e com outros membros da comunidade, e uma ênfase excessiva na competição pode ser desastrosa para o senso de comunidade e para a cooperação subjacente, ambos necessários para qualquer atividade de negócios bem-sucedida. A necessidade de ser mais competitivo seria, em geral, mais bem interpretada como a necessidade de ser cooperativo, de ganhar a lealdade e a compreensão dos próprios compradores e dos empregados. A combinação de nossa concepção amoral da corporação com nossa ênfase na competição, no entanto, é duplamente desastrosa, alimentando um furor de ataques interesseiros mas (para as corporações e as comunidades envolvidas) devastadores para a estabilidade corporativa e para segurança pessoal dos empregados. Seus resultados são pensamento de curto prazo e um senso empobrecido de inovação, uma perda inevitável de produtividade e moral baixo entre os empregados.[8]

Quase toda a minha atenção neste livro estará voltada para a vida dos negócios em grandes corporações, mas os problemas éticos são, entretanto, "problemas das pessoas". A ênfase repetida nas virtudes da competitividade e da agressividade, que supostamente forneceriam a solução, é, na verdade, o próprio problema. As tentativas de obter controle acionário e as incorporações hostis de companhias, feitas em nome dos direitos dos acionistas, revelam uma distorção monstruosa da idéia de corporação e da finalidade dos negócios. Os banhos de sangue dos "enxugamentos" resultantes (como uma defesa contra esses ataques e incorporações) estropiaram algumas de nossas melhores corporações e feriram centenas de milhares de pessoas. Administração "agressiva" e mais ênfase na economia da competição são de fato aquilo de que não precisamos. O que precisamos é de mais atenção àquelas preocupações éticas profundas (e não apenas piegas) que dizem respeito à manutenção da corporação e à sua capacidade de funcionar como um organismo vibrante e criativo da sociedade. O problema prático da ética dos negócios é como alterar nossa concepção dos negócios e da corporação de modo a tornar nossos negócios mais bem-sucedidos. O problema teórico que será a preocupação deste livro é como formular discussões sobre ética dos negócios que possibilitem maximizar nossa compreensão da ética dos negócios e melhor abordar nossos problemas práticos.

Minha resposta a essas questões e preocupações funda-se em mais de uma década de consultoria, aulas e textos sobre ética dos negócios. Passei grande parte desse tempo em corporações e escolas de administração de empresas, ouvindo e falando com administradores e executivos, bem como com estudantes de administração de empresas, jovens e velhos. Tornei-me receptivo e solidário a suas necessidades e pressões, impressionei-me com sua consideração e sua sensibilidade e desenvolvi uma extrema desconfiança em relação à hostilidade à vida dos negócios e corporativa expressa por aqueles que sabem pouco ou nada sobre ela. Tornei-me também cada vez mais insatisfeito com os que são mais compreensivos mas, ainda assim, insistem em permanecer "acima" dos conflitos e controvérsias reais que outros enfrentam na vida cotidiana. A vida não é meramente um conjunto de exemplos ou dados para nossas teorias éticas; ela é a fonte e a justificação de nossas preocupações éticas. As corporações não são abstrações ou monolitos; são comunidades reais de pessoas que trabalham juntas. O impacto dessa atividade coletiva é considerável. Na maioria das vezes, esse impacto é benigno; na melhor das hipóteses, transforma e melhora a vida da nação e, mesmo quando não é tão bom, fornece empregos, um senso de comunidade, novos recursos e mais alternativas para o consumidor. Por vezes, é claro, o impacto é desastroso, com destruição maciça do meio ambiente e mortes de inocentes. Essas, infelizmente, são as situações em que o apelo por "ética dos negócios" é mais forte e mais freqüente, mas a ética dos negócios não trata apenas de escândalos e desastres. Trata também do sucesso nos negócios, dos negócios na vida cotidiana e da integridade das pessoas que "fazem" negócios.

Dividi o livro em três partes. A primeira é dedicada fundamentalmente a limpar o terreno dos mitos e metáforas que foram em grande parte responsáveis pela compreensão equivocada dos negócios e por muito da hostilidade e das críticas do século passado. Na segunda parte, discutirei o tipo de teoria apropriado à ética nos negócios e traçarei a estrutura básica do que chamo de abordagem aristotélica, começando com a idéia de que os negócios são, antes de tudo, uma prática social. Na terceira parte, discutirei o núcleo da abordagem aristotélica dos negócios, a natureza das virtudes, em particular aquelas essenciais à vida na corporação. Parte disso será mero assentamento de alicerces, um convite para que outros desenvolvam esses temas em mais detalhes. Mas meu objetivo global é divulgar uma maneira saudável e satisfatória de pensar sobre negócios confirmada por minha própria experiência e por muitas conversas.

Tentei escrever um livro tão sofisticado quanto o meu público e espero que ele esteja isento da combinação usual de bajulação e prosa enfadonha que estraga tantos textos sobre negócios. Tentei ser eminentemente prático no sentido de ter sempre em mente minha própria clientela de negócios e corporativa, mas não haverá, nas páginas que se seguem, listagens em tópicos nem conselhos espirituosos numerados. Suponho que meus leitores (como eu), considerariam condescendente e ofensivo que, num tratado sobre ética, eu tentasse fingir que há receitas simples ou respostas fáceis para a enorme variedade de problemas éticos que se apresentam no cotidiano da vida dos negócios. "Prático", para mim, não significa abstenção da linguagem especulativa ou literária em nome de um "pragmatismo" severo. Nas páginas seguintes, haverá um pouco de filosofia. Vou citar também muitos nomes e discutir aqueles cujo pensamento moldou nossas concepções atuais, entre eles Aristóteles, Adam Smith e John Stuart Mill. Se minha experiência em seminários corporativos prova alguma coisa, descobri que a maioria dos executivos com que falo gosta de ouvir sobre a vida das idéias, que é parte inevitável de qualquer empreendimento reflexivo, e muitas vezes se entusiasma por ela. A ética dos negócios não é mera solução de problemas ou discurso moralista acerca do código das companhias; é, antes de mais nada, um exercício essencial de autocompreeensão. E é essa mistura de autocompreensão, interesse adquirido pelo trabalho e aventura intelectual que tentei capturar aqui, e acredito que o velho Aristóteles, muito embora não gostasse de negócios, não teria podido senão aprovar isso.

Notas

1. R. Edward Freeman e D. Gilbert, *Corporate Strategy and the Search for Ethics.*
2. Ken Goodpaster sugeriu, certa vez, de forma deliciosa (com crédito para William May) que: "[Os eticistas aplicados] carregam água de poços que não cavaram para apagar incêndios que não conseguem encontrar" (Conferência de Ética aplicada, Universidade de British Columbia, 1990).
3. Michael Levin, *New York Times,* "Ethics Courses Are Useless".
4. Mark Pastin, *The Hard Choices of Management.*
5. Michael Maccoby, *The Gamesman.*
6. Uma das características mais estranhas da literatura atual é o número de estudos "científicos" obcecados pelo suposto efeito de cursos de ética dos negócios sobre estudantes. Discutir se um único curso "faz alguma diferença", contudo, é tanto uma digressão deprimente e comodista quanto um mal-entendido sobre aquilo de que a ética trata e sobre o que seu estudo deveria ser. O objetivo da ética dos negócios e do seu "estudo" não é meramente mudar as respostas de uma pessoa a um questionário sobre ética. ("Você concordaria em... se...?"), mas instilar nela um sentimento final de confiança em sua capacidade de enfrentar situações práticas e lidar com elas.
7. Vale a pena ressaltar que a ideologia do "capitalismo" põe assim sua ênfase no "capital", enquanto a ênfase de sua ideologia rival, o "socialismo", recai sobre o "social". Sejam quais forem a virtudes e as fraquezas relativas desses dois sistemas econômicos supostamente antagônicos, os opositores dos negócios estão à frente na guerra de palavras, substituindo a linguagem fria, calculista, da "análise de custo/benefício" pela linguagem muito mais apaixonada da moralidade, da eqüidade e da exploração. Terei, assim, muito pouco a dizer sobre o capitalismo neste livro, mas isso não deveria ser confundido com nenhuma espécie de rejeição à livre empresa.
8. "Parecia que, cada vez que começávamos começando a formar equipes, éramos reorganizados. Eu aprenderia mais tarde na vida que tendemos a enfrentar todas as situações por meio de reorganização, e esse pode ser um método maravilhoso para criar a ilusão de progresso ao mesmo tempo em que produz confusão, ineficiência e desmoralização." (Caius Petronius Arbiter, procônsul de Bitínia, século I d.C.)

PARTE I Mitos e metáforas dos negócios: vícios disfarçados de virtudes

CAPÍTULO 1 Fogueira das virtudes

A responsabilidade social dos negócios é aumentar seus lucros.

MILTON FRIEDMAN
"The Social Responsability of Business"

Na anarquia que se seguiu, o mal expulsou o bem, o grande expulsou o pequeno, e a força bruta expulsou os cérebros. Havia um único traço comum aos habitantes da fileira de trás, embora eu duvide que isso jamais tenha ocorrido a alguém: eles sentiam que deviam repelir quaisquer refinamentos de personalidade e intelecto que tinham trazido consigo para a Salomon Brothers.

MICHAEL LEWIS, *Liar's Poker*[1]

Segundo Milton Friedman, o pregão, no 41º andar da Salomon Brothers, deve ter sido o próprio epítome da responsabilidade social. A companhia era, no julgamento quase geral, uma das firmas mais lucrativas de Wall Street, e a indústria financeira que ela tão bem representava tornou-se o paradigma dos negócios norte-americanos. Milhares dos melhores e mais brilhantes bacharéis, mestres em administração de empresas e outros jovens ases candidatavam-se para cada um dos empregos no pregão e no igualmente lucrativo banco de investimentos, na porta ao lado. Os que conseguiam eram largamente recompensados. Jovens operadores recém-saídos da faculdade ganhavam centenas de milhares de dólares, em alguns casos, milhões. Não estavam violando nenhuma lei. Na verdade, estavam fazendo exatamente o que haviam sido ensinados a fazer, com a aprovação entusiástica da sociedade — pelo menos como demonstrado por aquela única medida monetária indiscutível com que a sociedade geralmente busca mostrar sua aprovação.

No entanto, com a visão mais clara que a passagem de apenas alguns anos (e uma crise fiscal na escala de astronômicos treze dígitos) permite, é óbvio que havia algo de muito errado no 41° andar. Talvez se possa acusar duramente aqueles jovens operadores de terem estado de fato traindo seu país, enfraquecendo a indústria de valores mobiliários e o sistema monetário, enquanto seus colegas no banco de investimentos desenvolviam estratégias para tornar a vida insegura e insuportável em praticamente qualquer outra indústria. Não há dúvida de que a acusação mais branda pode ser que eles produziam pouco ou nada e, em última análise, não serviam a ninguém senão a si mesmos e à sua firma. Nas palavras de Lewis, "nunca antes tivemos tantos garotos de vinte e poucos anos, não qualificados, ganhando tanto dinheiro em tão pouco tempo... Nunca houve uma exceção tão fantástica à regra do mercado segundo a qual não se tira dele mais do que se põe."[2] Sob qualquer critério, os operadores do Salomon Brothers eram pagos em excesso pelo que faziam e pela contribuição que davam à sociedade. Eram uma caricatura da antiga sabedoria do mercado segundo a qual só o trabalho árduo e a perseverança levam ao sucesso. Eles eram uma refutação viva ao célebre ensinamento de Adam Smith que afirma que a iniciativa individual, mesmo que apenas em interesse próprio, conduzirá à prosperidade geral. Smith estava falando de donos de mercearias e fabricantes de alfinetes, gente que *produzia* alguma coisa para o consumo e, não importando qual fosse sua motivação, *contribuía* para a sociedade mais ampla. Não falava de cobiça institucionalizada ou de formação de *boom* especulativo. Não falava do salão do pregão.

Ora, pode-se afirmar que estou sendo injusto; que qualquer que fossem os motivos ou o caráter dos operadores, o capitalismo requer capital. Inovação e desenvolvimento requerem investimento, e os títulos que fornecem capital de investimento devem ser comprados, e, portanto, vendidos. Os operadores desempenham, assim, uma função vital, e nas famosas palavras de Adam Smith sobre seu merceeiro, não importa que o façam por benevolência ou amor a seu semelhante. Mas há uma discussão delicada entre truísmos como esses e a atividade no salão do pregão. Quero ser muito cuidadoso ao delinear meu diagnóstico aqui. Não estou, em absoluto, atacando a indústria financeira em si. Não estou contestando a importância de títulos corporativos para levantar dinheiro para o desenvolvimento de produtos, ou uma nova fábrica, ou a importância de títulos municipais para levantar dinheiro para a construção de um novo aeroporto para uma cidade em crescimento ou de um sistema melhor de tratamento de água. Nem estou questionando o corretor que de fato reúne capital de risco e uma idéia nova e brilhante e depois fica com uma fatia do produto bem-sucedido. Mas estou questionando a ética de um sistema que se torna inteiramente desvinculado da sociedade, da produtividade e das pessoas, tornando-se um "jogo" em si mesmo. Antes de mais nada, o que faz um operador de títulos? Kurt Vonnegut nos conta: "Há um momento mágico, no qual um homem entregou um tesouro, e outro homem está prestes a recebê-lo, mas ainda não recebeu. Um operador de títulos alerta se apropriará desse momento, possuindo o tesouro por um microssegundo mágico, tomando um pouquinho dele e passando-o à frente."[3] Esses ganhos são substanciais, proporcionais à quantia total e sem relação com tempo, esforço, habilidade ou serviço. O filósofo grego Aristóteles, escrevendo mais de dois mil anos antes de Wall Street, chamou as pessoas que se envolvem nesse tipo de atividade de "parasitas". O capitalismo pode requerer capital, mas não requer os parasitas que atrai inevitavelmente, muito menos deveria ser definido por eles.

Moralistas podem lamentar que o jogo dos negócios, como tantas outras coisas na década de 1980, tenha sido pouco mais que uma exibição de cobiça pura e desenfreada. Mas acho que a história merece uma interpretação mais profunda. Wall Street sempre foi descrita como cúpida (por Henry Adams no século XIX, por exemplo, e pelo avô dele no século anterior), mas Wall Street nem sempre foi considerada o paradigma da atividade e do pensamento comercial. De fato, a comunidade financeira e seus analistas ficaram um tanto chocados quando a economia como um todo permaneceu bastante estável durante e após o chamado "craque" de outubro de 1987. Que concepção de negócios teve de prevalecer (e que mudanças nas políticas do Federal Reserve, por exemplo, tiveram de ocorrer) para que a economia financeira e os operadores de Wall Street passassem a atrair tanta atenção? Como pudemos desviar assim nossa atenção das virtudes clássicas dos negócios, a produtividade e a prosperidade, para as virtudes dúbias do pregão? Além disso, não é que o pregão atraísse nenhuma raça particular de monstros amorais. Nada lembrava Midas na maioria dos recrutados como futuros operadores. Eles estavam, como a maioria dos estudantes recém-formados, felizes por conseguir um novo emprego, ansiosos por se adaptar, prontos para aprender as regras e para ganhar todas as devidas recompensas por um serviço bem feito. O que aprendiam no treinamento e na prática, contudo, era uma forma um tanto espetacular de irresponsabilidade em interesse próprio. O que aprendiam, numa só palavra, era "faturar".

As grandes questões suscitadas pelo sucesso desses jovens (ou não tão jovens) operadores têm a ver com a própria natureza dos negócios e do sucesso nos negócios. Por qualquer critério que se use, esses jovens recém-formados não *mereciam* o que faturavam, por mais hábeis que se tornassem em manipular o mercado e seus clientes. Como diz Lewis, "Eu tinha impressão não de estar indo para o trabalho, mas de estar indo receber meu prêmio de loteria".[4] Não é óbvio que eles dessem qualquer contribuição significativa para a sociedade no trabalho que faziam em troca desse "prêmio de loteria"; de fato, já se argumentou de forma convincente que eles custaram bilhões ao seu país e, com a ajuda de um governo federal ironicamente "pró-negócios", colocaram em risco a posição preeminente desse mesmo governo no mundo financeiro. Mas, pior de tudo — como ficou publicamente evidente com a reação contra o fenômeno Yuppie —, o sucesso desses jovens operadores representou e recompensou prodigamente as virtudes e os valores errados nos negócios. Entre eles, uma espécie de egoísmo farisaico, uma medida de valor puramente monetária, uma celebração fraudulenta do risco (com "*O.P.M.*"),[5] uma forma de encarar a vida de jogador ávido e sem escrúpulos, desprovida de interesse no próprio impacto sobre quem está fora do jogo, e uma espécie de impiedade crua que passou a ser vista como a marca do sucesso. Lewis descreve alguns de seus colegas mais bem-sucedidos: "Alguns eram realmente seres humanos horríveis. Livravam-se de outros para se autopromover. Assediavam mulheres. Humilhavam trainees. Não tinham clientes. Tinham vítimas... Os maus sujeitos não eram punidos no quinto ato, no 41° andar. Eles floresciam."[6]

Quando o cavalheiro escocês Adam Smith propôs pela primeira vez as virtudes da livre empresa, há duzentos anos, poderia ter imaginado criaturas dessa espécie como beneficiários de seu sistema? Quando Milton Friedman tanto exaltou a motivação do lucro e condenou os que insistiam na responsabilidade social, poderia ter pensado no 41° andar? Na verdade, que lhe teria parecido o famoso filme *Wall Street*, em que a motivação do lucro e a responsabilidade social são mostrados como tão conflitantes?[7] E quando aqueles vários presidentes orgulhosamente proclamaram "o negócio dos Estados Unidos são os negócios", eram essas as pessoas que tinham em mente?

ÉTICA E EXCELÊNCIA: NEGÓCIOS E VIRTUDES

> Mais uma vez, os negócios modernos estão pagando o preço por se conceberem como a representação de uma espécie abstrata de "homem econômico", e não de homens e mulheres envolvidos numa atividade plenamente humana.
>
> IRVING KRISTOL, "Ethics Anyone? Or Morals?"

São os negócios como "uma atividade plenamente humana" que me interessam neste livro. Sempre houve o perigo, antecipado por Adam Smith e ameaçado por Karl Marx, de que o excesso de entusiasmo pelos negócios estreitasse nossa perspectiva e pusesse à mostra o que havia de pior em nós, mas a década de 1980 exibiu um grau de cobiça e de fetichismo financeiro que teria espantado até o mais militante dos marxistas. Noções antiquadas, como integridade e virtude, foram relegadas às últimas fileiras, e falsos valores machistas como impiedade e cobiça deslavada foram promovidos ao *status* de ideais. Lewis descreve o ideal do pregão da seguinte maneira: "Um novo funcionário, assim que chegava ao pregão, recebia um par de telefones. Quase imediatamente estava conectado. Se conseguisse fazer milhões de dólares saírem daqueles telefones, passaria a ser aquela que era a mais venerada de todas as espécies: um Grande Garanhão*... Todo mundo queria ser um Grande Garanhão, até as mulheres."[8]

Para apresentar a tese aristotélica deste livro com a simples crueza de uma citação, quero sustentar que não há, nos negócios, virtude em ser um Grande Garanhão, e a concepção adolescente dos negócios que embasaria tal noção não merece ser defendida ou lembrada. Os negócios, insisto, numa linguagem tão antiga quanto a própria civilização, são parte essencial de nossa cultura exatamente porque dependem das virtudes e as pressupõem, assim como dependem daquele senso básico de comunidade e de confiança mútua mínima, sem o qual nenhuma atividade de produção, troca ou benefício mútuo seria possível. Não são apenas Tom Peters e um punhado de entusiastas que insistem que a ética é essencial para a excelência e que os negócios exigem integridade e as virtudes. Essa é a história não celebrada dos próprios negócios. O capitalismo não obteve êxito não com força bruta nem apenas porque enriqueceu muita gente, mas porque produziu cidadãos responsáveis e — ainda que de maneira desigual — comunidades prósperas. Ele não pode tolerar por muito tempo uma concepção dos negócios que se centra exclusivamente no rendimento e na vulgaridade e ignora as virtudes tradicionais de responsabilidade, comunidade e integridade.

Dizem-se outras coisas repugnantes sobre operadores (Tom Wolfe relatou ou exibiu a maioria delas em sua *Fogueira das vaidades*), mas o que é tão chocante e revelador é o quanto alguns dos operadores de Lewis ficam felizes em exibir seus próprios vícios e gabar-se deles. Sensibilidades masculinas de vestiário de ginásio são exaltadas como chaves de ouro do sucesso. Palavras de baixo calão pontuam as falas como marca de sofisticação. O desprezo pela educação confunde-se com sabedoria, e o desprezo pelo cliente é convertido numa estratégia de negócio. O dinheiro, e só o dinheiro, torna-se a medida. Mas não e só no livro de Lewis ou no

*No original, um *Big Swinging Dick*. (*N. da T.*)

mundo dos negócios que encontramos essa atitude unidimensional. Podemos vê-la em nossos alunos e lê-la na imprensa de massa. A pura busca do lucro (outrora conhecida como o "pecado da avareza") generalizou-se. E, de certo modo, esse falso ideal nos desviou da produtividade e da prosperidade que Adam Smith e Andrew Carnegie alardeavam, conduzindo-nos para um cinismo e uma vulgaridade que superam até as enfáticas acusações de Marx e Engels. A vida dos negócios foi reduzida à emoção do mercado e seus "prêmios de loteria". Não há orgulho pelos próprios produtos (eles não passam de instrumentos novos e melhores para se ganhar dinheiro), nenhum senso de dignidade ou de "serviço" nos serviços que se prestam. Na verdade, servir e [e no sentido do estábulo] "cobrir" o próprio cliente tornam-se coisas quase indistinguíveis.[9] Não há dúvida de que os homens de negócios vêm sendo criticados há muito tempo por sua falta de *finesse* e espírito público, mas em outros tempos eles lutavam contra essa imagem, tornando-se, nesse processo, até filantropos aristocráticos e políticos reformistas. Nunca antes eles a haviam endossado com uma espécie de orgulho, como se toda insensibilidade e vulgaridade fossem não só desculpadas mas admiradas se dinheiro suficiente estivesse entrando em caixa.

Há 24 séculos, o grande filósofo grego Aristóteles condenou praticamente todas as atividades comerciais e aqueles que prosperavam com elas. Considerava antinatural ganhar dinheiro com dinheiro e estabeleceu o preconceito contra a usura (isto é, qualquer atividade que proporciona esse tipo de lucro) que durou por dois milênios. Vivendo numa sociedade agrária, militarista e baseada na escravidão, Aristóteles prontamente concluiu também que o comércio orientado para o lucro — em contraposição à mera troca — era ao mesmo tempo anti-social e antiético, para não dizer indigno. O erro de Aristóteles (reconhecido dois milênios depois) foi generalizar sua condenação de certas práticas supérfluas e não produtivas para praticamente tudo o que chamamos "negócios". É um erro ainda maior, contudo, desconsiderar Aristóteles como se fosse ignorante do mundo dos negócios contemporâneo e irrelevante para esse mundo.[10] Ele previu, séculos antes de existirem banqueiros de investimentos, operadores de títulos, Fannie ou Ginnie Maes, a fonte de alguns dos piores males de nossa economia. É verdade que não compreendia a idéia de uma economia produtiva, e pensou, equivocadamente, que todo lucro era necessariamente exploração ou roubo. Mas em sua condenação de uma forma arcaica de comércio, forneceu os fundamentos éticos que ainda são pressupostos pela maioria das pessoas que fazem negócios hoje. De fato, suas acusações são em especial apropriadas para nossos ressonantes paradigmas financeiros, em que os negócios são erroneamente reduzido à obtenção de lucro, ao ganho de dinheiro, seja como for. Mas isso é, como qualquer pessoa fora do jogo pode perceber, uma *reductio ad absurdum* do que, para começar, só podia ser uma má idéia. Se os negócios fossem isso, de fato não teriam lugar próprio na sociedade civilizada, exceto talvez como um entretenimento marginal, como corrida de cães ou de patins. Mas os negócios são, acima de tudo, interação social e cooperação num sentido sofisticado não competição vulgar. São produtividade, não mera busca de lucro. São parte essencial de nossa sociedade e não uma atividade meramente parasitária ou marginal, um jogo fechado que só diz respeito a seus "jogadores".

Estou usando o pregão como degrau para chegar aos problemas éticos que os negócios e as pessoas envolvidas em negócios enfrentam hoje, e isto não por pensar que tais atividades sejam erradas ou por ter objeções pessoais ou morais à idéia de jovens bem-sucedidos ganhando milhões de dólares, mas sim porque a promoção do cenário do pregão e seus equivalentes ainda mais luxuosos nos escritórios elegantes dos financistas do mundo como *o* paradigma dos negócios parece-me revelar exatamente o tipo de desvio conceitual que infectou o mundo dos negócios nas últimas décadas. Ele se revela na idéia de que os negócios são um jogo, um tipo de jogo de azar em que impiedade, ousadia e risco são as virtudes básicas, em que "ganhar dinheiro" é a única virtude importante. É revelada nos tons de voz admirados (em contraposição a indignados ou enojados) com que alguns monstros amorais são retratados como uma espécie de heróis corporativos. É revelada na invenção teórica desumana do *Homo economicus*, a noção econômica de uma "pessoa" que não tem outro atributo senão a "maximização da utilidade financeira", isto é, o ganho de dinheiro como um fim em si. Revela-se no paradigma do operador voraz, sozinho com seus telefones, uma voz desprovida de personalidade e cheia da (digamos assim) "arte de vender" — empurrando o produto, extraindo o filé da comissão, ganhando dinheiro a rodo. Revelar-se na imagem igualmente amoral e desumana da corporação gigantesca, impessoal, cujo único objetivo, em sua existência puramente legal, é enriquecer seus acionistas (que, por sua vez, nada mais são que *Homini economici*). Revela-se num mundo em que as virtudes perderam seu lugar, em que o senso de comunidade foi sacrificado à luta pelo interesse pessoal, em que o antigo ideal de fazer o bem aos outros e ser recompensado em troca foi substituído pela trapaça, pela esperança de alguma coisa a troco de nada, pelo parasita.

O ganho puro e simples de dinheiro não é a culminação da vida de negócios, muito menos o cumprimento das responsabilidades sociais de uma pessoa. Há algo de muito errado no modo como *pensamos* os negócios, não só em seus detalhes, mas em sua própria concepção. O pregão pode fornecer um caso extremo, mas ele é o tipo de aberração que aparece quando uma perspectiva já distorcida é obrigada a se confrontar consigo mesma. Este livro, portanto, trata da guerra contra aqueles mitos e metáforas e outras formas de isolacionismo conceitual que nos levaram a pensar os negócios como um jogo — ou pior, como uma selva ou uma guerra pela sobrevivência — e a negligenciar ou abandonar as virtudes e o senso de comunidade partilhada sem os quais os negócios não seriam possíveis. Algumas das metáforas que vou explorar são extremamente sofisticadas e estão muito em voga — por exemplo, o recente corrida à "escolha social" e à "teoria dos jogos" como a chave da economia e da prática dos negócios, a presunção do individualismo aquisitivo e a noção muito em voga de um "contrato social" que nos une a todos provisoriamente.[11] Isso nos conduz, é claro, ao núcleo do pensamento norte-americano, como Alexis Tocqueville apontou há mais de um século, e tem manifestações extremamente sofisticadas e benéficas. Ao mesmo tempo, porém, implica uma concepção econômica de competição mútua e busca do próprio interesse na vida que entra em conflito direto com os laços de comunidade e a noção de interesse público, exceto como uma consideração abstrata posterior ou uma promessa puramente teórica. É evidente que, quando a competição se acirra, temos a velha tendência a perder nosso senso de propósito e perspectiva; é então que as metáforas competitivas primitivas tornam-se quase inevitáveis. Mas, contrariando a retórica da "competitividade", essas situações e circunstâncias não estão na base do mundo dos negócios e não representam o paradigma do pensamento sobre negócios. Os negócios são definidos, antes de mais nada, por seu próprio senso de comunidade e propósito, e esse propósito é a satisfação da demanda pública, a introdução de produtos inovadores, mais eficientes e mais econômicos para suprir uma necessidade e a manutenção de uma relação ótima e contínua entre produtor e consumidor. A competição é uma relação secundária, eficaz para assegurar um mercado de qualidade, sem dúvida, mas os negócios em si não giram em torno dela. Da mesma maneira, o comércio de *commodities* provou-se um esquema brilhante para se ganhar dinheiro, mas não deveria ser confundido com o negócio sério de levantar capital para investimento ou de proteger as poupanças suadas e as contas de aposentadoria dos trabalhadores produtivos dos Estados Unidos. Um negócio torna-se antiético não só quando viola a lei ou a confiança pública, mas também quando esquece seu sentido e seu propósito.

O objetivo prático deste livro não é criticar os negócios ou a vida corporativa, nem propalar reformas radicais que enfraqueceriam o sistema da livre empresa, em vez de aperfeiçoá-lo. Seu objetivo é insistir em alguns modos de pensar muito antigos que praticamente se perderam no mundo corporativo contemporâneo e fornecer um antídoto conceitual para o pensamento e o comportamento autodestrutivo de algumas de nossas melhores corporações. Nenhuma mudança nos mercados ou nas circunstâncias pode explicar o rumo que o mundo corporativo norte-americano está tomando atualmente, mas um exame dos mitos e metáforas que orientam grande parte de nosso comportamento pode explicá-lo. Em lugar das imagens brutalmente competitivas e destruidoras e do pensamento orientado de forma limitada para o "saldo final", hoje tão disseminados, quero frisar a importância suprema da estabilidade na organização, estimular um senso de comunidade, que as melhores corporações já reconhecem (pelo menos em suas relações públicas) e reforçar a importância da integridade no indivíduo. Os conceitos de ética e de excelência são usados numa tentativa de unir novamente essas virtudes de cooperação e integridade, como Aristóteles fez tantos anos atrás: uma boa corporação, estável, harmoniosa e bem-sucedida, com boas pessoas, seguras, felizes e satisfeitas, trabalhando juntas. Concordo que isso soa tanto como uma visão *à la* Mary Poppins quanto como uma visão aristotélica dos negócios corporativos como um mundo de luta caótica, mas é certamente uma alternativa promissora às imagens de demissões em massa que previmos e estamos tornando reais. Será que não merecemos — pois sem dúvida desejamos — algo melhor?

Minha tese inegociável é que ética nos negócios, compreendida de forma correta, é simplesmente boa para os negócios. Isto não quer dizer que a virtude sempre prospera, mas sim que a integridade da corporação e do indivíduo dentro dela é o ingrediente essencial da viabilidade e da vitalidade do mundo dos negócios. O que chamamos "sucesso" exige tanto ética quanto excelência, não simplesmente boa sorte na busca da riqueza. É importante para os negócios estimular a integridade, e o ato de "vender-se" — um termo arcaico que talvez esteja voltando à moda — marca os limites dessa integridade. Não quero idealizar o sistema de livre empresa, mas defender seus valores e virtudes contra a compreensão equivocada que ele tem de si próprio e o mau uso que faz de si. Quero distinguir o sentido e o propósito de nosso sistema econômico do que ele meramente permite e ressuscitar o velho Adam Smith e os economistas clássicos sem disparates do tipo "a cobiça é boa" nem presunção de existência de vida econômica num vácuo ético. Isso soa banal, mas é tempo de lembrarmos que prosperidade para todos, e não apenas para um punhado, é realmente a finalidade e a justificação da vida dos negócios, e que, sem o pressuposto de uma vida pública compartilhada e das virtudes sociais, os negócios continuariam sendo — como foram por milhares de anos na civilização ocidental — um conjunto marginal e em grande parte desprezível de atividades, confinado, em geral, à periferia da sociedade.

Notas

1. Sou grato ao Sr. Lewis pela espirituosa descrição que fez de sua breve experiência em Wall Street e farei pródigas referências a seu relato nas páginas que se seguem.
2. Michael Lewis, *Liar's Poker*, p. 9.
3. Citado em Lewis, *Liar's Poker*, p. 34.
4. Ibid., p. x.
5. A prevalência da expressão "Other People's Money", significando "dinheiro alheio", condensada nesse acrônimo tão conveniente (O.P.M.), diz por si só tudo o que realmente precisa ser dito sobre a relação entre o capitalismo clássico e o chamado capitalismo de Wall Street.
6. Ibid., p. 69.
7. Friedman não louva a busca de lucros de maneira irrestrita, é claro. Ele afirma claramente que se deveria "ganhar tanto dinheiro quanto possível, respeitando ao mesmo tempo as regras básicas da sociedade, tanto aquelas corporificadas em lei quanto as corporificadas no costume ético" (*New York Times*). Mas são precisamente alguns desses "costumes éticos" dos negócios contemporâneos que deveriam nos interessar, juntamente com as práticas que os sustentam e sancionam. Quanto à lei, poderíamos observar que o aclamado filme *Wall Street* trapaceia para efeito moralista: a figura misteriosa de Gordon Gekko não se detém no jogo de poder financeiro legítimo — o que presumivelmente corresponderia com perfeição às diretrizes de Friedman: ele tem de cruzar a fronteira dos negócios com informação privilegiada para merecer legalmente sua punição. No drama de Michael Milken, a vida imita a arte.
8. Lewis, *Liar's Poker*, p. 46.
9. Para saber mais sobre os ingênuos em agricultura, veja o livro de John Barth, *Giles Goat-Boy*, esp. p. 235. Dica: "Não há qualquer termo para "cobrir" ("*service*") que não seja obsceno, clínico, legalístico, irônico, eufemístico ou perifrástico."
10. Anthony Flew, "The Profit Motive". Veja também Denis Collins, "Aristotle and Business".
11. Alguns exemplos recentes: Michael Keeley, *A Social Contract Theory of Organizations*; Thomas Donaldson, *International Business Theory;* Thomas Dunfee, "Business Ethics and Extant Social Contracts".

CAPÍTULO 2 Mitos e metáforas machistas

> Nossos conceitos estruturam o que percebemos, o modo como nos movemos pelo mundo e como nos relacionamos com outras pessoas.... Se estivermos certos ao sugerir que nosso sistema conceitual é basicamente metafórico, o modo como pensamos, o que experimentamos e o que fazemos diariamente são em grande medida uma questão de metáfora.
>
> GEORGE LAKOFF E MARK JOHNSON,
> Metaphors We Live By

Toda disciplina ou profissão tem seu próprio vocabulário ufanista. Os políticos deleitam-se com o conceito de "serviço público" ao mesmo tempo em que perseguem o poder pessoal e exploram os temores e os preconceitos de seu eleitorado; os advogados defendem nossos "direitos" mediante belos honorários, enquanto nos conduzem por um matagal de regulações e obrigações criado por eles mesmos; os professores universitários descrevem seu mister na linguagem nobre da "verdade e do conhecimento", embora gastem a maior parte de seu tempo e de sua energia lutando entre si por *status,* numa política de *campus* requintadamente viciosa. No caso dos negócios, porém, a linguagem ufanista é notoriamente pouco lisonjeira. O que sempre ouvimos é uma confusão de riqueza com sucesso, uma obsessão pelo saldo final e da "motivação do lucro", e uma seqüência de metáforas sangrentas que invocam imagens de selvas darwinianas e combates de guerrilha. Se ouvíssemos apenas essa retórica supostamente ufanista, poderíamos certamente nos convencer de que a vida de negócios é uma batalha brutal pela sobrevivência, desprovida de regras, confiança ou cortesias, em que a misericórdia e a consideração mútua (para não dizer o altruísmo e a preocupação com o bem público) são pura tolice. Ou, na melhor das hipóteses, poderíamos concluir que o objetivo da vida de negócios é participar de um jogo emocionante, correr riscos e enfrentar desafios, chegar na frente do outro e, acima de tudo, "divertir-se". (Não faz diferença que os japoneses não tenham uma tradução exata para nossa noção de divertimento, e que, depois da adolescência, as pessoas supostamente aprendam que riscos e desafios podem ser tão tolos quanto estimulantes, tão destrutivos quanto produtivos). Ou, de maneira mais cética, a vida de negócios apresenta-se como uma exaustiva necessidade, sem maior sentido ou finalidade ("Bem, tem-se de ganhar a vida de alguma maneira"). O que impressiona é a falta de visão, a incapacidade de ver o "panorama geral" — exceto, é claro, em vôos retóricos acerca da "mágica do mercado" e "das bênçãos da livre empresa", que têm muito pouco a ver com a experiência real adquirida no trabalho pela maioria dos executivos e funcionários corporativos. Em muitas dessas descrições da vida de negócios, encontramos um número surpreendentemente pequeno de referências a produtos, a serviços ou a prosperidade. Lemos e ouvimos sobre prazos finais, politicagem de escritório, dilemas morais, gerentes "durões" e sádicos, teorias de motivação baseadas em estímulos *versus* as que privilegiam a punição, pressões do mercado e a superação da concorrência, ameaças de demissão, maneiras de evitar o bilhete azul, promoções possíveis, chegar na frente, ataviar-se para o poder e vestir-se para o sucesso, gerência-minuto e, é claro, o onipresente saldo final. Por vezes tem-se a impressão de que produtividade e prosperidade geral foram reduzidas a simples meios para se chegar à lucratividade, e não o contrário. E, à medida que a visão mais ampla é perdida, as pessoas envolvidas em negócios ficam tão entrincheiradas em suas posições e ambições individuais, tão isoladas, que perdem de vista tanto o propósito das organizações para que trabalham quanto seus próprios propósitos ao trabalhar para elas. Não é preciso dizer que isso não é saudável e não promove a felicidade e a realização dessas pessoas, nem promove a cooperação e a eficiência na corporação.[1]

A primeira linha de ataque quando se considera a ética dos negócios deve ser contra aquelas imagens e metáforas que cegam e governam uma parte tão grande de nosso pensamento. Metáforas não são apenas, como expressou uma de nossas publicações mais populares, "uma maneiras mais pitoresca de falar". Vivemos por meio de metáforas. Para repetir a concepção de Lakoff e Johnson, "Nossos conceitos estruturam o que percebemos, o modo como nos movemos pelo mundo e como nos relacionamos com outras pessoas.... o modo como pensamos, o que experimentamos e o que fazemos diariamente são, em grande medida, uma questão de metáfora." Nesse caso, porém, deveríamos ficar horrorizados com as metáforas que circulam nas conversas cotidianas sobre negócios. Em 1991, imediatamente após o assombroso sucesso militar no Kuwait, ninguém ficou surpreso quando, *em questão de horas*, o jargão sempre fluido dos negócios transfigurou-se em descarada retórica de tempos de guerra ("massa e surpresa", "ataque repentino").[2] Volta e meia ouvimos falar sobre os negócios como uma "selva", como uma luta pela "sobrevivência", um "pega-pra-capar", um jogo definido por seus "ganhadores e perdedores". Uma olhada casual, durante a decolagem, nos anúncios dirigidos a executivos, em qualquer revista de companhia aérea ou de negócios, deveria bastar para convencer qualquer um da onipresença dessas imagens e metáforas. O conceito de competição é usado para atacar, para aterrorizar e, é claro, para vender produtos. Um anúncio recente (de um *pager*) mostra as sombras de um lobo e de um coelho projetadas na parede atrás de dois executivos (o executivo que não comprou o *pager* é o coelho). De fato, se acreditássemos nessas descrições que a atividade de negócios propõe de si mesma como sobrevivência darwiniana e guerra na selva, teríamos razões mais que suficientes para declarar toda atividade de negócio ilegal, por ter um comportamento brutal e incivilizado que nenhuma sociedade deveria ser obrigada a tolerar. (É claro que foram exatamente essas descrições dos negócios que seus inimigos mais hostis utilizaram com tanta eficácia, durante grande parte da história ocidental, para proibir ou regular as atividades de negócio.) Muitas vezes assombro-me com o abismo que observo em tão grande parte do mundo corporativo, entre os rostos corteses que vejo e as conversas orgulhosas e cooperativas que ouço sempre que entro nos escritórios de uma corporação bem-sucedida e as imagens realmente assustadoras que começam a ser lançadas quando a conversa fica mais solta e abstrata. "É uma selva por aí", ouço o tempo todo, e "é matar ou morrer". Nada do que estou dizendo, é claro, pretende negar a luta política interna, por vezes cruel, que ocorre em quase toda organização ou negar que, no mundo dos negócios, nem toda empresa sobrevive. Hoje, porém, falências raramente são fatais, e, por mais horríveis que seis de meses de desemprego possam ser, a situação não se compara à da vítima ou do refugiado de guerra cujas imagens são invocadas.

O modo como encaramos o que fazemos tem muito a ver com como fazemos, e eu sustentaria que grande parte da luta interna nas corporações e muitas das baixas produzidas pela competição corporativa podem ser atribuídas às imagens malévolas que impomos aos negócios e a nós mesmos. A palavra "ética" refere-se, com certa ambigüidade, tanto a um conjunto de teorias e reflexões sobre nosso comportamento quanto a esse comportamento em si. Nem é preciso dizer que um influencia o outro e, à medida que nossas teorias e reflexões tentam ser fiéis a nossas intenções e atividades reais, estas passam a ser elas próprias moldadas e orientadas pelo que pensamos a seu respeito, o que pensamos que estamos fazendo, o que pensamos que deveríamos fazer e o que gostaríamos de pensar que fazemos. O modo como uma pessoa pensa sobre negócios — como uma competição implacável pelo lucro ou um empreendimento cooperativo cuja finalidade é a prosperidade da comunidade — molda previamente grande parte de seu comportamento e atitudes em relação a colegas de trabalho ou executivos, concorrentes, compradores e a comunidade que o cerca. Assim, não é que a vida de negócios e a conversa sobre negócios sejam desprovidas de filosofia, seja esta articulada como tal ou não ("Bem, deixe-me contar minha filosofia..."), nem que os negócios sejam desprovidos de qualquer concepção de ética e das virtudes. No entanto, como já se comentou e criticou tantas vezes, a filosofia que circula dos almoços de negócios até as páginas de negócios de muitos jornais locais é apavorante. Da mesma maneira, as virtudes mais freqüentemente celebradas como virtudes dos negócios são mais adequadas a um vestiário, se não a um tratado sobre darwinismo. Há 20 anos, Alfred Carr ganhou nome de uma vez por todas nos círculos de ética nos negócios ao publicar um do dos dois artigos mais freqüentemente refutados no campo (o outro é o infame e mais sofisticado ensaio de Milton Friedman, "Social Responsibility"), no qual argumenta de forma abrangente que negócios são muito parecidos com pôquer e (por isso) não seguem as regras da moralidade comum.[3] Todavia, quando comentários enfurecidos chegaram em quantidade à *Harvard Business Review*, ficou claro que o objeto de indignação não era a analogia do jogo feita por Carr, mas o jogo que ele escolhera. O pôquer é considerado um jogo desprezível, fundamentalmente um instrumento para apostas. Tivesse Carr escolhido o futebol, teria provavelmente atingido a unanimidade (se bem que teria deixado de criar tamanha controvérsia, obviamente seu objetivo). De fato, chegamos quase a suspeitar que a competição pelas melhores metáforas dos negócios lembra uma disputa de bar para encontrar a imagem menos lisonjeira e mais ofensiva e antiética para a vida de negócios e o mundo dos negócios. Como Karl Marx poderia ter dito ao mundo corporativo de hoje: "Com amigos como esses, quem precisa de marxistas?"

Na primeira terça parte deste livro, quero examinar e rejeitar essas metáforas que projetam uma luz tão negativa sobre os negócios e estimulam um comportamento tão hostil, negligente e em, última análise, destrutivo. Algumas são bastante cruas e explodem assim que são desmascaradas, mas outras são muito mais sofisticadas e penetraram o próprio tecido de nossa teorização atual. Algumas (como a "motivação do lucro") podem ser resumidas num *slogan*; outras sequer têm nomes — por exemplo, a forma obscura porém eficaz de motivação autodestrutiva que chamo de "cobiça abstrata". Algumas não parecem ser metáforas em absoluto, como nossa ênfase intransigente na importância da competição (que por sua vez é captada em algumas das imagens mais vulgares que temos de nós mesmos), e outras parecem constituir a base da concepção que temos de nós mesmos como indivíduos, como se qualquer noção alternativa fosse necessariamente antiindividualística, autoritária ou pior. Uma metáfora em particular — que chamarei de metáfora do jogo — forma a base de quase todo o pensamento atual sobre economia e negócios. Dedicarei um tempo considerável a pô-la em seu devido lugar e, quando necessário, a maltratá-la. Contudo, o objetivo de tudo isso, ao longo de toda essa discussão, é alterar o foco dos negócios como um empreendimento implacavelmente egoísta e ganancioso para os negócios como um aspecto saudável de uma comunidade próspera. Estes termos podem parecer exagerados, mas espero que as reflexões que se seguem sobre as concepções que temos atualmente de nós mesmos os tornem, digamos, embaraçosamente precisos.

"É UMA SELVA POR AÍ!"

Entre os mitos e metáforas mais danosos da linguagem de negócios estão os conceitos darwinianos machistas de "sobrevivência do mais apto" e "é uma selva por aí". A idéia subentendida, é claro, é que a vida de negócios é competitiva e nem sempre justa. No entanto, esse óbvio par de idéias é muito diferente das imagens do "pega-pra-capar" e "cada um por si", rotineiras no mundo dos negócios. É verdade que os negócios são e devem ser competitivos, mas não é verdade que precisam ser implacáveis ou canibalísticos, ou que "as pessoas têm de fazer qualquer coisa para sobreviver". Algumas metáforas animais são sem dúvida encantadoras — um chefe ocasional pode ser um "ursinho de pelúcia" e um negociador combativo é um "tigre" —, mas o mais das vezes elas são aviltantes. Empregados, executivos e concorrentes são descritos como cascavéis, ratos e uma ampla variedade de roedores. As corporações, por sua vez, são associadas a tanques de peixes, ninhos de cobras e brigas de gato e, às vezes, as imagens da flora da própria selva são invocadas. Mas, além de implicarem um uso errado da biologia e serem injustas com os animais, as metáforas da selva são ruins, em particular, para os negócios, que são (ou deveriam ser) tudo menos incivilizados, desprovidos de regras e governados pelo instinto assassino. Por mais competitiva que uma indústria possa ser, ela sempre se apoia sobre uma base de interesses compartilhados e regras de conduta mutuamente acordadas, e a competição acontece não numa selva, mas numa sociedade à qual, presumivelmente, ela serve e da qual depende. A vida de negócios, em contraste com a vida na selva mitológica, é antes de mais nada fundamentalmente *cooperativa*. A competição só é possível dentro dos limites dos interesses mutuamente compartilhados. E, ao contrário do que a metáfora do "cada um por si" sugere, os negócios quase sempre envolvem grandes grupos cooperativos unidos pela confiança mútua, não só as próprias corporações, como redes de fornecedores, pessoal de serviço, consumidores e investidores. E quanto à idéia de que o próprio escritório é uma selva (em outras palavras, é uma selva *por aqui*, não por aí), esse estado de coisas é quase sempre a marca do pior tipo de administrador (tipicamente caracterizado como um "animal" ou um "cavalo") e do pior tipo de organização (ou desorganização). Esses feitores animais podem se gabar (em geral de maneira falsa) de sua eficiência; é muito mais provável, porém, que seus departamentos estejam envenenados pelo medo e pelo ressentimento e estagnados por causa do excesso de cautela e hostilidade resultantes. (Essa, pelo menos, é uma reação bastante natural.)

A competição é essencial ao capitalismo, mas confundir isso com competição desregrada é prejudicar a ética e também compreender mal a natureza da competição. Na verdade, não só é compreender mal os negócios como é, provavelmente, compreender mal Darwin e as selvas. Por mais que as estepes da Ásia ou as planícies da África ou as pequenas comunidades de mamíferos que vivem em nossos próprios quintais sejam ricas em dentes e garras afiados, um dos princípios básicos da evolução parece ser a cooperação, desde os organismos multicelulares mais simples até as aparentemente inerradicáveis colônias de formigas, cupins e abelhas, os eficientes bandos e rebanhos de carnívoros e suas presas, e, por fim, nós mesmos, que não poderíamos ficar de fora desse impressionante quadro sociobiológico. Uma idéia em que poetas e biólogos insistem com freqüência é que um *Homo sapiens* privado de uma comunidade e de uma cultura é um animal patético, praticamente impotente.[4] Seu cérebro comparativamente gigantesco é de pouca valia relativa sem os legados de sucessivas gerações e a capacidade de cooperar e se organizar por meio da linguagem. Seria bastante estranho se uma das mais espetaculares contribuições para a evolução humana fosse um mundinho dos negócios em que os benefícios acumulados ao longo de dez milhões de anos (o leitor perdoará essa visão antropocêntrica da evolução) fossem rejeitados em favor de uma competição intra-espécie autodestrutiva que a maior parte do mundo animal teve a sabedoria de evitar.

"AS BATALHAS BRUTAIS DOS NEGÓCIOS"

Semelhante à metáfora darwiniana, mas ainda mais machista e mais sintonizada com a natureza coletiva da maior parte da agressão e da competição humanas, é a conhecida metáfora da "guerra", que ouvimos em tantas salas de conselho corporativas. Muitas vezes se afirmou que as estruturas hierárquicas da maioria das corporações não só se assemelham a cadeias militares de comando como foram moldadas por elas. O eticista militar Anthony Harde sugere que a perspectiva militar, e conseqüentemente, as metáforas militares são intrinsecamente nacionalistas, alarmistas, pessimistas, conservadoras e autoritárias.[5] No mundo corporativo norte-americano, o chauvinismo substitui o nacionalismo, mas em reuniões administrativas os empregados são mencionados como "soldados" e os concorrentes se tornam "o inimigo". A obediência costuma ser recompensada apesar de sua estupidez. Planos de ação são tipicamente chamados de "planos de ataque", "estratégias de batalha" e "campanhas". Reservas de caixa tornam-se "fundos de guerra" e, no atual clima de "incorporações hostis", essas reservas (e muito mais) são desviadas da produção e das operações para a "batalha" metafórica pela conservação da companhia. (Infelizmente, batalhas metafóricas podem ser muito caras, com grande número de vítimas fora do círculo dos invasores e "pára-quedistas de ouro"* corporativos.) Entretanto, fazer negócios não é "guerrear", e a competição comercial, mesmo quando a sobrevivência da companhia está em jogo, não deveria ser confundida com a destrutividade mútua da guerra. O objetivo da competição nos negócios é produzir os

*No original, *golden parachutists*. A gíria "*golden parachute*" designa um contrato de emprego que assegura benefícios a executivos caso o controle da companhia mude de mãos e ocorram mudanças administrativas. (*N. da T.*)

melhores e (em geral) menos caros produtos e serviços. Não se trata de destruir os concorrentes. Para que a competição nos negócios tenha sentido, é preciso não perder de vista os interesses mais amplos do consumidor e da sociedade. São eles, e não o campo de batalha ou a sala de guerra, que testam e determinam o sucesso. É, sem dúvida, difícil pensar de maneira tão holística quando nosso emprego está em risco e nosso futuro é incerto, mas a diferença entre ter (mesmo que de maneira tênue) e não ter em mente o panorama mais amplo pode ser certamente a diferença entre, por um lado, experimentar os rigores da competição e o tempo e a energia que ela requer como parte essencial de nosso próprio papel produtivo no mundo, e, por outro, ver todo o empreendimento como sem sentido e ser tentado por uma dessas ilegalidades às quais é tão fácil recorrer. Afinal, não vale tudo no amor e na guerra? Mas a resposta a essa pergunta retórica é um enfático não, e desde os tempos antigos a guerra tem sido limitada por cânones cavalheirescos e outros códigos de honra.[6] Se, por vezes, os negócios se assemelham a um guerra, mesmo no auge da batalha eles pressupõem certo nível de confiança mútua e cooperação, respeito aos contratos, obediência à lei e às regras da competição limpa, por mais vigorosa que a competição possa ser. (Pode-se observar que, quando realmente acreditamos no que estamos fazendo, os negócios se parecem muito mais com o amor do que com a guerra.) Contudo, as virtudes dos negócios não são virtudes militares, apesar da importância da obediência e do ataque hostil ocasional.

"A GRANDE MÁQUINA DO CAPITALISMO"

A metáfora da máquina é um resquício do século XVIII, quando Adam Smith escreveu seu notável tratado sobre economia, e praticamente todos os teóricos em todas as disciplinas ainda estavam sob o encanto do gênio Isaac Newton, cujas teorias físicas haviam revolucionado o pensamento moderno apenas um século antes. Os filósofos tentavam desenvolver modelos da sociedade que se assemelhassem aos mecanismos das teorias de Newton. O melhor amigo de Adam Smith, David Hume, tentou desenvolver uma teoria da natureza humana segundo o mesmo modelo mecânico que explicava os movimentos dos astros e a maquinaria da natureza. Além disso, mais ou menos nessa época, começava, é claro, a Revolução Industrial na Grã-Bretanha, e as máquinas eram percebidas, de forma muito apropriada, como milagres operados pelo homem. O famoso teólogo William Paley provou a existência de Deus traçando uma analogia entre o maravilhoso projeto da natureza e o mecanismo cuidadosamente projetado de um relógio, afirmando que, assim como, ao encontrar um relógio numa praia deserta, suporíamos que tão assombroso mecanismo deveria ser o produto de algum inventor, também deveríamos concluir que os prodígios da natureza pressupõem um projetista divino. Mas, teologia e analogia à parte, o impacto da argumentação despertou inteiramente o fascínio pelas máquinas, e assim, os filósofos sociais e os primeiros economistas modernos sonhavam projetar uma sociedade que operasse com ordem e eficiência. A economia de Adam Smith, assim considerada, era um mecanismo gigantesco — o mecanismo do mercado —, cujos componentes (produtores e consumidores individuais fazendo negócios e trocas de forma voluntária) encaixavam-se todos de maneira extremamente eficiente e produtiva, não importando se os próprios "componentes" tivessem ou não alguma idéia de seu papel ou função.

Adam Smith certamente não se ocupou de corporações ("companhias por ações"), mas é fácil ver como a metáfora da máquina continuaria atraindo planejadores e administradores corporativos, mesmo dois séculos depois de ter perdido seu apelo em praticamente todas as outras linhas de pensamento. (De fato, até mesmo na física e na mecânica, a metáfora da máquina foi substituída por metáforas mais orgânicas e holísticas.) Espera-se das corporações que "funcionem regularmente". Pretende-se que todas as partes funcionem juntas, com "as engrenagens bem lubrificadas". Rangidos e colapsos devem ser evitados, e a questão do "combustível" é de máxima importância. O ideal é "eficiência", uma noção que os negócios tomaram emprestada diretamente da física newtoniana. Os empregados (quer saibam quer não) são dentes de engrenagem numa grande máquina, exatamente como todos nós e todas as corporações somos também dentes das engrenagens de uma máquina ainda maior, a economia nacional (e agora internacional), cuja eficiência e operação podem ser medidas pelos números prodigiosos divulgados todo mês por este ou aquele departamento ou agência governamentais. Assim, os administradores falam com bastante desembaraço (e sem nenhuma consciência de estarem perpetrando poesia perigosa) sobre "lubrificar a roda", e empregados e administradores tornam-se "recursos humanos" — lado a lado com matérias-primas e combustível para a máquina.

Hoje, é claro, nossas imagens mecânicas favoritas, e, em conseqüência, nossas metáforas favoritas, tendem a envolver, em vez dos mecanismos da era industrial, computadores e *software*. *"Input"* substitui conhecimento e conversa, e todos os planos transformam-se em "programas". Toda relação humana torna-se uma "interface", e estamos começando a descrever o funcionamento de nossas próprias mentes na linguagem computacional dos bancos de memória, tempo de baixa (*down time*), busca de dados (*data search*) e assim por diante. Os computadores, naturalmente, têm especial utilidade e fascínio como ferramentas de administração, mas o que outrora era verdade em relação às velhas máquinas continua sendo verdade (pelo menos no futuro previsível) em relação aos computadores: eles só fazem o que lhes mandamos fazer, "entra lixo, sai lixo".* Essa não é a maneira correta de pensar sobre negócios, por mais fácil e estimulante que às vezes possa ser. Afinal de contas, o que as máquinas têm de bom é que (quando funcionam) fazem exatamente o que devem fazer. Não se queixam. Não ficam entediadas. Não têm ambições frustradas. Não se machucam. Podem sempre ser consertadas ou substituídas. Não é necessário falar com elas, nem, o que seria pior, ouvi-las com empatia. Em outras palavras, elas não são humanas, exatamente o que administradores, empregados, compradores e até corporações certamente são.

A tentadora virtude da eficiência e a atração da metáfora da máquina são, assim, limitadas e eliminadas pelo que deixam de fora do quadro. Eficiência, como já foi apontado (por exemplo, por Peter Drucker), não é

*No original, *"garbage in, garbage out"* (acrônimo: GIGO). É um axioma da computação, significando que se os dados introduzidos num processo (*input*) forem incorretos, os dados produzidos pelo processo (*output*) também serão incorretos. (*N. da T.*)

o mesmo que *efetividade*, e esta, diferente daquela, pressupõe metas e finalidades complexas e não simples funções mensuráveis.[7] Antes de elogiarmos uma máquina, queremos saber o que ela faz. (Podemos imaginar algum aparelho *à la* Rube Goldberg* com altíssimo nível de eficiência mas com um produto inteiramente sem propósito.) E, é claro, máquinas só podem produzir o que foram projetadas para produzir, e, como máquina, a corporação fica na estranha posição metafórica (amada por metafísicos e teólogos) de ser sua própria projetista. A inovação fica de fora da metáfora da máquina. Ajustar-se e adaptar-se a novas circunstâncias estão também além do alcance da maioria das máquinas. Uma lancha na areia da praia nada mais é que uma cesta de lixo em potencial, e um carro debaixo d'água é uma armadilha mortal, não um meio de transporte. O funcionamento interno da maior parte das corporações e do mundo dos negócios é muito mais flexível e orgânico do que a metáfora da máquina poderia sugerir, e as metáforas orgânicas substituíram a maior parte das metáforas mecânicas do século XIX. Na verdade, a virtude esquecida da burocracia moderna (ela própria uma metáfora) é reconhecer não só a função como a humanidade dos indivíduos que compõem nossas instituições. O pior traço das metáforas mecânicas do "dente de engrenagem" e da "eficiência" é serem obviamente desumanas e ofensivas. Empregados não são peças substituíveis ou intercambiáveis (uma imagem da mão-de-obra que Adam Smith levou por vezes demasiado a sério). As pessoas não servem apenas a propósitos: elas também *têm* seus próprios propósitos.

As corporações parecem-se muito menos com máquinas e muito mais com comunidades (uma de nossas mais antigas metáforas) do que sugere muito do pensamento sobre os negócios. De fato, estamos apenas começando a compreender que a eficiência é muitas vezes adquirida em detrimento da inovação, e uma maneira mecânica de pensar sobre as organizações conduz inevitavelmente à estagnação e a relações insatisfatórias com os empregados. Não se consulta um dente de roda ou uma engrenagem ao

*Reuben Lucius Goldberg (1883-1970), cartunista americano, famoso por seus diagramas intricados de aparelhos extravagantes que servem para fins muito simples. (*N. da T.*)

se decidir o que ele deverá fazer ou como deveria ser tratado, o que sempre gera ressentimento nos empregados. Administração envolve negociação e entendimento, não apenas manipulação e ajustes. Além disso, só é possível conceber uma máquina quando *não* se é parte dela, e aqueles que pensam sobre negócio ou negócios dessa maneira estão inevitavelmente fora dos próprios mecanismos que buscam compreender e controlar. Por mais tentador que seja pensar outras pessoas ou instituições como máquinas, é praticamente impossível alguém pensar a si próprio como uma máquina ou parte de uma máquina. Somos, em primeiro lugar e sempre, pessoas, e os negócios, se merecem ser levados a sério, não são uma mera máquina ou mecanismo, nem sequer um "instrumento", mas sim um sistema de atividades projetado e praticado por seres humanos que têm muito a ganhar (e muito a perder).

O JOGO DOS NEGÓCIOS

As guerras são brutais e as selvas, incivilizadas. As máquinas não são humanas e, ademais, será que todo mundo esqueceu que os negócios, acima de tudo, podem ser *divertidos*? A competição nos negócios leva muito naturalmente a uma ênfase no "ganhar", mas estamos ficando mais civilizados em nossas imagens da competição e compreendemos agora (como pudemos não compreender antes?) que as pessoas, longe de funcionar como dentes de engrenagem, buscam suas próprias metas — por meio de desafios e incentivos. Talvez nenhuma descoberta tenha sido mais importante para a administração moderna que a, aparentemente óbvia, de que as pessoas trabalham melhor e de maneira mais produtiva quando estão, num certo sentido (limitado), trabalhando para si mesmas, respondendo a um desafio e não meramente cumprindo seu dever. Até aí, tudo bem. Mas essa imagem bastante benigna também cai rapidamente em outra metáfora, uma que é particularmente apreciada pela sociedade moderna apaixonada por esportes. Os negócios transformam-se num *jogo*. Assim, ganham uma dose bem-vinda de prazer e diversão. Dado que os negócios são acima de tudo uma prática social — e os jogos também são práticas —, não parece elementar (embora falacioso) que os negócios sejam, acima de tudo, um jogo?

Ganhamos (ou perdemos) guerras, mas também ganhamos (ou perdemos) jogos, e jogos são muito mais divertidos que guerras. Assim, a metáfora do jogo passou ao primeiro plano na década de 1960 (quando a própria vida era em geral vista como um jogo). Os negócios passaram a ser descritos não mais tão sanguinariamente como uma questão de vida ou morte, mas como algo voluntário, emocionante, desafiante — por isso as imagens de esportes e time presentes em tantas conversas recentes sobre negócios, semelhantes em alguns sentidos às imagens militares, mas sem a violência delas e muito mais atentas em sublinhar interesses mútuos e regras de "*fair play*". O problema óbvio com a metáfora dos esportes, no entanto, é que ela torna os negócios excessivamente fechados em si mesmos, associados apenas de maneira fortuita a produtividade, serviço e prosperidade. Vários anos atrás, quando apresentou, num livro de mesmo nome, sua teoria do "*gamesman*", o jogador ávido, manipulador, Michael Maccoby não fez nenhuma tentativa de ocultar o caráter um tanto patológico desse novo paradigma, mostrando que o coração do *gamesman* estava sempre em sua própria cobiça e promoção e (só quando conveniente) nos interesses do negócio que estava supostamente conduzindo.[8] Para a maioria das pessoas, porém, os negócios não são um jogo a ser jogado voluntariamente pelo gosto do desafio e da emoção. O mundo dos negócios abrange e afeta todas as pessoas, inclusive consumidores e membros da comunidade que não podem se dar ao luxo de "jogar". Ao menos alguns dos horrores dos últimos anos poderiam certamente ser atribuídos à mentalidade de jogo, que leva executivos a se concentrarem em "ganhar" e os cega para seu próprio impacto sobre outros, fora do jogo. Os estrategistas da Ford que deduziram, diante das mortes causadas pelo infeliz modelo Pinto, que seria mais barato resolver as ações judiciais por meio de acordos do que fazer um recall e consertar os carros, estavam de fato jogando um jogo e permaneceram, portanto, insensíveis ao horror e ao sofrimento que ele acarretou. Se tivessem participado dos horrores, ao invés de permanecer isolados em seus campos de jogos corporativos, seu comportamento teria sido muito diferente.[9]

É claro que as pessoas que estão no mundo dos negócios, em sua maioria, não os vêem em absoluto como um jogo, mas como uma maneira de ganhar a vida. Elas não são movidas por uma ganância avassaladora, não vêem os negócios como um desafio nem a corporação como um *playground*. Os caminhos para o sucesso atualmente chamados de *"fast-tracking"* e *"high-rolling"** não as interessam (ao contrário, as repelem). Apesar disso, nossa idéia de sucesso permanece excessivamente vinculada ao ideal de divertir-se e ganhar um jogo, a uma noção de irresponsabilidade social que a metáfora do jogo protege e reforça. É essa metáfora que explica e justifica o comportamento descrito por Michael Lewis no pregão, e foi ela que colocou a comunidade financeira, de maneira tão segura, fora do alcance da exigência de produção e prosperidade geral. A metáfora do jogo, no entanto, é tão prevalente em nossa sociedade que não se reduz de modo algum a uma interpretação bem-humorada do rixento toma-lá-dá-cá da vida dos negócios. Tornou-se o modelo dominante — não mais apenas uma metáfora — para a compreensão de toda a economia, se não de toda a vida humana. Na verdade, seus pressupostos, aparentemente tão óbvios que não precisam ser discutidos ou mesmo mencionados, passaram a definir nossa compreensão contemporânea da "racionalidade" e também, de acordo com alguns autores de relevo, toda a ética.[10] Nem toda má filosofia e nem todas as metáforas perigosas são violentas, vulgares ou ingênuas, e grande parte da ética dos negócios, como pretendo sustentar, foi tolhida por alguma teorização notavelmente sofisticada, por vezes até brilhante, que, embora possa continuar se aperfeiçoar, parte de um conjunto de pressupostos que transformam grande parte dos negócios realmente num jogo. Os negócios se tornam um jogo quando perdem sua finalidade essencial, não apenas ganhar dinheiro, mas fornecer bens e serviços essenciais e promover uma prosperidade geral, e não egoísta. Os negócios tornam-se um jogo quando assumem metas e finalidades falsas e quando fingem ser uma atividade empreendida por si mesma ("negócios são negócios"). Antes de exami-

**Fast tracking* é a adoção do caminho mais curto e mais direto para atingir um objetivo; *high-rolling* é a prática do jogo inconseqüente, com apostas altas.

narmos as versões mais sofisticadas desses enganos onipresentes, porém, talvez seja instrutivo considerar os comentários conhecidos, mundanos, ingênuos e, às vezes, absolutamente repugnantes que reprimimos em nós mesmos, mas que ouvimos a todo instante de alunos de cursos de graduação em administração de empresas, e ver até que ponto nos desviamos do senso aristotélico de comunidade e intencionalidade que quero defender neste livro.

Notas

1. Cf. Andrew Carnegie que escreveu, em 1889: "Os pobres desfrutam do que os ricos outrora não podiam se permitir. O que eram luxos tornaram-se agora necessidades da vida. O trabalhador tem agora mais confortos que um agricultor de poucas gerações atrás. O agricultor tem mais luxos que o proprietário de terras, está mais ricamente vestido e mora numa casa melhor. O proprietário de terras tem livros e quadros mais raros e mobílias mais artísticas que o Rei podia então obter" ("Wealth", *North American Review*). Poderíamos discutir algumas das generalizações de Carnegie, e deveríamos sem dúvida contestar a defesa que faz das enormes desigualdades hoje existentes entre ricos e pobres, mas a afirmação básica é que a prosperidade é a meta do sistema da livre empresa. Os negócios, em sua melhor forma, são também filantropia em sua expressão máxima.
2. "The Gulf School of Management", *Newsweek,* 1º de abril de 1991, pp. 34-35.
3. Alfred Carr, "Is Business Bluffing Ethical?".
4. E.g., o antropólogo Clifford Geertz, *The Interpretation of Cultures.*
5. Anthony E. Hartle, *Moral Issues in Military Decision-Making*, em referência à obra de Bengt Abrahamsson, *Military Professionalism and Political Power.*
6. E.g., entre os gregos antigos, as tribos hebraicas primitivas, na China antiga e no *Livro de Manu* hindu, nos ensinamentos de santo Agostinho e mais tarde de Tomás de Aquino, Grotius e Suarez. Ver Hartle, *Moral Issues in Military Decision Making,* p. 57ff.
7. Peter Drucker, *Management.*
8. Michael Maccoby, *The Gamesman.*
9. Art Wolfe, "Game Metaphors".
10. Em especial David Gautier, acompanhando Thomas Hobbes (ver a seção sobre teoria dos jogos, pp. 52-54).

CAPÍTULO 3 Cobiça abstrata

> Você nunca tem o bastante daquilo que, para começar, nem queria realmente.
>
> SAM KEEN

A crescente abstração da linguagem dos negócios e sua desvinculação das questões de interesse humano concreto, da produção e da prosperidade prejudicam não só o vigor dos negócios em si mas os indivíduos que estão tentando ganhar a vida numa sociedade comercial. Em 1989 perguntei a meus alunos de ética dos negócios, de maneira bastante casual, quanto dinheiro esperavam razoavelmente estar ganhando dali a dez anos. Quando uma aluna do curso de economia perguntou como poderia calcular dez anos de inflação potencial, assegurei-lhes que podiam calcular com os dólares de 1989. Alguns alunos conscientes confessaram que, não tendo ainda a menor idéia da carreira que queriam seguir ou de como queriam ganhar a vida, dificilmente poderiam estimar uma renda esperada. Disse-lhes que, naquele momento, eu estava mais interessado em suas expectativas do que em suas escolhas de carreira, e pedi alguns voluntários.

— Trinta e cinco mil dólares — anunciou um aluno no meio da sala. O resto da classe, quase em bloco, reagiu com risadinhas ou gargalhadas.

— Alto demais ou baixo demais? — perguntei matreiramente, pois a resposta era óbvia.

— Um sujeito não consegue nem sobreviver com 35 mil dólares por ano, insistiu um aluno transtornado, mesmo sem família.

— Bem — alfinetei-os — de quanto se precisa para viver?

— Cem mil dólares — gritou um aluno do fundo da sala, e quase todos assentiram com gestos ou murmúrios.

— E acham que vão ganhar isso tudo? — perguntei.

— Sem dúvida — respondeu o mesmo aluno, com mais ousadia que confiança.

— Como? — perguntei.

— Ah, não tenho a mínima idéia. Provavelmente em investimentos — respondeu ele com um risinho nervoso.

Todos riram. Pedi então aos alunos (eram cerca de cem) que escrevessem a cifra que "esperavam razoavelmente" estar ganhando em uma década, ajustada para a inflação etc. A média da classe ficou bem acima de 75 mil dólares por ano, sem contar alguns futuros milionários visionários que não foram computados nas médias.[1]

Faço essa experiência com freqüência, e costumava obter resultados e discussões quase iguais em praticamente todas as minhas turmas. Folgo em dizer que, na década de 1990, os números tornaram-se mais modestos e as ambições mais na linha de "fazer alguma coisa que valha a pena com minha vida". Mas ainda não sei ao certo se isso é resultado de uma nova consciência social ou do desespero econômico prenunciado pelos escândalos e demissões em Wall Street e por uma economia profundamente prejudicada por déficits federais; talvez, é claro, pelas duas coisas, exatamente como o idealismo da década de 1960 foi insuflado por uma confiança afluente misturada com medo e raiva por causa da Guerra do Vietnã. Aqueles alunos de 1989 foram os últimos dos anos Reagan, imbuídos das promessas de riqueza rápida e poder desimpedido (não-regulado) que definia o pensamento sobre negócios daquela época. Todos tinham conhecimento de que garotos de 25 anos estavam fazendo fortuna em Wall Street e, com isso em mente, quem pensava em lecionar, ou fazer serviço social ou (pior ainda) ser um industrial? Aqueles alunos tinham expectativas enormes, alimentadas a cada dia pela mídia, e muito pouca idéia do que fazer com suas vidas — com exceção, é claro, do número relativamente pequeno de estudantes de elite que conseguiam fazer a transição de um mestrado em administração de empresas numa universidade de prestígio para Wall Street antes de caducarem, por volta dos 28 anos.

O que me impressionava na época — e ainda me impressiona agora — não era tanto as enormes quantias de dinheiro que aqueles alunos pareciam achar que queriam, mereciam e precisavam ganhar para viver, mas sua absoluta inocência sobre a maneira de obtê-lo e a notável falta de noção do que fazer com ele. O que contava era o dinheiro — nem mesmo o dinheiro mas puramente os números em si. Nunca faltam, é claro, artigos de luxo para cobiçar e comprar, mas havia muito pouco desejo por essas coisas propriamente ditas, havia só um desejo abstrato de ter a possibilidade de comprá-las. Aqueles estudantes de administração de empresas manifestavam também uma ignorância quase total do que a vida empresarial envolve de fato para a maioria das pessoas (certamente a maioria), apesar de seus três ou quatro anos de estudo sobre o assunto. De certo modo, pensavam que conseguiriam um emprego (ansiavam por isso) e depois o dinheiro afluiria. Havia muito pouca reflexão ou especulação sobre as relações sociais que realmente definem a maioria das comunidades de negócios, pouco pensamento sobre o que eles realmente fariam para *merecer* o dinheiro que ganhariam e praticamente nenhuma reflexão (no caso da maioria) sobre que bem ou serviço a companhia em que trabalhariam produziria de fato.[2] Uma vez empregados, usariam os truques aprendidos na escola de administração de empresas, bajulariam um ou dois executivos e subiriam pela escada corporativa, e o dinheiro subiria junto. Toda a ansiedade centrava-se na obtenção desse primeiro emprego e nos primeiros passos do caminho para a riqueza exaltado em todos os programas de domingo à noite na televisão e entrevistas publicitárias da Financial News Network. As perguntas Por quê?, O quê? e Quem? teriam simplesmente de esperar sua vez.

Chamei esse fenômeno, essa cobiça sem desejo, de *cobiça abstrata*. Trata-se, numa expressão infeliz, de cobiça sem avidez, cobiça aprendida mas não compreendida. Na realidade, não há sequer desejo real, apenas a noção inculcada de que é isso que se *deveria* querer. (Nem é preciso dizer que a maioria dos estudantes se esqueceria disso após alguns anos de um emprego de verdade e pagamento de hipotecas.) É óbvio que, se esses estudantes, em sua maioria, tivessem realmente, o desejo e a expectativa dessas quantidades fantásticas de dinheiro, estariam condenados a uma vida de frustração e a uma sensação de fracasso, quando, sem esse desejo e essas expectativas, teriam talvez podido ser prósperos e muito felizes. (Como diz o Talmude, "O homem rico é aquele que está satisfeito com o que tem.") Na cobiça abstrata, o que se quer é o dinheiro, a pura riqueza, não obter alguma coisa ou mesmo provar alguma coisa, mas a riqueza como uma meta fixada e inquestionável, como honra, fé ou patriotismo em algumas outras sociedades. Pelo modo como falamos, ela é o bem supremo, mais importante que a dignidade pessoal e a felicidade. Na verdade, *é* nossa dignidade pessoal e nossa felicidade.

De onde vem essa atitude peculiar? Não se trata de um desejo "natural". De fato, o que a torna espetacular é precisamente o fato de ser tão desvinculada de qualquer desejo natural, da necessidade que temos de outras pessoas e de respeito próprio, da necessidade que temos de relaxamento e harmonia social, até de nossa necessidade de estímulo e desafio. Fora de Wall Street, o tão alardeado "desafio" dos negócios é quase sempre um desafio de criatividade, de trabalho árduo e perseverança, de organização e cooperação, de boas idéias e sensibilidade aguçada para as necessidades e os humores do público. Não é o desafio de "ganhar dinheiro". A cobiça abstrata nem sequer é cobiça. Não é um desejo. E desempenha apenas um papel artificial, perturbador e destrutivo em nossas ambições. É exatamente sobre isso que quero discutir, sobre o mito que está por trás da cobiça abstrata, o mito da "motivação do lucro" — a idéia de que somos todos ("naturalmente") motivados pelo desejo de (mais) dinheiro. A própria idéia de que o dinheiro é em si mesmo desejável e prontamente convertível em poder e prestígio foi, na maioria das épocas e na maioria das culturas, condenada como uma maldição (a maldição do rei Midas, em especial) ou um pecado (da avareza). E foi assim condenada exatamente por estar tão dissociada de outros motivos e interesses essenciais — o bem-estar dos outros, o bem da comunidade, o bem da própria alma. No entanto, é claro, nenhuma motivação paira sozinha, sem ancoragem em nossas necessidades e desejos mais profundos, e a cobiça abstrata de meus alunos está obviamente vinculada a toda sorte de desejos naturais, especialmente o desejo da aprovação de seus colegas, o desejo (se consciente o bastante para se tornar um desejo) de estar de acordo com seu tempo e agradar aos pais, que tantas vezes dão conselhos insensatos com base em suas próprias frustrações. Eles querem corresponder às imagens fornecidas pela mídia, e estas costumam estar envoltas no *glamour* da riqueza. (Como foi que um detetive de Miami conseguiu pagar um carro esporte de 90 mil dólares?) É o desejo de alcançar aquelas virtudes dúbias que tantos executivos, papagueando irrefletidamente a "sabedoria" convencional dos tempos e de seus *ghost-writers*, estão sempre declarando serem as forças que movem a sociedade americana — a busca da riqueza, a importância da competição sem limites, a impiedade do mercado, a necessidade de ser um "indivíduo" e de "alçar-se acima" de todos os demais (sustentando ao mesmo tempo que somos todos iguais, é claro). O discurso "cobiça é bom" de Ivan Boesky, parafraseado por Gordon Gekko em *Wall Street*, foi apenas um leve exagero.

O que sobra são todas aquelas virtudes e valores que esses mesmos executivos de sucesso obviamente reconhecem e praticam: a importância da paciência, o fato de que o dinheiro deve ser merecido e não apenas desejado, a necessidade de cooperação e respeito mútuo, o objetivo do mercado não só de pôr à prova a coragem machista de seus participantes como de fornecer a todos empregos e produtos e serviços de boa qualidade e baixo preço. Mais uma vez, é bom que a linguagem esteja mudando, mas talvez devamos agradecer aos japoneses e aos alemães por isso. A concorrência pode realmente ser uma força moral, estimulando-nos a ser honestos conosco mesmos e não apenas mais lucrativos.

Esses são os mitos que dão origem aos desejos e expectativas insensatos e injustos que tornam as pessoas não mais produtivas ou competitivas, mas infelizes e muitas vezes perversas.[3] Esses são os mitos que geram ambições vazias e induzem pessoas a se atirarem em carreiras que não querem realmente e de que nunca vão gostar, desviando talentos, interesses e preocupações que poderiam realmente fazer diferença. O que desconcerta em especial na "cobiça abstrata", porém, é exatamente o que ela tem de tão inocente, o fato de não implicar, em absoluto, desejos reais, necessidades reais ou expectativas reais, na verdade militando contra eles, deixando de transformar o mercado numa *joint venture* definida em sua melhor forma pelas virtudes lúdicas do espírito esportivo, do espírito de equipe e do divertimento mútuo, para transformá-lo num pesadelo competitivo implacável. O que permite e estimula que vícios se exibam como virtudes, que o egoísmo esmague as metas compartilhadas e o companheirismo, que a competição mutuamente destrutiva suplante a cooperação e a verdadeira eficiência é um conjunto de mitos. Repensar a vida de negócios não é idealizá-la ou romantizá-la, é desfazer os mitos e metáforas falsos que já usamos atualmente para definir e entender de forma errada o que fazemos.

Notas

1. Adaptado de meu livro *Passion for Justice*.
2. Para conhecer uma interessante discussão acerca dessa conhecida forma de "alienação" ou "fetichismo", veja Peter Hadreas, "*Money: A Speech Act Analysis*".
3. Considere, por exemplo, um recente ensaio de Michael Korda intitulado "*Seize the Moment*", publicado, significativamente, pela revista *Penthouse* (abr. 1990) como uma ilustração exatamente desse tipo de estímulo à luta interna nas corporações. Os *bestsellers* anteriores desse autor, *Power* e *Success*, apregoavam uma mensagem semelhante, oferecendo táticas para intimidar e derrotar os rivais na corporação.

CAPÍTULO 4 O mito da motivação do lucro

> A raiz da confusão é a crença errônea de que a motivação de uma pessoa — a chamada motivação do lucro do homem de negócios — é uma explicação de seu comportamento ou seu guia para a ação correta. É duvidoso ao extremo que essa motivação do lucro exista... [O conceito de motivação de lucro] é uma das principais causas da compreensão equivocada da natureza do lucro em nossa sociedade e da hostilidade entranhada ao lucro que estão entre as doenças mais perigosas da sociedade industrial... E é em grande parte responsável pela crença dominante de que há uma contradição intrínseca entre o lucro e a capacidade de uma companhia de fazer uma contribuição social.
>
> PETER DRUCKER, *Management*

A cobiça abstrata já é uma falsificação e uma abstração de nossas motivações reais, mas a forma abstraída da cobiça abstrata é o que os teóricos dos negócios chamaram muitas vezes, desde o século XIX, de "motivação do lucro". É a idéia conhecida e quase banal de que o que move o sistema de livre empresa, e assim cada um de nós, é um mecanismo comportamental intrínseco, o desejo de lucro. Mas o que é "lucro" e que tipo de "motivação" é esse? "Lucro" é um termo especializado. Não é meramente um aumento da riqueza. A motivação do lucro não é apenas desejo de dinheiro, e lucro não é a satisfação desse tipo de desejo. Lucro não é o que ganhamos quando trabalhamos para ganhar a vida. Não é o que recebemos por um bom dia de trabalho ou em retribuição por algo que tenhamos feito (uma distinção defendida de maneira meticulosa por Aristóteles e economistas medievais como santo Tomás de Aquino). Lucro, essencialmente, é o resultado de uma transação monetária, um "investimento", o que sobra depois que todas as despesas foram pagas, podendo haver, é claro, consideráveis trapaças quanto ao que deve ser considerado uma "despesa" e, assim, ao que é "sobra".[1] O lucro é parte essencial de um certo tipo de sistema econômico que estimula certos tipos de transações complexas, que visam o futuro (em contraposição, digamos, a um sistema de escambo, em que os resultados são imediatos e a obtenção de lucro é prova de negociação injusta e considerada roubo). Falamos vagamente de lucro como "sobra" mas, em termos precisos, grande parte ou a maior parte "do que sobra" — por exemplo, quando um artesão vende um objeto que fabricou — é na verdade compensação por um trabalho bem-feito e portanto não é lucro em absoluto. Lucros estão acima e além de uma "troca justa", inclusive da compensação por trabalho e habilidade e de um "salário justo". (O ingrediente que falta aqui é o "risco", mas falaremos mais sobre isso adiante.) Em plena prática, esse sistema de investimento por lucro é "capitalismo", mas há sistemas de troca mais elementares que permitem e até incentivam a obtenção de lucro. Os mercados antigos e medievais eram orientados para o lucro — e por isso encarados com desconfiança e condenação por líderes cívicos respeitáveis. Com efeito, qualquer economia que empregue dinheiro como meio de troca pelo menos abre a possibilidade do lucro, e, quando tal comportamento é não só tolerado como estimulado, a busca do lucro torna-se parte do cenário social. Mas será que isso indica uma "motivação do lucro"?

Poderíamos falar, *grosso modo*, que a intenção de obter lucro configura "a motivação do lucro". Todavia, esse tipo de intenção é um fenômeno inteiramente cultural, específico de certos tipos de economia e dificilmente seria candidato a uma paixão natural ou motivação universal. A pretensão de obter lucro numa economia assim está longe de satisfazer a ontologia glorificada da "motivação do lucro" tal como defendida por entusiastas teóricos. Qualquer resultado pretendido é motivado e tem uma motivação, mas isso não nos autoriza a descrever a natureza humana nesses termos. Anthony Flew, defendendo os lucros mas condenando a idéia de uma "motivação do lucro", pergunta com razão se deveríamos também falar sobre uma "motivação do salário", uma "motivação do aluguel" ou uma "motivação do juro".[2] Essa pequena *reductio ad absurdum* destrói seu alvo com rapidez. Num sistema que incentiva a obtenção de lucro, é evidente que as pessoas trabalham por lucros. Entretanto, disso não se deduz que exista um motivação do lucro, ou que tal sistema se justifica, ou que obter lucros é legítimo ou desejável. Assim, poderíamos falar também de um "motivação do roubo" ou um "motivação do assassinato", mas ninguém concluiria disso que as ações que acompanham tais motivos são justificadas ou mesmo desculpáveis ("Lamento, meritíssimo, é que eu tinha uma motivação do assassinato irresistível").

Lucro é o resultado de uma transação monetária, mas a base da transação não é especificada. A motivação do lucro, como uma motivação, tem um único objetivo, que é a obtenção puramente monetária de um lucro. Qualquer outro objetivo ou interesse é distinto dele e está potencialmente em conflito com ele. E se tal motivação existisse, a questão do modo como obtemos lucro seria, no máximo, de importância secundária. Assim como algumas aves constroem seus ninhos de maneira instintiva com qualquer tipo de material que venham a encontrar, também construiríamos nossas fortunas a partir de quaisquer oportunidades que nos aparecessem. Contudo, é a fortuna que conta; a "oportunidade" é apenas um meio. (Vale a pena lembrar, contudo, que o significado original da palavra "fortuna" é "sorte", não "riqueza".) Em nossa época (agora que pilhar e roubar cidades vizinhas caiu em desuso), os lucros são o meio adequado para se construir uma fortuna. Como um de meus amigos empresários me disse uma vez — antes de perder uma fortuna num investimento — "Você nunca ficará rico trabalhando para ganhar a vida". Lucro, desta forma, é uma retribuição por um investimento. Não é um prêmio por boas idéias ou trabalho árduo, nem visa à prosperidade pública ou mesmo à satisfação pessoal. É um termo econômico técnico, não um conceito social ou psicológico. Não há quaisquer parâmetros morais intrínsecos (mesmo que os defensores da motivação do lucro continuem a insistir em que estes estão "implícitos"), e a combinação precipitada da "motivação do lucro" com a "oportunidade disponível" gera de forma muito rápida o que Richard De George chamou de "o Mito do Negócio Amoral".[3] Isto é, a idéia de que os negócios são sua própria motivação. Existem, de maneira independente por inteiro de quaisquer resultados práticos, preocupações sociais ou considerações interpessoais. A natureza da transação é sem importância (ainda que por outras razões, inclusive prudência e a promessa de lucro futuro, ela deva ser legal e socialmente aceitável). Diz-se que a motivação do lucro é como a pulsão sexual (uma analogia apregoada com freqüência por oradores mais informais sobre negócios — e nem sempre como uma analogia). Ela está sempre lá, mais forte em algumas pessoas que em outras. Pode ser insociável, até anti-social, obsessiva e implacável na perseguição de sua meta e mesquinha em seu sucesso, mas apesar disso é aplaudida e estimulada. Diz-se que influencia, ou mesmo determina, a totalidade de nosso comportamento e nos obriga a lançar pelo menos um olhar enfastiado (quer dizer, nauseado) para o saldo final do que quer que estejamos fazendo. É fácil perceber porque deveríamos rejeitar tal concepção da natureza humana.

A motivação do lucro é muitas vezes condenada (e vista) como uma forma de egoísmo. Não há razão alguma, contudo, para aceitar essa crítica. Quer exista quer não uma motivação do lucro, não há razão para supor que ela seja essencialmente interesseira. De fato, poderia ser tão desprendida e impessoal quanto qualquer outro serviço ou obrigação burocráticos ou feitos por iniciativa própria. ("Bem, tenho de ir ao escritório ganhar algum dinheiro.") É evidente que a busca de lucros por conta própria é em geral interesseira, mas não precisa ser (agir em proveito próprio não é necessariamente interesseiro) e não buscamos lucros necessariamente para nós mesmos. Administradores corporativos perseguem lucros tipicamente não para si mesmos, mas para outros, os proprietários ou os acionistas da companhia. E embora possam ser bem recompensados por cumprir sua obrigação, ou perder seus empregos se fracassarem, não quer dizer que estejam sendo egoístas. A busca do próprio interesse não é egoísmo. Anthony Flew demonstra isso muito bem. Como a maioria dos eticistas, ele distingue cuidadosamente a busca do próprio interesse e do egoísmo. Toma como exemplo suas filhas jantando; "mas seria monstruoso condená-las como impertinentes e egoístas simplesmente por isso".

Flew acrescenta que "a oportunidade para a condenação só poderia apresentar-se quando uma delas tivesse, por exemplo, comido também o jantar de outra pessoa".[4] O que os críticos do capitalismo questionariam é se obter lucro é realmente análogo a comer tão inocentemente o próprio jantar. Afirmariam que a obtenção de lucro viola a troca justa e que, nesse caso, "comer o próprio jantar" — para levar a analogia adiante — é de fato comer (pelo menos parte) do jantar de outrem, uma visão de soma zero que pode ser verdadeira com relação a jantares, mas não necessariamente com relação a lucros.

O ingrediente que falta nas explicações críticas padrão da obtenção de lucro, como já observamos de passagem, é o risco. É a aceitação de riscos que justifica a obtenção de lucros, pois quem, senão um filantropo ou um (muito) bom amigo investiria se não tivesse a possibilidade de um ganho substancial? De fato, na ausência de tal esperança de retribuição, não se trataria de um presente, em vez de um investimento? Resta, é claro, a sempre difícil pergunta: quanto de retribuição ou compensação para quanto de risco? E as respostas variam do "incentivo" utilitário (exatamente o montante de retribuição necessário para induzir as pessoas a investir de bom grado) ao "qualquer coisa" libertário.[5] Friedrich von Hayek, por exemplo, afirma, numa longa argumentação, que qualquer esforço para tornar a compensação proporcional ao "mérito" — estimando o risco, digamos, e calculando quanto a pessoa merece em troca — estimula uma intolerável intromissão do Estado no que deveriam ser escolhas e transações humanas inteiramente livres.[6] No entanto, em qualquer explicação como essa, o risco apenas justifica a obtenção de lucros. A noção de risco não é intrínseca à noção de lucro e não é pressuposta (ou mesmo suposta) pela "motivação do lucro". Embora possamos *justificar* lucros com base na exposição ao risco (e como uma recompensa pela inovação e o *marketing* bem-sucedido), não podemos explicar a busca de lucros recorrendo à compensação por riscos. Evocar a necessidade de "incentivos" é inverter a explicação.[7]

Quem supostamente a teria chamado de motivação do lucro? Não é suficiente dizer, sem maiores especificações, que todo o nosso sistema econômico opera segundo a "motivação do lucro". Presume-se, antes de mais nada, que os indivíduos sejam assim motivados, não os negócios e as corporações. É verdade que a busca de lucros está tipicamente inscrita nos estatutos de uma corporação, mas isso sem dúvida não constitui um motivação. Faria sentido dizer que o lucro é o objetivo do sistema como um todo?[8] Nesse caso, porém, o lucro pareceria ser não um motivação mas uma abstração superposta por especulações de teóricos dos negócios. Nem mesmo os indivíduos, todavia, têm, de maneira óbvia, uma motivação do lucro. Os empregados não têm: têm salários a ganhar e serviços a fazer. Administradores não têm: têm obrigações. Até altos executivos trabalham por salários e bônus e não por lucros em si (exceto na medida em que sejam também acionistas da companhia). Somente os investidores, os "proprietários", esperam por lucros (e não "trabalham" propriamente por eles), e se alguém tem a motivação do lucro, presume-se que sejam eles. Assim, seria em favor deles que todo o sistema funcionaria. Mas isso não parece uma maneira perversa e invertida de ver o sistema? E quanto ela deixa de fora, acerca até dos próprios acionistas, definidos agora exclusivamente em termos do risco econômico que assumem e de suas expectativas, sem referência alguma, em absoluto a sua cidadania, suas personalidades ou suas preocupações e atividades na vida?

Entre suas muitas falhas, esse discurso da "motivação do lucro" faz toda menção a "virtude" ou "integridade" soar simplesmente antiquada e ingenuamente idealista. Vale a pena observar que a expressão foi inventada por socialistas do século XIX como um *ataque* aos negócios e sua busca tacanha do dólar, do marco e da libra, em detrimento de todas as outras considerações e obrigações. A idéia era criticar e satirizar a perspectiva vulgar, a insensibilidade por vezes cruel e a falta de espírito público de certos empresários grotescos. Lamentavelmente, porém, os empresários viram a condenação como um elogio, como uma maneira conveniente não apenas de descrever como de justificar sua miopia. Um comportamento que era meramente cobiçoso e egoísta passou a poder ser definido e defendido como um motivação abstrato e honrado. Um comportamento anti-social passou a ser justificável, em termos que teriam horrorizado Adam Smith, como um aspecto essencial (e até louvável) da natureza humana.

Não há dúvida de que as pessoas de negócios pretendem realmente obter lucros, e, para continuar nos negócios, a maioria delas precisa obtê-los, mas vale a pena parar um instante para perguntar como e por que elas fazem isso.[9] Os negócios e as pessoas de negócios obtêm lucros, em geral, fornecendo bens e serviços de qualidade, gerando empregos e "ajustando-se" à comunidade. Isso incluiria, presumivelmente, serviços financeiros e consultorias de investimentos, mas excluiria lucros "parasitários" obtidos pela mera subtração de uma parte, sem o fornecimento de um serviço em troca. (Traçar a distinção entre a "arte de vender" e a prestação de um serviço é reconhecidamente difícil.) Ademais, os lucros em si não são a finalidade ou a meta da atividade empresarial: os lucros são distribuídos e reinvestidos.[10] Eles são um *meio* para desenvolver o negócio e recompensar empregados, executivos e investidores. Para alguns, os lucros podem ser uma maneira de "marcar pontos", mas, mesmo nesses casos degenerados, o que conta é a condição e a satisfação de ser "ganhador", não os lucros em si. Foi por boas razões, não importa o que possamos pensar de seus preconceitos, que Aristóteles desdenhou a noção do lucro pelo lucro, e até para Adam Smith estava claro que era a prosperidade, não o lucro, que constituía a meta do sistema de livre mercado, quer o homem de negócios tivesse isso em mente quer não. Mas destacar os lucros, e não a produtividade ou o serviço público, como finalidade central da atividade empresarial é uma falsificação dos motivos da maioria das pessoas, além de suscitar vários problemas. De fato, Norman Bowie afirmou recentemente que os lucros, como a felicidade, tendem a ser mais facilmente obtidos quando não buscados. Se você quer ser feliz, precisa buscar não a felicidade, mas outras metas, como qualidade e confiança, e preocupar-se com elas de maneira conscienciosa. Assim também, "quanto mais um negócio busca conscientemente obter lucros, menos provável é que os consiga". Bowie chama isso, com propriedade, de "o paradoxo da busca do lucro".[11] Poderíamos vê-lo como um antídoto conceitual severo à mítica motivação do lucro.

Uma versão mais sofisticada do mito da motivação do lucro evita as generalizações extravagantes relativas à natureza humana e interpreta a motivação, de maneira mais modesta, como uma questão de obrigação contratual, não de necessidade natural. Segundo ela, os administradores de um negócio estão sujeitos fundamentalmente a uma única obrigação: maximizar os lucros para seus acionistas. "A responsabilidade social dos negócios", escreve Milton Friedman num famoso e polêmico artigo, "é aumentar seus lucros." Não inclui a palavra "somente", mas ela está claramente implicada e defendida no que se segue. (A polêmica queda de Friedman por idéias extremadas e exclusivas é evidente também em suas outras obras, por exemplo, sua ênfase absolutamente lógica no impacto da oferta de dinheiro, que se transforma no "monetarismo", a idéia absurda de que a oferta de dinheiro é o *único* determinante de uma economia.) Friedman argumenta que os administradores de uma companhia têm uma "responsabilidade fiduciária" para com os proprietários (numa companhia de capital aberto, os acionistas), o que sem dúvida é verdade. Mas, em seguida, ele passa a afirmar que essa é a *única* responsabilidade social da administração, e que qualquer uso de dinheiro corporativo para boas causas alheias a esta — por exemplo, filantropia, educação geral, desenvolvimento da comunidade — é efetivamente "roubo" dos legítimos proprietários, dinheiro roubado (ainda que em nome de uma boa causa). Não precisamos indagar se esse é a motivação real por trás da maior parte das decisões de cúpulas administrativas para mostrar que, enquanto os administradores reconhecem de fato que seus próprios papéis nas empresas são definidos principalmente por obrigações, não pela "motivação do lucro", a imagem pouco lisonjeira do *Homo economicus* foi apenas transferida para os acionistas (isto é, os proprietários). Mas será verdade que investidores ou proprietários se preocupam *unicamente* com a maximização de seus lucros? Não pensam que há todo tipo de valores e virtudes a serem considerados ao longo do caminho que leva a dividendos e à valorização das ações? E se algum investidor fortuito, por apenas quatro meses, pensa de fato unicamente em aumentar seu investimento em 30% ou coisa que o valha, por que deveriam os administradores da empresa ter alguma obrigação em relação a ele, se não a de evitar desperdiçar intencionalmente esse dinheiro?

Há muito mais a dizer sobre a argumentação de Friedman, é claro, desde sua idéia absurda e unilateral de responsabilidade até sua patética compreensão da personalidade do acionista como *Homo economicus*, mas este não é o lugar para esse tipo de discussão.[12] A idéia que quero defender aqui é simplesmente a de que esse discurso sobre a primazia dos lucros e a obrigação de proporcioná-los não é apenas tolo e enganoso, ele se sobrepõe ao quadro mais amplo e todos os outros propósitos a que os negócios se destinam e a que os administradores são contratados para servir. Ele ignora todas aquelas outras clientelas — os *stakeholders** — além dos *stockholders*, ou acionistas, e faz parecer que os negócios e a corporação são entidades unidimensionais, voltadas de forma exclusiva para o lucro. E dar tal *status* a lucros não só é tolo na teoria como é cruel e perigoso na prática. Para tomar apenas um exemplo, é óbvio para qualquer pessoa que tenha feito ou olhado a escrituração de uma empresa que os empregados são, tipicamente, o custo isolado mais caro e pesado, em termos não apenas de salários, aumentos do custo de vida e expectativas baseadas em mérito ou antiguidade, mas de seguros secundários e pacotes de benefícios que podem representar um adicional de 30 a 50% sobre o custo médio.

Os empregados são, da perspectiva exclusiva do lucro, o custo mais descartável para uma empresa, e neste ponto dois propósitos e concepções muito diferentes de negócio — bem como dois grupos de interesses freqüentemente diferentes — entram em foco. No primeiro, os lucros são o fim e os empregados são os meios, e quando é possível melhorar os meios (cortando custos) em benefício do fim, essa é a medida correta a tomar. Na segunda visão, porém, os empregados são parte da "equipe" que torna a operação possível, e, descrever a operação como voltada essencialmente para o lucro, a entidade fundamental é a equipe, não os lucros. Em nome dos lucros, os direitos do trabalhador entrarão em conflito inevitável com o saldo final. A "mentalidade de Banco Imobiliário" — uma maneira de pensar própria para um jogo de tabuleiro em que não há empregados e consumidores — irá fatalmente dirigir nosso pensamento.[13]

O mesmo ocorre no tocante à nossa compreensão dos consumidores. Como escreveu Drucker: "Só há uma definição válida do objetivo empre-

*Por *stakeholders* (palavra usada em contraposição a *stockholders*, ou acionistas), Solomon designa — como ficará claro ao longo do livro — todas as clientelas e grupos que possam ter algum interesse numa corporação: acionistas, empregados, clientes, vendedores, a comunidade e a sociedade em geral, incluindo o resto da indústria e a concorrência. (*N. da. T.*)

sarial: *criar um cliente.*"[14] Como é tão comum no mercado sensacionalista dos textos sobre negócios, a afirmação é hiperbólica e contradiz claramente outras afirmações de Drucker no mesmo livro. Entretanto, como tantas outras afirmações exageradas, também essa contém uma intuição valiosa. Drucker acabara de passar alguns parágrafos demolindo o discurso e o pensamento fundados na "motivação do lucro", e então nos apresentava uma alternativa clara como fim. Mas os clientes, pode-se argumentar, são um (ou *o*) meio para os lucros. Uma empresa procura expandir sua lista de clientes para produzir mais, para talvez então expandir-se e reduzir custos, no intuito único de obter ainda mais lucros por meio de vendas ainda mais expandidas. Contudo, deveria ser óbvio que nesse ponto, mais uma vez, temos uma espécie de problema do ovo e da galinha, apesar de pendermos mais para o lado da galinha. Poderíamos olhar a questão dos dois modos, mas, como todo vendedor sabe, se um cliente sensível tem a mais leve impressão de que o vendedor o está "usando" para ganhar uma comissão ou fazer uma venda, fugirá rapidamente. Clientes são necessários para a obtenção de lucros, mas disso não se deduz que são um meio para a obtenção de lucros. Aqui está novamente o paradoxo de Bowie. Companhias que tratam clientes como fins em si mesmos, aparentemente esquecidas de seus próprios custos, acabam por atrair e conservar mais clientes e ter um saldo final mais polpudo, também.[15]

As metáforas mais perigosas são as que não se apresentam como metáforas, mas como uma descrição direta e literal das coisas no mundo. Em especial, entre a idéia de que os negócios são essencialmente definidos e movidos por um impulso humano básico chamado de "motivação do lucro". Esse tipo de discurso sobre a motivação do lucro, acredito, causa mais dano às virtudes — e mais ênfase nas virtudes erradas — que qualquer quantidade de velhacaria ou desonestidade da parte da comunidade dos negócios. A linguagem tacanha da motivação do lucro provoca a desconfiança pública e muitas das práticas dúbias que são o objeto dessa desconfiança. O "mito da empresa amoral" persiste não só entre o público desconfiado e alguns filósofos de inclinação socialista, mas entre boa parte do pessoal envolvido em negócios. Esse mito, conjugado com aquele que chamei de "cobiça abstrata", formam um par bastante imoral, e eu esperaria que ninguém envolvido com ética dos negócios acreditasse em qualquer deles, mas uma ocasional carta ao editor enviada por um professor de administração assistente consegue mostrar o quanto estou errado. A primeira tarefa da ética dos negócios é limpar o terreno, livrando-o de alguns mitos e metáforas igualmente incriminatórios e perigosos, que, longe de esclarecer, obscurecem o etos subjacente, que torna os negócios possíveis, e fazem qualquer discurso sobre "virtude" soar meramente antiquado e ingenuamente idealista.

É assim que compreendemos mal os negócios e perdemos nosso senso de cooperação, comunidade e integridade: adotando uma visão demasiado estreita do que são os negócios — por exemplo, a busca de lucros — e depois derivando conclusões antiéticas. Essa perspectiva imperdoavelmente limitada acerca dos "direitos dos acionistas", por exemplo, foi usada para defender algumas das "incorporações hostis" muito destrutivas e sem dúvida improdutivas de grandes corporações nos últimos anos. Isso não significa negar os direitos dos acionistas a uma retribuição justa, é claro. Nem negar a "responsabilidade fiduciária" dos administradores de uma companhia. Significa apenas que esses direitos e responsabilidades só fazem sentido num contexto social mais amplo e que a própria idéia da "motivação do lucro" como um fim em si mesmo — em contraposição a lucros como um meio de estimular e recompensar trabalho árduo e investimento, desenvolvendo uma companhia melhor e servindo melhor à sociedade — é um sério obstáculo à compreensão da rica tapeçaria de motivos e atividades que constitui o mundo dos negócios.[16]

Notas

1. Consta que *Um príncipe em Nova Iorque*, de Eddie Murphy, grande sucesso de bilheteria, "perdeu" 300 milhões de dólares quando o autor, Art Buchwald, exigiu na justiça uma participação nos lucros.
2. Anthony Flew, "The Profit Motive", *Ethics*, pp. 312-22.
3. Richard De George, *Business Ethics*.
4. Flew, "The Profit Motive", p. 314.

5. Durante a crise de energia de meados da década de 1970, o porta-voz da Mobile Oil Company, Herb Schmertz, defendeu muitas vezes os lucros inesperados obtidos por sua companhia declarando que "nunca vira um lucro obsceno". É como se os lucros, como as virtudes aristotélicas, nunca pudessem ser excessivos.
6. Friedrich von Hayek, *Mirage of Social justice.*
7. Cf. Drucker, *Management,* p. 60: "Lucro e lucratividade são... cruciais — mais ainda para a sociedade do que para a empresa em si. A lucratividade não é, contudo, a finalidade, mas um fator limitante para a iniciativa e nas atividades empresariais. O lucro não é a explicação, a causa ou a base do comportamento empresarial e das decisões empresariais, mas sim o teste de sua validade."
8. Ibid.: "Lucro e lucratividade são... cruciais — mais ainda para a sociedade do que para a empresa em si."
9. Ibid.: "Se arcanjos, em vez de empresários, se sentassem nas cadeiras da diretoria, continuariam preocupados com a lucratividade, apesar de serem totalmente destituídos de interesses pessoais em obter lucros."
10. Ibid., p. 60-61: "O primeiro teste de qualquer empresa não é a maximização do lucro mas a obtenção de lucro suficiente para cobrir os riscos da atividade econômica e assim evitar prejuízo... Trocando em miúdos, uma companhia falida não tende a ser uma boa companhia *para a qual* trabalhar, nem a ser um bom vizinho ou um membro desejável da comunidade... Só há uma definição válida do objetivo empresarial: *criar um cliente.*"
11. Norman Bowie, "The Profit Seeking Paradox".
12. Veja nossas controvérsias em Robert C. Solomon e K. Hanson, *Above the Bottom Line.*
13. Esse jogo talvez seja, ele próprio, o exercício isolado mais esclarecedor sobre a ética nos negócios, em especial para os que não estão nos negócios e declaram não ter simpatias por eles. Onde mais se podem experimentar todos os sintomas da patologia anti-social, pisotear milhares de pessoas imaginárias e tratar o mundo, ainda que apenas por algumas horas, como a mera matéria-prima insensível de nossa própria auto-estima? E os dólares, afinal de contas, são absolutamente sem valor, mero "dinheiro de Banco Imobiliário".
14. Drucker, *Management,* p. 61.
15. Tom Peters vem apregoando este tema como uma de suas chaves da "excelência" desde antes de seu livro *In Search of Excellence.*
16. Este é um dos muitos pontos em que a linguagem corrente do *"stakeholder"* torna-se uma soma memorável da amplitude da responsabilidade social corporativa, em lugar da visão estreita da busca do lucro e da "motivação do lucro". Uma maneira de pensar sobre o *"stakeholder"* em contraposição ao *"stockholder"* [acionista] é pensar na obrigação e na responsabilidade social como primordial, em vez de uma responsabilidade unidimensional, meramente "fiduciária".

CAPÍTULO 5 A teoria dos jogos como modelo para os negócios e a ética dos negócios

Não deveríamos pedir de um assunto mais precisão do que ele é capaz de nos dar.

ARISTÓTELES, *Ética a Nicômaco*

O problema da ética é ser tão frouxa ("subjetiva" para os que confundem imprecisão e controvérsia com indeterminação e mero gosto pessoal). Mas os negócios, pelo menos em teoria, são muito claros, muito exatos, muito precisos. Como me disse certa vez um amigo empresário (no final de uma conversa sobre a dificuldade de se avaliar produtividade e sucesso na academia): "Nos negócios você sempre sabe o quanto está se saindo bem. Basta enfiar a mão no bolso." (Não insisti na ambigüidade dessa sugestão.) Poderíamos pensar que, se pelo menos fosse possível tornar a ética mais precisa, mais semelhante aos negócios, seria possível tornar a ética dos negócios mais palatável e poderíamos abrir mão de metáforas por completo.

Por exemplo, que tal se as negociações e os acordos recíprocos do livre mercado fossem adequados para explicar não somente os negócios mas também a ética? Que tal se, mesmo sem nos comprometermos com a visão metafórica talvez leviana em excesso de que negócios não passam de um jogo, conseguíssemos demonstrar que eles podem ser literalmente entendidos como algo muito semelhante a um jogo, uma atividade composta por metas, estratégias e regras de *fair play*? Essa é a promessa da "teoria dos jogos", um sistema de modelos matemáticos idealmente apropriados para estratégias de negociação e táticas competitivas. A teoria dos jogos, inicialmente concebida por John von Neumann nos primeiros anos da Segunda Guerra Mundial, foi desde os primeiros momentos, apropriada com avidez por economistas como um modelo matemático para a atividade econômica.[1] Mesmo tal como originalmente concebida, a teoria dos jogos não se restringia a "jogos" propriamente ditos. Aplicava-se a quase todas as situações em que interesses individuais estavam causal e estrategicamente interconectados, inclusive questões públicas de governo e bem-estar social e competições e trocas privadas. Com a expansão da teoria na forma de "teoria da decisão", "teoria da escolha social" e "modelagem da racionalidade", os modelos de competição e cooperação fundados na teoria dos jogos passaram a ser aplicados a questões sociais e políticas tão variadas quanto comportamento eleitoral, teorias de justiça e dissuasão nuclear, para citar apenas algumas. Em nenhum terreno, porém, a teoria dos jogos e suas aplicações foram aprovadas com mais entusiasmo que na economia e na teoria geral dos negócios.

Negócios, por certo, não são meros jogos. Aparentemente, porém, as regras e estratégias, e, em conseqüência, a ética dos negócios são passíveis de formulação precisa sob os auspícios da teoria matemática dos jogos. Não precisa haver presunção alguma de que negócios são "divertidos" (como em "divertimento e jogos") nem de que os vários "jogadores" (ou "partes") estão envolvidos voluntariamente. Um "jogo", visto dessa forma, é qualquer interação entre agentes que têm preferências e objetivos. Não é necessário que um desses objetivos seja "ganhar". Nem todos os jogos têm ganhadores e perdedores; basta que seja possível demonstrar se alguém está se saindo bem ou mal segundo seus próprios objetivos, e não necessariamente em comparação ou em oposição a outros. Não se deve supor que as atividades em questão são competitivas. A atraente noção de "jogo cooperativo" abre a possibilidade de estratégias cooperativas e resultados mutuamente satisfatórias ("ganhar-ganhar"). De fato, na concepção mais otimista da teoria dos jogos, seria possível pensar que ela nos dá uma "ética" ideal em que tudo é justo e todos estão (mais ou menos) satisfeitos, mesmo sem nenhum desses constrangimentos sociais, chamados "moralidade", que pareceriam formar o núcleo da ética.[2]

O apelo desse modelo é óbvio. Se, na situação de mercado mais simples imaginável, Adão tem um laranja mas quer uma maçã, e Abraão tem uma maçã mas quer uma laranja, e, após um brevíssima discussão, decidem fazer uma troca, todos ficam satisfeitos. É um resultado "ótimo"; cada um fica com sua primeira preferência e ninguém decepciona. Mas não é apenas o resultado ótimo que nos agrada. É o procedimento, a *reciprocidade* do mercado que o torna tão atraente, o fato de (após conhecerem, além de seus próprios interesses, os dos outros) ambas as partes concordarem com o resultado que cada qual deseja. Nenhuma autoridade externa precisa emitir instruções ou impor sanções. Contanto que haja acordo esclarecido e satisfação mútua, não precisa haver apelo adicional à "moral". (Pressupõe-se aqui que a "moral" consista de limitações ao interesse pessoal.) Esse quadro excessivamente simples de pura troca não muda significativamente se acrescentarmos mais pessoas, introduzirmos dinheiro como meio de troca ou adicionarmos produção; o princípio básico da reciprocidade e da satisfação pessoal por meio da satisfação mútua permanece inalterado. Aristóteles estava redondamente enganado se pensava que todo comércio é roubo e exploração. O comércio baseado em acordos comuns parece ser um paradigma do comportamento civilizado mutuamente satisfatório.

Será esse agradável paradigma, no entanto, uma concepção adequada dos negócios? Será ele uma concepção adequada dos jogos e das situações de negócio? Será que a moralidade (ou o que poderia tomar alegremente seu lugar) não passa de cooperação racional movida pelo interesse pessoal? A resposta para todas estas três perguntas é claramente não. Os negócios (é óbvio) nem sempre são a troca mutuamente satisfatória e agradável (mediada por dinheiro) que o exemplo anterior representa. Os negócios são não só competitivos como às vezes exploradores também. O mundo dos negócios está impregnado das distorções hobbesianas da "Força e Fraude".[3] Com efeito, a idéia do jogo como modelo para os negócios é reveladora de modo que não é tanto a troca o aspecto central, mas a competição e a rivalidade. Ademais, a maioria dos jogos e algumas negociações-padrão pressupõem não conhecimento mútuo, mas ignorância. Em poucas situações de negócio há esclarecimento mútuo como num simples escambo.

Os jogos (e a teoria dos jogos) envolvem tanto estratégias quanto metas, e estratégias (em geral) sugerem, além de competição, certo sigilo. Agir em face da incerteza (pelo menos, a incerteza do mercado) faz parte do jogo. A competição do mercado (em contraposição, por exemplo, a nossa própria negociação com um fornecedor ou um cliente) não é recíproca e baseia-se em parte na ignorância mútua. Saber o que seu concorrente está fazendo, sem deixar que ele saiba o que você está fazendo, é uma enorme vantagem. E, em contraste com o que sugere o exemplo da troca de bom grado, a competição nos negócios nem sempre conduz a resultados ótimos e mutuamente satisfatórios. Assim, o foco da maior parte do debate no campo da teoria dos jogos atualmente é um paradigma melancólico de um jogo não-cooperativo em que praticamente todos perdem.

Esse paradigma é o chamado dilema do prisioneiro, uma soma não-zero, competitiva, jogada por pelo menos duas pessoas.[4] (Atribui-se sua formulação a A. W. Tucker, um matemático de Princeton.) O que melhor ilustra o dilema do prisioneiro é a história que dá nome ao exemplo. Dois homens (Joe e Moe) são presos e imediatamente separados pelo promotor público. Ele informa a cada preso que se confessar (e o outro não), receberá uma pena muito reduzida (um ano), ao passo que o outro receberá a pena máxima (dez anos). Se ambos confessarem, o promotor poderá condenar os dois (cinco anos). O que o promotor não diz aos presos (mas está perfeitamente evidente) é que se nenhum dos dois confessar, ele não terá causa, mas poderá condená-los com base numa acusação menor (dois anos). O que deveria cada um (racionalmente) fazer? O resultado ótimo (isto é, menos tempo na prisão para ambos) se produziria se nenhum dos dois confessasse, mas Joe imagina que se Moe confessar e ele não, será condenado a muito tempo de prisão. Moe tem, mais ou menos, o mesmo raciocínio. Assim, ambos confessam, e o que é racional está longe de ser ótimo.

É fácil imaginar um grande número de situações de negócios que se enquadram no modelo dos jogos. Na mais óbvia, temos dois empresários concorrentes que devem fixar seus preços em concorrência mútua sem que um saiba o que o outro vai fazer. Cada um será cauteloso e fixará um preço mais baixo do que se estivesse certo de que o outro estabeleceria um preço adequadamente mais alto. Em casos assim, a concorrência comercial (ou, mais precisamente, a não-cooperação) é mutuamente desvantajosa, embora caiba assinalar que, em geral, isso beneficia o cliente. (Dessa forma, podemos compreender o entusiasmo dos consumidores sempre que há guerras de preços e, do lado das empresas, a necessidade de leis contra cartéis e fixação de preços.) Todavia, será esse um modelo adequado de negócios? Serão os negócios feitos de (em termos da teoria dos jogos) "maximização da utilidade" e não de "otimização" das decisões? Isto é, será verdade que a negociação comercial típica e o livre mercado em geral põem todas as partes numa posição pior? Um socialista diria: claro que sim. Em defesa do mercado, porém, seria possível considerar o dilema do prisioneiro como sendo o "pior cenário ". Ou se poderia negar por completo que ele seja um modelo de mercado.[5] A verdade óbvia, eu diria, é que o mundo dos negócios envolve um sem-número de tipos diferentes de atividades e formas de interação, alguns dos quais seriam retratados de maneira imperfeita por modelos da teoria dos jogos, entre eles o "dilema do prisioneiro". Entretanto, a malfadada tentativa de capturar a totalidade dos negócios e da economia (e "o mercado", em um singular enganoso) num único e preciso modelo matemático tem de negar essa verdade óbvia.

Apesar disso, muitos filósofos e teóricos sociais tentaram emendar e adaptar a teoria dos jogos para fornecer uma teoria normativa da racionalidade e da moralidade, bem como um modelo descritivo do comportamento de jogo. O cenário filosófico desses esforços pode ser encontrado na filosofia ética do utilitarismo, a idéia de que, partindo da premissa de que todos querem maximizar seu próprio prazer e minimizar seu próprio sofrimento, todos deveriam maximizar o bem geral.[6] (Falaremos sobre essa filosofia em detalhes mais adiante nesta seção.) Provar a validade dessa argumentação, contudo, tem sido notoriamente difícil, e muitas vezes afirmou-se (por exemplo, por filósofos morais alemães antes e depois de Mill, que considerava a posição utilitarista simplesmente "vulgar"[7]) que só é possível alcançar a posição de solidariedade social pressupondo-a, não demonstrando-a com base no interesse individual.[8] Ademais, prazer e sofrimento são difíceis de quantificar e, para teóricos mais sensíveis como Mill, vulgarmente hedonísticos demais para poder figurar como fins supremos do comportamento humano. Aristóteles afirmou, notavelmente, que o prazer em particular nunca foi o objetivo de uma atividade, mas antes seu "acompanhamento" bem-vindo. Assim, teóricos dos jogos contemporâneos rejeitam qualquer forma desse hedonismo e falam de forma mais geral sobre "maximização da utilidade". Isso, por sua vez, torna-se a definição operacional de "racionalidade", e a questão candente para todo teórico é se há ou poderia haver uma solução racional para os jogos não-cooperativos mais embaraçosos.

O jogo mais embaraçoso, é claro, é o do dilema do prisioneiro, e enquanto houver a mais leve suspeita de que ele reside no núcleo dos negócios e de que a moralidade e a ética dos negócios são uma espécie de antídoto ou corretivo, qualquer concepção adequada tanto dos negócios quanto da ética dos negócios será impossível. Minha tese nesse ponto é (como tem sido o tempo todo) que é um erro partir da suposição de que os negócios e a ética são em algum sentido opostos, e o modelo da teoria dos jogos, em quase todas as suas versões, é exatamente uma maneira muito sutil e sofisticada de introduzir sorrateiramente esse antagonismo. Gautier nos diz (em uma de muitas passagens semelhantes)

> O argumento que os economistas do *laissez faire* proporiam em favor do fim das limitações políticas é claramente também um argumento em favor do fim das limitações morais. Se cada um não é moralmente livre para perseguir seu próprio ganho, alguns deverão se beneficiar em detrimento de outros. Enquanto os pensadores mais antigos viam na busca irrestrita da utilidade individual a fonte máxima de conflito a questões humanas, os defensores do mercado vêem nela, ao contrário, o elemento fundamental da verdadeira harmonia que resulta da mais plena realização possível das preferências que a utilidade mede. O moralista tradicional é informado de que seus serviços não são desejados.... O argumento dos defensores do *laissez faire* pode então requerer a afirmação de que, quando a escolha ao mesmo maximiza a utilidade e promove a otimização, ela deve ser também moralmente correta. Todavia, uma interpretação mais profunda do argumento deles, o qual endossamos, é que ele se funda na afirmação de que a moralidade não tem qualquer aplicação à interação de mercado sob condições de competição perfeita.[9]

Gautier distancia-se dos teóricos do *laissez faire*, mas suas simpatias superam de maneira óbvia suas discordâncias. Ele restringiria o livre mercado, mas apenas porque ele não é, na prática, convenientemente "livre", não é a "competição perfeita".[10] A distinção que faz entre moralidade e mercado, no entanto, é tão insidiosa quanto a equação que os teóricos do *laissez faire* estabelecem entre os dois. Pois o mercado visto (como começamos por fazer) como troca mutuamente satisfatória não é em absoluto a mesma coisa que o mercado visto essencialmente como competição (admitindo que se trata de competição em termos de troca), e é essa perspectiva, essa maneira de ver o mercado que força a separação entre negócios e ética, ou entre o que é interpretado de forma errada como interesse pessoal ("maximização da utilidade individual") e moralidade (como limitação). O mundo dos negócios e as teorias econômicas que o descrevem, porém, baseiam-se fundamentalmente não em vantagem mútua e cálculo, mas em confiança e num pressuposto não calculista de interesse compartilhado.[11]

Isso nos traz de volta à questão da moralidade e da ética dos negócios, concebidas como limitações ao interesse individual. Seria a moralidade, perguntamos, simplesmente cooperação racional guiada pelo interesse pessoal? Ou poderia um mercado perfeito (pelo menos em teoria) prescindir de moralidade, ou seja, prescindir daquelas limitações que nos obrigam (ocasionalmente) a não agir em nosso próprio interesse? Terá a moralidade por objetivo assegurar (ou, pelo menos, tornar provável) nossos interesses de longo prazo, uma finalidade já atendida pelo mercado (perfeito)? Acredito que isso seja, uma cabal incompreensão da moralidade, que não diz respeito a interesses individuais, sejam eles de curto ou longo prazo — o que, quero enfatizar, não significa que ela seja *oposta* a nossos interesses individuais. A moralidade tem a ver com cultura e tradição, regras compartilhadas e costumes na vida em comum. Ela não é, basicamente, uma questão de limitações, embora obviamente inclua grande número de limitações, e é preciso muita engenhosidade para sustentar que muitas destas (como os "tabus") servem a interesses individuais de longo prazo. Ademais, a moralidade, na medida em que diz respeito a interesses individuais, está voltada não apenas para a satisfação das várias partes, mas para o processo e os interesses com os quais essas partes se satisfazem, inclusive a justiça dos procedimentos, bem como a justiça dos resultados (mesmo que, por exemplo, por causa do desespero ou da estupidez de uma parte, ambas as partes fiquem satisfeitas). Tudo isso (e mais) torna implausível a redução da moralidade ao mercado ou a substituição de uma pelo outro.

Isto ainda não é uma argumentação contra o uso da teoria dos jogos como substituto da ética dos negócios. Experimentemos deslocar nossa ênfase do resultado para os procedimentos e tentar então formular a ética dos negócios como um conjunto preciso de regras de *"fair play"*. Não seria possível nesse caso conservar nosso otimismo com o acréscimo de um quesito de "competição limpa", segundo o qual algumas ou mesmo todas as partes podem perder e portanto ficar insatisfeitas, mas, como aceitaram de saída a natureza competitiva e incerta do mercado, sabiam e concordavam desde o início que podiam tanto perder quanto ganhar? E se é sabido e aceito, a princípio, que a concorrência em determinada indústria é implacável e envolve certa quantidade de trapaça, as atividades dos concorrentes nessa indústria pareceriam justas e eqüitativas, mesmo que observadores de fora as vissem como moralmente repugnantes. A teoria dos jogos pode nos oferecer um modelo preciso dessas situações, quer estejamos quer não dispostos a chamar esses vários resultados de moralidade. Esse relativismo tem suas virtudes, mas o eclipse da moralidade (digamos, numa indústria ilegal, mal-afamada ou anti-social sob outros aspectos) não é um deles.[12]

O trunfo da noção de racionalidade da teoria dos jogos é a ameaça de que, se uma pessoa não está maximizando a utilidade, outros que estão certamente tirarão proveito dela. A noção paranóica suprema nesse caso é a do "*bookmaker* holandês", um Donald Trump teórico, que está sempre à espera desses que não maximizam e os ataca — um cenário que as práticas comerciais obviamente autodestrutivas de hoje tornam atraente ao extremo. Mas se prevíssemos esse cenário do dilema do prisioneiro e nos preparássemos para ele, haveria ou poderia haver algum negócio? Você depositaria parte de seu suado salário numa conta do mercado financeiro se este abrigasse mesmo a mais leve suspeita de que o administrador de seu dinheiro poderia estar motivado a roubá-lo, desde que não pudesse ser apanhado? Você toleraria por muito tempo uma atmosfera de "cuidado, comprador" em que fosse do conhecimento geral que todos os comerciantes estariam a fim de lesá-lo? (Aquele desconforto bem conhecido que sentimos em mercados para turistas poderia servir como um exemplo fenomenológico.)

Minha principal objeção à teoria dos jogos é que ela se tornou muito mais que a teoria de (alguns) jogos e estratégias e mais que um mero conjunto de modelos (às vezes) aplicáveis aos negócios e à economia. Ela pretende nos dizer tudo sobre "racionalidade". Se a teoria dos jogos parasse por aí, propondo-nos uma série de modelos de situações estritamente definidas com metas inusitadamente competitivas, específicas e interesseiras, não mereceria atenção num livro sobre ética dos negócios (e no máximo uma pequena seção técnica num livro sobre negócios). Mas uma negociação, mesmo quando é competitiva e interesseira, tem muito mais a ver com um senso compartilhado de psicologia social do que com matemática, e a ética tem muito mais a ver com cooperação e comunidade do que com interesse pessoal coordenado. Se você acha que o pôquer é um jogo de azar, o melhor que tem a fazer é ficar longe da mesa, e se acha que a direção de uma empresa é um estudo aplicado de finanças, é melhor que fique na sala de seminário. E se você acha que o sentido de ambas as atividades é "maximizar sua utilidade esperada", talvez precise de um psiquiatra ou de um filósofo que lhe diga alguma coisa sobre o(s) sentido(s) da vida.

Muitas vezes, o uso de modelos da teoria dos jogos nos negócios é, em vez de revelador, degradante. Por exemplo, o modelo do dilema do prisioneiro é usado com freqüência na articulação e na explicação de estratégias de negócios numa situação de investida única, conduzindo ao efeito deprimente em que dois jogadores racionais devem abdicar de benefícios que estariam à sua disposição caso cooperassem. Mas que tipo de negócio seria esse? Seria um tipo que chamaríamos de fortuito. Um negócio que não se repete. Não há, conseqüentemente, nenhum papel para qualquer das virtudes aristotélicas ou virtudes padrão dos negócios, que pressupõem uma comunidade permanente e uma prática contínua, que dependem de um "senso de honra" não apenas como uma virtude extraordinária mas improvável, mas como um pressuposto corrente, uma parte do caráter ou da reputação de uma pessoa ou de um negócio. Teorizações recentes melhoraram esse péssimo retrato implícito dos negócios: pelo menos concorda-se em geral que os negócios envolvem a repetição de jogos e não são fortuitos, e a estratégia de jogos repetidos e contínuos do tipo do dilema do prisioneiro tornou-se um tópico de considerável pesquisa.[13] A idéia de que os negócios podem ser cooperativos (sem envolverem conluios) está ganhando aceitação, e a concepção demasiado estreita da meta dos jogos (interesse pessoal puro e predeterminado) está dando origem a um quadro muito mais flexível da orientação por objetivos dos jogadores nos negócios. (Poderíamos, talvez, distinguir entre o que podemos chamar de modelos *não refinados* da teoria dos jogos, do tipo adotado de maneira rotineira e acrítica por muitos economistas, e modelos *refinados*, do tipo que tem sido recentemente recomendado por planejadores sociais e filósofos preocupados com a justiça. O primeiro presume o interesse pessoal deslavado e uma competição mais ou menos desenfreada, ao passo que o segundo presume interesse mútuo, cooperação e, onde necessário, arbitragem.) No entanto, o que quero contestar é a moldura e a perspectiva básicas da teoria dos jogos, e não apenas sua (freqüente) falta de refinamento. Na verdade, à medida que a teoria dos jogos fica mais e mais sofisticada, tendemos a perder o problema de vista, em vez de resolvê-lo. E esse problema, tal como o vejo, é como levar as pessoas a pensar sobre os negócios e sobre si mesmas de uma maneira aristotélica, e não da maneira neo-hobbesiana (ou mesmo rawlsiana) que os modelos da teoria dos jogos simplesmente pressupõem.

RACIONALIDADE E PRUDÊNCIA

A teoria dos jogos identifica muito prontamente "racionalidade" com interesse pessoal prudente face à competição e ao conflito. É claro que nem todos os jogos são jogados "contra" alguma coisa (inclusive a "natureza"), e, da mesma forma, nem todas as atividades de negócio (ou mesmo a maioria delas) são competitivas. Contudo, embora todos os teóricos dos jogos aludam à possibilidade de jogos cooperativos, é ilustrativo que o tipo de jogo que domina a discussão, o escolhido com mais freqüência como modelo para negócios, é o dilema do prisioneiro, um jogo inflexivelmente competitivo e até cruel. O paradigma aqui é insidioso. A abordagem "racional" de um problema revela-se interesseira e paranóica e a solução é a "segura" — melhor não confiar no outro jogador porque talvez ele não confie em você. Mas se os jogos (em geral) são concebidos dessa maneira, os jogos cooperativos só se mostram preferíveis por serem mais seguros; não eliminam o egoísmo ou a desconfiança mas só enfatizam estratégias que assegurem resultados mutuamente satisfatórios bem como ótimos. (Daí a concepção hobbesiana de sociedade, por contrato, como a melhor solução para a hostilidade e o medo mútuos.)[14] O que está ausente por completo é qualquer senso de interesses compartilhados (em contraposição a meros interesses mútuos) e de dedicação a algo mais amplo ou mais significativo que os próprios interesses.

Penso que Nick Rescher tem razão quando acusa a teoria dos jogos tradicional de fugir a duas questões: se a racionalidade exige essa abordagem prudente de "segurança em primeiro lugar", e, muito mais importante, se a racionalidade requer o cultivo da vantagem pessoal em detrimento dos interesses de outros.[15] Teóricos dos jogos consideraram "paradoxal" que participantes racionais num dilema do prisioneiro não sejam capazes de chegar ao resultado preferível para ambos. (Segundo Anatole Rapaport, "o paradoxo é que se ambos os jogadores fizerem a escolha racional,... ambos perdem.")[16] Rescher nega o paradoxo: "Isso não envolve de fato nada de paradoxal. Mostra simplesmente que a consecução de um resultado geralmente vantajoso pode exigir a exposição a riscos individuais, e que a conduta segundo uma prudência sem interesse pelos outros pode produzir uma situação em que o interesse geral da comunidade é prejudicado."[17] Ele acrescenta, porém, que "para tais lições, não precisamos esperar a moderna teoria dos jogos; os moralistas da Antiguidade clássica nos disseram a mesma coisa muitos anos atrás."[18] De fato disseram, mas por que deveríamos escolher como modelo para os negócios (e pior, para a sociedade) uma situação tão intrinsecamente antagonística?

MOTIVAÇÃO E INTERESSE PESSOAL

A teoria dos jogos começa com o pressuposto de que cada jogador está tentando alcançar seus próprios interesses. Embora o pressuposto seja tão fraco e tão comedido da natureza humana a ponto de insistir somente nos "interesses" (não "interesses pessoais") dos jogadores, a noção de interesse pessoal competitivo volta a se infiltrar. (Isso se aplica tanto a jogos cooperativos quanto a jogos cooperativos: um jogo torna-se cooperativo porque essa é a estratégia "racional" para que todas as partes satisfaçam seus interesses.) Naturalmente, teóricos refinados de jogos asseguram que a noção de "interesse" ou de "preferência" aqui não é necessariamente egoísta; com efeito, poderia incluir todo tipo de desejo altruísta — o desejo de alimentar a própria família ou de ter dinheiro para dar aos pobres ou a candidatos políticos. A transição entre esse sentido neutro de "interesse" e interesse pessoal, porém, é rápida e furiosa. Podemos vê-lo, por exemplo, na caracterização que John Rawls faz da "racionalidade mutuamente desinteressada":

> O pressuposto da racionalidade mutuamente desinteressada equivale, portanto, a isto: as pessoas na posição original tentam admitir princípios que promovem seu sistema de fins tanto quanto possível. Fazem-no tentando ganhar para si o mais alto índice de bens sociais básicos, uma vez que isso lhes permite promover, de maneira mais eficaz, sua concepção de bem, seja ela qual for. As partes não buscam conferir benefícios ou impor danos umas às outras. Tampouco tentam ganhar em relação às outras; não são invejosas ou vaidosas. Nos termos de um jogo, porém, poderíamos dizer: lutam por um escore absoluto o mais alto possível.[19]

Sempre me pareceu no mínimo curioso que, na "posição original", as pessoas não conheçam nem seu próprio sexo nem suas ambições, mas conheçam tanto sobre teoria dos jogos e as ciências sociais. Elas não sentem inveja, afeição ou desejo de competição, e, no entanto, adotam uma estratégia muito bem definida para satisfazer seus desejos (potenciais). Segundo Rawls, os que estão nessa posição original

> não conhecem sua concepção do bem. Isso significa que, embora saibam que têm algum plano de vida racional, não conhecem os detalhes desse plano, os fins e interesses particulares que ele é calculado para promover. Como então podem decidir que concepções de justiça lhes são mais propícias?... Eles supõem que prefeririam mais bens sociais básicos a menos... Do ponto de vista da posição original, é racional para as partes supor que querem de fato um quinhão maior, já que, de todo modo, não são obrigadas a aceitar mais se não desejarem.[20]

Em outras palavras, primeiro agarre os bens e depois você pode decidir o que fazer com eles. Pode não haver qualquer teoria da natureza humana embutida aqui, mas há certamente uma teoria muito forte de senso comum e ela se parece demais com o que chamei de "cobiça abstrata".

DINHEIRO E MEDIDA

Na maioria dos jogos, gostamos de contar os pontos. (Não considero isso uma característica essencial dos jogos, mas parece de fato ser uma das características mais duradouras da teoria dos jogos.) A melhor maneira de contar os pontos é ter um sistema de pontuação confiável, uma unidade definida de valor. Não é de surpreender que, os teóricos dos jogos, ao modelar a sociedade, acabem falando muito sobre dinheiro. É evidente que, também nesse caso, as desculpas apropriadas são apresentadas, "o dinheiro não é o único e nem mesmo o mais importante bem social", "o dinheiro é só um meio e não um fim" e assim por diante. Todavia, ainda que a conversa possa começar tratando de bens sociais básicos, verifico que logo aparece mais um exemplo envolvendo dinheiro. Os economistas, é claro, não se desculpam por isso. Falar sobre dinheiro é o jogo deles, embora admitam, se pressionados, que as pessoas de fato querem (ao menos ocasionalmente) coisas que o dinheiro não pode comprar. (Esses são os vários fatores *x* escondidos por traz do asterisco que indica a margem de erro.) Mas os teóricos sociais em geral gostam de falar sobre dinheiro porque ele é uma utilidade de fácil medição, uma medida prontamente comparável, uma base aparentemente clara para a comparação. Até alguns teóricos não refinados reconhecem, é claro, que quantias iguais não têm o mesmo significado para diferentes pessoas, e assim as inescapáveis especificações da utilidade marginal e da "utilidade do dinheiro" são (hesitantemente) introduzidas na equação. Daí em diante, porém, o cálculo avança como se tudo isso tivesse sido habilmente resolvido com a simples declaração de que devemos "supor que essas coisas são iguais". E, quando isso termina, podemos retornar ao discurso muito geral sobre "bens sociais básicos" — incluindo fatores intangíveis como saúde, liberdade, auto-estima e paz de espírito, como se a quantificação de um domínio cuidadosamente definido da teoria fosse se estender *ipso pipso* ao resto.

Contudo, comparar fins diferentes é difícil (uma pessoa quer ganhar uma corrida de esqui morro abaixo, outra quer dormir numa rede) e, assim, o sucesso e a "utilidade máxima" podem ser difíceis de mensurar. Se atribuíssemos a cada fim um valor monetário, no entanto, e classificássemos diferentes preferências segundo seu valor de troca no mercado, teríamos de fato uma única escala para comparar e avaliar fins e meios e determinar a utilidade máxima. Por isso a vitória dos economistas; e o surgimento do que Karl Marx chamou de "fetichismo".

A ANOMALIA DO ALTRUÍSMO

Mesmo quando não se presume que o interesse pessoal seja a base de todo jogo e a meta de todo jogador, o altruísmo é tratado como uma anomalia, na melhor das hipóteses um benefício marginal com que não se deve contar, mas, na pior, como uma interferência intolerável no funcionamento do jogo. Imagine um jogador de pôquer muito generoso, ou que não tirasse proveito de suas mãos excepcionalmente boas, e você terá a idéia. E assim presumimos o interesse pessoal, se não o egoísmo, ou então, o que é pior, o teórico não refinado dos jogos promove uma dicotomia extrema entre interesse pessoal e altruísmo, para grande desvantagem deste (nuances mais de Ayn Rand que de Nietzsche). Por exemplo, Moritz Schlick:

> O desenvolvimento irrestrito dessas inclinações [altruístas]... pode certamente não levar ao valor e será, com efeito, considerado moral. Respeitar todos os desejos do próximo, ceder a todo impulso de solidariedade, não resulta, por fim, nem na medida mais elevada de alegria para o próprio indivíduo nem, na verdade, para os outros; nesse caso, já não se está falando de bondade, mas de *fraqueza*.[21]

Rescher (que cita Schlick com alguma concordância) ataca, ao longo de seu livro, essa visão de egoísmo pressuposto, reiterando que é um erro crasso julgar que a racionalidade entra em conflito com a moralidade e com o bem social e pensar a ética em termos de "egoísmo inteligente". Rejeita a "busca prudente da vantagem pessoal, voltada antes de tudo para a segurança", que define a maior parte da teoria dos jogos, em favor de uma teoria das emoções solidárias "vicárias". Obtemos "utilidade" por meio de nossa solidariedade com outros, experimentando alegria por seus sucessos, por exemplo, e não unicamente por nossos próprios sucessos. Mas mesmo Rescher parece se deixar enredar no velho paradigma, o que tomo como um sinal da força duradoura deste. Ele distingue "utilidade de primeira ordem", a satisfação dos nossos próprios desejos, de "utilidade de segunda ordem", nossa satisfação como decorrência da satisfação de outrem. Mas o próprio ato de ordenar (e o uso da palavra "vicário") mostra que Rescher também não consegue levar de todo a sério a idéia de satisfação verdadeiramente compartilhada — não "vicária".

Dessa maneira, mesmo jogos cooperativos parecem-me pressupor exatamente essa noção de interesse próprio individual que quero rejeitar, seja ele ou não suplementado ou possibilitado pela satisfação simultânea dos interesses de outrem. O conceito das virtudes — isto é, em contraposição às habilidades exigidas para jogar o jogo — é perdido aqui. Parece-me que é isso que Rescher pretende quando ataca o utilitarismo com base na sua insistência de que "cada um vale por um e só por um", que não deixa espaço algum, segundo Rescher, para relações, parentescos e outras formas de afeição e associação. Um utilitarista flexível pode, é evidente, incorporar facilmente os sentimentos "vicários" e a utilidade de segunda ordem no "cálculo da felicidade", mas Rescher nega que o utilitarista possa ser tão flexível. (Para minha discordância a favor de um deles, veja a discussão sobre Mill no final da Parte I.) Contudo, a idéia que defendo é que a alternativa para jogos interesseiros não é o altruísmo, muito menos a abnegação ou mesmo a satisfação vicária. É a própria noção de "jogadores" discretos com interesses discretos que quero questionar.

BENS E METAS

Mesmo o pressuposto "modesto" de que nosso comportamento é "orientado por metas" é, a meu ver, impreciso e prejudicial. Ned McClennen, por exemplo, reitera que é capaz de "evitar fazer qualquer pressuposto essencialista sobre a natureza humana" e recorre apenas ao pressuposto modesto de que as pessoas são orientadas por metas.[22] Isso não é dizer *que* metas elas perseguem, é claro, nem é sugerir um consenso rawlsiano mais geral sobre metas fundamentais. Ainda que dificilmente se possa negar que temos de fato várias metas na vida, desde de chegar à lata de lixo antes do cachorro até ganhar um prêmio Nobel, penso que a idéia de que nossas atividades são essencialmente orientadas para metas é equivocada e, por vezes, trágica. "Mas com certeza", alguém fatalmente protestará, "nada é mais central numa abordagem aristotélica que a noção de teleologia". E isso é um fato. Penso, contudo, que o que Aristóteles entendia por "teleologia" era muito diferente do que nós entendemos (e do que os teóricos dos jogos, em particular, entendem) por "orientado por metas". Em primeiro lugar, a satisfação do desejo, embora por certo não irrelevante para a teleologia de Aristóteles, não é em absoluto o que ele tem mente. No entanto, uma questão mais básica é que, quando consideramos a concepção de Aristóteles dos ingredientes da boa vida, as virtudes, e nossas várias atividades, é evidente que, embora estas envolvam certos padrões ("o meio termo" e tudo mais), não é a satisfação desses padrões que nos motiva, e teríamos dificuldade em identificar as "metas" que definem a maior parte dessas virtudes. Nossas atividades tampouco são necessariamente orientadas por metas. É verdade que Aristóteles começa afirmando que "toda arte e ciência têm seu fim", mas se consideramos uma dessas atividades que Aristóteles louvava e estimava acima de todas as outras, a saber, a amizade, fica claro que "orientação por metas" não se aplica de forma apropriada. Qual é o objetivo da amizade? A busca mútua de objetivos como base da amizade, não significaria amizade ideal. Assim, apesar de todo o célebre discurso sobre teleologia, quero sugerir que o pressuposto da orientação por metas da teoria dos jogos é de fato não-aristotélico — e enganoso como maneira de pensar sobre a maior parte das atividades humanas, inclusive os negócios.[23]

O CAMPO DE JOGO ILIMITADO

Como afirmei antes, os jogos e os contextos de tomada de decisão são demasiado restritos. É com razão que teóricos dos jogos se referem a "externalidades", pois a maior parte dos jogos é definida por limites precisos. O campo de futebol tem linhas cuidadosamente traçadas à sua volta, e só um número específico de jogadores é admitido em campo. O pôquer é jogado com um baralho comprovadamente não-personalizado, e cada jogador está "dentro" ou "fora". Não se pode esperar de lado para "ver como segue a rodada" antes de entrar. A vida, por outro lado, é sempre ilimitada. Na maioria das negociações, não precisa haver um número fixo de jogadores, e a ética dos negócios tem sido conscienciosa em sua insistência em que o "campo de jogo" dos negócios corporativos não se restringe à sala do conselho, abrangendo os empregados, os clientes e toda a comunidade, *"stakeholders"* e não necessariamente membros do grupo. Os jogos são fechados; o mercado, por sua própria natureza, é aberto. Apenas adicionar "jogadores" ao jogo não adianta, não porque as complicações sejam infinitas (embora por vezes pareçam ser), mas porque os contextos humanos mudam à medida que jogamos com eles, em contraste com o tabuleiro cuidadosamente pintado em que muitos jogos são jogados. No mercado, nunca há exatamente 52 cartas no baralho e nunca exatamente *n* alternativas ou jogadores, e a noção de "jogar" um jogo muda de forma radical quando não só os espectadores, mas uma multidão de meros transeuntes perambula pelo campo onde o jogo é jogado e têm suas vidas enormemente alteradas por ele.

O PAPEL DAS REGRAS

Os jogos, como geralmente os concebemos (até Wittgenstein incorreu nisso), são definidos por regras.[24] No entanto, os negócios como uma prática são muito mais amplos que isso. As regras vêm depois. A ética dos negócios envolve *phronesis*, sensibilidade e imaginação, e não mera obediência a regras. É claro que há regras (especialmente leis), e seria tanto aético quanto imprudente desobedecê-las. Todavia, penso que é essencial ver os negócios e a vida de negócios, em primeiro lugar, como uma *prática*, não um jogo (que é um tipo muito específico e restrito de prática), em que expectativas gerais e acordos mútuos são estabelecidos antes que haja quaisquer regras, muito menos leis. Como tantas vezes ocorre, penso que nos deixamos envolver num tipo de pensamento de "contrato social", quando na verdade é a prática estabelecida que torna os contratos possíveis — e as regras por vezes necessárias. Mas a história dos negócios é mais longa que a história da legislação comercial, e regras, regulações e leis são formuladas não antes, mas depois que as práticas de negócios são estabelecidas e, paradoxalmente, depois que as transgressões que pretendem proibir são praticadas.

Permita-me terminar esta discussão afirmando que a teoria dos jogos não é apenas um *modelo* para os negócios. A teoria dos jogos é *ideologia*. Ela é instrutiva. Fornece a estrutura em que os participantes da prática são incentivados a operar, a lente através da qual deveriam ver o que estão fazendo: "Deveríamos pensar sobre isto desta maneira." "É assim que deveríamos nos comportar." "Deveríamos esperar que isso acontecesse." Num micronível, imagine um vendedor e seu cliente nas situações muito diferentes em que se encontrariam dependendo do modo como vissem sua transação: ou como basicamente competitiva e talvez como um dilema do prisioneiro ou antes como um esforço conjunto para alcançar a satisfação mútua. É claro que, como em todas as microtransações, a situação é determinada em grande parte pelo contexto — por exemplo, considere a diferença entre uma visita a um comerciante de carros usados e uma visita a seu especialista em lentes de contato. Contudo, comprar um carro usado, poderíamos observar, é algo já estabelecido a esta altura como uma espécie de jogo competitivo de médio risco, ao passo que comprar um par de lentes de contato não tem, em qualquer sentido que nos interesse aqui, absolutamente nada de um jogo. Em suma, pensar sobre negócios e ética dos negócios pelo prisma da teoria dos jogos é não apenas usar uma ferramenta para a compreensão; é uma prescrição, e uma prescrição que, em muitos casos, seria sábio não seguir.

Com efeito, muitos dos truques recentes da teoria dos jogos enfraquecem as objeções que apresento.[25] Entretanto, isso não é de todo auspicioso, pois a metáfora da teoria dos jogos, como tantas outras metáforas sistematicamente enganosas na filosofia, não precisa ser aperfeiçoada, mas demolida (como um modelo para práticas de negócios e, em especial, para a moralidade e a ética dos negócios; eu certamente não tenho qualquer objeção à teoria em si ou como um modelo poderoso *para jogos*). A teoria dos jogos, porém, tornou-se agora a maneira preferida de praticar tanto ética quanto economia, e estas são coisas muito diferentes. Em nome da "racionalidade", partimos de um conjunto de pressuposições antiaristotélicas dúbias sobre os negócios e a tomada de decisão humana e, em seguida, passamos, muitas vezes com brilhantismo, a elaborar uma estratégia matemática detalhada. Todavia, por mais sedutores que sejam os paradoxos do formalismo (e eles são mesmo cativantes), é um erro pensar que, resolvendo os problemas técnicos de uma teoria que já é deficiente, responderemos à critica de que ela é de fato deficiente.[26]

Notas

1. John von Neumann e Oscar Morgenstern, *Theory of Games and Economic Behavior.*
2. David Gautier, *Morals by Agreement.*
3. Hobbes, *Leviatã*, discutido como distorções do mercado perfeito por Gautier, ibid., cap. 4.

4. Estou supondo que o leitor está familiarizado com os elementos básicos da teoria dos jogos e não entrarei em detalhes, por mais tecnicamente fascinantes que possam ser. Os conceitos fundamentais são bem conhecidos e tornaram-se praticamente *slogans* no mundo dos negócios (e.g., o polêmico *bestseller* de Lester Thurow, *The Zero-Sum Society*). Ainda mais familiar é a distinção entre jogos *competitivos versus cooperativos*, embora a distinção, mesmo em jogos, nem sempre seja óbvia. Os jogos infantis imaginativos, como "polícia e ladrão", são competitivos ou cooperativos? Todo o jogo depende, como num projeto habitacional do *Monty Python*, das fantasias compartilhadas dos participantes. Jogos de *soma-zero*, é claro, são aqueles que envolvem "uma parada fixa" e vencedores e perdedores cujos ganhos e perdas somam zero (isto é, ninguém pode ganhar mais do que outros perderam). O pôquer é o exemplo usual, por razões óbvias, mas a natureza puramente monetária desse jogo é tomada com demasiada facilidade como um paradigma de todos os jogos, inclusive todos os jogos de negócios. (Mesmo no pôquer, se os jogadores estiverem jogando principalmente "por diversão", será assim tão fácil medir o prazer dos vencedores e perdedores? Surge, desse modo, um problema: onde estão os limites do jogo, dentro do jogo estritamente definido ou circunscrevendo não só o jogo, mas um determinado modo de jogar o jogo, incluindo as intenções e aspirações de jogadores particulares.)

A maioria dos jogos, mesmo aqueles em que há claramente vencedores e perdedores, são jogos de "soma não-zero" num sentido muito óbvio. Um jogo de beisebol tem seus ganhadores e perdedores (a menos que ocorra um empate), mas se olharmos para o *conteúdo* do jogo, é evidente que o placar não é uma soma zero. Um ponto para um time não é subtraído do outro. Poderíamos, contudo, adotar a visão "Peter Potter" do jogo: "Quem não tem um ponto a mais, tem um ponto a menos", mas nem isso é claramente soma zero, dependendo do placar do jogo. Um time derrotado pode ter um desempenho excepcionalmente bom (até obter uma "vitória moral"). Pode também se humilhar por completo. Jogos de soma não-zero são aqueles cujos resultados não somam zero, em que o valor pode ser aumentado ou reduzido no ato de jogar o próprio jogo. Essa, quero afirmar, é a natureza da maior parte dos jogos de negócios, excetuando apenas aqueles que tendem a atrair tanta atenção por envolverem confrontos diretos, como as famosas batalhas comerciais entre Cornelius Vanderbilt e Jay Gould. (Veja Robert C. Solomon e K. Hanson, *Above the Bottom Line*, p. 18.) As complexidades de quase todos os jogos aumentam à medida que mais pessoas ingressam nele, e a situação mais simples da negociação entre duas partes (como no casamento) pode ser lançada em confusão quando uma terceira parte entra no quadro. As coisas complicam-se também quando, pela natureza do jogo, a melhor estratégia para cada jogador individual produz um resultado menos que ótimo. Essa é a natureza do dilema do prisioneiro, e ele é, dessa forma, um argumento convincente contra o livre mercado.

5. Gautier, *Morals by Agreement*, cap. 4, em que ele afirma que o mercado "é a própria antítese do Dilema do Prisioneiro" (p. 83). Isso só se aplica, é claro, ao mercado "perfeito", que, pelo que sei, não tem relação alguma com o mundo dos negócios. Uma "situação ideal de mercado" não é em absoluto, como os economistas gostam de afirmar, uma analogia de, digamos, um "gás ideal" ou uma "massa" em física, uma projeção do comportamento previsível menos fatores de distorção como o atrito e a gravidade atmosférica. Como Lester Thurow disse muitas vezes, quando o céu não se encaixa nas previsões de um astrônomo, ninguém fica por aí falando sobre "irracionalidades" ou "distorções". A teoria está simplesmente errada.
6. Mill: "a única prova de que algo é desejável é o fato de ele ser desejado" *(Utilitarianism*, cap. 4). Gautier, *Morals by Agreement*, (p. 59): "Consideramos, portanto, que valor é uma medida de preferência individual — subjetiva porque é uma medida de preferência e relativa porque é uma medida de preferência individual. O que é bom é bom, em última análise, porque é preferido, e é bom apenas do ponto de vista daqueles que o preferem" (*Morals by Agreement*, p. 59).
7. E.g., Kant em *The Philosophy of Law*, Hegel em seu *The Phenomenology of Spirit* e Nietzsche em *Beyond Good and Evil*.
8. Nietzsche, diferente de Kant e Hegel, propôs essa idéia unicamente como uma crítica à solidariedade social ("moralidade de rebanho"). No entanto, como eles, afirmou que a consciência social era uma forma fundamental de consciência (até de "racionalidade") *bem como* uma estratégia calculada de interesse pessoal (por parte dos que são impotentes demais para obter o que querem de qualquer outra maneira).
9. Gautier, *Morals by Agreement*, pp. 92, 93.
10. Gautier, ibid., 84: "Uma das cláusulas do acordo que gera uma moralidade racional estipula a escolha de um mercado perfeitamente competitivo ou muito perto disso, como uma instituição social naquelas circunstâncias em que tal mercado é uma alternativa viável(...) O mundo poderia ser um lugar melhor se fosse, como os entusiastas da economia do *laissez faire* acreditaram, um mercado perfeitamente competitivo. Mas não é(...) Porque o mundo não é um mercado, a moralidade é um limite necessário à interação entre pessoas racionais.(...) O mercado perfeito, caso se tornasse realidade, seria um lugar sem moralidade, no qual os limites da moralidade não existiriam."
11. Veja também David Copp, "Morality, Reason and Management Science: The Rationale of Cost-Benefit Analysis".
12. A moralidade foi explicada segundo a teoria dos jogos por Gautier (em *Morals by Agreement)*, que, por um lado, estabelece um contraste explícito entre a moral e o mercado, mas, por outro, deixa muito claro que a moralidade, como o comportamento de mercado, é determinada em última análise somente de acordo com nossas preferências negociadas no que essencialmente ainda é uma situação de mercado —

negociação originalmente competitiva em favor de utilidades de longo prazo. Mas ele observa (p. 319) que: "A idéia subjacente do mercado não é a de um jogo. O mercado é a estrutura de uma interação associal, não de oposição; é um ambiente ótimo para os que devem [!] se engajar em interação mutuamente instrumental." Em outra passagem (p. 59), Gautier declara: "Consideramos, portanto, que valor é uma medida de preferência individual — subjetiva porque é uma medida de preferência e relativa porque é uma medida de preferência individual. O que é bom é bom, em última análise, porque é preferido, e é bom apenas do ponto de vista daqueles que o preferem." Veja também Jules Coleman, "Market Contractarianism and the Unanimity Rule".

13. Especialmente, por Robert Axelrod, em seu livro, *The Evolution of Cooperation*. A melhor estratégia em tais situações revela-se ser retribuir confiança e cooperação com confiança e cooperação, violações da confiança e traição com violação da confiança e traição, como punição ou desforra. É um resultado com implicações práticas óbvias e enorme promessa teórica (e.g., tanto na evolução da punição e da vingança quanto na cooperação), mas os pressupostos básicos do problema — maximização da utilidade e a postura não-cooperativa — fazem parte tanto desses modelos sofisticados com dos mais vulgares, mesmo quando sua conclusão é cooperação (restrita).
14. Vali-me aqui de T. C. Schelling, *The Strategy of Conflict;* Edward F. McClennen, "Morality as a Public Good"; Bernard Suits, *The Grasshopper.*
15. Nicholas Rescher, *Unselfishness,* pp. 38-39.
16. "Escape from Paradox", *Scientific American* 217 (1967): 51.
17. Rescher, *Unselfishness,* p. 35.
18. Ibid.
19. Rawls, *A Theory of justice,* p. 144.
20. Ibid., p. 142.
21. Moritz Schlick, *Problems of Ethics*, pp. 202-3.
22. Edward McClennen, "Foundational Explorations for a Normative Theory of Political Economy".
23. Para conhecer uma excelente discussão sobre esse conceito da teleologia como não orientada por metas em Aristóteles, veja Michael Stocker em *"Aristotle in Teleology"*.
24. Ludwig Wittgenstein, *Philosophical Investigations.* Ver também Suits, *The Grasshopper.*
25. Ned McClennen criou parte dos truques, e aprendi muito sobre o assunto com ele; e.g., Edward McClennen, "Prisoner's Dilemma and Resolute Choice" (Paradoxes of Rationality and Cooperation) e "Justice and the Problem of Stability", *Philosophy and Public Affairs.*
26. Jon Elster em muitos livros, entre os quais *Solomonic Judgments* e *Ulysses and the Sirens: Studies in Rationality and Irrationality,* não cessa de investigar o colapso da racionalidade, mas, ainda assim, não abre mão dela.

CAPÍTULO 6 O fim do capitalismo *cowboy*

> Concorrência consiste em tentar fazer coisas melhor do que os outros; isto é, fabricar ou vender um artigo melhor a um custo menor, ou ainda fornecer um serviço melhor. Não é concorrência recorrer a métodos de ringue e simplesmente "nocautear o outro". Isso é matar um concorrente.
>
> JUIZ LOUIS BRANDEIS, "Competition"

> O que os Estados Unidos não precisam ser mais competitivos, mas mais cooperativos.
>
> ED FREEMAN, *Ethics Digest*

Diz-se que a concorrência é a espinha dorsal dos negócios, o motor que os impele, o mecanismo que aciona a grande máquina do capitalismo, a "magia" na magia do mercado. Em grande parte, é claro, isso é pura demagogia, uma desculpa para ou esse ou aquele programa governamental ou uma polêmica contra ele; também em grande parte isso é vanglória, proclamada por porta-vozes de companhias gigantescas que realmente dominaram o campo ou, mais provável, acumularam tamanho monopólio que eles próprios deram fim à concorrência — e gostariam de manter as coisas assim. Quase sempre, é evidente, isso é apenas mais uma metáfora machista, a máscula e gratificante imagem do cavaleiro solitário do Oeste selvagem que enfrenta todos os que chegam e "mede forças" com cada desafiante. É o que Ed Freeman chamou recentemente de "capitalismo *cowboy*",[1] sem, eu espero, pretender com isso questionar a integridade daqueles poucos vaqueiros rudes e mal pagos que têm o bastante que enfrentar sem precisar, também, corresponder a um mito do cinema. Simplesmente não é verdade que as empresas americanas amem a concorrência. Ninguém afirmaria que a Hertz ficou encantada quando a Avis, a companhia número dois, surgiu no mercado, passando de mais "outra" companhia de carros a uma verdadeira concorrente; e ninguém pensaria que a "Big Blue" vibrou com o rápido sucesso da Apple e de meia dúzia de outras companhias de computadores que agora desafiam o domínio que a IBM teve outrora sobre o mercado da informação. A ascensão da concorrência estrangeira é ainda mais espetacular. O que passava por "concorrência" entre fabricantes de automóveis americanos nas décadas de 1950 e 1960 parece, em retrospectiva, um jogo de cartas amistoso na aconchegante sala de estar de um clube exclusivo. Nenhum dos jogadores viu com bons olhos a concorrência do Japão (embora se preocupassem havia muito com as crescentes fatias de mercado tomadas pela Alemanha). Uma analogia um pouco desajeitada mas óbvia para essa falta de entusiasmo norte-americana por toda concorrência que não se dê exclusivamente entre nós, norte-americanos, ocorre a cada ano, quando a maior audiência (de longe) do mundo se reúne em torno de aparelhos de televisão para assistir aos jogos decisivos e às finais do esporte mais popular e competitivo do mundo. Não se trata do que chamamos pomposamente de World Series, ou Superbowl. De forma notória, nossos Três Grandes esportes, nossos três "passatempos nacionais", são quase exclusivamente nossos. Com exceção de algumas ligas iniciantes pelo mundo afora, ninguém mais joga muito beisebol, basquetebol ou o que nós chamamos de futebol. Assim, quando denominamos jogos "a Série Mundial" e declaramos nossos times "campeões do mundo", há uma pitada de ironia, se não de hipocrisia, no fato embaraçoso de que ninguém mais está competindo pelo título. Entretanto, quando se trata do futebol (*soccer*), o único esporte de equipe em que a concorrência é internacional de verdade, preferimos continuar em casa. Teremos nós, norte-americanos, "espírito competitivo"? Ou preferimos o conforto das rivalidades estabelecidas há muito, numa arena cuidadosamente protegida? A concorrência não é a quinta-essência dos negócios, mas tampouco é uma atitude que adotamos com tanto entusiasmo quanto queremos crer.

Jovens empresários bem-sucedidos, é claro, alimentam sonhos de concorrência, mas, em geral, a concorrência não é estímulo para a ação; é apenas um dos possíveis obstáculos a encarar. Durante boa parte do tempo, ela não é um obstáculo em absoluto, ainda que apenas porque os empresários de mais visão (Jobs e Wozniak da Apple) não entram num mercado já abarrotado de concorrentes, preferindo descobrir ou inventar um mercado inteiramente novo. São impelidos pelo entusiasmo por suas idéias, pelo desafio do projeto, pela promessa de sucesso, mas não, em particular, pela concorrência. Isso não significa, é evidente, que a concorrência não tenha lugar e não seja, no final das contas, muito importante para as empresas. Qualquer um consegue lembrar de indústrias que ficaram preguiçosas e incompetentes em resultado da falta de concorrência, especialmente nos casos em que a indústria é protegida pelo governo (ou, alternativamente, quando é dirigida pelo governo). A indústria de vinho canadense, por exemplo, está em operação quase por tanto tempo quanto sua concorrente na Califórnia, há mais tempo que a de Washington e há muito mais tempo que a do Texas, que começou a se desenvolver há apenas uma década e só colocou garrafas nas prateleiras nos últimos dois anos. Ela partilha as vantagens geológicas das outras, mas — meus vizinhos do norte que me perdoem — o vinho que produz é quase intragável. (Os tintos *são* intragáveis.) O governo canadense protegeu a indústria. Tendo praticamente uma clientela cativa, ela não tinha razão para desenvolver autocrítica, para experimentar e para melhorar. Logo que essa proteção terminou, a indústria ficou à beira da falência, só conseguiu se sustentar à custa de chauvinismo e paladares já arruinados. A boa nova, porém, é que, com a concorrência internacional, ela está começando a mostrar algum senso de qualidade, tal como os fabricantes de carros americanos após duas décadas de concorrência desigual com os japoneses e os alemães.

Todos conhecemos dúzias de exemplos semelhantes, se conseguirmos nos lembrar dos produtos em questão quando ainda não tinham desaparecido do mercado. Não pode haver dúvida quanto ao valor da concorrência, mas ela é um corretivo e uma limitação; não a cenoura mas, talvez, a vara que serve como uma advertência constante: nada aqui é garantido ou assegurado, não há qualquer monopólio definitivo, e um negócio (seu negócio) só existe porque é capaz de servir a um propósito, de satisfazer consumidores, e, se for incapaz disso ou se um outro consegue fazêlo melhor ou de maneira mais atraente, a vara encontra a sua marca e aplica sua punição aos pouquinhos. Entretanto, é claro, a concorrência não é a única fonte de sanções no mundo dos negócios. Nem deveria ser. Companhias que fabricam produtos letais sem saber mas depois se recusam a retirá-los do mercado imediatamente — por exemplo, os fabricantes de roupas inflamáveis para crianças na década de 1970 — exigem uma mão mais rápida que a "invisível" de Adam Smith. O público nem sempre presta atenção, e, muitas vezes, é exatamente o segmento mais vulnerável da população que está menos informado. A regulação governamental, ela própria não notória por sua rapidez ou sua imunidade à ignorância pública, certamente não é a melhor das opções, mas até que outras (auto-regulação e policiamento no âmbito de toda a indústria, por exemplo) se disponham a se desenvolver, a concorrência terá de ser acompanhada por regulação governamental em vez de uma suposta soberania do consumidor.

O problema é pôr a concorrência no devido lugar, compreender como ela funciona, e por que (e quando) ela é benéfica. As metáforas "mecanismo" e "magia" podem ser inspiradoras ou empolgantes, mas estão longe de ser esclarecedoras. A concorrência é uma questão de motivação e de interação social, não de maquinário, e magia sugere, entre outras coisas, o inexplicável, o misterioso. Todavia, não há nada de misterioso na concorrência ou em seus efeitos, trata-se apenas de um conceito obscurecido por mitos e metáforas. Mais importante que tudo, a concorrência tem uma qualidade *ética* (como a magia pode ter, mas não os mecanismos). Com efeito, algumas sociedades vêem o capitalismo e a concorrência nos negócios como "magia negra", que destrói estruturas sociais muito antigas assim que introduz a concorrência e o consumismo. Há concorrência "saudável" e concorrência doentia, debilitante e depravada. Há concorrência limpa e concorrência dissimulada. Há concorrência construtiva, positiva, até inspiradora, e há concorrência mutuamente destrutiva, negativa, inibidora.[2] As metáforas da guerra e da selva nos dão a última, tal como todos os jogos de soma zero, cujo objetivo é acabar com o opositor, debilitar a concorrência e vencer à custa deles. O juiz Arthur Goldberg afirmou certa vez que "nossa devoção à concorrência industrial desenfreada não nos deve forçar a aceitar a lei da selva como o padrão de moralidade esperado em nossas relações comerciais".[3]

Em contraposição, a concorrência nos negócios oferece-nos também os melhores exemplos da primeira forma de concorrência, aquela que serve como uma espora para nossa própria excelência, um incentivo para melhorarmos, e até novos heróis, ideais e exemplos a seguir. É evidente que a linha entre concorrência construtiva e destrutiva raramente é tão precisa: um boxeador aperfeiçoa sua técnica desfigurando rotineiramente seus opositores, e a maioria dos esportes de confronto de soma zero ("ganhar ou perder") envolve ao mesmo tempo a demonstração da própria habilidade e a tentativa de derrubar, demolir ou conquistar o oponente. (O número de metáforas belicosas nos textos sobre esporte, é claro, é impressionante.) E a maior parte das empresas, "no calor da batalha", dará lugar à tentação de ferir a concorrência ao mesmo tempo em que tenta se aperfeiçoar. Entretanto, a natureza e a intenção dessa distinção é óbvia: separar aquelas práticas cujo objetivo primordial é promover a excelência daquelas que pretendem simplesmente prevalecer, de preferência solapando a oposição. Não temos muita dificuldade em distinguir o corredor que vence a corrida por correr mais rápido do que vence por passar uma rasteira no seu concorrente. Tivemos pouca dificuldade, ao assistir à corrida de bigas em *Ben Hur*, em reconhecer que o mocinho era aquele que *não tentava* destruir as rodas da biga de seu opositor ou cegá-lo. A concorrência tem limites éticos, e, nos negócios, o mais importante deles é a exigência de que ela seja saudável, justa e positiva, encorajando a excelência, a inovação, a eficiência e a produtividade, e não meramente a busca de manter-se à frente da concorrência (ou de eliminá-la).

No mundo dos negócios atual, a sabotagem física é relativamente rara e, de todo modo, um crime. Contudo, há formas mais sutis de sabotagem, e toda empresa luta com elas. Talvez em nenhuma área isso seja mais perturbador que na "indústria da informação", em que a distinção entre "descobrir por si mesmo" e puro roubo e plágio pode parecer bastante clara, mas as regras que configuram tanto o roubo quanto o plágio tornam-se mais problemáticas. Um exemplo notório é a prática, por uma empresa, de contratar pessoas que trabalham para os seus concorrentes, muitas vezes seduzindo-as com ofertas que excedem de maneira substancial a remuneração usual para aquela posição. À medida que a prática se torna mais comum, os salários tendem a se elevar na mesma proporção, ao mesmo tempo em que os padrões para concorrência justa evaporam. Isso é sabotagem (ou espionagem) de uma espécie sutil, pois, num certo sentido, não se está "tirando" informação do concorrente (como se tiraria um aparelho de televisão ou um computador, por exemplo) nem destruindo a informação (como se poderia destruir uma televisão ou um computador). Na verdade, este último tipo de sabotagem, a destruição real da informação, embora não desconhecido, não é a preocupação mais comum. (*"Hackers"* já furaram sistemas de segurança e apagaram ou alteraram grandes quantidades de informação sigilosa.) O problema com a primeira prática é que ela não destrói a própria informação, mas seu *valor*, e podemos ver na indústria de informação, em que informação nova e exclusiva é todo o produto, quão "pura" a concorrência pode se tornar — isto é, a medida da excelência passa a ser não possuir a informação, mas possuí-la com exclusividade. Para complicar a questão, é claro, há o fato de que, até muito recentemente, as leis que governavam a propriedade, o *copyright* e a patente de idéias e informações em si eram de todo inadequadas à revolução da informação ocorrida nas últimas décadas, e o sentido mais antigo da concorrência comercial, que dizia respeito sobretudo à fabricação e venda de objetos materiais, passou a ter de envolver uma concepção inteiramente nova de "produto" e, em conseqüência, de concorrência justa também.

As indústrias de *software* de computador, que são apenas, é claro, uma parte da indústria da informação, são em particular vulneráveis a essa nova forma de concorrência negativa — isto é, o roubo em vez da invenção. Sempre houve mercados negros de mercadorias roubadas, mas aí o critério de roubo é bastante claro. Quase todas as companhias, porém, têm informação que precisa ser mantida exclusiva, seja a fórmula secreta da Coca-Cola (o tipo "clássico") ou a estratégia de *marketing* para o norte de New Jersey. No caso da Coca-Cola, o roubo da informação equivale, na prática, ao roubo do próprio produto (descontados apenas os custos dos ingredientes e da fabricação). No caso da estratégia de *marketing*, no entanto, a natureza do delito é muito menos óbvia. Trata-se claramente de concorrência injusta (equivalente a grampear o capacete do *half back* antes do agrupamento do time de futebol americano), mas, pressupondo-se que os meios de acesso não são ilegais (a própria lei sendo uma área nebulosa hoje em dia), o delito é ético e não legal, e a transgressão faz parte da natureza da concorrência. É negativo e não positivo, e, ao contrário de estimular a excelência, produz um comportamento mais sigiloso e defensivo e desestimula a inovação. Avalia-se que os lucros obtidos com *software* popular são menos de 30% dos produzidos pelas vendas e transferências reais, isso em decorrência da ampla pirataria e (como distinguir?) das cópias que passam profusamente de escritório para escritório e de amigo para amigo. (De maneira semelhante, deve-se mencionar que os rendimentos anuais dos autores de livros que vendem após o primeiro ano são relativamente baixos, por causa do mercado de livros usados.) É verdade que não temos agora a impressão de que haverá, num futuro próximo, escassez de programadores de computador entusiásticos e inventivos ou um declínio da qualidade e da rapidez da inovação. Também não esperamos qualquer redução no número de autores que pegarão da pena ou digitarão em seus teclados. Mas o fato incomoda nosso senso de justiça e de justa retribuição, e a concorrência, em casos como esses (piratas e vendedores de livros usados, respectivamente), não nos parece em absoluto concorrência saudável.

Por mais estranho que pareça, a ética e o impacto da concorrência são excluídos de uma das áreas mais óbvias da ética dos negócios, a que claramente pertencem. No negócio muito praticado de "análise de *stakeholders*", a lista usual dos *stakeholders* — acionistas, empregados, clientes, vendedores, a comunidade e a sociedade mais ampla — omite tipicamente o resto da indústria e, em particular, a concorrência. Mas os concorrentes de uma corporação são, muitas vezes, os mais diretamente afetados por suas atividades, e as relações competitivas são pelo menos tão relacionadas a questões éticas de mérito e eqüidade, direitos e obrigações, quanto as relações fiduciárias mais celebradas com acionistas e as responsabilidades para com empregados e clientes. O pressuposto parece ser que concorrentes, por serem tão opostos uns aos outros, não fazem parte da mesma espécie de rede ética que interliga uma única corporação e suas clientelas. Entretanto, isso representa um escorregão involuntário e lamentável na velha mentalidade do campo de batalha: "Faça o que quiser com o inimigo desde que tome cuidado para não ferir algum civil." A ética da concorrência é absolutamente central à ética dos negócios e à abordagem aristotélica em particular. Mas concorrentes são companheiros na busca de um prêmio comum, não obstáculos um para o outro.[4] O que poderia ser mais danoso, portanto, que o lema vulgar da sabedoria de mercado que prega: "Concorrente bom é concorrente morto"; ou o conselho para aspirantes a empresários num livro-texto de estratégia amplamente usado: "O melhor campo de batalha é o segmento de mercado ou as dimensões de estratégia em que os concorrentes estão mal preparados, menos entusiasmados ou menos à vontade"?[5]

A concorrência não é fundamental nos negócios. É essencial, mas não é nem o fim da atividade empresarial ("prevalecer" ou, no modo mais darwiniano, "sobreviver") nem o mecanismo ou o meio para o sucesso nos negócios. A concorrência nos negócios só é possível e só faz sentido dentro de uma estrutura de interesse e cooperação mútuos, e a concorrência em geral (até na selva) só é possível num sistema que seja capaz de distinguir o saudável do doentio, a concorrência positiva da meramente negativa. Nos negócios, essa estrutura é a exigência de prosperidade e as várias exigências de justiça. Há pouca dúvida — exceto entre os teóricos do *laissez faire* mais extremados — de que certas formas de concorrência são potencialmente devastadoras não apenas para nossa economia como para nosso bem-estar social e psicológico. A sabotagem e a destruição mútuas de muitas negociações recentes e bastante divulgadas, por mais que tenham sido empolgantes para os participantes, baratas para os consumidores ou divertidas para os espectadores, têm conseqüências amplas que não podem ser medidas pelos padrões comuns do curto prazo. Não podemos e nunca haveremos de permitir a concorrência "desenfreada", e até os teóricos mais extremados do *laissez faire* defendem o mercado competitivo absolutamente livre por acreditarem que a concorrência fornecerá de fato seus próprios limites por meio da atividade do consumidor (embora isso esteja longe de ser soberania) e da lei de oferta e demanda, conjugadas, espera-se, com algum senso de responsabilidade do consumidor e de bem público também. A concorrência é só uma de várias estratégias interligadas para melhorar a produtividade, o preço e a qualidade, e não a estrutura da atividade empresarial em si e, como os europeus do Leste descobriram recentemente (para seu grande pesar), um sistema de mercado requer muitos limites costumeiros além dos especificados com exclusividade pela lei de oferta e demanda ou dos consignados na forma de lei por meio de controle e regulação governamentais. O "conservadorismo" dos negócios refere-se não só a suas preferências políticas mais comuns, mas a um componente essencial, ainda que em geral não reconhecido, de toda a vida de negócio: as formas de autolimitação e integridade habitual sem as quais a livre empresa se tornaria um submundo de crime, extorsão e mercado negro.[6]

Seria possível argumentar que o que distingue a concorrência nos negócios é o fato de que, diferente do que ocorre na maioria das outras áreas de atividade legal, os concorrentes têm a possibilidade e até o "direito" de causar danos uns aos outros.[7] Com efeito, Paine chega a sugerir que a lei antitruste, em particular, assegura que esse dano realmente ocorra. Naturalmente, o que quer que uma firma faça, de forma intencional ou não, fere um concorrente, esteja ela contratando a melhor pessoa para um cargo vago em ambas as firmas, tentando seduzir um empregado excepcional da outra companhia, abocanhando a maior fatia de um mercado limitado ou absorvendo uma proporção substancial do equipamento ou do capital limitados (como o governo dos Estados Unidos faz regular e impunemente). Observe, porém, que essa visão presume uma situação de soma zero, em que os mercados já estão limitados, e não sendo criados, e há um número muito pequeno de pessoas excepcionais para um cargo. Muitos mercados, porém, são descobertos ou inventados, e o suprimento de empregados qualificados e mesmo excepcionais não é um fator inteiramente externo aos negócios. Empresários lançam-se em mercados que ainda não-estabelecidos ou talvez inexistentes, e não é claro que com isso estejam ferindo seus concorrentes (se é que têm algum). Empresas em rápido crescimento expandem seus mercados e fornecem novos recursos e amplo espaço para companhias similares, e, nesse caso, a concorrência tanto por mercados quanto por recursos não se configura mutuamente danosa ou destrutiva. É claro que, não fosse pela concorrência, seria possível deter 80% de um mercado em vez de apenas 65%, mas impedir alguém de aumentar seus lucros em 15% não parece ser exatamente prejudicá-lo. Da mesma forma, as corporações capacitam pessoas; não apenas as descobrem. (O que é um bom argumento em defesa da idéia de que atrair pessoas capacitadas tem às vezes algo de roubo.) No entanto, isso não significa que capacitar mais pessoas boas seja, em qualquer sentido óbvio, retirá-las de um concorrente e, assim, lesá-lo. Ao contrário, parece que um está fazendo um enorme favor ao outro, sem prejuízo para qualquer deles.

Nossa celebração da concorrência é de fato uma daquelas magníficas abstrações extraídas de uma rede de imensa complexidade e, em grande parte, invisível de arranjos cooperativos. A linguagem comum que falamos é essencial até para as negociações mais primitivas (com a única exceção, talvez, da exibição de um punho ou de um rosnado), e até a oferta mais óbvia pressupõe algumas convenções e expectativas partilhadas. O mais básico dos contratos pressupõe um mundo ético de confiança mútua e compromissos fidedignos (limitados). A mais "implacável" competição comercial presume, desde o início, que um empate é melhor que a destruição mútua. (Por vezes, ocorre o contrário, mas esses são exercícios de vingança, não negócios.) Mesmo em jogos de aposta de soma zero, a competição do tipo ganhar-ou-perder pressupõe um contexto de cooperação. E quando consideramos os muitos tipos de competição, tanto entre artistas criativos quanto entre nações e times de futebol, começamos a reconhecer o quanto é unilateral nossa visão da concorrência como choque direto, tudo ou nada. Várias formas de concorrência, lembra Paine, "deixam muito espaço para diferenças e criatividade individual". Muitas envolvem pouquíssima atenção aos rivais e têm pouco a ver com nocauteá-los ou passar-lhes a perna. As melhores atividades e práticas visam a criar um desempenho superior. Apesar de nossas metáforas belicosas, darwinianas e competitivas, a concorrência comercial desse tipo, quando é bem feita — um produto de primeira qualidade a um preço razoável, a única entrada num mercado faminto mas inteiramente aberto, uma percepção da oportunidade antes que o mercado esteja saturado —, pode resultar em absolutamente nenhuma concorrência. "Os negócios assemelham-se mais às atividades altamente criativas que... dependem basicamente da criatividade dos participantes para definir seu caráter."[8]

Minha intenção é reconhecer o lugar e a finalidade da concorrência, não idolatrá-la ou celebrar seus efeitos desconsiderando a sociedade em que desempenha um papel central. Ela é de fato construtiva, ou é antes destrutiva? Entrar na briga é uma manifestação do que Paine chama de "iniciativa independente", ou é uma mera tentativa de abocanhar alguns dólares à custa dos esforços criativos de outrem?[9] Um concorrente está afirmando sua força ou tirando proveito da fraqueza de outro concorrente? O propósito da concorrência, afinal de contas, é inspirar e recompensar a inovação e o esforço.[10]

Notas

1. R. Edward Freeman, *Ethics Digest* 1 (1989).
2. Lynne Sharpe Paine, "Ideals of Competition and Today's Marketplace", em *Enriching Business Ethics,* org. Clarence Walton (Nova York: Plenum, 1990).
3. Juiz Arthur Goldberg em *DuPont Nemours v. Christopher*, (Fifth Circuit Court, 1971), 400 U.S. 1024. A concorrência puramente destrutiva, em que o único objetivo é lesar um concorrente, é ilegal. Cf. *Tuttle v. Buck*, em que um banqueiro abriu uma barbearia com a finalidade única de tirar dos negócios um inimigo pessoal. O tribunal decidiu contra o banqueiro.
4. Rudolf Callmann, *Unfair Competition, Trademarks and Monopolies*, 4 ed. (1981). Citado em Paine, "Ideals of Competition and Today's Marketplace", pp. 95, 109.
5. Kenneth R. Andrews e C. Roland Christensen, *Business Policy: Texts and Cases.*
6. Cf. David Gautier, *Morals by Agreement,* esp. cap. 4 (só precisamos de moral quando o mercado entra em colapso).

7. Paine, "Ideals of Competition".
8. Paine, ibid., p. 95.
9. Paine, ibid., exagera: "No mínimo, uma pessoa não deveria apresentar o trabalho ou a criação de outrem como sua." Mas isso está no campo da trapaça, não da concorrência. Se eu plagio Shakespeare, estou trapaceando, mas estou longe de estar competindo com ele.
10. Paine traz a discussão para a academia: "No extremo lógico, um sistema tão endógamo deixaria de inovar por completo. Podemos observar em certas áreas acadêmicas um estreitamento gradual dos tópicos e abordagens considerados legítimos. Os acadêmicos definem seus problemas de acordo com os que foram estabelecidos para eles na literatura. Não se pode deixar de pensar se menos atenção à literatura da área e uma atitude mais liberal em relação à legitimidade não levariam com mais freqüência a avanços intelectuais significativos" (ibid., p. 98).

CAPÍTULO 7 Mitos e metáforas atômicos: O individualismo e o "empreendedor"

> Os Estados Unidos do século XIX eram individualistas se comparados às culturas camponesas da Ásia ou às aldeias da velha Europa; mas não na acepção que o termo tem hoje para nós. A maioria das pessoas vivia em comunidades de relações face a face. Para o bem ou para o mal, a pessoa estava às voltas com seu pastor, seu vizinho, seus irmãos e suas irmãs... Na nova cidade industrial [em contraposição] a primeira lealdade não era com a comunidade, mas com o *self*.
>
> JAMES COLLIER, *The Rise of Selfishness in America*

A metáfora subjacente a grande parte de nosso pensamento — embora, mais uma vez, raramente pensemos nela como tal — é nossa muito celebrada idéia do "indivíduo" e, em especial nos negócios, "o *self-made* [*man*]". Não importa que a crítica mais lançada com mais freqüência à maior parte das culturas corporativas é que elas sufocam a individualidade e reprimem a expressão e a criatividade individuais. Não importa que o *self-made man* de hoje tenha vencido em parte "ajustando-se" a alguma organização e se unindo a ela (e provavelmente se tornando uma parte indispensável dela). Até o gênio que instalou sua oficina na garagem teve de se impregnar completamente da cultura que tornou sua invenção possível. A exceção óbvia a essa regra, os inventores precoces que por meio de suas experiências aleatórias criam um produto ou um protótipo que não encontrará mercado durante anos, até séculos, e talvez depois o faça em alguma outra cultura, só reforça a idéia. A lição desse tipo de inventividade não é apreendida com facilidade por muitos administradores corporativos atuais, que, de forma compreensível, preferem conformidade previsível, "resultados" a curto prazo e controle à excentricidade e à paciência de que brotam novas idéias. Como forma de compensação, somos inundados com seminários e cursos inteiros sobre "inovação", tentativas de controlar o processo criativo — que, como os administradores corporativos gostam de dizer, são como "tentar pregar gelatina na parede". Contudo, o erro do outro lado (muitas vezes defendido pelos mesmos administradores controladores ao extremo) é superenfatizar uma visão totalmente vazia do indivíduo. A idéia é que nunca compreenderemos o mundo dos negócios (ou qualquer outro mundo humano), a menos que comecemos por inter-relações humanas e pelo modo como as pessoas "se encaixam" em organizações e instituições. O que torna o mundo dos negócios possível não são, em primeiro lugar, motivos e atributos individuais. É um conjunto estabelecido de *práticas*, em que a organização coletiva, e não personalidades individuais, constitui a estrutura principal.

A permanente obsessão corporativa com o caráter quase mitológico do "empreendedor" seria uma espécie de piada se não revelasse tanto engano e até, em certos casos, crueldade e hipocrisia. É uma ilusão — partilhada por mais da metade dos administradores contemporâneos — que eles "abririam seu próprio negócio se pudessem", como se a estrutura e a segurança da vida corporativa fossem apenas um desvio temporário de uma possível carreira solo. Critiquei essa célebre noção mais detidamente em outro livro[1], mas quero apenas reiterar aqui sua absoluta impropriedade no cenário corporativo típico. Empreendedores fundam empresas, é verdade, e pode ser até que por trás de toda empresa bem-sucedida haja algum empreendedor, isto é, um daqueles indivíduos relativamente raros que são ao mesmo tempo criativos e voltados para os negócios, que se dispõem a correr riscos consideráveis e trabalhar de maneira obstinada para traduzir seus sonhos e idéias em realidade comercializável. As corporações, porém, uma vez formadas, não operam com base nos mesmos princípios criativos e abertos ao risco que motivaram o criador da empresa, e o mundo corporativo não teria condições de funcionar se, como ouvimos tantas vezes, todos aspirassem a ser um empreendedor. É verdade que grandes corporações tendem a se assemelhar um pouco a gigantescas barcaças, vagarosas (mesmo numa crise), difíceis de manobrar, com grande *momentum* (inércia) para continuar numa manobra já bem estabelecida. Desse modo, temos os esforços quase contínuos para "sacudir" a corporação e dar-lhe "algum sangue novo"; demissões em massa despropositadas e em geral destrutivas, que resultam, apesar do alvoroço de atividade interna, numa criatura ainda mais tímida e vagarosa, e — mais benignos mas igualmente sem sentido — seminários freqüentes (em geral lado a lado com "inovação" e "empreendedorismo"), como se, fazendo um curso nas entranhas de uma corporação gigantesca, um empregado fosse de algum modo aprender a agir como se não estivesse em absoluto numa corporação. Na verdade, o que faz corporações trabalharem e florescerem não são as reviravoltas rápidas e o enorme risco assumido pelo empreendedor, mas precisamente a confiança e segurança que vêm do fato de estarem assim estabelecidas — e isso se aplica tanto ao senso de segurança dos empregados de uma companhia, que confiam em sua estabilidade e eqüidade, quanto aos consumidores, que confiam nela em razão da qualidade estabelecida de seus produtos e serviços. A chave do sucesso da maioria das corporações é aquele herói não celebrado que costumava ser chamado, com algum desdém, de "o homem da companhia" (agora também "a mulher da companhia"). Não se trata apenas do sujeito raro, excêntrico, que torna a companhia um sucesso. O termo se aplica também a todos aqueles indivíduos que se sentem plenamente satisfeitos ao submergir suas identidades pessoais na organização e fazem da manutenção da estrutura dela parte de seu próprio ser.

É claro que, em vários sentidos importantes (e não tão importantes), somos todos indivíduos. Com exceção do fenômeno raro dos gêmeos "siameses", somos todos entidades fisicamente distintas. É verdade (um minuto de matemática pode lançar alguma dúvida sobre esta afirmação) que cada um de nós é único sob diversos aspectos: o número de cabelos em nossas cabeças, a forma de nossas impressões digitais, os contornos precisos (em contraposição a algum esquema geral do tipo freudiano) de nossas experiências de infância. Cada um de nós (num certo sentido que é surpreendentemente difícil de delinear com precisão) sente apenas suas próprias dores e emoções, e (num sentido ainda mais discutível) tem seus próprios desejos e interesses. Todavia, essa individuação física e circunstancial eclipsa com demasiada facilidade o fato de que, exceto pela pura dor física, com freqüência partilhamos nossas emoções com outros, e a maior parte de nossos desejos e interesses são não apenas partilhados como criados por e com outras pessoas, mesmo (e em especial) no caso daquelas que parecem egoístas e em conflito com outros. O desejo de *status*, de maneira mais notável, é quase sempre comparativo e mutuamente criado. A melhor maneira de estimular a demanda da maioria dos bens de consumo, como todo publicitário sabe muito bem, é encorajar a inveja, uma emoção particularmente apropriada para uma sociedade de consumo.[2] O ressentimento, em contraposição, é mais apropriado para sociedades socialistas — e para grandes organizações, como as corporações. Compreender a motivação humana, portanto, não é tanto ter uma explicação da natureza humana (exceto em termos de nosso único traço irresistível como “animais sociais”), mas compreender como as pessoas são estimuladas e levadas a desejar em grupos e arranjos sociais específicos. Nossa identidade pessoal, por sua vez, depende menos de nossos traços pessoais distintos ou de nossos pensamentos e memórias individuais do que de nossas participações e papéis em várias práticas.

Uma dessas práticas, ou conjunto de práticas, são os negócios. Ninguém sustentaria que a troca de padrões de tecelagem entre os ilhéus de Trobriand é uma atividade igual ao comércio de futuros no mercado de *commodities* de Chicago, ou que a arcaica palavra “capitalismo” tem as mesmas conotações em Tóquio e em Nova York. Até as transações comerciais mais básicas pressupõem arranjos humanos característicos em que indivíduos representam seus papéis. Não há “mão invisível” alguma, e nem visível. Há uma cultura organizada, que inclui as várias práticas de produção de “mercadorias”, estabelecimento de contratos, realização de trocas e manutenção da propriedade privada, todas as quais são “planejadas” (embora por meio da evolução humana e não necessariamente por qualquer indivíduo em particular) para produzir exatamente aqueles resultados que Adam Smith considerou tão notáveis.

Famílias e vida comunitária também são práticas, poderíamos acrescentar, embora tenham óbvia base biológica. (Não precisamos honrar aquela distinção celebrada mas falsa entre grupos ou unidades "naturais" e organizações "convencionais" ou "contratuais".) A forma e o tamanho de uma família, nuclear ou extensa, autoritária ou igualitária, patriarcal, matriarcal ou (tipicamente) "infantarcal", é o produto de determinada cultura. (Nosso ideal atual de "família tradicional" e seus valores, até onde posso discernir, é, em grande parte, produto de séries de televisão dos anos 1950, como *The Donna Reed Show* e *Leave It to Beaver*.) As comunidades, é evidente, são tão variadas quanto nossos símbolos e culturas, mesmo que por certo alguma forma de tribo ou de família "extensa" tenha sido biológica desde os primeiros neandertais (e antes). Menciono isso apenas para contrabalançar a crença comum de que a atividade comercial, em particular os conceitos de troca, incentivos e ganho pessoal (que não é exatamente igual a "motivação do lucro"), está entranhada em nossos genes, não dependendo, portanto, nem sendo parte essencial de qualquer conjunto de práticas culturais. Mesmo que atividades comerciais básicas tivessem tal origem genética (o que é, na melhor das hipóteses extremamente discutível), isso não enfraqueceria a afirmação de que os negócios em si são uma prática (ou melhor, um conjunto de práticas). Eles pressupõem organização humana, não apenas no sentido óbvio de que são necessárias pelo menos duas pessoas para levar a cabo algum tipo de troca, mas no sentido mais profundo de que a própria noção de troca seria ininteligível sem certos arranjos, se não sem certas instituições.

Foi essa ênfase no primado de arranjos institucionais que se tornou essencial no combate ao que muitos filósofos passaram a chamar de "individualismo atômico", a idéia atraente e imemorial de que somos todos primordialmente indivíduos que depois estabelecem vários acordos uns com os outros, quer de maneira inteiramente voluntária ou sob considerável coerção.[3] Na verdade, segundo essa tradição (que está em seu apogeu desde século XVII, mas tem raízes que remontam à Antigüidade), não só acordos humanos específicos, mas o maior de todos os arranjos possíveis — a formação da própria sociedade — é produto de um "contrato social" desse tipo. A idéia é atraente na medida em que enfatiza a prioridade dos indivíduos sobre as sociedades e os governos, e, por isso, tornou-se a espinha dorsal daquele sem dúvida bem-vindo movimento político moderno chamado "liberalismo", palavra que teve seu sentido alterado e, sob muitos aspectos, se degenerou ao longo dos anos. (No sentido clássico, contudo, Milton Friedman é tão liberal quanto Kenneth Galbraith ou Walter Mondale.) Ela é atraente também pela ênfase que dá à autonomia e à responsabilidade individuais e em seu humanismo intransigente, a insistência de que a satisfação das necessidades humanas (inclusive as relativas à espiritualidade) deve ser a primeira prioridade de qualquer governo ou corpo dirigente.

Essa ênfase na prioridade dos indivíduos e seus arranjos e acordos subseqüentes sempre sugeriu um absurdo antropológico — a existência primeva de indivíduos isolados que de algum modo e por alguma razão se reúnem e fazem vários acordos —, e os principais defensores do contrato social (Thomas Hobbes, John Locke, Jean-Jacques Rousseau e, atualmente, John Rawls) insistiram todos em que sua concepção é uma ficção iluminadora, não uma afirmação histórica. Mesmo como ficção, porém, a idéia de indivíduos naturalmente autônomos e independentes contradiz o traço mais óbvio da vida humana, o fato de que todos nós nascemos, inteiramente impotentes e dependentes, em algum tipo de família e de sociedade, e conservamos essa dependência de uma diversas maneiras ao longo de nossas vidas. Os filósofos muitas vezes brilhantes que defenderam o liberalismo não foram cegos, é claro, a fatos tão óbvios da natureza humana. Eles apresentam as noções de autonomia e acordo contratual como ideais, e as especificações do contrato social têm hoje tipicamente uma forma do tipo "aquilo com que um adulto plenamente racional *concordaria* se tivesse uma escolha de arranjos sociais alternativos".[4]

É fácil perceber que uma idéia desse tipo está na base da maior parte do pensamento sobre negócios, pois é sobre a escolha voluntária — em si mesma, um ideal político inegável — que se assenta toda a atividade de negócios. O erro é pensar que a natureza dessas escolhas é "natural" e não estrutural em certas sociedades, e que a interferência social (por exemplo, por meio da regulação) em nossas escolhas independentes é injustificada e ilegítima. Segundo muitos pensadores do "livre mercado", essa afirmação tem um corolário quase evolucionário: se fosse permitido a todos fazerem suas escolhas sem embaraços, o bem global para a sociedade e a espécie seria maximizado. No entanto, o que isso pressupõe — e que a teoria evolucionária como um todo refuta — é que sistemas "naturais" nunca têm um funcionamento anormal. No entanto, a partir do fato de as corporações em particular serem organizações não naturais, mas voluntárias, não se deduz que o modelo da comunidade natural é impróprio ou que a idéia da corporação como um organismo ou um ser com propósitos próprios seja ou deva ser objeto da espécie de insulto sarcástico lançado sobre ela recentemente, por exemplo, por Michael Keeley em seu *Social Contract Theory of Organizations*, nem se deduz que a análise baseada no contrato social deva ser abraçada com o entusiasmo de Tom Dunfee, por exemplo.[5] Afora os fundadores originais de uma companhia, o palco não é "original" ou primevo, e depois de uma corporação ter operado por apenas poucos anos (ou, em alguns poucos casos, até por algumas semanas), já se criou uma cultura corporativa, com formas estabelecidas de se fazer as coisas.

O conceito de *prática* é a chave de uma alternativa viável ao individualismo atômico que não exige que abramos mão de nossas queridas idéias de valor individual ou autonomia, e sim que as situemos num contexto social e em atividades particulares. Não somos antes de mais nada indivíduos que depois entram em vários acordos uns com os outros, somos antes de mais nada membros de famílias e grupos em que aprendemos a identificar a nós mesmos em termos de nossas posições e nossos papéis, em conjunto, comparação e contraste com eles. Nossos papéis nos permitem fazer certas escolhas, mas não outras, permitem e estimulam certos acordos, mas não outros. Os arranjos básicos para os negócios, em particular a possibilidade de troca, são de fato muito específicos. Não nos é permitido trocar simplesmente qualquer coisa, e há muitos aspectos da vida familiar e comunitária em que negociar é de mau gosto ou tabu. São muito poucas as sociedades em que uma criança empreendedora que trata toda brincadeira infantil como uma negócio é estimulada e não castigada ou ridicularizada. Com efeito, mesmo no domínio da troca propriamente dita, todo pai ou mãe sabe que as crianças têm de aprender a negociar e a fazê-lo de maneira correta, a fazer promessas e cumpri-las. O que eles aprendem, em outras palavras, são as regras e expectativas básicas das práticas de negócios mais rudimentares, não em primeiro lugar como forma de obter lucro, mas como forma de troca justa — não se deixando enganar assim como não enganando os outros.

O que falta em muitas das metáforas mais vulgares e destrutivas da vida comercial é exatamente essa concepção dos negócios como uma prática. As metáforas de selva e "sobrevivência" são particularmente culpadas desse esquecimento ou negação dos arranjos sociais civilizados que definem toda negociação, e por isso, não ficamos em absoluto surpresos quando um defensor da mentalidade da selva ou da sobrevivência deixa de honrar as regras e entendimentos mais básicos (não mantendo sua palavra ou não pagando as próprias dívidas, tratando um contrato como matéria de imposição legal e não de acordo mútuo). Essas regras e entendimentos não são arbitrários ou uma imposição ilegítima de uma maneira mais "natural" de fazer negócios. Elas são os alicerces da prática, sem os quais não poderia haver negócios. Imagine como seria complicada a mais simples troca se não houvesse qualquer compreensão implícita sobre como ela deveria ocorrer. Trocas assim seriam como aquelas transações de infância em que cada criança se recusa a abandonar o item a ser trocado até ter agarrado firmemente o item a ser adquirido. Ou, na vida adulta, pense no quanto a idéia de "confiança" tem de ser básica e pressuposta para que qualquer instituição financeira possa existir. (Algumas delas põem a própria palavra — *trust* — em seu nome.) Pense no pouco que é preciso para criar uma "corrida bancária" e fechar as portas em face do pânico. Os negócios são, de maneira fundamental, uma prática, o que significa que neles nem tudo vale e há limites estritos para o que os indivíduos podem e não podem fazer dos quais apenas alguns estão canonizados na lei.

Algumas das metáforas que discutimos, no entanto, levam a concepção de prática muito a sério. Os jogos, como observamos, são práticas, de fato talvez os exemplos mais óbvios de práticas humanas. Os jogos têm regras estritas e metas compartilhadas e, embora sejam (em geral) competitivos, pressupõem adesão mútua a um conjunto complexo de entendimentos, cuja violação poderia sem dúvida facilitar a vitória num determinado jogo, mas teria o efeito de tornar impossível qualquer retomada posterior do jogo. (Bobby Fisher costumava jogar xadrez de uma maneira que desestimulava notoriamente desafios posteriores.) Contudo, o ponto positivo dos jogos como exemplos de prática e como analogia dos negócios é que eles deixam muito claro o que temos em mente quando idealizamos e celebramos indivíduos, não como entidades independentes, mas como *jogadores*, em geral como *membros* de um time, cujas identidades são baseadas em suas posições ou papéis no jogo, em sua perícia ao jogar, e em quaisquer idiossincrasias que tenham e contribuam para o jogo. Insistir nisso não é negar a "individualidade" dos jogadores. Ninguém com alguma sensatez alegaria que obrigar os membros de um time a usar uniformes idênticos é uma ofensa a sua individualidade ou dignidade humana, nem faria muito sentido dizer que membros de times exibem sua individualidade por meio de pequenas excentricidade não diretamente ligadas ao próprio jogo. Sem dúvida, atletas muitas vezes ostentam uma marca de identificação favorita, uma faixa colorida na cabeça ou um corte de cabelo especial, mas não é aí que a individualidade deles reside. Com efeito, só notamos essas marcas porque são exibidas por jogadores excepcionais, e é o fato de ser tão excepcional, ou pelo menos bom *no jogo,* que define identidades individuais. (Naturalmente, uma incompetência excepcional também estabelece a identidade de um jogador, mas o resultado disso em geral é que ele se exclui do jogo e busca uma identidade diferente.) Fora do jogo, o que ocorre não é a evaporação da identidade baseada no jogo. Essa identidade faz parte (por vezes uma parte muito grande) da concepção que o jogador tem de si mesmo e de seu próprio valor. Desempenharemos outros papéis, e pelo menos alguns deles serão muito diferentes de papéis baseados em jogos, mas nossa identidade é composta por todos esses papéis. Não há qualquer eu subjacente que seja mais básico para nossas várias identidades baseadas em papéis ou que seja necessário para uni-las de algum modo. (Em momentos de crise — no meio de um divórcio ou após uma demissão — é bastante tentador agarrar-se a algum outro aspecto de nossa identidade como o "verdadeiro". Homens e mulheres divorciados, de forma muito compreensível, tornam-se viciados no trabalho, e executivos "exonerados" descobrem, de maneira muito natural, que auferem renovada satisfação do tempo gasto com suas famílias.)

A maior parte da vida dos negócios consiste de papéis e responsabilidades em empreendimentos cooperativos, sejam eles lojinhas ou corporações multinacionais. O individualismo continua a servir a muitos propósitos valiosos no mundo dos negócios, entre os quais se destaca a lembrança constante da importância dos direitos e das responsabilidades individuais do empregado e o reconhecimento de que iniciativas individuais são muitas vezes mais bem-sucedidas que conferências de grupo excessivamente organizadas, em que relações interpessoais desviam a atenção do suposto problema em questão ou o eclipsam por completo. Mas o individualismo atomístico vai além dessas importantes considerações para defender não só uma teoria implausível da natureza humana como uma imagem ilusória e muito destrutiva da organização corporativa. Em certo sentido, praticamente todo empregado de uma corporação (até o genro do chefe) está lá em virtude de sua escolha voluntária. Esse é o aspecto mais importante em que uma corporação difere de uma sociedade. A maioria das pessoas nasceu numa sociedade, e a opção de deixá-la pode ser levantada com muito mais facilidade numa discussão política — "América, ame-a ou deixe-a" — do que traduzida numa possibilidade pessoal real. Todavia, é um erro fatal achar que, por isso, uma corporação deve ser pensada como nada mais que um agrupamento voluntário de vários indivíduos. Essa conhecida imagem da corporação é pelo menos tão enganosa quanto a idéia também falsa da corporação como uma ficção legal. A corporação é fundamentalmente uma comunidade, mas comunidades não são apenas agrupamentos duradouros de indivíduos. As comunidades têm *estruturas*. As comunidades são organizadas (até mesmo as mais desorganizadas). E estruturas e organização comunitárias existem de maneira inteiramente independente dos indivíduos particulares que dela fazem parte (o que não quer dizer que seria possível ter uma comunidade sem quaisquer membros, como um matemático poderia ter um "conjunto nulo" sem números). Para compreender como até a menor das corporações opera, é preciso compreender sua estrutura e organização, as quais só em casos excepcionais são expressões de uma única personalidade (por exemplo, um diretor executivo excepcionalmente dinâmico e carismático, muitas vezes também o fundador da companhia). De fato, a referência a personalidades individuais em corporações assume, na maioria das vezes, a forma de um *diagnóstico*, a tentativa de identificar o que deu errado na organização e distorceu sua estrutura. Isso nem sempre é justo ou frutífero, pois a falha pode estar na organização ou na própria estrutura. Mesmo nesse caso, porém, é evidente que o fato de certos indivíduos "não se encaixarem" na estrutura corporativa é próprio tanto da estrutura quanto da personalidade dos indivíduos. E quando uma empresa tem uma estrutura tal que praticamente *ninguém* parece encaixar-se nela, é uma aposta segura que parte da razão é que ela exige identidades individuais que são distorcidas ou degradantes. (Esses defeitos estruturais são diversas vezes confundidos com meros "conflitos" de personalidade.) Uma parte saudável da exigência de "integridade" em futuros empregados tem a ver não só com a questão de virem a se "encaixar" e serem confiáveis, senão também o que é mais importante, mas de compreensão mais difícil, com a expectativa de que serão (com base na experiência passada e na confiança acumulada) capazes de resistir a distorções estruturais na organização e talvez corrigi-las.

Os negócios são uma prática social, não a atividade coletiva de indivíduos isolados. Só são possíveis porque ocorrem numa cultura com um conjunto estabelecido de procedimentos e expectativas. As corporações são comunidades com uma estrutura e uma organização em que indivíduos encontram seus papéis e criam suas identidades *nos termos da organização*. Entretanto, meu objetivo ao insistir tanto nesse ponto não é apenas uma questão de teoria ética; descobri que ele é essencial para a ética dos negócios na prática. A queixa comum de que "a pressão para a conformidade com as metas corporativas" entra em conflito com os "valores pessoais" de um empregado, embora compreensível, é duplamente confusa. Não há quaisquer "valores pessoais" no sentido pretendido de forma literal, pois só se pode ter um valor (em contraposição a um gosto pessoal) se ele for mais que meramente pessoal. Nossos valores pessoais são em si emblemáticos de nossas identidades partilhadas e de nossa condição de membros de várias organizações (por exemplo, religiosas ou políticas), de famílias e comunidades e, é claro, de nossas carreiras e profissões e dos grupos e organizações que os tornam possíveis. Em qualquer corporação decente, a maioria dos valores de seus membros coincide com os dela, e os objetivos pessoais desses membros adaptam-se aos objetivos mais amplos da corporação. A linguagem dos "valores pessoais" emerge, eu constato, apenas quando há algum conflito percebido, alguma pressão que não é apenas a pressão para fazer um bom trabalho e ter sucesso (o que, presumivelmente, coincide com os valores de seus membros), mas a pressão para que se faça algo visto como errado ou aético, *em geral em termos dos próprios valores da organização em questão*. O conflito é menos de valores corporativos *versus* valores pessoais do que de valores corporativos *versus* valores corporativos. A linguagem do individualismo mais prejudica do que auxilia a compreensão. A questão ética mais pessoal tende a ser estrutural e organizacional, mesmo que a identidade do indivíduo e seu compreensível desconforto continuem sendo o foco de nossas preocupações aristotélicas.

A vida corporativa é vida, e não meros termos de um contrato. Quero encerrar esta seção com duas metáforas; uma delas pode ser chocante e a outra a esta altura, rotineira, mas ambas sugerem, a meu ver, uma abordagem dos negócios e da ética dos negócios muito mais saudável que as metáforas individualísticas e excessivamente competitivas que hoje comandam tanto do pensamento sobre negócios. A primeira (a chocante) é que deveríamos começar a pensar (de novo) sobre o que significa ingressar numa corporação e fazer parte dela. Costumava ocorrer, em muitas indústrias, que a relação entre o empregado e a companhia se assemelhava a uma relação familiar, e dizia-se que os empregados e executivos mais leais e dedicados eram "casados com a corporação". Essa expressão, eu sugiro, é uma imagem muito mais saudável e igualitária da relação empregador-empregado que a ênfase atual em "contratos" e "organização por acordo".[6] É claro que uma pessoa *ingressa* numa companhia. Não se nasce nela, e se tem, em qualquer circunstância, liberdade para deixá-la (sob certas condições contratuais, talvez). Contudo, a ênfase *"quid pro quo"* em contratos deixa de lado o ponto principal. O casamento também é um acordo voluntário, baseado num contrato (geralmente escrito, porém detalhado de forma inadequada), mas só um tolo (ou o sobrevivente de um divórcio muito penoso) alegaria que o casamento é apenas um contrato. O casamento é primordialmente uma relação, e suas múltiplas obrigações e exigências de mútuo interesse e respeito não são, em sua maioria, especificadas em contrato algum, nem poderiam ser. Essas obrigações e exigências, que podem ser mínimas de início, multiplicam-se com o tempo, e quando duas pessoas ou um empregado e uma organização estão juntos há um tempo muito, muito longo, essas obrigações podem até pesar mais do que os benefícios da parceria. Um cônjuge que abandona um marido ou uma mulher idosos é alvo de considerável condenação, e uma companhia que demite seus trabalhadores mais antigos após vinte ou trinta anos de serviço — por vezes, hoje em dia, pouco antes que façam jus à totalidade de suas aposentadorias — merece pelo menos uma condenação tão dura quanto o cônjuge. Céticos podem afirmar que hoje em dia é fácil escapar de um casamento, mas o ponto central não é que a lealdade corporativa, como alguns casamentos, seja necessariamente para sempre. Com efeito, é mais fácil obter um divórcio (pelo menos em alguns estados norte-americanos) do que demitir alguns empregados, mas a ênfase, tanto no caso do casamento quanto no da carreira, não recai na facilidade da saída (teremos mais a dizer sobre isso na Parte III). Recai na natureza muito-mais-do-que-contratual da relação e de suas obrigações mútuas. Um empregado ou executivo que está sempre perguntando "O que eu ganho com isso?" não pertence à organização. Psicológica e espiritualmente, ele não é mesmo um "membro", seja qual for seu *status* contratual.

A metáfora final equipara uma corporação a um cidadão. Pode-se dizer que a cidadania, como o casamento, é baseada num tipo de contrato, mas levar isso além do óbvio é compreender mal sua natureza básica de relação. Alguns deveres podem ser mais ou menos explicitados de antemão (pagamento de impostos e serviço militar, por exemplo, ou manutenção das estradas e proteção contra inimigos externos), mas, em sua maioria, as obrigações mútuas e a exigência de respeito mútuo não são e não podem ser legisladas ou contratadas (daí a inviabilidade de leis ou emendas constitucionais que regulem questões como o respeito à bandeira, mas não cabe discutir isto aqui). Sem dúvida, podemos *nascer* com uma cidadania, mas, quer nasçamos cidadãos quer despendamos consideráveis esforços para nos tornarmos cidadãos, a cidadania é fundamentalmente uma relação de identidade partilhada e interesse mútuo. Embora eu afirme que corporações são cidadãos, não quero dizer apenas, na linguagem agora familiar da ética dos negócios, que elas têm "responsabilidades sociais". De fato, se nossa concepção da corporação permanece no nível primitivo das "ficções legais" e das "organizações de maximização de lucros", teremos considerável dificuldade em mostrar como ou por que a responsabilidade social poderia incumbir às corporações e não apenas aos cidadãos individuais. Mas se pensamos na formação de uma corporação como a criação de um novo cidadão, em que a relação de identidade partilhada e interesse mútuo com a sociedade mais ampla é central, então a exigência de responsabilidade social corporativa deixa de ser misteriosa ou controversa. Na verdade, torna-se quase trivial. A corporação recebe de fato benefícios e privilégios do Estado do qual é um cidadão, mas tem deveres e obrigações em contrapartida. A corporação japonesa é talvez excepcional pelo grau em que evidencia isso, no entanto, o que é inusitado nela é só a intensidade da interconexão ou "interface" entre governo e negócios, não a idéia de cidadania corporativa, que está longe de ser única. As corporações, como todos nós, têm o direito de buscar seus próprios interesses, que podem, entre outras coisas, incluir lucros, em vez da felicidade, mas esse direito está sujeito a todo tipo de precondições e limitações, entre elas, a proibição de lesar outrem. A idéia da cidadania, em outras palavras, não é apenas uma personificação da corporação (que tem alguma justificação), mas uma insistência na estrutura moral mais ampla na qual todos os negócios devem ser encarados e avaliados. "Negócios são negócios", talvez, mas os negócios são também uma prática social baseada em relações humanas em que a individualidade e a autonomia pessoal não são em absoluto negadas ou relativizadas, mas antes ganham um contexto em que se tornam significativas.

Notas

1. Robert C. Solomon com K. Hanson, *It's Good Business*, pt. 3, se. 2, "A Hero for Our Times". O número mencionado acima — na verdade, 60% dos executivos entrevistados — é de uma pesquisa de opinião da Knight-Ridder, set. 1991.
2. Ver Helmut Schoeck, *Envy: A Theory of Social Behavior.*
3. A expressão "individualismo atômico" tornou-se muito comum em filosofia social, mas tomo-a aqui de Elizabeth Wolgast, *A Grammar of Justice.*
4. Em especial, John Rawls, *A Theory of Justice.*
5. Ver também Jules Coleman, "Market Contractarianism and the Unanimity Rule".
6. E.g., ver Mark Pastin, *The Hard Problems of Management*, esp. pp. 138-45.

CAPÍTULO 8 Além do egoísmo: Adam Smith e os limites do mercado

Por mais egoísta que se possa julgar o homem, é evidente que há alguns princípios em sua natureza que o envolvem no destino de outros, e tornam a felicidade desses outros necessária para ele, ainda que dela nada extraia senão o prazer de vê-la. É dessa espécie de princípio a piedade ou compaixão, a emoção que sentimos pela desgraça alheia... O maior facínora, o mais empedernido transgressor das leis da sociedade, não é inteiramente desprovido dela.

ADAM SMITH, *A teoria dos sentimentos morais*

Adam Smith é tipicamente citado como o pai do "capitalismo" e, por conseqüência, da empresa moderna e da ideologia que a sustenta. Todavia, o Adam Smith que é tão citado é quase a antítese da visão aristotélica, desprovido por inteiro de ética, individualístico de maneira implacável e quase hobbesianamente preocupado com o que Aristóteles e Tomás de Aquino condenaram como *chrematisike* e que mais tarde veio a ser chamado de a "motivação do lucro". É verdade que essa história pavorosa de cobiça e amoralidade tem um final feliz — a prosperidade de todos sob os auspícios da "mão invisível" —, mas o vocabulário dessa visão é tão pouco lisonjeiro, e tão infiel a seu suposto autor, que ela estava fadada a ter uma influência desastrosa sobre a ética dos negócios. Isso é o que Patricia Werhane, em seu novo livro sobre Adam Smith, chama "a visão dominante".[1] A visão dominante, que a esta altura é tediosamente conhecida, muito citada por defensores do livre mercado que nunca sequer olharam para a obra de Smith, está sendo agora defendida com grande número de variações acadêmicas, polêmicas e francamente desonestas. Mesmo em suas versões tradicionais, lecionadas nas salas de aula, porém, a visão dominante da filosofia de Adam Smith o apresenta muito mais parecido com Boesky e Gekko do que até a leitura mais entusiástica permitiria. A maior parte dos economistas e dos defensores da livre empresa só mencionam *A riqueza das nações* e ignoram o lugar que esse livro ocupa no conjunto da filosofia de Smith. Em particular, ignoram por completo a *Teoria dos sentimentos morais* e sua tese central — nunca abandonada na teoria econômica de *A riqueza das nações* —, de que as pessoas são por natureza cooperativas e solidárias, e que seu interesse pessoal inclui naturalmente a preocupação com os outros e com suas opiniões. *A riqueza das nações*, por sua vez, é tomada como uma defesa da competição irrestrita e do sistema da livre empresa, que não se aplicaria apenas a sua província própria da produção e da troca, como a todos os aspectos da atividade humana. Smith rejeita essa interpretação de maneira muito explícita. Para nossos fins aqui, entretanto, quero propor três questões básicas, todas fundadas na idéia de que Smith não era nem esquizóide nem incoerente, e conservou essencialmente as mesmas concepções entre a época em que escreveu a *Teoria dos sentimentos morais,* em 1759, e aquela em que terminou a muito mais famosa *A riqueza das nações,* em 1776. Minha tese, é claro, é que o próprio Smith estava muito mais próximo do ponto de vista aristotélico (como poderíamos esperar a partir de sua amizade com Hume) do que as paródias friedmanescas e a visão dominante sugerem.

Em primeiro lugar, não há parte alguma da obra de Smith que insinue sequer por um momento que "cobiça é bom", e a metáfora da "mão invisível" — sobre a qual se colocou um peso tão enorme embora Smith só a mencione *uma vez* em *A riqueza das nações* — desempenha um papel muito menor na forma como Smith concebia o mercado e a moralidade do que se sugere em geral.

Em segundo lugar, Smith nada tem de individualista no modo hobbesiano, ao dar muito mais ênfase à importância de instituições e das relações sociais e interpessoais do que à nossa preocupação com nossos próprios interesses, embora, é claro, não a negue.

Em terceiro lugar, a noção de "interesse pessoal" não é em absoluto o sentimento associal ou anti-social que em geral pretende-se que seja. Certamente não é hobbesiano, nem mesmo rousseauniano (isto é, indiferença benigna em vez de hostilidade declarada). Já é intrinsecamente social, e fazer o bem não é uma questão nem de dever nem de compulsão (seja por contrato ou força), mas uma fonte genuína de prazer em si.

Examinemos de maneira breve essas proposições, uma a uma.

COBIÇA *NÃO* É BOM

Muitas vezes foi mostrado — por exemplo, por Thomas Sowell, que não é inimigo do sistema da livre empresa — que Adam Smith não tem uma única frase lisonjeira a dizer sobre o caráter ou a motivação do homem de negócios comum. Quero acrescentar a isso a observação de que Smith nada tem de bom a dizer sobre a cobiça, nem como um meio, muito menos como um fim, e que ele tampouco reconheceria e muito menos confirmaria a filosofia da "cobiça é bom" que passou recentemente a caricaturar o funcionamento do mercado, assumindo todos os atributos de uma virtude. O que Smith defende na verdade é a idéia de que a busca do interesse pessoal não é em si mesma anti-social ou destrutiva. No contexto de seu tempo — e em meio à religiosidade opressiva e ao ascetismo, a nossos olhos, intoleráveis, da Edimburgo presbiteriana —, a defesa que Smith faz da busca do interesse pessoal deve ter sido uma tese notavelmente libertadora. Num mundo "mercantil" em que o governo e os sindicatos ameaçavam com punições terríveis aqueles que ousavam ter ambições econômicas e em que negociantes e industriais tinham por vezes de ser praticamente coagidos a estimular a produtividade e a inovação, uma defesa da legitimidade e até do patriotismo da busca do interesse pessoal desempenhou um papel social realmente importante. Podemos avaliar com facilidade como a empresa livre de restrições seria uma posição merecedora de promoção contra o peso morto das tradições da época. (Não posso deixar de pensar nisso quando leio a celebração que Alasdair MacIntyre faz dessas mesmas tradições escocesas, que foram, ele afirma, filosoficamente "traídas" por Hume).[2] Mas Smith, por certo, nunca pretendeu celebrar a cobiça em si, e sua defesa da busca de lucros esteve *sempre* contida no contexto de uma sociedade estabelecida e suas tradições. A meta do industrial e do homem de negócios era ser um *cavalheiro*, e não apenas rico. *A Teoria dos sentimentos morais* deixa claro, mesmo que *A riqueza das nações* não o faça, que a busca do interesse pessoal deve ser sempre mantida em equilíbrio com a benevolência e outros sentimentos morais. A prosperidade da nação é a meta, na visão de Smith, e o interesse pessoal do indivíduo, note-se bem, é defendido por seu papel nessa busca, não como um fim a ser celebrado por si mesmo.

Quanto à "mão invisível", deveria ser óbvio a partir do que acabo de dizer que o trabalho que lhe é reservado é muito menor do que os proponentes da "cobiça pessoal e prosperidade pública" sugerem. O indivíduo que busca seus próprios interesses e lucros não está tão cego para a virtude e o bem público quanto Smith, nos momentos em que é mais crítico, admite, e a meta da empresa comercial (como de todas as outras) era estabelecer-se como um cidadão responsável, contribuindo para o bem da sociedade e colocando-se como (em conformidade, não esqueçamos, com a chamada "ética protestante") um membro virtuoso da sociedade.[3] O funcionamento do mercado não é tão "invisível" para seus participantes quanto a metáfora de Smith sugere. (Muito menos é por isso "eqüitativo" — um salto lógico espantosamente indevido. A parcialidade pode ser um ingrediente-chave da injustiça, mas certamente não se deduz a partir disso que a parcialidade assegura a justiça). Houve tentativas de identificar a mão invisível como o observador ideal (ou "espectador imparcial") de *A teoria dos sentimentos morais*, em parte para defender exatamente essa idéia. O observador ideal é "ideal" porque não tem interesse pessoal algum envolvido na situação ou na decisão que é chamado a julgar. Nesse sentido o observador ideal é imparcial. Contudo, o observador ideal tem importância moral (embora, na verdade, eu discuta o grau de importância moral que lhe foi atribuída na obra de Smith) exatamente por ter *de fato* todos os sentimentos morais corretos. Ele pode ser imparcial, mas não é em absoluto *indiferente* (como encarnações mais recentes desse estranho personagem — por exemplo, Roderick Firth — tornaram-se).[4]

A visão de um mercado livre isento não apenas de regulação governamental mas de sentimento moral e virtude pública não é em absoluto o que Smith tinha em mente, e a idéia de um "mercado imparcial" é, como há muito passei a suspeitar, um mero mito e também uma metáfora. Como Werhane insiste a certa altura, o mercado só é tão "imparcial" quanto as pessoas que trabalham em seu favor, e, eu acrescentaria, só é também tão humano e tão ético quanto seus proponentes e participantes.

INTERESSE COMUNITÁRIO ANTES DO PESSOAL

Adam Smith não sustentou a visão individualista radical que muitos de seus colegas na Grã-Bretanha e na França subscreveram. A visão da natureza humana proposta por Hobbes — pelo menos segundo *essa* visão dominante (que é também discutível) — era resolutamente beligerante. As pessoas seriam "naturalmente" egoístas e só participariam da sociedade para sua mútua proteção e interesse pessoal. Para Smith, como para Hume, as pessoas são naturalmente sociais e benevolentes.[5] Elas buscam a aprovação umas das outras e, por natureza, o homem "deseja ser o que seria aprovado, ou o que ele próprio aprovaria em outros homens". As pessoas solidarizam-se com os interesses e infortúnios umas das outras e se preocupam com a prosperidade de todos. Na verdade, Smith, mais ainda que Hume (para quem ela é apenas uma "virtude artificial"), tem um agudo senso de justiça e lhe reserva um lugar em sua teoria, num sentido tanto pessoal quanto institucional. No sentido pessoal, a virtude da justiça é sobretudo negativa, como uma aversão natural a lesar nosso próximo. No entanto, positivamente, é também um senso de *fair play*, e, no sentido institucional, ela é "o principal pilar que sustenta todo o edifício da sociedade". É a justiça, não a cobiça ou o interesse pessoal, que vincula a virtude pessoal à estrutura institucional, e isso "por natureza" e não por acordo convencional ou por um "contrato social". De fato, é a justiça que sustenta a legitimidade dos contratos, e portanto, dificilmente poderia ser (como em tantos autores, até e incluindo John Rawls), em qualquer sentido, o resultado de um deles. Os contratos são acordos entre indivíduos, mas a justiça (como a filosofia de Smith) está interessada sobretudo em virtudes interpessoais e na sociedade, não no indivíduo isolado a fim de ganhar um dólar e acreditando, para se justificar, que alguma mão invisível vai tratar de fazer com que as coisas dêem certo.

O INTERESSE PESSOAL É SOCIAL

Por fim, a noção de "interesse pessoal" de Smith não pode ser compreendida fundamentalmente em termos de competição, mas sim, antes de mais nada, em termos de solidariedade e cooperação social. Pode ser verdade, como ele próprio sustenta, que o interesse pessoal é nosso princípio motivador mais forte, mas isso não significa que sejamos "egoístas" ou de algum modo adversários uns dos outros. Nosso interesse pessoal é constituído na sociedade e vinculado ao sistema de virtudes que faz de nós bons cidadãos e contribui para o bem-estar e a felicidade dos outros tanto quanto para nossos. Já mencionei, mas é essencial mencionar de novo, que, para Smith, o ingrediente primordial do interesse pessoal não é a vontade pessoal, mas sim o desejo de aprovação e o respeito por parte de nossos semelhantes. "A natureza, quando formou o homem para a sociedade, dotou-o de um desejo original de agradar e de uma aversão original a ofender seus irmãos." O interesse pessoal de uma pessoa, portanto, não é egoísta e não é desvinculado das virtudes sociais que nos valem essa aprovação — produtividade e inteligência financeira são por certo duas dessas virtudes —, muito menos anti-social. Foi a importância das virtudes pessoais que levou Smith a fazer a afirmação bastante aristotélica de que atos de benevolência nos dão prazer não porque sirvam a nossos próprios interesses, mas por si mesmos, e é a importância dessas virtudes que me permite concluir que Adam Smith, queiramos ou não continuar a celebrá-lo como o pai de um capitalismo moralmente desregrado, com certeza merece um lugar mais destacado na longa tradição ética que remonta a Aristóteles — e talvez o lugar central na disciplina muito mais nova chamada ética dos negócios, um estudo não da legitimidade dos lucros e dos meios para obtê-los, mas do caráter moral das pessoas que os obtêm.

Notas

1. Patricia Werhane, *Ethics and Economics: The Legacy of Adam Smith for Modern Capitalism*. Meus agradecimentos também a Charles Griswold da Boston University, que está trabalhando com tópicos semelhantes.
2. Alasdair MacIntyre, *Whose justice? Which Rationality?*
3. Cf. até H. L. Mencken, "O traço que realmente distingue o norte-americano não é em absoluto a fome de dinheiro; é o que poderia ser chamado, podendo dar margem a mal-entendidos, de aspiração social." Citado por Gore Vidal, *The Impossible H. L. Mencken* (Nova York: Doubleday, 1991).
4. Roderick Firth, "Ethical Absolutism and the Ideal Observer".
5. Penso que MacIntyre os distorce quando afirma que são em essência egoístas e se escondem sob uma fachada de "solidariedade" filosoficamente fabricada.

CAPÍTULO 9 Além da análise de custo/benefício: utilitarismo refinado

> Segundo o princípio máximo da felicidade, o fim supremo (para nosso próprio bem ou o de outras pessoas)... é uma existência tão isenta quanto possível de dor, e tão rica quanto possível em prazeres, em termos tanto de quantidade quanto de qualidade.
>
> JOHN STUART MILL, *Utilitarismo*

A concepção contábil da ética nos negócios, a "análise de custo/benefício", tem raízes bastante recentes. Num certo sentido, é claro, as pessoas sempre "calcularam" suas vantagens e pesaram maneiras alternativas de fazer as coisas, mas as técnicas específicas para medir e comparar formas alternativas de ação em temos mais ou menos quantitativos dependem não só de métodos comerciais modernos mas também da predominância do dinheiro e do valor financeiro como medidas gerais de valor. Vistos como uma ética, esses métodos quantitativos remontam ao século XVIII, quando eram considerados bastante revolucionários. Jeremy Bentham, um reformador político e jurídico inglês, desenvolveu um "cálculo" para equilibrar crimes e punições na lei, e, generalizando-o, defendeu um "cálculo da felicidade" para o estabelecimento de decisões éticas de todo tipo. O que é medido e pesado é o prazer (e a dor), e o cálculo é projetado para maximizar a quantidade de prazer (e minimizar a de dor). O resultado, chamado *utilitarismo*, logo se tornou uma das escolas de ética dominantes, em particular na Inglaterra e nos Estados Unidos. O utilitarismo é a base da análise social de custo/benefício ou, poderíamos dizer, é a expressão máxima da análise de custo/benefício. Todavia, não é forçoso identificá-lo dessa maneira, e um utilitarismo "esclarecido" deveria rejeitar a obsessão da quantificação e do cálculo que ainda hoje define essa teoria.[1] No entanto, um utilitarismo esclarecido como esse (e a rejeição da análise de custo/benefício) foi defendido há bem mais de um século, por um dos mais conhecidos defensores da teoria.

John Stuart Mill não foi o pai do utilitarismo, mas é de longe, na opinião da maioria dos eticistas, o melhor (e o mais conhecido) expositor da doutrina utilitária. Sua versão esclarecida do utilitarismo e sua rejeição da análise de custo/benefício, porém, foram em geral ignoradas ou criticadas com violência. John Rawls, como é bem sabido, queixa-se, por exemplo, de que o utilitarismo não distingue de forma adequada as pessoas, tratando por isso a justiça distributiva entre elas como se fosse uma questão de deliberação entre os desejos e as necessidades de um único indivíduo. Isso talvez se aplique a alguns utilitaristas, mas por certo não a Mill. Assim também, afirma-se (em praticamente toda aula de ética do segundo ano de faculdade nos Estados Unidos) que o utilitarismo nada, ou só muito pouco, tem a dizer contra o sádico que consegue obter de forma quantitativa mais *"hedons"* positivos (unidades de prazer) a partir de seu sadismo que o número de *hedons* negativos somados por sua vítima. Da mesma maneira, afirma-se que o utilitarismo não tem argumento contra o rico sem escrúpulos, apesar de astuto, que defrauda os pobres mas não os faz sofrerem mais do que ele próprio ganha. (Nas palavras de um cartum do *New Yorker*, representando dois ricos gordos sentados em seu clube: "Vejo que os pobres estão ficando mais pobres, mas os ricos estão ficando mais ricos, de modo que no fim tudo se equilibra.") Talvez alguns utilitaristas pensem assim, mas não Mill. Afirma-se que o utilitarismo nada tem a dizer sobre "direitos", que segundo o fundador Jeremy Bentham seriam "tolice com pernas de pau", mas isso com certeza não se aplica a Mill, que dedicou um capítulo substancial de Utilitarismo a questões de direito e justiça. Bernard Williams assinala, de forma um tanto crítica, que o utilitarismo é atraente porque "fornece uma *moeda* comum de pensamento moral... diferentes tipos de reivindicações que podem ser *descontadas* em termos de felicidade".[2] Sugiro que essas metáforas podem ser encaradas de maneira bastante literal, que foi de fato a emergência de uma sociedade de consumo de tipo "pague e leve" que deu um ímpeto particular a essa visão peculiarmente quantitativa da ética. Mais uma vez, porém, não para John Stuart Mill. Em sua "prova" do utilitarismo ele faz um esforço especial para enfatizar a importância das virtudes e da qualidade, do gosto e da sofisticação na busca da felicidade.[3]

Vista sob uma perspectiva ampla, o utilitarismo parece incontestável. É a filosofia que diz que o que conta, acima de todas as coisas, é o bem-estar geral da sociedade, concebida como um conjunto de muito indivíduos com suas próprias necessidades e interesses. Isso não significa que a sociedade consista apenas de indivíduos e não de famílias, grupos, vizinhanças, associações e toda sorte de outras relações interpessoais, muito menos que a sociedade seja constituída de indivíduos (em vez do contrário). Mill, como seu predecessor Smith, é muito claro quanto a nosso ser essencialmente social e nossas solidariedades e nosso senso de comunidade naturais. "A mesma superioridade da inteligência, conjugada à capacidade de solidarizar-se com os seres humanos em geral, permite-lhe ligar-se à idéia coletiva de sua tribo, seu país, ou da humanidade de tal maneira que qualquer ato lesivo a eles desperta seu instinto de solidariedade e o impele à resistência."[4] Esse utilitarismo não afirma que o que as pessoas querem em última análise é dinheiro ou prazer nos sentidos vulgares que Mill critica com tanta violência. Nem nega os direitos individuais, embora de fato sugira que, por vezes, a sociedade pode precisar relativizar direitos individuais em prol do bem comum. Também não nega que o que pode ser primordial tanto para o bem comum quanto para o de cada indivíduo são o respeito mútuo e a obediência estrita, até mesmo a reverência, a um certo código moral. Tampouco nega que aquilo que é essencial para o bem comum é uma religião partilhada ou uma educação apropriada e um cultivo dos sentimentos morais ou uma competição entusiástica por luxos para manter as pessoas trabalhando e produtivas, bem como desafiadas. Diz apenas o que nenhum autor que eu conheça (exceto alguns ascetas fanáticos) nega: que nosso interesse supremo na ética é a prosperidade e o bem-estar da sociedade como um todo, e, portanto, a felicidade do maior número possível de seus membros. Em contraposição, poderíamos considerar a famigerada declaração que o falecido aiatolá

Khomeini fez a propósito da prolongada guerra contra o Iraque: ela "foi boa para as pessoas que foram martirizadas e boa para aquelas cujos filhos foram martirizados".[5]

É evidente que, essa descrição intencionalmente vazia do utilitarismo não é o objeto do debate por vezes rude em curso entre utilitaristas, liberais rawlsianos, marxistas e libertários. Tudo depende do modo como a noção do "bem comum" é quantificada, do tipo de medida que usamos para "*hedons*", e do que entendemos por "cada um deve contar por um e somente um". Entretanto, é exatamente aqui, quero sustentar, que John Stuart se retira da contenda, afirmando, como Aristóteles antes dele, que não deveríamos esperar da ética mais precisão do que ela é capaz de fornecer. É esse agnosticismo quantitativo que deixa muitos utilitaristas contemporâneos insatisfeitos ao extremo com Mill, lutando para corrigir suas atitudes aparentemente negligentes em relação à prova e ao cálculo por meio da extração desta ou daquela nova interpretação de sua obra, desde a descoberta bastante engenhosa do "utilitarismo de regras" por J. O. Urmson, várias décadas atrás, até as explorações notavelmente sofisticadas de Richard Brandt e outros em anos mais recentes.[6] Eu, contudo, levo Mill muito a sério quando ele tenta se abster de "provar" a verdade do princípio da utilidade; melhor para ele nem mesmo ter tentado formular seu próprio argumento de senso comum numa forma que filósofos profissionais interpretam tão prontamente não como uma "prova" (entre aspas de susto) mas como um argumento notoriamente ruim. E eu o levo ainda mais a sério quando ele luta para se libertar da vulgaridade do "cálculo da felicidade" benthamita, deixando muito claro que o problema que percebe não é apenas o das dificuldades da mensuração de *quanta* ou *hedons* de felicidade e do cálculo das conseqüências potencialmente infinitas de qualquer ação, mas o da própria idéia de *quantidade* — seja de prazer, de felicidade ou de qualquer outra coisa. Uma objeção padrão contra Mill — confesso que eu mesmo a empreguei várias vezes — é que, ao introduzir a noção de "qualidade" de prazer, ele enfraquece exatamente a virtude que o utilitarismo teria a oferecer: a capacidade de descobrir a resposta correta para uma questão ética. Enquanto o cálculo operava ao longo de uma única dimensão (de prazer ou felicidade, ou coisa que o valha), a comparação de quantidades (como quer que fossem calculadas) estabelecia a solução. Hoje, as muitas variedades de teoria da decisão pressupõem, de maneira semelhante, alguma dimensão e resultado desse tipo. Toldavia, ao acrescentar uma segunda dimensão (ao menos) à equação, Mill torna impossível proceder à comparação. É como comparar a pontuação de um time de basquete com os de um time de *hockey* para ver qual é o melhor. E, é claro, o argumento do próprio Mill acerca da comparação e do caráter preferível de diferentes qualidades de prazer é inútil. Mais vale ser um Sócrates insatisfeito que um porco ou um tolo satisfeito, diz ele, porque Sócrates tentou ambos os tipos de prazer (o que, presume-se, o porco e o tolo não fizeram) e prefere os prazeres socráticos, ainda que incompletos, aos prazeres suínos, embora tão satisfatórios (pelo menos para um porco). Ora, isso envolve todo tipo de problemas. Em especial, cabe indagar se Sócrates era capaz de experimentar prazeres suínos de maneira adequada a um suíno, de modo a poder fazer uma comparação justa, mas parece-me que aquilo a que Mill chega aqui — e, mais uma vez, enfraquecendo a si mesmo com o que se parece demasiado com uma discussão — é uma idéia que ele sem dúvida endossou e sobre a qual leu com considerável entusiasmo em seu estudo dos grandes filósofos gregos. Seus termos, contudo, estão longe de ser utilitários no sentido benthamita, embora a ênfase no bem comum e na importância da felicidade individual (e na tentativa de evitar o sofrimento) fosse com certeza central para ela. No entanto, o vocabulário desse ideal mais antigo consistia de termos como "excelência", "honra", "respeito", "virtude" e "cidadania", até mesmo, "dever" e "nobreza". Incluiria também "amizade" — não no sentido utilitário (que Aristóteles rejeita de maneira explícita como uma das formas "mais baixas" de amizade), mas no sentido nobre de cultivo e inspiração mútuos. No último capítulo de *Utilitarianism*, no qual se lança em sua discussão dos direitos e da justiça, Mill deixa muito claro que — em oposição ao que kantianos e rawlsianos costumam lhe imputar — ele não está simplesmente tentando resolver uma inadequação em sua teoria por um meio tortuoso, mas sim dar ao utilitarismo uma concepção muito diferente do "bem comum" e da felicidade individual. Não se trata de uma teoria do prazer coletivo mas de uma concepção aristotélica das virtudes como parte essencial do bem-estar tanto individual quanto geral. Em termos rawlsianos, ele tenta realmente nos dar uma teoria do bem que se une a uma concepção do que é certo, uma teoria em que a justiça não é (como em Rawls) um conjunto de limitações, mas parte essencial da boa vida. E isso significa conceber-nos não como indivíduos à caça de prazer nem de quaisquer metas mais elevadas, mas como membros da sociedade cuja felicidade (e prazeres também) depende fundamentalmente de seu senso de honra e contribuição para a comunidade.

O utilitarismo é muitas vezes considerado *a* filosofia dos negócios, a única resposta sensata àquelas questões incômodas sobre "ética", a teoria quantitativa inteligente que capta e expande as descobertas da análise de custo/benefício. Terminei a primeira parte deste livro com um breve exame de John Stuart Mill porque quero sugerir que até o utilitarismo admite uma interpretação aristotélica em que a análise de custo/benefício desaparece do quadro e uma imagem da boa vida emerge como fundamental. Assim, também, Adam Smith, o avô do capitalismo, não "descobriu a economia e destruiu a moralidade (como o expressou um livro recente), mas sim teve uma visão integrada dos negócios e das virtudes numa comunidade de cavalheiros interessados na prosperidade para todos. Nesta terça parte do livro, fui sobretudo crítico, em especial com aqueles modelos de negócios que reduzem toda essa rica prática social a uma busca obsessiva, unidimensional da riqueza ou analisam toda ela em termos de competição e estratégia, negando a importância de metas e pensamento social mais amplos. Dessa forma, espero também ter criado pelo menos algum embaraço com relação às metáforas que estão tão difundidas na tagarelice sobre negócios. Elas não são apenas formas pitorescas de falar; são imagens degradantes e destrutivas que tornam as transações de negócios menos sensíveis e se sobrepõem às considerações éticas mais básicas. Na próxima parte do livro, quero considerar um conjunto muito diferente de modelos e metáforas e uma estrutura teórica em que os negócios emergem como uma atividade honrosa e socialmente significativa. Por "teoria" e "estrutura", entretanto, não quero me referir a um sistema formal e abstrato em excesso, que de algum modo pretenda ou pareça ser "científico", pois isso também logo leva de volta exatamente àqueles mitos e metáforas que acabamos de deixar para trás. Trata-se antes de uma teoria que, como nos diz Aristóteles, tenta ser apropriada à prática bastante solta dos negócios que descreve, e é uma estrutura que tenta exibir a mesma flexibilidade exigida de qualquer comunidade criativa e dinâmica.

Notas

1. David Copp, "Morality, Reason and Management Science: The Rationale of Cost-Benefit Analysis".
2. Bernard Williams, *Morality*, p. 92 (grifo meu).
3. John Stuart Mill, *Utilitarianism*, cap. 4.
4. Mill, *Utililarianism,* p. 51.
5. *New York Times,* 20 de novembro de 1988.
6. E.g., J. O. Urmson, "The Interpretation of the Moral Philosophy of J. S. Mill", pp. 128-36, e R. B. Brandt, *A Theory of the Good and the Right.*

PARTE II Uma abordagem aristotélica dos negócios: estrutura e teoria

CAPÍTULO 10 Ética nos negócios: "A Terceira Onda" e o problema da teoria

Durante a década de 1970 e princípio da de 1980, no início do desenvolvimento do campo da ética dos negócios, os autores se apressaram em fornecer materiais didáticos a classes famintas. Essa foi a primeira onda. Contudo, uma vez que havia livros-texto disponíveis, os professores compreenderam que, para alcançar credibilidade, o campo exigia fundamentação teórica. Como as únicas fontes possíveis para essa fundamentação eram as disciplinas já definidas, estas — especialmente a filosofia e as disciplinas empíricas — foram as forças usadas para criar a segunda onda... A terceira onda exibe uma consciência bipartidária da teoria ética e dos negócios, ao mesmo tempo em que se refere também a um corpo reconhecido de literatura interdisciplinar.

THOMAS DONALDSON, "The Third Wave"

Felizmente já superamos aquele período embaraçoso em que o próprio título de um livro sobre "ética dos negócios" convidava — não, impunha — o comentário insolente: "deve ser um livro muito curto". Atualmente, a ética nos negócios é um interesse reconhecido de muitos, se não da maioria, dos principais executivos, e o número das corporações de vulto que têm pelo menos um programa simbólico em ética supera de maneira significativa o das que não têm. A ética dos negócios é recomendada ou exigida na maioria das principais escolas de administração de empresas da América do Norte e está se popularizando até na Europa (num dos raros casos de comércio intelectual nessa direção). Os estudos sobre ética dos negócios atingiram agora o que Tom Donaldson chamou de "a terceira onda", deixando para trás os livros-texto introdutórios coligidos às pressas e filosóficos em excesso, e coletâneas de estudos de casos concretos óbvios demais, para chegar a um envolvimento sério com o mundo dos negócios. Conferências cujo público se divide meio a meio entre executivos e acadêmicos são comuns, e estudos em profundidade baseados na imersão no mundo corporativo, como *Moral Mazes* de Jackall, substituíram comentários mais simplistas e neutros sobre "capitalismo e responsabilidade social".[1] A ética nos negócios passou de argumentos vulgares do tipo "negócios como pôquer" para uma arena em que teoria ética séria deixou de estar deslocada, tendo passado a ser buscada com seriedade e tornando-se objeto de grande demanda.

O problema com a ética dos negócios agora não é ignorância vulgar, mas uma confusão muito mais sofisticada acerca do que exatamente a matéria deveria fazer e do modo como (para empregar um contraste muito batido) a teoria se aplica à prática dos negócios. De fato, grande parte do problema é que não está claro em absoluto a que uma ética dos negócios deve se assemelhar ou se existe mesmo tal empreendimento teórico. Tem sido a prática regular em muitos cursos de ética dos negócios e — seja como causa ou efeito — de muitos livros-texto padrão, iniciar com uma visão geral da teoria ética.[2] Isso significa, inevitavelmente, um breve sumário de Kant e da ética deontológica, um breve exame do utilitarismo com uma ou duas notas sobre John Stuart Mill e uma ou duas distinções entre ato e papel, utilitarismo do prazer *versus* utilitarismo da preferencia, e alguma repetição da disputa muito ensaiada entre os dois tipos de teorias. Dado o contexto de negócios, a posição libertária, ou alguma forma de contratualismo, é incluída com freqüência como um terceiro contendor. "Justiça" é uma seção introdutória natural, e a visão de John Locke sobre direitos naturais de propriedade é uma inclusão também apropriada. Mas é isso a teoria da ética dos negócios? Não só a aplicação a situações concretas de negócios fica em questão — e, nesse caso, a mensagem para os estudantes é com muita freqüência um relativismo descarado ("se você for utilitarista, fará isso, se for kantiano, fará aquilo") — como não fica claro sequer se a ética dos negócios tem, nesse caso, algo de característico. Há apenas ética, ou melhor, teoria ética, seja isso o que for. Na realidade, somos quase tentados a recuar para o conselho irônico de Robert Townsend, ex-diretor executivo da Avis e autor de *Up the Organization*, segundo o qual, se uma companhia precisa de um código de ética corporativo, deveria pregar os Dez Mandamentos em seus quadros de avisos. E assim, com seu sucesso assegurado, pelo menos por enquanto, a ética dos negócios enfrenta ao mesmo tempo uma crise de teoria e um desafio pragmático, isto é, o que deve ser considerado uma teoria na ética dos negócios e como essa teoria se aplica e pode ser usada por administradores de carne e osso em situações concretas e eticamente carregadas da vida real.

Uma possibilidade é que a teoria da ética dos negócios seja na realidade filosofia econômica, isto é, a economia como ética: filosofia sociopolítica com ênfase na justiça econômica. Dessa forma, as questões teóricas da ética dos negócios são aquelas suscitadas por John Rawls em sua *Theory of Justice*, em 1971, e por seu colega Robert Nozick em *Anarchy, State and Utopia* em 1974.[3] As questões da ética dos negócios são aquelas propostas repetidas vezes por Amartya Sen e Jon Elster em seus vários livros e artigos e, de uma maneira mais informal, por John Kenneth Galbraith e Lester Thurow nas páginas do *New York Review*. Esse é, sem dúvida, um território rico e promissor. As teorias estão bem desenvolvidas e, embora possam tomar Kant, Locke e Mill como seus precursores, suscitam questões que são de particular interesse para a economia e perguntam, com relação tanto ao sistema como um todo quanto a práticas específicas dentro dele, se o livre mercado é mesmo um mecanismo justo e eqüitativo para a distribuição de bens num mundo brutalmente desigual. As teorias aqui são bem fundamentadas e formalizadas de maneira impressionante — por meio das técnicas sofisticadas da teoria dos jogos, da teoria da escolha social e de todos aqueles outros acessórios que dão às teorias um aspecto de teoria — em outras palavras, adequadas para publicação nas mais sérias revistas profissionais e conducentes à obtenção de um cargo acadêmico.

Esse tipo de teorização, contudo, é irrelevante para o mundo rotineiro dos negócios e inteiramente inacessível às pessoas para quem a ética dos negócios não é (ou será) apenas um objeto de estudo, mas um modo de vida — estudantes, executivos e corporações. Aqui, em especial, os problemas práticos retornam para nos assombrar; como fazer essas magníficas teorias dos direitos de propriedade e dos mecanismos de distribuição, esses pronunciamentos visionários sobre a economia atual aplicarem-se a pessoas na prática? É evidente que se, pode alegar que isso é o que ocorre em qualquer ciência e, aliás, não apenas nas ciências. A parte difícil de qualquer ensino acadêmico é tomar um material teórico muito sofisticado e diluí-lo para as massas, ou, mais modestamente, torná-lo acessível numa terminologia que não seja simplificada em excesso. Todavia, mesmo que ignoremos a atitude condescendente e ofensiva suposta nessa visão, especialmente nas chamadas artes liberais, ela é inadequada também por uma razão mais teórica. As grandes teorias da filosofia econômica, por mais intrigantes que possam ser em si mesmas, não são adequadas para a ética dos negócios, pelas mesmas razões por que as teorias clássicas de Kant, Locke e Mill tampouco o são. As teorias são elas próprias incompletas, desatentas ao contexto concreto dos negócios e indiferentes aos papéis específicos que as pessoas desempenham nos negócios. Sua inacessibilidade ou inaplicabilidade ao administrador comum, em seu escritório ou no chão de fábrica, não é apenas um problema pragmático, mas uma falha da teoria também. Aquilo de que precisamos na ética dos negócios é uma *teoria da prática*[4], uma análise dos negócios como uma atividade plenamente humana em que a ética forneça, além de um conjunto abstrato de princípios ou limites colaterais ou uma lembrança ocasional da escola dominical, a própria estrutura da atividade dos negócios. O cerne de tal teoria não será um modelo matemático, mas uma descrição prática e objetiva dos valores que governam e devem governar os negócios e as empresas mediante a motivação das pessoas que realmente vivem e trabalham no mundo dos negócios. No entanto, ao pôr toda a ênfase na macroeconomia, na pesquisa em ciência social e em regras e códigos abstratos de ética, um número muito grande de eticistas dos negócios (como alguns cantores populares em busca do amor) têm procurado teorias em todos os lugares errados.

Notas

1. Robert Jackall, *Moral Mazes.*
2. Entre os melhores: Beauchamp e Bowie, *Ethical Theory and Business;* Manuel G. Velasquez, *Business Ethics*; Richard De George, *Business Ethics*; T. Donaldson e P. Werhane, *Ethical Issues in Business.*
3. John Rawls, *A Theory of Justice*; Robert Nozick, *Anarchy, State and Utopia.*
4. Não confundir com *praxis*, o termo grego para prática, vítima de tanto abuso que passou a inspirar exortações teóricas enfadonhas e é facilmente confundido com uma versão européia oriental de repolho recheado.

CAPÍTULO 11 A abordagem aristotélica da ética dos negócios

> Ganhar dinheiro é fácil, se é dinheiro que você quer. Entretanto, com poucas exceções, as pessoas não querem dinheiro. Querem luxo e querem amor e querem admiração.
>
> JOHN STEINBECK, *East of Eden*

Chamei a estrutura teórica desenvolvida aqui "uma abordagem aristotélica dos negócios". Por Aristóteles ser famoso em geral como o inimigo dos negócios, alguma justificação desse tipo de abordagem parece se impor. É verdade, ele foi o primeiro economista. Teve muito a dizer sobre a ética da troca e, portanto, seria razoável chamá-lo também de o primeiro eticista dos negócios (conhecido). Aristóteles, porém, distinguiu dois sentidos diferentes do que chamamos economia, um deles, *oecinomicus*, ou comércio doméstico, que aprovava e considerava essencial para o funcionamento de uma sociedade mesmo modestamente complexa, e o outro, *chrematisike*, o comércio com fins lucrativos. Aristóteles declarou que esta última atividade seria inteiramente desprovida de virtude. Desprezava a comunidade financeira e, de modo mais geral, tudo o que chamaríamos busca do lucro. Sustentava que os bens deveriam ser trocados por seu "valor real", seus custos, incluindo um "salário justo" para os que os produziam, mas em seguida concluiu, erroneamente, que qualquer lucro (isto é, em adição aos custos) envolveria algum tipo de roubo (pois, de onde mais viria aquela "mais-valia"?). Em conseqüência, chamava os envolvidos em comércio de "parasitas" e tinha especial desdém por agiotas e a prática ilícita e improdutiva da usura, que até há apenas poucos séculos ainda era um crime. ("Usura" não significava originalmente juro excessivo; referia-se a qualquer cobrança em adição ao custo.) Só marginais na fímbria da sociedade, não cidadãos respeitáveis, envolveriam-se em tais práticas. (O Shylock, de Shakespeare, em *O mercador de Veneza* era um desses marginais e um usurário, embora sua idéia de expropriação fosse um pouquinho inusitada.) Todo comércio, acreditava Aristóteles, era uma espécie de exploração. Essa era sua visão do que chamamos "negócios". O maior discípulo medieval, santo Tomás de Aquino, partilhava o desdém do filósofo pelo comércio, embora, ao mesmo tempo, lutasse pela admissão de uma usura limitada (nunca designada por esse termo, é claro) entre seus patronos comerciantes. (Uma cobrança por "uso perdido" de fundos emprestados não era o mesmo que cobrança de juro, sustentava.) Até Martinho Lutero, no limiar dos tempos modernos, afirmou que a usura seria um pecado e que um negócio lucrativo seria (na melhor das hipóteses) suspeito. A influência de Aristóteles nos negócios, pode-se afirmar, foi duradoura — e nada menos que desastrosa.

Em particular, pode-se afirmar que Aristóteles tinha muito pouca percepção da importância da produção e fundava suas idéias inteiramente no desejo aristocraticamente correto de aquisição, introduzindo assim em sua economia um pensamento de soma zero sem fundamento. Pode-se acusar Aristóteles de ter assumido demais, como seu mestre Platão, o papel de porta-voz da classe aristocrática e de ter sido bastante injusto com o comércio e os meios de vida de estrangeiros e plebeus. É Aristóteles que inicia a história da ética dos negócios como sendo em tão grande parte um ataque indiscriminado ao comércio e suas práticas. Preconceitos aristotélicos estão implícitos em grande parte das críticas aos negócios e do desprezo pelas finanças que monopolizam tanta atenção da ética cristã até hoje, a despeito dos evangélicos avarentos. Até defensores dos negócios acabam, com freqüência, por pressupor preconceitos aristotélicos em argumentos pirrônicos como "os negócios são semelhantes ao pôquer e distintos da ética da vida cotidiana"[1] e "a [única] responsabilidade social dos negócios é aumentar seus lucros".[2] Contudo, se foi exatamente essa cisão entre os negócios e o resto da vida que tanto enfureceu Aristóteles, para quem a vida deveria integrar-se num todo coerente, é a mesma idéia holística — de que as pessoas envolvidas nos negócios e as corporações são, antes de mais nada, parte de uma comunidade mais ampla — que move a ética dos negócios hoje.

Não podemos mais aceitar a idéia amoral de que "negócios são negócios" (não realmente uma tautologia, mas uma desculpa para a irresponsabilidade social e a insensibilidade pessoal). Segundo Aristóteles, temos de nos conceber como membros da comunidade mais ampla — a *polis*, para ele, a corporação, o bairro, a cidade ou o país (e o mundo), para nós — e nos esforçar para nos superar, para revelar o que há de melhor em nós e em nosso empreendimento partilhado. O que temos de melhor envolve nossas virtudes, que por sua vez são definidas pela comunidade mais ampla, não havendo, portanto, qualquer cisão ou antagonismo fundamental entre o interesse pessoal individual e o bem público maior. Naquele tempo, é claro, não havia corporações, mas Aristóteles teria por certo entendido o que tenho em mente quando digo que a maioria das pessoas envolvidas em negócios identifica-se, ainda que levemente, em termos de suas companhias, não sendo as políticas corporativas e muito menos os códigos de ética corporativos suficientes em si mesmos para constituir uma ética. Todavia, as corporações não são cidades-Estado isoladas, nem mesmo as maiores e mais poderosas das multinacionais. "O Estado soberano da ITT" pode indicar poder e autonomia política, mas é, ainda assim, parte integrante de uma comunidade global maior. As pessoas que trabalham para a corporação são, portanto, cidadãos de (pelo menos) duas comunidades ao mesmo tempo, e poderíamos pensar sobre a ética dos negócios como atingindo diretamente essa dupla cidadania. O que precisamos cultivar é uma determinada maneira de pensar sobre nós mesmos dentro e fora do contexto corporativo, e esse é o objetivo da teoria ética nos negócios como a compreendo. Ela não é, permita-me insistir, antiindividualista em qualquer sentido de "individualismo" que valha a pena defender. A abordagem aristotélica da ética dos negócios começa antes com a idéia bipartida de que o que conta é a virtude e a integridade individual, mas boas políticas corporativas e sociais estimulam e alimentam a virtude e a integridade individual.

A abordagem aristotélica, como quero aqui interpretar, começa por concordar com Aristóteles em sua desconfiança do pensamento e comportamento puramente financeiro, o que chamamos de "motivação do lucro". Os operadores de Michael Lewis parecem-me ser os equivalentes perfeitos do tipo de personagens marginais que faziam os atenienses respeitáveis esconderem suas carteiras e suas filhas em casa. Também eles nada faziam de ilegal, mas suas atividades mercantis (ao contrário das atividades dos operadores de Lewis) não eram respeitáveis. Não pareciam contribuir em coisa alguma para a sociedade. O lugar e a finalidade aparentemente óbvios das "finanças" na sociedade precisa ser reconsiderado, e o problema é definir "finanças" e "lucros" de tal maneira que os negócios não incorram em sua totalidade na acusação de Aristóteles.

Em segundo lugar, chamar a abordagem de "aristotélica" é enfatizar a importância da comunidade, a comunidade dos negócios em si (considero as corporações, antes de mais nada, como comunidades), mas também a comunidade mais ampla, até mesmo toda a humanidade e, talvez, grande parte da natureza também. Essa ênfase na comunidade, no entanto, não deveria ser vista como um eclipse da importância do indivíduo e da responsabilidade individual. De fato, o contrário é verdadeiro; é somente no contexto da comunidade que a individualidade é desenvolvida e definida, e nosso tão importante senso de integridade individual, longe de lhe ser oposto a ela, é dependente da comunidade, na qual a integridade adquire tanto seu significado quanto sua chance de se provar.

Um dos aspectos mais importantes da abordagem "aristotélica" é a ênfase na intencionalidade (ou "teleologia") que define todo empreendimento humano, inclusive os negócios. Essa intencionalidade, porém, transcende a esfera dos negócios e define o lugar deles na sociedade mais ampla, embora a expressão popular "responsabilidade social" faça isso parecer mais uma preocupação externa do que a finalidade dos negócios em si. Tanto no nível individual quanto no corporativo, a importância do conceito de *excelência* está intrinsecamente ligada a essa teleologia global, pois o que se considera excelência é definido tanto por sua superioridade na prática quanto por seu papel no serviço de fins sociais maiores. É também "aristotélica" uma forte ênfase no caráter individual e nas virtudes (uma "virtude" sendo concebida como excelência pessoal consumada), incrustados na comunidade mais ampla e a serviço dela. O que me interessa é o papel do indivíduo na corporação (e o da corporação na sociedade), não o indivíduo isolado, não a estrutura da corporação abstraída dos indivíduos que são seus membros (e não a natureza do "capitalismo" abstraído do caráter das corporações específicas e das comunidades a que elas servem). É por isso que a idéia dos negócios como uma prática é absolutamente central para esta abordagem: ela encara os negócios como uma instituição humana a serviço de seres humanos e não como uma máquina maravilhosa ou em termos da "magia" misteriosa do mercado.

Por fim, no que pode ser em teoria menos interessante, mas é talvez o mais importante, eu prefiro o nome "aristotélico" exatamente porque ele não pretende em absoluto apresentar algo de muito novo, a mais recente e avançada teoria ou técnica de administração, fazendo-nos lembrar, ao contrário, de algo muito antigo, uma perspectiva e um debate que remontam até a Antiguidade. O que a abordagem aristotélica promete não é algo novo e científico, mas uma concepção muito serena, firme e, acima de tudo, muito humana. A idéia não é introduzir na vida corporativa mais uma desculpa para mudanças brutais, uma nova onda de especialistas e seminários e algum enxugamento drástico. É enfatizar a importância de continuidade e estabilidade, limpidez de visão e constância de propósito, lealdade corporativa e integridade individual.

O saldo final da abordagem aristotélica à ética dos negócios é que temos que desviar nosso pensamento do "saldo final" e conceber os negócios como uma parte essencial da boa vida, do bem viver, de uma boa relação como os demais, de um senso de auto-respeito, de ser parte de algo de que é possível se orgulhar. Aristóteles afirmou que o que chamei de "cobiça abstrata" (a "motivação do lucro") seria uma espécie de patologia, um defeito de caráter, um vício "antinatural" e anti-social. Não que ele fosse contra a fortuna e o conforto (não tinham nada de ascetas, os atenienses), mas, na busca da boa vida, não valia a pena preocupar-se com dinheiro. Ao que poderíamos responder, é claro, que aristocratas numa sociedade aristocrática (e seus filósofos favoritos) não precisavam se preocupar com essas meras questões materiais, mas nós precisamos. Entretanto, a idéia não é que deveríamos parar de pensar em dinheiro ou de tentar ganhar a vida, ou que podemos ou deveríamos desestimular nossos alunos a prosseguir em suas atuais carreiras. Trata-se de uma questão de perspectiva, e do significado dessa sobrevivência e dessas carreiras. São elas, com efeito, apenas um meio de ganhar dinheiro? Ou são, como deveriam, atividades que valem a pena, que fornecem a substância significativa de metade de nossas vidas adultas despertas, a fonte de nosso senso de valor pessoal e de muitos de nossos amigos? A companhia para a qual trabalhamos é uma versão de colarinho-branco do inferno, ou é uma comunidade em que (apesar de termos de bater o ponto cedo) ficamos satisfeitos por ver nossos colegas e começar o trabalho do dia? Falamos sobre "ganhar a vida" como se isso fosse, antes de tudo, uma questão de renda, mas a verdade é que o sustento que ganhamos tem tanto a ver com vida e significado quanto com o pagamento do aluguel. Infelizmente administradores de nível intermediário atestarão que parece não haver nada mais degradante e mais contrário à boa vida do que dar anos de sua vida para uma companhia que ignora todos os seus esforços e lhe lembra de forma contínua que você é descartável.[3] Estudantes e aspirantes a empregos (e, permitam-me dizer, até mesmo professores de ciências humanas) que aceitam um cargo apenas com base no salário e depois odeiam seu trabalho deixam de ver o óbvio: o que contribui para a felicidade não é dinheiro para gastar, mas uma vida plena e significativa e uma comunidade decente e próspera.

Parte do problema é o modo como tendemos a separar — ou fingir que separamos — nossos negócios de nossas vidas pessoais, como se fossem desvinculados e independentes, como se "deixássemos nossos valores na porta do escritório". Contudo, é óbvio, não só passamos enorme parcela de nossas vidas despertas "no escritório"; nossos valores não estão divididos em duas (ou mais) categorias, como roupas no armário, separadas em "trabalho" e "lazer". Com apenas pequenas variações, os valores pelos quais somos criados quando crianças são os valores essenciais de nossas vidas, tanto pessoais quanto profissionais. Todavia, essa falsa separação entre valores de negócios e valores pessoais tem uma outra conseqüência ainda mais deprimente. Por tendermos a identificar a parte pessoal de nossas vidas como prazerosa (sendo ou não), caracterizamos a parte dos negócios como "trabalho", entendendo por isso não esforço e energia, mas um fardo, definido por deveres, obrigações e responsabilidade. A sugestão natural, portanto, é que os negócios são desagradáveis, aborrecidos, deletérios para nosso melhor eu, e só nos interessam em virtude de seu resultado: o salário ou a fortuna que conseguimos acumular. Há muito pouco senso do trabalho como sendo em si mesmo prazeroso (a principal virtude da metáfora do "jogo"), do trabalho não como uma questão de interesse pessoal vulgar, mas de interesse comunitário vital, de que as virtudes de que nos orgulhamos na vida "pessoal" são praticamente as mesmas essenciais para os bons negócios — honestidade, segurança, coragem, lealdade, integridade O conceito ético central de Aristóteles, dessa forma, é uma noção unificada e abrangente de "felicidade" (ou, de maneira mais precisa, *eudaimonia*, palavra que talvez seja mais bem traduzida como "florescer" ou "prosperar"). O que importa é ver a própria vida como um todo, sem separar a pessoal e a pública ou profissional, ou dever e prazer. O que importa é que fazer o que devemos — cumprir nosso dever, desincumbir-nos de nossas responsabilidades e obrigações — não é contrário à boa vida, conduz a ela, fazendo de nós o tipo de pessoa que desejamos ser. De maneira inversa, é em tornar-se o tipo de pessoa que se deseja ser — o que, presume-se, inclui, numa medida muito grande, o que se faz "para ganhar a vida" — que consiste a felicidade. Ela é "florescimento", e isso significa adaptação a um mundo de outras pessoas e o compartilhamento da boa vida, incluindo "um bom trabalho", com elas. Um bom trabalho, portanto, não é apenas aquele que paga bem ou é relativamente fácil, mas aquele que significa alguma coisa, aquele que tem resultados (mais ou menos) claramente benéficos, aquele que (apesar dos inevitáveis períodos de frustração) se gosta de fazer. A felicidade (tanto para nós quanto para Aristóteles) é um conceito holístico, que inclui tudo. Em última instância, é o caráter, a integridade da pessoa, que determina a felicidade, não o saldo final. E isso se aplica tanto a corporações gigantescas quanto aos indivíduos que trabalham para elas.

Não há lugar nesse quadro para o falso antagonismo entre "egoísmo" de um lado e o chamado "altruísmo" de outro. Para o eu social propriamente constituído, a distinção entre interesse pessoal e preocupação social é de todo ininteligível, e o que chamamos egoísmo é garantido de ser também autodestrutivo. E o "altruísmo" se transforma com demasiada facilidade em sacrifício — por exemplo, por aquela que se autodenomina a campeã do egoísmo, Ayn Rand. Altruísmo, no entanto, não é sacrifício; é apenas uma concepção mais sensata do eu, como intimamente ligado à comunidade, a amigos e família que podem, de fato, ter mais importância (até para nós) do que nós mesmos. O que a abordagem aristotélica da ética dos negócios requer não é sacrifício ou submersão do indivíduo nos interesses da corporação, muito menos infelicidade voluntária. O que ela requer na realidade é o reconhecimento de que as distinções e oposições entre o eu e a sociedade, que gera tais concepções errôneas, são elas próprias o problema e a causa de tanta infelicidade e insatisfação. Da mesma maneira, o problema isolado mais sério da ética dos negócios é o falso antagonismo entre lucros e responsabilidade social. Há um preconceito acadêmico, por exemplo, contra soluções inteligentes para obtenção de lucros — a solução obviamente ótima para problemas de "responsabilidade social". É como se os moralistas tivessem um especial interesse pela nobreza do sacrifício (isto é, o sacrifício alheio). Esse é o mesmo problema, reconhecerão os estudantes de filosofia reconhecerão, suscitado outrora pela teoria do egoísmo na ética, por exemplo, e o famosa polêmica entre Thomas Hobbes e o bispo Butler. De acordo com todas essas concepções, uma ação ou é egoísta ou é altruísta, e a síntese aristotélica do comportamento nobre e movido por interesse pessoal é eliminada do panorama. Depois que se introduzem essas oposições artificiais entre interesse pessoal e interesse compartilhado, entre lucros e responsabilidade social, o debate torna-se uma proposição "perder-perder": ou fortuna e irresponsabilidade ou integridade e fracasso. A abordagem aristotélica é de maneira fundamental uma proposição "ganhar-ganhar", uma estrutura para a ação mutuamente interessada.

A abordagem aristotélica da ética dos negócios começa com o conceito do indivíduo incluso na comunidade e a importância suprema da felicidade como o único critério para o sucesso. "Felicidade", porém, é uma noção ampla, mal definida. O que faz uma pessoa feliz pode não ser o que faz outra feliz. Uma gerente de meia-idade só ficará satisfeita quando por fim for promovida a vice-presidente sênior e fica feliz em investir a maior parte de seu tempo e energia para conseguir isso; outro está bastante feliz com seu *status* de gerente intermediário, seus colegas agradáveis e o tempo relativamente amplo que tem para estar com a família. Entretanto, isso não quer dizer que qualquer forma de satisfação ou contentamento constitua felicidade. Todos nós já vimos amigos que, logo após passarem por uma separação traumática, atravessaram períodos que todos (menos eles próprios) podiam reconhecer com facilidade como de "falsa felicidade", uma sensação subjetiva de bem-estar que tem muito mais a ver com a repressão e a racionalização de pensamentos horríveis do que com contentamento ou uma real sensação de bem-estar. A mesma sensação de "falsa felicidade" pode ocupar uma porção considerável de nossa vida, embora só com dificuldade e esforço psicológico contínuo. Pode, com mais facilidade, impregnar toda a vida de uma comunidade, quando as pessoas estimulam de forma contínua os valores errados e as metas erradas umas nas outras (por exemplo, promovendo um comportamento competitivo e até brutal entre elas na busca de algum prêmio meramente emblemático, amesquinhando a vida familiar e tratando todas as coisas domésticas e afetuosas como sendo inferiores). O que está acontecendo na sociedade contemporânea, já se afirmou várias vezes, é em grande parte uma versão dessa "falsa felicidade", quando o dinheiro se torna o prêmio emblemático e a competição por dinheiro, o teste de "virilidade", e quando a vida familiar é objeto de negligência ou de coisa pior.[4] Seja felicidade o que for, e por mais que ela seja diferente de uma pessoa para outra, há certos ingredientes pessoais essenciais, ainda que variáveis, que são exigidos. Podemos resumi-los numa só palavra, no conceito das *virtudes*.

O conceito das virtudes fornece o vínculo conceitual entre o indivíduo e sua sociedade. Uma virtude é um traço de caráter difuso que permite a uma pessoa "ajustar-se" a uma determinada sociedade e nela exercer a excelência. Aristóteles analisou as virtudes como os constituintes básicos da felicidade, e elas incluíam, cabe acrescentar de imediato, além de virtudes "morais", como a honestidade, muitas virtudes "amorais", como espirituosidade, generosidade e lealdade (Aristóteles, na verdade, sequer se preocupou em distinguir o que chamaríamos de virtudes morais ou amorais. Considerava-as todas importantes). Por um lado, as virtudes eram aspectos essenciais do indivíduo. Por outro, eram precisamente as "excelências" que certa sociedade requeria. O pressuposto subentendido era que uma pessoa é quem é de acordo com seu lugar e papel na comunidade, em virtude de suas ações, de seu discernimento, do modo como todas as suas virtudes "permanecem unidas" para formar o que poderíamos chamar com comedimento de "uma boa pessoa".

Uma virtude, para ser muito breve, por ora, é uma característica excelente e admirável de ter, não somente num contexto definido de maneira estreita (como é uma virtude ser feio num "campeonato do homem mais feio"), mas também no esquema social mais amplo. Uma virtude é um traço que ajuda a pessoa a se ajustar à sociedade e a contribuir para ela. A honestidade é sem dúvida uma virtude. Se todo mundo mentisse — para partir de uma das mais antigas e mais evidentes percepções filosóficas — ninguém acreditaria em ninguém. Sempre haverá mentirosos, e há práticas que estimulam e até exigem menos que uma franqueza absoluta, mas não poderia haver uma sociedade de mentirosos, nem em Hollywood ou Wall Street. A coragem é uma virtude. Sempre haverá covardes, mas a maioria de nós, em um momento ou outro, tem de defender suas convicções e sua liberdade. Senão, não temos convicções e não há liberdade. Contudo, além dessas virtudes bastante gerais, há também virtudes específicas a determinadas instituições, atividades e práticas. A criatividade espontânea e o comportamento imprevisível podem ser aplaudidos num artista ou num intelectual, mas são (em geral) desastrosos num zagueiro. A lealdade é quase sempre uma virtude numa relação ou numa organização, mas tem limites óbvios. (O lema, "Minha companhia, esteja ela certa ou errada", mostra a importância desses limites, mesmo em sua negação.) As virtudes podem ser específicas a determinadas instituições, atividades e práticas, mas serão sempre julgadas numa arena mais ampla. Uma virtude é uma excelência individual definida, em parte, por sua contribuição para o bem público, mesmo ou em especial nas circunstâncias excepcionais em que parece contrariar políticas corporativas ou públicas. Exemplos extremos são fornecidos por empregados que denunciam fraudes ou desperdícios e insurgentes do tipo Henry David Thoreau, mas todo homem honesto pronto e disposto a levantar a voz contra o desperdício ou a corrupção exemplifica também essas virtudes.

Em certos aspectos dos negócios (como nas forças armadas), o que é chamado de "impiedade" pode ser uma virtude, mas seria certamente um erro generalizá-la como uma virtude essencial para todos, em todas as circunstâncias, e é em geral um erro atribuir-lhe muito valor, mesmo no negócio mais "impiedoso". Salta aos olhos que, mesmo no contexto apropriado, essa virtude (como a maioria das virtudes, mesmo a honestidade e a coragem) pode ser excessiva e transformar-se num vício. Assim, a virtude de uma virtude (uma expressão que tomo emprestada de Nietzsche) depende sempre de algum contexto mais amplo, um contexto em que a própria prática (arte, futebol ou negócios) é avaliada por seu valor social. Dessa forma, muitas virtudes contextuais traem seus limites, e algumas supostas virtudes revelam (numa perspectiva mais ampla) não ser virtudes em absoluto. No mundo dos negócios, em particular, deveríamos estar atentos às virtudes machistas e falsas que em qualquer contexto civilizado seriam e deveriam ser objeto de ridículo e desprezo. Quando Lewis descreve o ideal do pregão como "a mais venerada de todas as espécies: um Grande Garanhão", degradamos a própria idéia das virtudes em favor de uma concepção adolescente e indefensável dos negócios.

O que merece ser defendido nos negócios é o senso de virtude que enfatiza o esforço conjunto cooperativo e a preocupação tanto com consumidores quanto com colegas. A ética aristotélica é uma ética da virtude, uma ética em que a integridade pessoal e corporativa constitui a atenção e o foco centrais. Todavia, virtude e integridade não podem ser encontradas num vácuo. Não aparecem de maneira milagrosa no indivíduo atomístico, não podem ser adquiridas ou encomendadas, nem são a província especial dos santos. Tampouco são (exceto cinicamente) o resultado de um cálculo de custo/benefício da utilidade, e não podem ser prescritas segundo regras ou princípios abstratos (por isso a vacuidade irritante de princípios como "Seja corajoso!" ou "Seja generoso!"). Uma virtude tem um lugar num contexto social, numa prática humana, e, por conseqüência, é essencialmente parte de um tecido que vai além do indivíduo e o vincula a uma rede humana maior. A integridade — literalmente "completude" — também deve ser entendida (em parte) no contexto de uma comunidade e, na vida de negócios, da corporação. Ela consiste não apenas de autonomia individual e de "companheirismo", mas de virtudes de grupo como lealdade e sociabilidade, cooperação e confiabilidade. Isso significa também, é claro, que a própria corporação deve ser vista como um agente moral e socialmente responsável, uma idéia que não atenua, no entanto, a importância suprema da responsabilidade e da integridade dos indivíduos que nela trabalham.[5] Nada é mais danoso para a ética dos negócios (ou para a ética nos negócios) do que a exclusão leviana das corporações como agentes por serem elas "ficções legais", ou a insistência igualmente tola, embora comum, de que o único objetivo das corporações (e, portanto, a única responsabilidade de seus administradores) é gerar lucro e cumprir sua "obrigação fiduciária para com os acionistas".[6] A busca da integridade é enfraquecida desde o princípio, afirmei, por mitos e metáforas perigosos sobre os negócios, as corporações e as pessoas que para elas trabalham. As corporações não são ficções legais nem objetos de devoção cega, mas comunidades, pessoas trabalhando juntas por objetivos comuns. Essa compreensão aparentemente simples, mas que uma parte tão grande da vida corporativa parece ter rejeitado nos últimos anos, é o primeiro princípio da ética dos negócios aristotélica. E com tal ênfase na integridade e na comunidade vêm, além do cumprimento das obrigações para com os acionistas (nem todas "fiduciárias"), a produção de qualidade e a possibilidade de orgulhar-se dos próprios produtos, fornecendo bons empregos e recompensas merecidas para os empregados, bem como o enriquecimento de toda uma comunidade, e não apenas de um grupo seleto de "proprietários" (possivelmente por um curto prazo).[7]

A abordagem aristotélica dos negócios pressupõe um ideal, um fim supremo, mas o ideal dos negócios em geral não é "ganhar dinheiro", como insistem meus alunos de graduação com tanta esperteza. É servir às demandas da sociedade e ao bem público e ser recompensado por isso. Esse ideal, por sua vez, define a missão da corporação e fornece os critérios segundo os quais as corporações e todos que estão nos negócios podem ser louvados ou criticados. "Uma vida melhor por meio da química", "Qualidade a um bom preço", "Produtividade por meio de pessoas", "O progresso é nosso produto mais importante" — esses não são meros *slogans* publicitários, mas razões para trabalhar e viver. Sem uma missão, uma companhia não passa de um aglomerado de pessoas organizadas para ganhar dinheiro ao mesmo tempo em que inventam algo para fazer (por exemplo, "derrotar a concorrência"). Tais atividades podem, de maneira não-intencional, contribuir para o bem público, mas a "mão invisível" de Adam Smith nunca foi uma estratégia social muito confiável,[8] e a diferença entre buscar fazer o bem e fazê-lo por acaso não está só no sentimento especial de satisfação que advém do primeiro. Ao contrário do que pretende o argumento inteiramente irresponsável e obviamente implausível de que aqueles ("benfeitores") que tentam fazer o bem fazem de fato mais mal do que bem, a verdade simples e evidente é que a maior parte do bem neste mundo ocorre por meio de boas intenções. A atividade humana significativa é aquela que pretende o bem em vez de tropeçar nele a caminho de metas meramente competitivas ou egoístas.

Certa vez, num livro chamado *It's Good Businness*, fiz uma distinção entre ética macro, molar e micro, e nos termos dessa distinção limitada deveria estar evidente que vou defender a importância da microética dos negócios — os conceitos e valores que definem responsabilidades individuais e comportamento de papel em contraposição às teorias já bem desenvolvidas da macroética dos negócios, os princípios que governam ou deveriam governar nosso sistema global de (re)distribuição e recompensa. (Pode-se afirmar que na ética em si a negligência assumiu um viés diferente, ignorando o cenário social e antropológico mais amplo em favor da autonomia e do bem-estar individuais.) A distinção entre micro e macro foi tomada de uma dicotomia similar na economia e pretende ser paralela a ela. (Em outro lugar argumentei que a economia é um ramo da ética, mas isso é uma outra história.)[9] Essa distinção, entretanto, é um resquício dos velhos tempos de Lorde Keynes e é também inadequada. A unidade de comércio integral ou "molar" atual não é o empresário ou o consumidor individual nem o sistema abrangente que ainda é conhecido pelo nome antiquado do século XIX, "capitalismo". É a corporação, um tipo de entidade a que Adam Smith só se referiu em poucas frases indiferentes (e de interesse mínimo mesmo para Keynes). Embora eu vá sempre afirmar que a unidade existencial de responsabilidade e atenção é e continua sendo ele, o indivíduo no mundo dos negócios de hoje, não opera num vácuo social. Na maior parte das vezes ele é um empregado — seja trabalhando no estoque ou como diretor financeiro — e nossa unidade básica de compreensão tem de ser a companhia, ou melhor, o empregado numa companhia, e, em particular, numa companhia cujo propósito primordial percebido seja "ganhar dinheiro". A teoria na ética dos negócios torna-se assim a teoria — isto é, descrição e contemplação — dos indivíduos dentro (e fora) de papéis corporativos, bem como do papel dos negócios e das companhias na sociedade, *o-indivíduo-na-organização*. As pessoas nos negócios são, em última análise, responsáveis como indivíduos, mas são responsáveis como indivíduos num cenário corporativo em que suas responsabilidades são pelo menos em parte definidas por seus papéis e deveres na companhia e, é evidente, pelo saldo final. As companhias, por sua vez, são definidas por seu papel (ou papéis) e responsabilidades na comunidade mais ampla, sendo o saldo final apenas uma preocupação interna (para que a companhia possa continuar no negócio e os acionistas possam conservar suas ações), que pode ter uma importância mínima para todos os demais.

Em termos de pensamento explicitamente ético, grande parte da ética dos negócios de hoje está centrada em questões de orientação política — as questões amplas acerca do controle do governamental e da legitimidade da intervenção do governo, como em indústrias em vias de falência e programas de ação afirmativa e em práticas e problemas muito gerais das companhias, como controle da poluição, opacidade e mentira na publicidade, direitos dos trabalhadores e as responsabilidades sociais das companhias com as comunidades que as cercam. Tudo isso, é claro, é perfeitamente adequado para filósofos e outros observadores sociais que têm o privilégio de ficar fora do alcance das pressões do mundo dos negócios para avaliar e possivelmente controlar, por meio da legislação, o cenário mais amplo. O que falta a esses sólidos estudos e argumentações, porém, é um senso adequado de valores pessoais e integridade. O que falta em grande parte da ética dos negócios é uma análise adequada da dimensão pessoal em ética, a dimensão da tomada de decisão individual cotidiana. Por isso, quero defender a ética dos negócios como uma ética orientada de forma mais pessoal e não como uma política pública, uma filosofia abstrata "aplicada", ou um subproduto das ciências sociais. Contudo, a ética dos negócios, assim concebida não é "pessoal" no sentido de "subjetiva"; trata-se antes de autoconsciência social e institucional, um senso de si mesmo como uma parte íntima (mas não inseparável) do mundo dos negócios, com um agudo senso das virtudes e valores desse mundo. É uma abordagem aristotélica da ética dos negócios.

Notas

1. Alfred Carr, "Is Business Bluffing Ethical?"
2. Milton Friedman, "The Social Responsibility of Business Is to Increase Its Profits".
3. E.g., Earl Shorris. *The Oppressed Middle.*
4. Ver, por exemplo, Philip Slater, *The Pursuit of Loneliness* (Boston: Beacon Press, 1970).
5. Essa visão em dois níveis do indivíduo e da corporação, da integridade e da virtude *na* e *da* corporação, tem seu análogo clássico nas imagens da *República* de Platão, e muitos de meus temas ecoarão, quando não repetirão, a insistência de Platão na importância da harmonia e da perspectiva adequada tanto na boa sociedade quanto na alma individual saudável. É essa presunção da participação e cooperação essencial que está também no cerne da perspectiva aristotélica. Apesar da exaltação vazia do "trabalho de equipe" na corporação moderna, é exatamente esse senso de harmonia e cooperação que é enfraquecido de maneira sistemática.
6. Friedman, "The Social Responsibility of Business".
7. Alistair M. NacLeod, "Moral Philosophy and Business Ethics: The Priority of the Political" (manuscrito inédito), sobre a importância dos arranjos institucionais: "Quando as instituições passam a ser vistas, não como estruturas relativamente rígidas, quase-orgânicas, que seria perigoso tentar modificar, mas como artefatos humanos elaborados que servem a uma ampla variedade de propósitos humanos, a questão de

saber se devem ser preservadas em alguma forma semelhante à presente ou mudadas de algum modo — até transformadas de forma radical, se não mais atraem os interesses, privados ou públicos, que lhes forneciam sua razão de ser — está fadada a ganhar um lugar importante na ordem do dia do teórico da moral."

8. Ver Patricia Werhane, *Ethics and Economics: The Legacy of Adam Smith for Modern Capitalism.*
9. Robert Solomon, "Ethics and Economics".

CAPÍTULO 12 Abordagens alternativas da ética dos negócios

> Há certas virtudes, tanto para os indivíduos quanto para a sociedade em geral, em incentivar as pessoas a agir de maneiras socialmente apropriadas por acreditarem ser isso a "coisa certa" a fazer, e não por (e portanto, apenas na medida em que) receberem ordens para tanto... O que parece necessário como um "remédio" é algum análogo institucional do papel que a responsabilidade desempenha no ser humano, orientando a ação para certos valores nos pontos em que interdições legislativas comuns não estão disponíveis ou, no fim das contas, são insensatas.
>
> CHRISTOPHER STONE, *Where the Law Ends*

A que esta abordagem aristotélica deve ser contraposta? Em primeiro lugar, quero contrapô-la à ênfase em política pública que tem monopolizado nossa disciplina. Em muitas escolas de administração de empresas, a própria expressão "ética dos negócios" foi evitada por muitos anos como um mau cheiro, e comitês educacionais apelavam de forma delicada para "política pública e social", de modo a não ofender os estudantes ou fazêlos acharem graça demais. Não há nada de errado com estudos de orientação política, é claro, e não quero nem por um momento sugerir que sejam substituídos ou descartados. Todavia, decisões acerca da orientação política não são em geral tomadas por pessoas como nós. É raro chegarmos sequer a votar ou defender uma delas. Para o gerente comum, ou mesmo para a maioria dos executivos, questões de orientação política são, em sua maior parte, algo a debater durante o almoço, em geral como forma de reação a algum fato consumado. E falta às decisões políticas algo que é absolutamente central para a ética sob praticamente todos os aspectos, a saber, a responsabilidade pessoal. Os problemas éticos que o gerente comum enfrenta no trabalho são relativos ao pessoal e problemas administrativos rotineiros de tomada de decisão, não de orientação política. Alguns desses problemas têm a ver com tentações — uma oferta atraente da concorrência, uma comissão conveniente, relação pessoal ou preconceito contra um empregado. Alguns têm a ver com conflitos de deveres, mensagens confusas, lealdades cruzadas. A ética dos negócios começa, para a maioria de nós, em algum conflito de papéis dentro de uma organização, na implementação de programas ou decisões de que não fomos os autores e que muitas vezes contrariam nosso bom senso. Seja o que mais possa envolver, e por mais sofisticadas que suas teorias possam se tornar, a ética dos negócios significa a consciência de que mesmo tais decisões (e suas conseqüências) pertencem, apesar de tudo, a nós, e com elas deveremos viver. A ética não é um assunto apenas para conselhos executivos, comitês de planejamento e inspetores governamentais, mas para todos nós, tanto nos detalhes quanto nos dramas maiores de nossas vidas cotidianas.

O curso ou seminário padrão de ética nos negócios ficou atrelado, de maneira muito natural, aos cursos padrão de ética filosófica. Até bem pouco tempo atrás quase todos esses cursos começavam com uma análise mais ou menos detalhada das duas principais teorias na ética moderna, a teoria "definida pelo dever" (ou *deontológica*, segundo a palavra grega para dever, *deon*) e a utilitária. A primeira, cujo melhor representante é o filósofo alemão do século XVIII, Immanuel Kant, enfatiza a centralidade de princípios racionais muito gerais (por exemplo, "trate as pessoas com fins e nunca meramente como meios"). A última, em geral representada por John Stuart Mill (que discutimos de maneira breve no capítulo anterior), dedica uma atenção mais comercial a custos e benefícios ou, com mais precisão, aos vários interesses e preferências de todos os envolvidos. Essas duas teorias são depois tipicamente "aplicadas" a vários estudos de caso e problemas relacionados à ética. Por vezes, uma teoria adicional, em geral da variedade contratual, é acrescentada a esse duo tradicional, mas o que é digno de nota aqui é quão raramente a abordagem aristotélica é sequer mencionada nesse contexto, apesar de sua aplicabilidade evidente a qualquer comunidade de pessoas trabalhando juntas para fins comuns. O problema não é o preconceito do próprio Aristóteles em relação aos negócios, que é de todo modo secundário à importância de suas teorias. É muito mais provável que o problema seja a preferência por uma orientação política impessoal e a timidez do teórico ante qualquer consideração que sequer insinue o pessoal. Tanto a ética deontológica quanto o utilitarismo enfatizam a importância de princípios gerais amplos, que podem depois ser aplicados a casos específicos. Em contraposição, é da natureza da abordagem aristotélica começar com a comunidade e o contexto específicos e compreender casos (e princípios abstratos) dentro dessa comunidade e contexto. As duas abordagens éticas tradicionais foram muitas vezes criticadas como sendo toscamente irrelevantes, ou abstratas em excesso para as situações específicas enfrentadas por administradores de empresas, e com razão. Sejam quais forem suas virtudes, elas não fornecem o tipo correto de teoria para permitir a compreensão cotidiana dos negócios exigida pela ética dos negócios.

A abordagem aristotélica deve ser confrontada com a obsessão de cerca de duzentos anos na ética que considera tudo o que é importante uma questão de princípios racionais, a "moralidade" como o senso kantiano estrito de dever para com a lei moral. Isso não quer dizer, é claro, que a ética aristotélica prescinde de racionalidade ou, aliás, de princípios ou da noção de dever. Aristóteles, no entanto, deixa muito claro que o que importa é o cultivo do caráter pessoal, muito antes de começarmos a racionalizar nossas ações, e a formulação de princípios gerais não precisa ser um passo explícito no comportamento correto e virtuoso em si, sendo com mais freqüência uma formulação do filósofo sobre o que significa agir de maneira racional.[1] E, o que é mais importante para nossos fins, também os deveres são definidos por nossos papéis numa comunidade (por exemplo, uma corporação) e não por meio de qualquer raciocínio abstrato, princípio de contradição ou de formulações *a priori* do imperativo categórico. Kant, embora tão magnífico como pensador, provou-se uma espécie de doença na ética. É tudo muito elegante, mesmo brilhante, até que entremos numa sala de seminário com cerca de uma dúzia de gerentes corporativos perspicazes e inquietos, à espera de ouvir o que é novo e relevante para eles no cenário da ética dos negócios. E então lhes é dito: "não minta", "não roube", "não trapaceie" — preceitos elaborados e embasados pela construção não-econométrica mais gótica que já se permitiu entrar no centro de treinamento de uma companhia. Entretanto, o problema não é apenas impraticabilidade e o fato de que não fazemos, na realidade, ética dessa maneira: a abordagem kantiana desvia nossa atenção do que eu chamaria de as matérias inspiradoras da ética dos negócios (seus incentivos) e da ênfase na excelência (um clichê tanto para Aristóteles quanto para Tom Peters e seus milhões de leitores). Desvia o foco crítico da própria pessoa como um ser de carne e osso que desempenha um papel importante numa organização produtiva para uma moralidade abstrata que transcende papéis e que necessariamente se vê de mãos vazias quando se trata da maior parte dos assuntos e de muitas das motivações de que tanto ouvimos falar em qualquer contexto corporativo.

A abordagem aristotélica deve ser contraposta também à rival teoria ética do "utilitarismo". Levantei certas questões sobre a vulgarização do utilitarismo e seu foco humanístico em John Stuart Mill. O utilitarismo, porém, partilha com Kant aquele apelo especial aos compulsivos em sua predileção por princípios e racionalização (em cálculo grosseiro) e seu desprezo pelo cultivo individual do caráter. Contudo, posso imaginar um bom existencialista queixando-se, com toda razão, de que o sentido de todos esses "processos de decisão" em ética e dos apelos à orientação política e aos formuladores de diretrizes da ética nos negócios é precisamente neutralizar por completo o incômodo da responsabilidade pessoal, permitindo à pessoa atribuir toda decisão aos "processos" em vez de assumir a própria responsabilidade. E depois há os problemas padrão dos cálculos feitos com esse objetivo — como medir o dano ou o benefício de uma ação (se não ela não envolve algo tão facilmente computável como dinheiro) e como comparar as necessidades e preferência de duas pessoas ou grupos diferentes? Não estou negando a importância da preocupação com o bem público ou a centralidade da consideração, em qualquer decisão política de vulto, do número de pessoas ajudadas e prejudicadas. Todavia, levo muito a sério os problemas de mensuração e incomensurabilidade, que foram as críticas padrão feitas ao utilitarismo desde Jeremy Bentham (mentor e mestre de Mill), e há considerações que muitas vezes são mais básicas que a utilidade pública — ao menos porque, na maioria de nossa ações, o impacto sobre a utilidade pública é tão pequeno se comparado à importância de nosso senso pessoal de integridade e de "fazer a coisa certa" que se torna um fator desprezível em nossas deliberações.[2]

O que estou sustentando, ou prestes a sustentar, é uma versão do que foi recentemente chamado de "ética da virtude", mas quero me distanciar de grande parte do que foi defendido em filosofia sob esse título. Em primeiro lugar, quero rejeitar as versões da ética que encaram as virtudes como meras exemplificações dos princípios abstratos da moralidade. Essa é uma análise que foi sustentada de maneira bastante extensa, por exemplo, por William Frankena e Kurt Baier, ambos eminentes defensores do "ponto de vista moral".[3] No entanto, se, por exemplo, ser um homem honesto nada mais é que obedecer ao princípio geral do tipo kantiano, "não minta", se ser respeitoso é uma aplicação consciente da formulação dos "fins" do imperativo categórico (nem Kant pensou isso), se o senso de serviço público de uma pessoa é uma expressão do princípio utilitário, então isso não é, enfaticamente, o que tenho em mente, e tampouco Aristóteles. Ser espirituoso ou magnânimo (duas virtudes aristotélicas que nossos contemporâneos não levam a sério o suficiente) por certo não é expressar ou aplicar certos princípios, mas o mesmo pode ser dito da coragem, da temperança ou mesmo da justiça (ao contrário do que pensam muitos de nossos melhores pensadores sociais da atualidade). Para imaginar nosso bom existencialista aqui de novo, podemos ouvi-lo dizer, presumivelmente em francês, que os julgamentos de uma pessoa precedem, e não acompanham seus pronunciamentos éticos abstratos. É óbvio que isso não é exatamente aristotélico (Aristóteles não era um existencialista), mas, modificado, corresponde bem a uma idéia aristotélica: escolha e caráter são cultivados primeiro, a ética filosófica — quando se tem a sorte de estudar na academia certa —, depois. A teoria na ética dos negócios consiste em parte exatamente nessa reflexão sobre o cultivo das virtudes certas e a natureza delas.

Quero distanciar-me também de algumas das características já bem conhecidas do que vem sendo defendido como ética da virtude, em particular a nostalgia bastante perigosa de "tradição" e "comunidade" que é exprimida por Alasdair MacIntyre e Charles Taylor, entre outros.[4] É claro que a abordagem aristotélica pressupõe de fato um senso de comunidade (como MacIntyre e Taylor salientam em minúcias) e, na ética dos negócios, é esse senso de comunidade que desejo particularmente enfatizar. Entretanto, há uma diferença entre a comunidade mais ou menos singular, aparentemente homogênea, autônoma (e muito elitizada) que Aristóteles apenas pressupôs e a comunidade nostálgica (e, penso eu, puramente imaginária) descrita ou aludida por éticos das virtudes recentes, não raro definida por uma solidariedade religiosa ingênua e uma expectativa nada realista de consenso comunal. Nenhuma teoria adequada da ética, hoje em dia, pode ignorar ou querer eliminar as populações pluralística e de culturas diversas que compõem quase toda comunidade real. Até a menor das corporações será dilacerada por diferenças ligadas a profissões e papéis, assim como por distinções culturais e pessoais. As culturas corporativas, assim como a(s) cultura(s) mais ampla(s), são definidas por suas diferenças e discordâncias, bem como por algum fim partilhado ou algum antagonista ou concorrência externos, e nenhuma defesa do conceito de cultura corporativa pode ou deveria esquecer que as corporações são sempre parte de uma cultura maior, e não culturas completas elas próprias. Ainda assim, em lugar da nostalgia abstrata que define grande parte do fascínio atual por "comunidades", muitas corporações modernas pareceriam representar comunidades justamente como essas. Gozam de um senso partilhado de *telos* que muitas comunidades não possuem. Recorrem a uma ênfase extraordinária, quase militar, na lealdade e, apesar da retórica competitiva, inspiram e exigem acima de tudo trabalho de equipe e cooperação. As corporações são comunidades reais, nem ideais nem idealizadas, e, por isso, o lugar perfeito no qual se começar a compreender a natureza das virtudes.

Foram feitas algumas sugestões na literatura de que a ética da virtude é uma ética mais "feminina" do que a ética kantiana ou a utilitária, limitada a regras. Discordo. Quero, dessa forma, distanciar-me de alguns textos feministas recentes, inclusive a obra de uma de minhas melhores alunas, que traçaram um contraste acentuado entre as virtudes femininas, boas e cálidas da consideração e do interesse e os princípios masculinos opressivos, impessoais e belicosos da justiça e do dever.[5] Por certo concordo com o deslocamento da ênfase da justiça kantiana para a compaixão e a consideração, mas não é minha intenção fornecer mais uma arma para a guerra perene entre os sexos, e parece-me que muito do que Aristóteles — que com certeza não era um feminista — pode nos dizer sobre as virtudes pouco ou nada tem a ver com o fato de o indivíduo em questão ser homem ou mulher. É possível, como alguns autores afirmaram há pouco tempo, que o número crescente de mulheres em postos executivos importantes venha a modificar a ética dominante dos Estados Unidos corporativos. Ainda não vejo muitos indícios dessa tese promissora, mas penso que a importância de enfatizar as virtudes (inclusive as chamadas virtudes femininas) não deveria ficar confinada a distinções de gênero.

Por fim, quero contrapor a abordagem aristotélica ao que é hoje em geral chamado de "o método do estudo de caso". Como Joanne Ciulla argumentou com alguma minúcia, essa metodologia supostamente nova remonta à Antiguidade, quando recebia tipicamente o título controverso de "casuística".[6] O método do estudo de caso parte de casos específicos, seja reais ou imaginários, e introduz princípios abstratos à medida que eles são requeridos para a solução de qualquer problema, ou problemas, que o caso envolva. A casuística sempre se opôs à abordagem mais filosófica, "de cima para baixo", para a solução de problemas e por essa razão incorreu na ira dos filósofos, desde os dias de Platão (que questionava a casuística dos sofistas) até os nossos dias, quando a "ética aplicada" é vista por professores mais tradicionais como uma afronta à disciplina. A casuística e o método do estudo de casos atuais, porém, ainda enfatizam "o caso" e os princípios abstratos que poderiam ser aplicados a ele de uma maneira que exclui em demasia o contexto mais amplo e o caráter particular das partes e pessoas envolvidas. Existe assim a queixa, muitas vezes fundamentada, de que o sistema de estudo de caso adotado em Harvard, por exemplo, simula envolvimento mas de fato estimula soluções rápidas à distância. Embora os casos incluam tipicamente uma pitada de biografia, a idéia de que administração é sobretudo "pessoas lidando com pessoas", em vez de solução abstrata de problemas, fica perdida. A abordagem aristotélica, em contraposição, insiste em que as pessoas vêm em primeiro lugar. Em sua maior parte, os casos da vida real tornam-se casos não tanto em razão de uma convergência ou choque dramáticos de princípios, mas por causa das personalidades envolvidas. Estudos de casos da vida real são definidos pelo caráter e não pelos casos, e a vida de negócios — em contraposição aos estudos preparatórios para ela — é, antes de mais nada, um tipo de vida social, uma submersão num mundo eminentemente social, não de estudo de caso.

Notas

1. Ver, por exemplo, John Cooper, *Reason and Human Good in Aristotle.*
2. Ver, por exemplo, Bernard Williams, *Morality.*
3. William Frankena, *Ethics*, 8 ed. (Englewood Cliffs, N.J.: Prentice-Hall, 1981); Kurt Baier, "Radical Virtue Ethics", em *Ethical Theory: Character and Virtue,* P. French et al. (org.) (Notre-Dame: University of Notre-Dame Press, 1988).
4. Alasdair MacIntyre, *After Virtue*; Charles Taylor, "The Nature and Scope of Distributive Justice", em *Justice and Equality*, F. Lucasch (org.) (lthaca: Cornell University Press, 1986).
5. Cheshire Calhoun, "Justice, Care and Gender Bias".
6. Joanne Ciulla, "Casuistry and the Case for Business Ethics".

CAPÍTULO 13 Negócios como uma prática

> Não artigos de primeira necessidade, não luxos, mas coisas que tornavam a vida comum mais fácil... Para pessoas à procura de um recipiente grande que não manchasse a água ou o alimento e não vazasse, imagine que bênção era uma bacia esmaltada.
>
> V. S. NAIPAUL, *A Bend in the River*

Muitas vezes me perguntam: o que é a ética dos negócios? Essa é uma questão secundária, e relativamente fácil. A questão difícil, aquela que tanto confunde a caracterização e a compreensão adequada da "ética dos negócios", é outra, que parece mais direta e não-controversa: o que são os negócios? Não se trata de um simples envolvimento numa atividade no intuito de ganhar dinheiro, pois fazemos muitas coisas para ganhar dinheiro que não são negócios, e ganhamos dinheiro fazendo muitas coisas cujo objetivo primordial não é ganhar de dinheiro — por exemplo, na maioria das profissões (magistério, medicina, religião, arte, música e, como discutirei, grande parte do que chamamos "negócios"). Podemos estar "nos negócios" e não ganhar dinheiro, até por um longo tempo. A idéia das "instituições sem fins lucrativos" tornou-se sobretudo uma questão fiscal, não uma questão de intenção ou de sucesso.[1] O propósito dos negócios é promover prosperidade, fornecer bens essenciais e desejáveis, tornar a vida mais fácil — a "bênção [de] uma bacia esmaltada" para aldeões pobres da África Oriental, caçarolas e frigideiras para os lares do norte da Grã-Bretanha. Negócios, se consideramos a etimologia da palavra inglesa *business*, *busy/ness* (do inglês antigo, *bisignis*), são, antes de mais nada, *atividades*, *ocupações*, negociar é empreender uma ação e não apenas ganhar dinheiro em si. Ganhar ou receber dinheiro é secundário, o resultado ou recompensa da atividade. Todavia, "ocupar-se" por si só ainda não é negócio, pois os negócios são, quinta-essencialmente, uma atividade social. Envolvem parceiros comerciais e consumidores, no mínimo, e pressupõem uma rede de entendimentos e acordos implícitos e explícitos, um conjunto partilhado de rituais (como barganhar, como pagar), certo grau de confiança mútua e algum sistema subjacente de avaliação, do qual apenas os detalhes são estabelecidos em entendimentos e transações reais.

Os negócios, em outras palavras, são uma *prática*. Isso pode parecer uma insistência terrivelmente enfadonha, até que consideremos quase toda a história do pensamento sobre economia e negócios. De acordo com o paradigma microeconômico padrão (e muitos se recusam a reconhecer a legitimidade de qualquer outro, exceto como intromissão e interferência do governo), os negócios nada mais são que as transações comerciais isoladas de agentes racionais autônomos livres tanto de limitações morais quanto de regras e sanções políticas externas.[2] Não é necessário haver quaisquer pressupostos, quaisquer acordos prévios, qualquer comunidade, cultura ou sistema de avaliações. O mercado emerge, como se do nada (salvo a livre vontade dos agentes envolvidos), e o resultado (se pressupormos um mercado perfeito e "sem distorções") é harmonia e a satisfação mútua de todos. Mesmo os que pensam em termos mais amplos e mais sistemáticos se recusam a ir além da noção fictícia de um "contrato social" — entre os negócios e a sociedade, entre negócio e negócio ou dentro da corporação (com efeito, a corporação vista como *nada além* de que uma ficção contratual). No entanto, esse mito gigantesco supõe um modelo impossível de autonomia e cooperação e uma imagem de todo implausível do mercado e da sociedade em geral.[3] Competição comercial e negociação não surgem do nada, sem uma rede já preexistente de entendimento e acordos implícitos. Dizer que os negócios são uma prática é afirmar que o mercado não é, no sentido radical (mas absurdo), "livre". Ele requer um sistema complexo e contínuo de confiança mútua (limitada) e compreensão partilhada, seja como parte de uma cultura única ou por meio da coordenação de culturas (muito mais fácil se ambas já forem culturas de negócios).

Dizer que os negócios são uma prática é dizer que não são apenas atividades sociais com (pelo menos) vários participantes, mas também que têm metas, regras e limites e um propósito. Entretanto, as metas e o propósito de uma prática, embora necessariamente vinculados, não são a mesma coisa. A meta de um jogo de paciência, por exemplo, é abrir todas as cartas sobre a mesa, segundo certas regras de procedimento e em certa ordem. O propósito do jogo, em geral, é "passar o tempo". Assim também, o objetivo imediato de um jogo de futebol é fazer a bola cruzar a linha do gol do adversário, mas o *propósito* do jogo pode ser desfrutar uma tarde de domingo com os amigos, manter-se em forma ou, no caso atípico, ganhar algum dinheiro. As metas, podemos dizer, são intrínsecos à prática. O propósito é a razão para envolver-se nela. Esses propósitos podem ser os mais diversos, é óbvio, e diferentes participantes podem ter diferentes propósitos, até no mesmo jogo. (Joe quer "extravasar alguma agressividade". Fred está tentando perder peso. Sam está revivendo seus dias de glória na escola secundária.) Assim também, o jogo comporta um número indefinido de metas, mas essas, diferente do(s) propósito(s) da prática, são definidas e estruturadas pela própria prática. No futebol americano, a meta é fazer a bola cruzar determinada linha, mas faz-se isso para marcar um *touchdown*, para dar mais seis pontos para seu time, no intuito de ganhar o jogo. E para ter condições de fazer a bola cruzar a linha, buscam-se certas metas preliminares ou subsidiárias, tentando conseguir um *first down*, ganhar mais duas jardas no jogo, evitar que a linha de defesa se acumule sobre o *quarterback*. Enquanto isso, é evidente, está-se tentando evitar que o outro time se apodere da bola. As regras do futebol americano deixam claro de que modo essas várias metas se relacionam entre si, e jogar é aceitar essas hierarquia de metas e as regras que as definem.

Os jogos são práticas paradigmáticas, e observando sua estrutura podemos aprender muito sobre práticas em geral. Os negócios não são jogos, é claro; espero ter esvaziado essa metáfora no capítulo anterior.

Contudo, os negócios são práticas e, como tais, têm várias características semelhantes às dos jogos. Como os esportes competitivos e de equipe, envolvem várias ou muitas pessoas. Têm regras, algumas (um número excessivo delas) codificadas em lei, mas outras intrínsecas à prática, produto de comum acordo, e muitas vezes não-expressas. (Formular todas as regras de alguma prática é uma tarefa infinitamente regressiva, irrealizável.)[4] Têm metas e propósitos, limites, participantes, treinadores (consultores) e espectadores. É óbvio que as metas de um jogo devem ser condizentes com o propósito que se tem ao jogá-lo (embora não o definam). (Ninguém jogaria paciência como uma meio de manter a forma, por exemplo.) Todavia, sob esse aspecto específico, a prática dos negócios é em especial complicada, pois nela metas e propósitos tendem a ser indistintos, quando não idênticos, sendo por isso misturados e confundidos com facilidade. O que é mais importante, a meta interna estreitamente definida de "obter lucros" é confundida com o propósito dos negócios. O propósito dos negócios, porém, não é obter lucro, e lucrar não é em absoluto a única meta intrínseca à prática. Pode-se sustentar, como já se fez, que obter lucros não é sequer uma meta dos negócios, mas sim uma condição para "permanecer no jogo", uma necessidade e não uma aspiração.[5] As metas intrínsecas à prática poderiam ser resumidas em geral como "prosperar", mas "prosperar" não se reduz em absoluto a obter lucros. Os lucros não são sequer uma maneira adequada de "contar os pontos". Em resposta à polêmica afirmação de Milton Friedman de que "a responsabilidade social dos negócios é aumentar seus lucros", somos tentados a sugerir a idéia igualmente arbitrária e unilateral de que "a responsabilidade social dos negócios é ignorar os lucros". Penso que isso é sem dúvida falso, mas é provável que seja muito melhor para os negócios.[6]

Torna-se também evidente que, mesmo no paradigma relativamente simples do jogo, os limites (isto é, quem está dentro e quem não está) não são de todo claros. Certas pessoas são denominadas "jogadores" e são por sua vez definidas em termos de certos papéis ou posições exatos. Mas só os jogadores fazem parte do jogo? O que dizer do juiz, do treinador, dos espectadores? Eles afetam o jogo e são também afetados por ele. E se a linha entre "dentro" e "fora" do jogo não for de todo clara, como distinguir então de forma precisa entre metas e propósitos do jogo? Como distinguimos entre esporte "profissional" e "amador", tendemos a ter razoável clareza do fato de que pagamento monetário e recompensas pela vitória em jogos são externos ao jogo. "O prazer em jogar", no entanto, não é parte do jogo em si, mas tampouco é um pagamento ou uma recompensa. E jogar bem, será um aspecto do próprio jogo ou algo que se acrescenta a ele? A sensação agradável de ter jogado bem é parte do jogo ou uma recompensa? Ter espírito esportivo e *fair play* são parte essencial do jogo ou virtudes independentes? Não precisamos nos sentir ameaçados por confusões como essas; ao contrário, elas fornecem uma moral: em qualquer prática, os propósitos são mais básicos que metas e objetivos, mesmo que estes sejam claros e precisos enquanto aqueles são variáveis e vagos.

A distinção nítida entre jogador e espectador presente na maioria dos jogos não é tão clara nos negócios. Num jogo violento, um espectador ocasional postado nas laterais pode ser derrubado, e nas 500 milhas de Indianapolis, alguns espectadores podem ser mortos, mas essas vítimas lamentáveis não se tornam por isso parte do jogo e, embora toda sorte de dispositivos seja usada para proteger os espectadores, o bem-estar e mesmo o divertimento deles não são e não podem ser o propósito primordial do jogo. A estranha condição da luta livre profissional deixa isto muito claro. Em poucos outros esportes a mera idéia de "jogar para a platéia", em vez de jogar bem, seria tolerada.[7] Nos negócios, contudo, não é claro de maneira alguma quem poderia ser o "jogador" (e o "espectador"). O mundo assistiu à luta de Kravis e Johnson pelo destino da RJR (descrito em detalhes picantes e escandalosos em *Barbarians at the Gate*)[8], mas a aparência de um jogo privado de altas finanças era enganosa. Tanto empregados quanto acionistas comuns, muitas comunidades assim como o pequeno exército de advogados, banqueiros e conselheiros não eram nem espectadores nem transeuntes desinteressados da disputa, mas haviam investido e estavam sendo afetados de maneira profunda e por vezes desastrosa. Na medida em que o propósito dos negócios é assegurar a prosperidade de toda a sociedade, poderíamos dizer que deixa de haver simples espectadores, e o propósito da prática passa a ser atender às necessidades daqueles que sabem muito pouco sobre ela ou sequer sabem que ela existe. E há também o consumidor. Sob alguns aspectos, o consumidor é um dos jogadores decisivos; sob outros, assemelha-se mais ao árbitro.[9] Entretanto, esse debate bastante curioso acerca do *status* do consumidor mostra apenas a inadequação do modelo do jogo usual como uma forma de compreensão dos negócios. Os negócios são uma prática muito mais abrangente e holística de que qualquer jogo. Ao contrário da maioria dos jogos, não são protegidos por qualquer cerca, e praticamente todos são afetados. Mesmo não sendo um jogo, os negócios são, contudo, uma prática, e "o mercado" deve ser compreendido não como um espaço vazio desestruturado em que agentes livres testam voluntariamente suas habilidades uns contra os outros, mas como uma comunidade preexistente com uma rede de valores e necessidades (apenas poucas delas biológicas) e um sistema de regras que define e limita a natureza da negociação e os tipos de coisas que podem ser negociados.

No mundo dos negócios — que é, essencialmente, nosso mundo — ninguém está fora da prática. Nem poderia estar, dado o poder dos negócios e sua ubiqüidade em nossa sociedade. O "impacto" dos negócios não pode ser cercado com um cordão de como um campo de futebol ou uma pista de corridas. Exceto por um pequeno número de mercados especializados, não pode haver placas de proteção como "Fique fora da pista" ou "Somente jogadores". Como vimos com muita clareza nos últimos anos, uma competição pessoal rancorosa nos escritórios de elite de um punhado de financistas de alto bordo em Nova York ou Londres pode ter conseqüências amplas e por vezes desastrosas para secretários, trabalhadores de campo, donas de casa e aposentados numa cidadezinha do meio-oeste ou num subúrbio do Sul dos Estados Unidos. Um negócio não é, em geral, jogado para fins de recreação (como a maioria dos jogos), ainda que alguns ou até muitos dos participantes possam se divertir com ele, e mesmo quando é jogado como um jogo por um punhado de poderosos, tem tal impacto que não pode e não deve ser visto como mero jogo. Na verdade, pode-se dizer que o impacto dos negócios *é* a prática. A prática dos negócios é o esforço para encontrar ou criar e satisfazer mercados, para mudar o mundo ou, pelo menos, para estar na crista da mudança.[10]

Obtém-se uma recompensa quando se acerta (tendo um impacto positivo, encontrando o mercado certo) e uma punição (a expulsão do jogo) quando não se tem impacto algum ou quando se tem um impacto negativo.

Se os negócios fossem um jogo cercado, cujo sentido fosse a obtenção de lucros, o que passou a ser chamado de "a responsabilidade social dos negócios" suscitaria sem dúvida um sério problema. O mundo dos negócios, porém, é uma prática com profundo impacto social, não um jogo. É o mundo em que dezenas de milhões de norte-americanos ganham a vida e pagam pelas necessidades e confortos da vida civilizada. É o mundo em que casas são construídas e mobiliadas, alimento é cultivado, transportado, vendido e comido. É o mundo em que novas invenções são experimentadas e novos negócios têm a qualidade competitiva e o preço de seus produtos postos à prova no mercado. É o mundo descrito por Adam Smith, em que o consumidor, se não soberano, é pelo menos relevante para o processo como um tomador de decisões e um legislador, não apenas um tolo com dinheiro. É o mundo em que o resultado desejado é a prosperidade geral e a aproximação do valor intrínseco do trabalho (se não das mercadorias), não os lucros caídos do céu de manipuladores financeiros. O propósito dos negócios é fornecer as "coisas que tornam a vida comum mais fácil". Um negócio não é um jogo isolado, que o público pode jogar se quiser, e o que importa não é simplesmente ganhar, pois o impacto sobre os não-jogadores é em geral maior que as recompensas para os participantes.[11]

A própria estrutura de nossa sociedade, seu amplo lazer e seu caráter, são criados pelos negócios, pelo modo como eles estimulam e possibilitam a produtividade e distribuem os bens por toda a sociedade e por todo o mundo. Com efeito, os valores de nossa sociedade — para o bem ou para o mal — são essencialmente valores dos negócios, os valores da "livre empresa", os valores da necessidade, da descoberta, da inovação e da iniciativa pessoal. Mas isso não significa que nossa sociedade seja ou deva ser uma luta livre, uma competição renhida e desregulada por riqueza e lucros. Tampouco significa que é um "cada um por si", um "pega-pra-capar", um mundo ferozmente competitivo ou em que "vale tudo". Ao contrário, é um mundo definido por entendimentos tácitos e regras implícitas, uma prática definida, como todas as práticas, por entendimentos mútuos e confiança subjacente, e justificada não por seus lucros, mas pela prosperidade geral que produz. A produtividade, o serviço ao público e o zelo pelos próprios empregados não são nem meros meios nem decorrências dos negócios, são de fato sua própria essência. Depois, como todo empresário realmente inteligente sabe muito bem, os lucros virão como conseqüência.

Notas

1. Seria possível afirmar que o *status* das organizações ditas sem fins lucrativos corresponde, em última análise, a uma questão puramente fiscal, não de intenção ou sucesso. Comparem-se, por exemplo, as operações de editoras "comerciais" e "acadêmicas" (sem fins lucrativos). Meus agradecimentos a Tina Hanna por sua ampla pesquisa acerca dessa questão.
2. Para conhecer a mais sofisticada análise desse "mercado sem moral", veja David Gautier, *Morals by Agreement,* esp. cap. 4 (discutido na Parte I aqui).
3. Veja meu *Passion for Justice,* esp. cap. 3.
4. Não quero defender aqui o caráter implícito da maioria das "regras" nos negócios, mas é importante insistir, mesmo de passagem, que até no jogo ou na prática mais regulados ou governados por regras há sempre uma teia de pressuposições, expectativas e valores comuns subjacentes, muitas vezes não expressos, alguns dos quais (mas não todos) são específicos aos diferentes papéis e posições das pessoas nessa prática. Como Robert Jackall diz acerca do que chama de "regras-em-uso": "essas regras podem variar enormemente segundo vários fatores, como proximidade do mercado, âmbito de competência ou responsabilidades do pessoal ou a posição que se ocupa numa hierarquia. Moralidades organizacionais reais são, portanto, contextuais, situacionais, muito específicas e, em geral, inarticuladas" (*Moral Mazes,* p. 6).
5. Peter Drucker, *Management*, p. 60.
6. Norman Bowie, contudo, realmente defendeu essa tese. Veja seu "The Profit Seeking Paradox".
7. Um gesto ocasional, entre um lance e outro, ou exibir grande confiança é aceitável. Magic Johnson podia fazer um aceno para a platéia e Ted Williams podia cuspir nela, mas seu propósito global era ganhar o jogo e se provarem os melhores no negócio, não entreter a platéia.

8. B. Burrough, *Barbarians at the Gate.*
9. Lynn Sharpe Paine ("Ideals of Competition") afirma que o consumidor é, de fato, o "juiz" na competição comercial. São os consumidores, diz ela, "que não apenas decidem se a regras foram seguidas mas fazem julgamentos de qualidade com mais liberdade". O problema com essa analogia é que é ilegal subornar juízes, mas perfeitamente permissível subornar consumidores, por exemplo, com descontos, brindes, sorteios e "cinqüenta gramas extras *de graça!*". Os consumidores são parte do contexto dos negócios, não seus supervisores.
10. Alguns teóricos realmente definem o "capitalismo" como essa verdadeira inquietação, essa necessidade de crescer e expandir-se. Veja, e.g., Robert Heilbroner, "The Future of Capitalism", *New York Times,* 15 de agosto de 1982, e *Capitalism: For and Against* (Nova York: Norton, 1990).
11. Por isso a importância do conceito atual de *"stakeholders"* em contraposição à noção mais limitada de *"stockholders"* [acionistas], vendo-se os últimos como participantes muito empenhados e os primeiros não necessariamente. Na medida em que *"stake"* [interesse] ainda sugere participação voluntária, continuo preferindo a ênfase no "impacto" corporativo adotada em *It's Good Business,* que não pressupõe nenhuma disposição particular da parte daqueles afetados pela companhia.

CAPÍTULO 14 Uma metáfora aristotélica: Cultura corporativa

O que parece necessário como um "remédio" é algum análogo institucional do papel que a responsabilidade desempenha no ser humano, orientando a ação para certos valores no ponto em que interdições legislativas comuns não estão disponíveis ou, no fim das contas, são insensatas.

CHRISTOPHER STONE, *Where the Law Ends*

É um sinal de considerável progresso que um dos modelos dominantes no pensamento corporativo atual seja a idéia de uma "cultura corporativa". Como no caso de qualquer analogia ou metáfora, há, é claro, dessemelhanças, e o conceito das corporações como culturas atingiu de maneira demasiado rápida a condição de um "modismo" — ficando assim condenado ao ridículo fácil e à obsolescência iminente.[1] No entanto, alguns modismos contêm, apesar de tudo, percepções importantes, e embora aqueles que insistem em se manter em dia com a última modo tenham logo se retirado, as virtudes dessa mudança recente no pensamento talvez ainda não tenham sido avaliadas em sua plenitude.

O conceito de cultura corporativa é, antes de mais nada, característica e irredutivelmente *social*. Pressupõe a existência de uma comunidade estabelecida e de práticas estabelecidas, e rejeita de forma explícita o individualismo atomístico. Os indivíduos são parte de uma cultura na medida em que desempenham um papel nela, participam de seu desenvolvimento e se ajustam a sua estrutura. As culturas, por sua própria natureza, são (mais ou menos) harmoniosas, isto é, não são possíveis a menos que as pessoas colaborem e partilhem minimamente uma concepção de vida. (Não seria possível haver uma cultura competitiva por completo, só uma selva hobbesiana de animais que se repelissem uns aos outros.)[2] As culturas têm papéis e rituais, modos particulares de vestir e falar; e, o mais importante de tudo (para nossos propósitos), cada cultura tem uma ética, inclusive as regras básicas que mantêm a sociedade coesa e a protegem de si mesma. Quais dessas são essenciais e quais são "mero costume" é algo que, por vezes, um estranho pode determinar com mais facilidade do que um membro da própria cultura. Os vários "tabus" de toda cultura, inclusive a nossa (e a maioria das culturas corporativas), podem realmente (por razões agora esquecidas) proteger a integridade da comunidade, encobrindo algum segredo terrível ou evitando algum desastre ainda imprevisível. Podem ser, contudo, apenas "o modo como fazemos as coisas por aqui", tendo importância apenas por serem parte dos valores que são aceitos pela cultura e que, portanto, ajudam a definir a inclusão do indivíduo nela. A diferença aqui pode tornar-se muito importante em meio à sublevação corporativa e à mudança cultural, mas, para propósitos do dia-a-dia, trata-se de uma diferença de muito pouco efeito *prático*. O importante é que culturas pressupõem conhecimento, experiência e valores partilhados, sendo, dessa forma, empreendimentos cooperativos. Uma cultura corporativa é um empreendimento essencialmente cooperativo com propósitos tanto públicos quanto privados. Não pode ser reduzida a uma "ficção" legal ou a um mecanismo econômico, nem aos números no relatório anual ou a qualquer outra coisa que não seja de maneira primordial um grupo estabelecido de pessoas trabalhando juntas.

É desnecessário dizer que há corporações improvisadas, que não são em absoluto nem culturas nem comunidades, assim como há nações criadas por decreto (em geral de outras nações, por exemplo, a fusão forçada da Tchecoslováquia e da Iugoslávia, na Europa, e a retalhação da África pelos colonialistas europeus, cortando e violando linhas tribais). Entretanto, a história recente mostra exatamente o quanto esses casamentos improvisados funcionam mal tanto em nações quanto em conglomerados corporativos. É possível montar "organizações" só por interesse em algum benefício externo, como os "clubes de viagem" organizados na década de 1970 para o frete de vôos para a Europa, mas pensar nos resultados como unidades orgânicas viáveis é um erro muitas vezes fatal. O verdadeiro problema surge quando teóricos tomam esses exemplos, que são ao mesmo tempo desviantes e excepcionais, e os elevam à condição de paradigmas, como se a existência dessas organizações apenas formais provasse que o que constitui uma organização, antes de tudo, não são as pessoas ou seus valores partilhados, mas o estatuto legal que define e limita seu propósito e suas atividades. Afirmo que, ao contrário, as corporações (e a maioria das demais organizações humanas) são definidas, em primeiro lugar, por sua condição comunal e cultural e só de maneira secundária (e não essencial) por algum processo formal ou legal. Todo o nosso atual corte de gastos em detrimento da comunidade, ou "reestruturação" pelo interesse da sobrevivência da corporação, mas não das pessoas que a compõem, é preliminar à lenta autodestruição.

É importante avaliar a significância da metáfora da "cultura" contra o pano de fundo das metáforas mais vulgares, por vezes brutais e ao mesmo tempo atomísticas e mecânicas, que estivemos discutindo. Assim como imagens desabonadoras e destrutivas foram lançadas sobre os negócios (muitas vezes por eles próprios), as corporações — tanto em geral quanto como entidades individuais — tenderam com demasiada freqüência a se apresentar (contrariando seu trabalho de relações públicas e publicidade) como monstros gigantescos, entidades mecânicas tão sem rosto quanto os edifícios de vidro e aço que tipicamente formam suas sedes. Os consumidores não passam de números, e os empregados nada mais são que peças substituíveis. Até a alta administração é apenas parte do mecanismo. Não admira que tantos americanos que não trabalham em corporações as considerem desumanas, e lugares desumanos onde se trabalhar, e aqueles milhões que de fato trabalham em corporações encontram-se numa séria desvantagem conceitual. Que tipo de vida é esse, ser uma peça substituível de uma máquina gigantesca, para a qual a única virtude é a mera eficiência?

O conceito de uma cultura corporativa, embora relativamente recente, tem suas origens no modelo mais conhecido da *burocracia*, desenvolvido durante a revolução francesa e a era napoleônica como uma correção do privilégio herdado e da incompetência (mas com suas raízes em Roma, na organização labiríntica da Igreja Católica medieval e, muito antes disso, na civilização antiga do Oriente Médio). O conceito de burocracia foi promovido e popularizado de maneira ampla (embora com consideráveis temores) pelo grande sociólogo alemão Max Weber, na virada deste século. As imagens da burocracia forneceram uma espécie de conciliação entre as imagens do monstro e da máquina do iluminismo do século XVIII, por um lado, e as reivindicações renascentistas e românticas de "humanização", por outro. (Na verdade, todo o iluminismo ocidental foi uma estranha espécie de mistura de metáforas maquinais e humanismo, mas isso é uma outra história.)[3] "Burocracia", porém, tornou-se uma espécie de "palavrão" para nós, sugerindo ineficiência em vez do modelo de eficiência que outrora foi concebida para ser. Evoca imagens da ineficiência soviética e de catacumbas kafkianas. No entanto, as corporações modernas são, em grande medida, burocracias, e dizer isso não é necessariamente dizer algo contra elas. Todavia, o que as burocracias têm de importante e progressista não é apenas sua ênfase tradicional, hoje amplamente desacreditada, na meritocracia. É, isto sim, a humanização da burocracia como "cultura" e o deslocamento crucial da ênfase na eficiência maquinal para a cooperação interpessoal e a produtividade humana.[4]

As burocracias, como as culturas e diferente das máquinas, são compostas por pessoas, não por peças. Elas têm propósitos. Envolvem pessoas na formulação de julgamentos, aplicam suas habilidades, trabalhando juntas e de maneira organizada para produzir resultados. Esses resultados podem ser a manutenção do *status quo*, façanha considerável nas sociedades modernas. Apesar de toda essa discussão obsessiva sobre "inovação" e "competição", a função essencial da maioria das burocracias corporativas — de longe a maior parte da corporação — é exatamente essa manutenção do *status quo*. Podemos entender e nos solidarizar com o medo e a incerteza quanto ao futuro que faz parte da maioria dos mercados, sem aderir ao coro que constrói os mitos dos "choques de futuro" e das "megatendências". Não há dúvida de que a mudança atualmente é muito real e também muito rápida. Para manter o *status quo* numa sociedade em mudança acelerada é preciso ser adaptável e estar sintonizado de maneira orgânica com os tempos; também são necessárias uma estrutura durável e uma organização estável. A ênfase excessiva na mudança e no sacrifício da estabilidade — como evidenciada em tantas "reorganizações" e "reestruturações" atuais — enfraquece a corporação e faz dela um competidor muito menos eficiente.[5] Por mais "enxuta" (e com freqüência, mais "anêmica") que ela seja, a "nova" corporação tenderá a enredar-se muito mais em política interna e em problemas de pessoal causados por insegurança e ansiedade, do que voltada para a competição ou para o aperfeiçoamento de seus produtos. O que mantém a estabilidade numa corporação, contudo, é precisamente o tão desprezado *locus* de ineficiência, a burocracia. Ou, em termos mais esclarecidos, essa continuidade essencial é fornecida pelo que reconhecemos como a cultura corporativa, uma segurança duradoura fundada na cooperação interpessoal e uma estrutura que exige respeito mútuo.

A idéia de cultura corporativa é um aperfeiçoamento em relação à imagem mais sóbria e impessoal da burocracia sob vários aspectos, mas sob um em particular. Uma "cultura" é, acima de tudo, uma comunidade estruturada de indivíduos e suas inter-relações. As burocracias, por outro lado, permanecem sutilmente individualistas bem como mecanicistas. As pessoas podem trabalhar juntas de acordo com suas várias habilidades, mas essa "união" é uma função da organização e não uma relação entre elas. Podem não ser dentes de uma engrenagem, mas são funcionários substituíveis com facilidade por qualquer pessoa com as mesmas habilidades e conhecimento. Assim, a imagem que temos da burocracia é a de inúmeras pessoas isoladas em pequenos escritórios (ou "birôs") fazendo seu trabalho e, caso sejam conscienciosas e eficientes, não parando para conversar umas com as outras ou para fofocar em volta da máquina de café. A imagem que temos de uma cultura, em contraposição, diz respeito a pessoas emocionalmente envolvidas e ligadas entre si.

Na burocracia, a busca da eficiência depende do processamento impessoal e frio da informação. Personalidade, caráter (em contraposição à mera probidade) e relações interpessoais estão excluídos. Entretanto, por mais familiar que possa ser essa concepção de livro-texto dos negócios como "fluxograma", reivindicamos de fato muito mais que isso de nossos empregos, e, sem dúvida, estamos certos ao fazê-lo. A concepção de cultura corporativa permite-nos compreender e justificar essas exigências. Foi apontado muitas vezes, mas raramente se compreendido, que a maioria das pessoas passa quase metade de sua vida adulta desperta em seu trabalho, e, para as pessoas que trabalham em corporações, metade de sua vida é a vida da corporação. A própria idéia de que devemos passar tanto de nossas vidas como meros funcionários, como algo menos que seres humanos por inteiro, é intolerável. (Esse não é um protesto novo. Friedrich Schiller queixou-se da fragmentação e da alienação que acompanharam a divisão do trabalho, duzentos anos atrás. Karl Marx foi um de seus discípulos mais ávidos.) A idéia de uma cultura corporativa permite-nos reintegrar nossas vidas de trabalho e pessoal, nossas habilidades especiais e deveres, e nosso lugar em uma comunidade.

Na sociedade corporativa moderna, ainda estamos lutando para integrar nosso trabalho e nossas vidas, nossos papéis como funcionários e administradores e nossos papéis como cidadãos, vizinhos e pais. Sem sacrificar nosso ideal burocrático de uma "meritocracia" (emprego e promoção com base no mérito e não em "ligações" pessoais), quero insistir numa idéia de difícil definição, mas inalienável: a de que deveríamos ser contratos "por nós mesmos" e "como uma pessoa por inteiro" e não *apenas* como alguém capaz de programar um computador, digitar noventa palavras por minuto, elaborar um plano de *marketing* ou dirigir uma companhia. O obstáculo, neste ponto, é que estamos tão acostumados às metáforas enganosas que estivemos rejeitando, tão impregnados delas, que temos dificuldade em justificar nosso senso humanístico de nós mesmos e de nosso trabalho. Com exceção de um número relativamente pequeno de tarefas administrativas muito especializadas e autônomas, quase todos os outros serviços organizacionais — e seu sucesso ou fracasso — dependem de nossas relações pessoais com outras pessoas. E a característica mais importante de quase todo trabalho — e em geral a razão mais importante pela qual alguém ama ou odeia o que faz — é o sucesso ou o fracasso de um indivíduo em ajustar-se a outros, "o pessoal com quem eu trabalho". No entanto, várias de nossas concepções da corporação transformam essa verdade básica e óbvia numa questão puramente secundária, uma perturbação ou um sinal garantido de irresponsabilidade.

É por isso que sigo afirmando que o fato básico com relação aos negócios é que nas corporações as pessoas *trabalham juntas*, um princípio inteiramente trivial, mas muitas vezes esquecido em meio a tanta conversa e teoria sobre negócios. As pessoas não se especializam apenas numa habilidade ou outra, numa "divisão do trabalho" impessoal, distribuída e arranjada de maneira eficiente (ou ineficiente) por algum comitê superior de administração. Até mesmo nas corporações mais autoritárias e de administração mais inflada, as especializações nunca são distintas e independentes por completo, as decisões raramente são autônomas, e as personalidades não podem ser subjugadas. As pessoas podem ficar amarguradas, é claro, e podem ficar tão alienadas — pela separação física em cubículos isolados (ou mesmo em escritórios grandiosos) — que perdem a sincronia com as outras, é possível que fiquem paranóicas e contraproducentes, mas isso apenas reforça a idéia de que personalidades, preocupações pessoais e relações são tão essenciais no local de trabalho quanto as funções e os deveres declarados na descrição do cargo. Esse é exatamente o ingrediente inescrutável que as corporações americanas — restritas e enrijecidas por uma concepção maquinal da eficiência e uma hierarquia organizacional militarista — consideram tão invejável em muitas corporações japonesas. Todavia, nada há de misterioso ou de peculiarmente "oriental" nisso. Tem a ver apenas com o reconhecimento de que *pessoas* integram as corporações e vivem grande parte de suas vidas sob auspícios corporativos. Vidas empobrecidas e truncadas levam a produtividade empobrecida e a excesso de competição, ao passo que vidas ricas e plenas tendem a ser produtivas e cooperativas.

É claro que, em toda organização, espera-se encontrar uma política de escritório. Contudo, aqui também, o que uma pessoa identifica no trabalho como uma preocupação que não pode ser eliminada e, por vezes, uma preocupação em tempo integral para seu pessoal e seus projetos, bem como para seu próprio *status*, torna-se, na maior parte do discurso e da teoria, nada além de uma perturbação, como se as organizações *devessem* ser máquinas impessoais e livres de atrito, em que cada dente tem seu lugar ou cada burocrata sua função e escritório isolados. Entretanto, em todo escritório, em pelo menos parte do tempo, os conflitos interpessoais tornam-se a ordem do dia; todos os demais projetos tornam-se armas ou instrumentos, e todas as outras pessoas podem de fato tornar-se ou um aliado ou parte da oposição. Isso não é desviar-se dos negócios, por mais custoso e contraproducente que seja. É uma parte essencial dos negócios como atividade humana, mesmo que seja tipicamente mau negócio — e o resultado de uma organização deficiente, contratação desatenta, incentivos inadequados, excesso de confiança na competição, administração demasiado manipuladora ou ética ambígua. No entanto, há política, e em certo sentido qualquer relação entre pessoas, mesmo a mais harmoniosa e cooperativa, envolve a política do reconhecimento e da auto-estima. O ideal, portanto, não é eliminar os conflitos interpessoais, mas democratizar e civilizar nossas relações de poder, para evitar metáforas de selva e campo de batalha e promover uma cultura em que as inter-relações sejam de apoio mútuo em lugar de competitivas de maneira destrutiva.[6] Sempre haverá, é evidente, aqueles raros tipos de Rambo e Chuck Norris, que Michael Maccoby denominou de maneira correta o "lutador da selva", mas tomá-los como um paradigma dos bons negócios, elevá-los a heróis culturais (como em *Liar's Poker* de Michael Lewis), é assegurar uma organização cheia sobretudo de empregados hostis, frustrados e amargurados, cuja devoção à companhia e a seus interesses só vai até o dia do próximo pagamento (ou da próxima oferta de emprego).[7] Viver e reconhecer-se como um membro de uma cultura corporativa, por outro lado, é ver os próprios interesses e valores como parte dos interesses e valores da corporação. E a devoção que se tem à companhia torna-se então não um sacrifício ou um ato de fé, mas a afirmação da própria identidade e auto-estima.

Numa cultura corporativa, pessoas, não funções ou meros funcionários, trabalham juntas para seu benefício partilhado e não meramente mútuo. Pessoas, diferente de funções ou meros funcionários, têm personalidades, ambições pessoais e interesses externos. Fazem amigos (e inimigos). Precisam de um momento para espairecer, recobrar o fôlego, aliviar-se, expressar-se, renovar seus contatos pessoais no escritório. (Com que rapidez um escritório pode entrar em confusão quando um gerente deixa de dizer "olá" para todos numa manhã.) Tipos obsessivo-compulsivos podem ver isso (de forma errada) como sendo ineficiente, e comportamentos pessoais, como boatos e fofocas, como sendo um alheamento, mas é revelada assim uma incompreensão fatal tanto das pessoas quanto das organizações. Foi por isso que insisti em que as corporações são antes de tudo comunidades, grupos sociais com propósitos partilhados. A posição de uma pessoa não é apenas uma função definida por atribuições, mas um papel na comunidade, um papel que vem a ter como seus atributos (seja por projeto ou evolução) virtudes tão estritamente interpessoais como encanto, atratividade e um bom senso de humor assim como esse ou aquele serviço a ser feito.

"Comunidade", porém, é um termo muito geral para indivíduos interconectados e mutuamente interessados, e não contém qualquer compromisso ou mesmo sugestão de desenvolvimento ou estrutura interna. Uma comunidade pode ser apenas um grupo específico de pessoas reunidas, durante algum tempo, para se divertirem a si mesmas e umas às outras. Com efeito, não é de todo claro se uma mesma comunidade existe ao longo do tempo, à medida que membros individuais entram e saem do grupo, por isso a importância do conceito adicional de cultura, uma cultura corporativa. Culturas corporativas não são apenas sociais de maneira característica e irredutível em contraposição ao individualismo atomístico. As culturas têm uma história e uma estrutura, e por isso podem permanecer "as mesmas" por um período de tempo substancial, apesar da entrada e da saída de alguns ou até de todos os indivíduos que as integram. E entre essas estruturas essenciais estão as várias exigências da ética. São, acima de tudo, valores partilhados que mantêm uma cultura coesa. E esses valores não dizem respeito apenas à coesão e coerência "internas" da cultura. Dizem respeito também ao senso de missão que a corporação encarna, suas várias obrigações para com os "*stakeholders*" e seu senso de responsabilidade social e valores sociais (não apenas corporativos).

Posto isso, podemos agora atacar de frente uma das confusões e controvérsias mais notórias da ética dos negócios. A questão é saber se as corporações podem e devem ser tratadas como agências morais, investidas de responsabilidade e obrigações. Alguns anos atrás, por exemplo, John Ladd afirmou com extremo vigor que as organizações em geral (e as corporações em particular) não correspondem aos tipos de entidade que podem ser responsáveis. ("Não podemos e não devemos esperar que organizações formais ou seus representantes, agindo em suas posições oficiais, sejam honestos, corajosos, solícitos, solidários, ou que tenham qualquer tipo de integridade moral. Tais conceitos não constam, por assim dizer, do vocabulário, do jogo da linguagem organizacional.")[8] Por outro lado, Peter French, em particular, defendeu com ardor um senso de "responsabilidade coletiva" que permite que corporações sejam censuradas (e louvadas) de forma direta pelo que fazem.[9] Kenneth E. Goodpaster e John B. Matthews Jr. responderam na afirmativa a sua própria versão da pergunta: "Uma corporação pode ter consciência?".[10] Afirmam ser possível mostrar que as corporações, em analogia com indivíduos, partilham ("por projeção") os três sentidos centrais da responsabilidade (culpa causal, algo a ser feito e confiabilidade). ("Se analisarmos o conceito de responsabilidade moral tal como se aplica a pessoas, verificarmos que é possível projetá-lo sobre as corporações como agentes na sociedade.")[11]

Goodpaster e Matthews citam um porta-voz de uma companhia de aço do sul dos Estados Unidos, um cidadão admirável e socialmente preocupado em sua vida privada, mas propalador, na qualidade de porta-voz corporativo, do conhecidíssimo argumento: "Como indivíduos podemos exercer toda a influência que temos como cidadãos; para uma corporação, porém, tentar exercer qualquer tipo de imposição econômica para alcançar um fim específico na área social parece-me muito além do que uma corporação deve fazer." Mais à frente ele chama isso de "um abuso de poder corporativo". Todavia, como Goodpaster e Matthews mostram, esse é um argumento ambíguo. As corporações sempre afetam as relações e situações sociais, em virtude de sua eficácia, de muitas maneiras que não têm conexão direta alguma com seus produtos ou lucros; resta saber apenas se elas o fazem de olhos abertos ou fechados, segundo um plano ou sem planejamento ou previsão de seu próprio impacto social. Por que seria "irresponsável" e até "socialismo" assumir a responsabilidade por seu próprio impacto na sociedade, mas muito adequado simplesmente deixar que as coisas aconteçam?

As corporações podem ser dúvida exceder-se em seu planejamento social, como se excedem tantas vezes em seus planos para expandir seu mercado. (Quantas companhias aéreas, para escolher apenas uma indústria, faliram nos últimos anos por ter comprado um número de excessivo de aviões, portões e rotas, enterrando-se em dívidas?) E, com certeza, as corporações "não devem se meter" em áreas em que não têm competência, mas em muitas das arenas sociais em que exercem maior impacto, elas claramente têm ou podem facilmente obter com facilidade a competência de que precisam — para treinamento (e reciclagem) para o trabalho, soluções industriais, problemas de poluição, administração de pessoal e o controle de seus próprios produtos. É claro que há diferenças e exceções em relação à idéia da "corporação como agente moral"; nem todas as características da responsabilidade individual podem ser traduzidas ou projetadas numa característica da responsabilidade corporativa. De fato, um problema de Goodpaster/Matthews é precisamente insistir nessa "analogia", em vez de ir adiante (como French) e fazer a afirmação muito mais forte de que a responsabilidade corporativa não se baseia em absoluto num raciocínio por analogia, mas procede de maneira totalmente direta da natureza da corporação em si.

Enquanto a corporação for vista como uma mera ficção legal criada com exclusividade para a proteção de seus proprietários e sua busca de lucros, não há dúvida de que a noção de "responsabilidade" será limitada a certas obrigações legais e contratuais meramente fiduciárias. Contudo, assim que reconhecemos a importância de conceber a corporação como, antes de tudo, uma comunidade (dentro de comunidades maiores) e como uma cultura com valores partilhados e interesses sociais mais amplos, as intrigantes perguntas "de onde vêm os valores corporativos?" e "como podem as corporações ser socialmente responsáveis?" simplesmente desaparecem. Para começar, somente a partir de uma compreensão peculiarmente estreita, legal em excesso e limitada de maneira cruel das organizações e instituições, essas perguntas poderiam fazer sentido.

As corporações, como as culturas, têm éticas intrínsecas. Não só indivíduos têm responsabilidades e valores; movimentos e culturas, instituições e organizações também têm. A tradição judaico-cristã, por exemplo, incorpora um sistema de valores de maneira inteiramente independente de quaisquer indivíduos em particular que os abracem. A Cruz Vermelha é uma organização que não pode ser reduzida a um número de organizadores ou voluntários individuais, mas tem valores e fins sociais claros. Ficaria o argumento enfraquecido pelo fato de essa instituição em particular ter sido fundada como uma organização filantrópica, sem fins lucrativos, com a finalidade de responder a emergências sociais? Em que sentido uma instituição está limitada às intenções de seus fundadores? E quão explicitamente estas precisam ser formuladas? Os Estados Unidos ou a França têm responsabilidades independentes daquelas de quaisquer cidadãos em particular ou pessoas no poder. Por quê? Por causa de sua história, seus compromissos e obrigações prévios e, em especial, *pelo que representam*. Por que altos funcionários corporativos deveriam insistir com tanto orgulho em que nada representam e que suas organizações existem para um único propósito, maximizar lucros para um grupo em grande parte anônimo de acionistas? É claro, diriam eles com satisfação (em nome de suas companhias), que representam qualidade, que se orgulham de seus produtos e ficam satisfeitos por sua companhia não ter sido acusada pela Agência de Proteção Ambiental ou condenada pelo Greenpeace. No entanto, isso já estabelece uma ponte entre as esferas supostamente separadas dos negócios e da responsabilidade social. Por que insistimos em ver o propósito dos negócios dessa maneira tão modesta e limitada de forma tão estreita, quando se pode dizer e fazer coisa tão melhor dele?

A metáfora da "cultura", porém, também tem limitações, e uma delas é ainda tender a ser muito fechada em si mesma. Uma corporação não é como uma tribo isolada nas ilhas Trobriand. Uma cultura corporativa é uma parte inseparável de uma cultura maior, no máximo uma subcultura (ou uma subsubcultura), uma organela especializada num órgão e num organismo. Na verdade, é a tendência a ver os negócios como um empreendimento isolado e insulado, com valores diferentes dos valores da sociedade circundante, que caracteriza todos esses mitos e metáforas, e, nesse sentido, a metáfora da "cultura corporativa" não é um aperfeiçoamento adequado em relação a eles. Outro problema desse discurso sobre culturas corporativas é nossa tendência a confundir com nosso paradigma o que consideramos depressa demais a corporação americana padrão e a avaliar todas as outras culturas e arranjos comerciais a partir dele. Entretanto, há outras culturas corporativas com outros valores. Na Nova Zelândia, valores maoris coexistem com valores coloniais britânicos. No sudoeste dos Estados Unidos há fortes valores mexicanos ao lado dos importados de Nova Jersey e Michigan. E antes de nos entregarmos ao nosso batido sentimento de superioridade de que tais valores parecem ser opostos a práticas comerciais corporativas — relaxados demais, não competitivos o suficiente, envolvendo muito pouca ambição pessoal e preocupação demais com a família e a comunidade —, deveríamos nos lembrar de que foi esse mesmo tipo de presunção que foi divulgado acerca dos japoneses, trinta anos atrás.

Deveríamos nos lembrar sempre de que a economia do livre mercado, com a proeminência dos negócios e do pensamento de negócios, é uma experiência em curso, não um aspecto indelével da sociedade ou um decreto divino. É possível que não tenhamos a melhor maneira de exercê-la. É possível até que estejamos errados. Há pouco tempo, numa conferência internacional em Bucareste, um colega meu ouviu um homem de negócios alemão, depois de ouvir várias sugestões relativas à exportação de técnicas administrativas norte-americanas, afirmar que a administração norte-americana era rígida, mecânica e hierárquica demais para funcionar bem mesmo nos Estados Unidos, que dirá nas culturas mais humanísticas da Europa. Os norte-americanos, é claro, ficaram chocados. Não só seu paradigma de cultura corporativa lhes estava sendo jogado na cara como cruel; afirmava-se também que funcionava mal. Se nenhuma preocupação filosófica ou humanitária é suficiente para estimular uma nova maneira de pensar sobre negócios, a nova situação norte-americana no mundo deveria ser ampla motivação. Mais um modismo administrativo ou milagre de marketing não será suficiente, e a permanente negação de nossa própria humanidade e sociabilidade nos deixará apenas mais isolados e mais desesperados. O que precisamos realmente é de um senso renovado de solidariedade e significação cultural partilhada.

Notas

1. E.g., veja Mark Pastin, *The Hard Problems of Management*, sobre "por que as corporações deveriam ter culturas fracas e éticas fortes". Somos, no entanto, tentados a especular se Pastin, que aprendeu ética sob a orientação de Roderick ("teoria do observador ideal") Firth em Harvard, não teria pouco respeito demais pelos costumes partilhados que advêm da participação na vida cultural e se não estaria impressionado demais com as negociações frias do contrato social ("A lição é clara. Esqueça a cultura e pense sobre acordos justos" [p. 144]), sustentando que culturas são intrinsecamente "conservadoras" e que as culturas fortes "põem crenças, atitudes e maneiras de fazer as coisas fora de questão". É difícil mudar culturas, mas essa é precisamente sua força. Por vezes, ignorar a cultura funciona melhor. Todavia, como é só nos confins da cultura (cf. famílias) que Pastin tende a misturar a ética à cultura (ou vice-versa), sua oposição não é tão acentuada como seu pronunciamento inicial sugeriria. Ademais, ele emprega um sentido trivial de cultura: na Cadbury Schweppes, sugere, há "poucos símbolos corporativos, nada da parafernália característica de companhias de cultura forte e nenhuma necessidade de fazer as coisas 'à maneira da Cadbury'. O ambiente corporativo é livre de cerimônia" (p. 140). Entretanto, na mesmíssima página, Pastin cita o próprio *Sir* Adrian Cadbury: "A única coisa de que tenho certeza... é que o modo como é feito deve estar relacionado com a cultura (contra a 'cultura mandarim')." Não é preciso dizer mais nada sobre "culturas fracas".
2. O contra-exemplo moderno mais famoso, a famigerada tribo Ik das cadeias de montanhas da África, foi muitas vezes usado de forma abusiva com esse propósito. A cuidadosa descrição feita por Colin Turnbull da crueldade e da competitividade interpessoal dos iks mostra com muito clareza que sob seu egoísmo há um método cultural, um senso de coerência mesmo em face de um ambiente hostil e alienante (Colin Turnbull, *The Mountain People*). No contexto de uma cultura, os iks de fato nos chocam como indiferentes ao bem-estar uns dos outros (até ao dos próprios filhos), apesar disso, porém, a própria cultura exibe a estrutura indispensável de atenção mútua, objetivos partilhados e coesão harmoniosa mínima, se não exatamente cooperação.
3. Veja S. Toulmin, *Cosmopolis: The Hidden Agenda of Modernity*.
4. A freqüente incompreensão da natureza da burocracia estende-se até àqueles mais simpáticos à idéia de cultura corporativa, em especial, A. Kennedy e T. Deal, *Corporate Cultures* (cujo livro originou o recente modismo da "cultura"), p. 108: "A cultura do processo. Um mundo com pouco ou nenhum *feedback*, em que os empregados têm dificuldade de avaliar o que fazem; assim, concentram-se no modo como as

coisas são feitas. Temos um outro nome para essa cultura quando os processos ficam fora de controle — burocracia."

5. Mais uma vez, uma palavra de sabedoria do procônsul romano Arbiter: "Ela [a reorganização] pode ser um método maravilhoso para se criar a ilusão de progresso enquanto produz confusão, ineficiência e desmoralização."
6. Tom Peters, em *Ethics Digest* 7, n. 2 (1990).
7. Michael Maccoby, *The Gamesman*; Michael Lewis, *Liar's Poker.*
8. John Ladd citado em Kenneth E. Goodpaster e John B. Matthews, Jr., "Can a Corporation Have a Conscience?".
9. Peter French, *The Spectrum of Responsibility*.
10. Goodpaster e Matthews, "Can a Corporation Have a Conscience?" pp. 132-41.
11. Reproduzido em Iannone, *Contemporary Moral Controversies in Business* (Nova York: Oxford University Press, 1989), p. 126.

CAPÍTULO 15 Negócios como uma profissão: os que trabalham em negócios como profissionais

> Para que o paradoxo da busca do lucro possa ser evitado, o homem de negócios deve se ver como um profissional e a motivação do serviço deve dominar. Os negócios só podem realmente prosperar procurando fazer o melhor.
>
> NORMAN BOWIE, "The Profit-Seeking Paradox"

As pessoas que trabalham em negócios deveriam se conceber como *profissionais*.* Para administradores já profissionais, isso pode parecer óbvio, embora para muitos críticos dos negócios vá parecer escandaloso. Meu objetivo, mais uma vez, é ampliar o âmbito de nosso pensamento, passando de uma imagem estreita e na maioria dos casos falsa de competitividade individual baixa para um sentido mais holístico de engajamento, respeitabilidade e responsabilidade sociais. As corporações não são mecanismos legais para a maximização de lucros e a maioria das pessoas não está nos negócios apenas para ganhar dinheiro. Novamente (para os que se recusam a abrir mão de maus argumentos), isso não quer dizer que as pessoas envolvidas em negócios são indiferentes a ganhar dinheiro, assim como insistir em que uma corporação é uma cultura não é negar que uma das necessidades mais flagrantes para o sucesso corporativo é obter lucros.

*Os termos "profissional" e "profissão" devem ser entendidos em geral neste capítulo na acepção mais restrita que têm em inglês. Pelo inglês *profession* em geral entende-se o que nós qualificamos como "profissão liberal", "aquela de nível superior que habilita o indivíduo a trabalhar por conta própria, como medicina, odontologia, advocacia etc.", segundo o *Dicionário eletrônico Houaiss da língua portuguesa 1.0*. (N. da T.)

Todavia, ganhar dinheiro e a necessidade de ganhar dinheiro são comuns às práticas da medicina e do direito tanto quanto à dos negócios, e estes deveriam ser considerados — tal como essas práticas consagradas pelo tempo (e também muito criticadas) — uma profissão.[1]

Norman Bowie defendeu uma tese semelhante em sua controversa Ruffin Lecture, de 1988.[2] Não quero fugir a essa controvérsia aqui, mas desejo começar (como ele fez) com uma especificação razoável do que significa ser um profissional — e que vantagens quem trabalha em negócios obtém aceitando essa designação para si mesmo. Bowie toma emprestados do professor Abraham Flexner sete critérios concernentes à designação de um "profissional":[3]

1. Possuir e utilizar um cabedal de conhecimento mais do que ordinariamente complexo.
2. Adquirir uma apreensão teórica do fenômeno com que lida.
3. Aplicar o conhecimento teórico e complexo do fenômeno à solução prática de problemas humanos e sociais.
4. Esforçar-se por ampliar e aperfeiçoar esse cabedal de conhecimento.
5. Transmitir o que se sabe às novas gerações não de maneira aleatória, mas deliberada e formal.
6. Estabelecer critérios de admissão, prática legítima e conduta correta.
7. Ser imbuído de um espírito altruístico.

A maioria desses critérios diz respeito ao conhecimento e às técnicas especializados que um profissional teve ter ("critérios epistemológicos"). Um médico, para dizer o óbvio, precisa de amplo estudo da anatomia e da fisiologia do organismo e das doenças que o acometem. Um advogado precisa aprender o que é quase uma nova língua bem com uma assustadora biblioteca repleta de casos e decisões anteriores. Além disso, ambos precisam de treinamento — em diagnóstico e "conduta junto ao leito", em escrita, argumentação e táticas de tribunal. Nada disso é "natural", e requer ampla educação. Parece-me, porém, que as complexidades da contabilidade e da análise financeira modernas, para citar apenas duas das muitas especialidades no campo dos negócios, são tais que não se justifica a alegação de que os negócios não requerem conhecimento e técnicas especiais similares aos que são essenciais para uma profissão. Quando acrescentamos (como convém) o considerável conhecimento de produção e administração que se está tornando necessário para se sentir em casa em quase todas as indústrias, deveria ficar óbvio que os negócios são e devem ser encarados como uma profissão. O fato de alguns homens de negócios muito bem-sucedidos terem tido muito pouca educação formal não me parece enfraquecer essa afirmação, e a acusação de que parte desse conhecimento é senso comum falso ou requentado (e transformado em jargão) não é argumento suficiente contra ela. (Do contrário, poria em risco a psiquiatria e também boa parte da profissão do direito.) Contudo, pode-se contestar, não é possível dizer que também os eletricistas, os bombeiros e os técnicos que consertam computadores precisam de considerável educação e treinamento em seus campos? Pode-se então argumentar que o cabedal de conhecimento e técnicas que eles precisam dominar é muito menos portentoso que o da medicina e do direito, e que o mesmo pode ser dito do conhecimento e das técnicas envolvidos nos negócios, por mais carregado que seja o currículo da escola de administração de empresas. Com essa questão, porém, começamos a suspeitar que a diferença entre a profissão e o mero "ofício" pode ser fundamentalmente de *status* e não de qualificações.

Com o acúmulo de conhecimento e técnica em qualquer profissão, há também a necessidade de transmiti-los. A educação torna-se mais uma vez um ingrediente crítico na especificação de uma profissão, e um profissional interessa-se não só por sua própria competência mas pela de gerações vindouras e de seus colegas. Assim, as profissões impõem requisitos e credenciais a seus praticantes que determinam quem pode ou não praticá-las. Seria possível opor-se ao fato de que isso interfere com o "livre mercado" (uma objeção que muitos médicos e advogados não hesitam em levantar quando alguém — inclusive suas próprias associações profissionais — dita os termos de sua prática), mas o contra-argumento óbvio é que um livre mercado desenfreado nem sempre é a melhor maneira de fornecer serviços, em especial quando não se pode esperar que os "consumidores" (clientes) formem julgamentos abalizados o suficiente (Os pacientes em geral prestam muito mais atenção à linguagem corporal e à aparência de seus médicos do que ao que eles dizem, que, para a maioria, é incompreensível.) O que interessa, é evidente, é que os profissionais têm um sério impacto sobre a vida de seus clientes, e um profissional tem uma reputação a defender. A confiança é essencial para o sucesso de qualquer prática, e a eliminação de impostores e fraudes é necessária para o sucesso de todos os profissionais, bem como no interesse de todos os demais. No entanto, os negócios não deveriam ser igualmente ciosos de sua reputação, e as pessoas neles envolvidas não estão igualmente preocupadas com o impacto de seus produtos e com a confiança que geram entre seus compradores (e outros *stakeholders*)? Pense, em particular, em corretores e corretoras — no quanto a confiança é importante e na extensão em que o cliente depende do conhecimento do corretor, que, não fosse por isso, não seria necessário. Pense em quantas pessoas tiveram suas vidas destruídas (apenas nos últimos anos) por conselho financeiro desastroso e em sua reação contra os corretores. Pense também sobre o que aconteceu durante o mesmo período, à medida que nossas poupanças e instituições de empréstimo saíram das mãos de banqueiros profissionais. Por que a ênfase no bem público no caso do direito e da medicina mas não dos negócios? Poderia ela fundar-se no pressuposto (obviamente falso) de que o impacto dos negócios sobre sua clientela é sempre mais trivial do que o impacto do direito e da medicina? Ou em algum resíduo do velho lugar-comum (há muito desaparecido do direito e da medicina) com que o cliente teria de estar atento? Ou seria apenas mais um truque para evitar a óbvia necessidade da regulação essencial a toda profissão em nome da "livre empresa"?

Seria possível afirmar, com bastante cinismo, que a auto-regulação nas profissões estabelecidas nada mais é que um meio de restringir o livre mercado nessas profissões, impondo limites e controlando o número dos praticantes licenciados. (A American Medical Association foi acusada disso várias vezes e, mais recentemente, a American Bar Association, apesar do aparente surgimento de uma abundância de advogados.) A auto-regulação, por meio de credenciais, elimina também a competição (homeopatas e curandeiros na medicina, mediadores e rábulas no direito). O sistema de saúde norte-americano não seria muito melhor, seria possível sugerir, se mais pessoas com algum treinamento e habilitação pudesse ingressar no mercado e prestar muitos dos serviços que a maioria dos médicos evita de todo modo, apesar de seus esforços para manter um monopólio (inoculações, tratamento de doenças rotineiras, visitas domésticas)? E nosso sistema legal não seria melhorado de forma semelhante se mais pessoas pudessem desempenhar as funções mais corriqueiras que os advogados em geral transferem de todo modo para assistentes? Não há dúvida de que, para ambos os casos, é possível fazer uma defesa convincente, mas isso deixa em aberto a questão geral sobre a necessidade de regulamentação e de proteção do público. Uma das características essenciais de uma profissão é que seus praticantes devem ser obrigatoriamente qualificados e competentes no que afeta o bem público, e qualquer concepção adequada do livre mercado deve ser interpretada *dentro* do quadro dessa exigência.

É essa ênfase no bem público que está no cerne de minha campanha pelo reconhecimento dos que trabalham em negócios como profissionais. ("Altruísmo", sustentei, é uma maneira enganosa de expressar essa preocupação com os outros e com demasiada facilidade sugere sacrifício excessivo.)[4] O profissionalismo envolve um senso de serviço social. Os profissionais se comprometem com o povo, fazendo os juramentos hipocráticos, prometendo ser leais à Constituição — e não apenas usá-la. (O que fazem os engenheiros?) O principal fulcro de minha insistência no reconhecimento dos que trabalham em negócios como profissionais é precisamente essa ênfase no serviço público. Norman Bowie escreve:

> Tradicionalmente, a motivação para a conduta profissional é a motivação do serviço; as técnicas profissionais são técnicas de serviço, de maneira específica, técnicas que beneficiam a humanidade. Médicos, advogados, professores e o clero — os paradigmas padrão dos profissionais — exercem uma competência especial para o benefício de seres humanos. A Harvard Business School tem como lema "Fazer dos negócios uma profissão". Pessoas de negócios que se vêem como profissionais são motivados a fazer o bem, e fazendo o bem a firma prosperará. Se um administrador enfatiza a produção e distribuição de produtos de qualidade de que os compradores

> precisam, se é sincero e leal com seus fornecedores e credores e, mais importante, se fornece trabalho significante para os empregados, então tanto o administrador quanto a firma serão lucrativos.[5]

Essa idéia de que as pessoas envolvidas nos negócios deveriam se ver como "profissionais e não como meros maximizadores de lucros" é o cerne de minha argumentação aqui. Ouvimos falar o bastante sobre a busca de lucros e o obsessivo saldo final. É hora de voltar nossa atenção para o que os negócios realmente realizam no mundo, em vez de considerar apenas as recompensas que acumula em troca.

Entretanto, não seria possível aceitar a idéia de que os negócios servem ao interesse público e os homens de negócios têm responsabilidades sociais sem, contudo, insistir em chamá-los "profissionais"? Numa edição recente da *Newsweek*, Robert Samuelson contesta a identificação dos negócios com uma profissão. (Sua polêmica global é contra as escolas de administração de empresas e os mestrandos profissionais em administração de empresas.) Ele escreve que,

> Medicina, Direito e Engenharia são profissões, diz Henry Mintzberg, um professor de administração na McGill University. Exigem o domínio de um corpo central de conhecimentos. Os negócios são diferentes. As escolas de administração de empresas instruem estudantes nas técnicas mecânicas da contabilidade, finanças e *marketing*. Todavia, a essência dos negócios — correr riscos consideráveis, criar produtos de valor, motivar pessoas e satisfazer compradores — não reside aí e não pode ser ensinada numa sala de aula. "Liderança", nas palavras de Mintzberg, não é uma profissão.[6]

Essa caracterização dos negócios como "liderança", porém, é decerto estreita demais, do mesmo modo que a caracterização de profissão sugerida. No entanto, será minha própria caracterização adequada à noção de profissionalismo, ou será ampla demais, ou, quem sabe, estreita demais? Os homens de negócios deveriam realmente ser chamados profissionais, e, nesse caso, isso não obscureceria o termo? De fato, como ficam os bombeiros hidráulicos? Também são profissionais? E é necessariamente uma boa coisa ser um profissional?

Um sentido corrente de "profissional" poderia de fato nos causar problemas. Os profissionais são em geral enaltecidos como "calmos", controlados e capazes até nas condições mais adversas. Ao lado disso, porém, muitas vezes por uma questão de necessidade, os profissionais podem ser frios, insensíveis, indiferentes. E isso, em conjunção com a descrição já dúbia dos negócios como um mundo impiedoso e competitivo, dá origem a um retrato de fato muito pouco atraente. É um cenário típico, embora trágico, em muitas corporações: um administrador é demitido e cai em prantos. "Comporte-se como um profissional", ordenam-lhe com firmeza. "Não se deixe dominar pelas emoções" (assim como a pessoa que o demitiu, presume-se). Quando a vítima é um homem, é claro, a exigência é duplamente humilhante, uma contestação tanto de seu *status* profissional quanto de sua masculinidade. Quando é uma mulher, por outro lado, esse comportamento "não-profissional" pode ser tolerado, mas apenas porque enfatiza o preconceito chauvinista de que mulheres não podem ser profissionais. Entretanto, por que o termo "profissional" deveria carregar consigo essas exigências desumanas? Não há dúvida de que há boas razões para que um médico cercado de pacientes histéricos e talvez terminais deva evitar "envolver-se emocionalmente" se isso interfere em seu julgamento e competência como médico, e há boas razões para que advogados não devam "envolver-se emocionalmente" demais com seus clientes. O controle emocional, porém, resvala com muita facilidade na indiferença, e "manter a calma" não deve ser equiparado a ser desumano com aqueles que dependem emocionalmente de você. Na medida em que o profissionalismo se transforma em insensibilidade, penso que podemos concordar em que o profissionalismo exacerbado não é uma virtude. O mundo dos negócios já tem respeito o suficiente por eficiência empedernida, e a insistência em que seus membros pensem em si mesmos como profissionais não pretende estimular isso ainda mais.

"Profissão", como usamos o termo, é mais uma metáfora, uma metáfora social com uma marca específica. Segundo o *Oxford English Dictionary* (sétima edição), "professar" significa literalmente "reivindicar". Em outras palavras, diz respeito a auto-apresentação e não a um feito ou a quaisquer credenciais desse tipo. Originalmente, o verbo é referido a uma profissão de fé, e os professores, por conseguinte, eram crentes religiosos. Eram muitas vezes, mas não sempre, educados, e eram, muitas vezes, mas não sempre, mestres. Os que hoje chamamos de "professores" são profissionais? É verdade que não são necessariamente crentes, mas são mestres profissionais (e isso significaria que os mestres que não são professores deixam por isso de ser profissionais?), ou não são fundamentalmente mestres em absoluto (uma idéia que a maioria do corpo docente universitário sem dúvida endossaria)? Por que a educação e a complexidade de uma matéria deveriam ser tão decisivas para o profissionalismo? Na verdade, a educação parece ser secundária no uso tradicional: a teologia, o direito e a medicina eram chamados outrora de "as profissões cultas", o que sugeriria a existência de profissões menos cultas e incultas. ("A profissão mais antiga do mundo", para começar, requer pouca ou nenhuma escolaridade formal.) Contudo, se a educação é secundária e a auto-apresentação, primordial, começamos a suspeitar que a designação "profissional" é uma questão de prestígio e *status* social, não de realização. Na maioria das sociedades, a educação é privilégio das classes mais altas, e não deveríamos nos surpreender se a ela fosse não tanto a marca das profissões, mas um tipo de benefício adicional; uma pessoa não pode ser chamada de profissional a menos que faça jus a certo *status* de elite, e a marca desse *status* é a educação. Nessa versão, é claro, o ideal do profissionalismo assume uma dose malsã insalubre de espírito de classe, e é possível argumentar que essa consciência permeia nossa taxonomia de carreiras e profissões.

Por exemplo, as *high schools* norte-americanas distinguem em geral entre programas acadêmicos e técnicos (ou comerciais), e não há dúvida sobre qual é o mais prestigioso. As faculdades também se dividem entre acadêmicas e técnicas, e, mais uma vez, o suposto foco humanístico amplo permite às primeiras olharem as segundas "de cima para baixo" (apesar de todos os apelos dos pais de que seus filhos sejam "formados para uma carreira"). As editoras dividem-se da mesma maneira, enquanto nas artes vigora uma distinção aparentemente antiga (mas de fato muito recente) entre as "belas artes" e um mero "ofício", uma distinção de casta que foi inventada (segundo Arthur Danto) durante a supostamente igualitária

Revolução Francesa pelo pintor clássico — ditador da arte mundial — Jacques-Louis David. Assimilamos a história às avessas se pensamos nessas divisões antes de tudo em termos de graus de dificuldade e só de maneira secundária em termos de prestígio. O prestígio vem primeiro, e qualquer estudo da história das profissões transmite ao leitor crítico uma aguda impressão de elitismo e de proteção de privilégios, além da preocupação perfeitamente defensável com a competência e a qualidade. Sendo assim, por que insistimos com tanta segurança que médicos e advogados são profissionais mas bombeiros hidráulicos não? Isso é em grande parte uma questão de *status* e do conhecido preconceito contra os que trabalham com as mãos, de macacão, em contraposição aos que trabalham apenas com suas mentes (o ideal é que não precisem sequer escrever ou datilografar as próprias idéias) em limpos colarinhos e punhos brancos. Os que trabalham nos negócios ocupam um terreno intermediário, uma vez que os negócios abrangem desde lojistas e trabalhadores especializados, cujo negócio é produção e distribuição ativa de mercadorias ou serviços essenciais, até executivos, cujo negócio é estritamente verbal e cerebral. Todavia, dar aos que estão na ponta executiva do espectro o nome de profissionais e negar essa designação à ponta produtiva só deixa mais óbvio o elitismo arbitrário do "profissionalismo".[7]

Com o elitismo e o privilégio, no entanto, vem um senso de *noblesse oblige*, as obrigações especiais dos privilegiados. E o mundo dos negócios, mais do que qualquer outra coisa, deseja e reivindica respeitabilidade. Mesmo que não haja critérios estritos para a designação de um profissional, e o profissionalismo seja mais uma questão de auto-apresentação orgulhosa do que de educação ou credencialismo, há uma conseqüência benéfica óbvia: a expectativa de alguma obrigação para com a sociedade é maior que o vil interesse pessoal. Nesse sentido, podemos ver que é uma coisa muito boa designar como profissionais tanto bombeiros hidráulicos e eletricistas quanto administradores. A idéia de que fazer negócio nada mais é que "tentar ganhar dinheiro" (mesmo que não se acrescente a vulgaridade do "aos montes") é uma auto-apresentação horrível, desprovida de preocupação social ou orgulho pessoal e não-merecedora de respeito. Ademais, não é isso em absoluto que os negócios envolvem.

Um dos sentidos atuais mais comuns de "profissional" é o de "alguém que é pago pelo que faz". A distinção entre o atleta amador e o profissional, por exemplo, é toda ela baseada na questão de uma compensação financeira, mesmo que a remuneração (segundo as regras estritas da maioria das associações de faculdades e, outrora, dos Jogos Olímpicos, por exemplo) não seja por jogar ou ganhar um jogo. (Dar um conversível a um jogador de basquete compromete seu *status* amador, seja isso ou não recompensa pela vitória num jogo específico.) Assim também, a distinção entre um artista amador e um profissional (segundo as regras do fisco, por exemplo) depende por completo da intenção de uma pessoa e de seu conseqüente sucesso em ganhar dinheiro. Interpretado dessa forma, ser profissional significa simplesmente "ser pago pelo que faz", e, por esse critério fácil, são profissionais tanto administradores quanto representantes sindicais, tanto gerentes de lojas de departamentos quanto bombeiros. Nesse caso, porém, quase todo assalariado é um profissional. O manto honorífico do "profissionalismo" certamente não pode ser ganho tão facilmente.

A prática de negócios não se opõe a profissionalismo, concebido em termos de serviço ao interesse público em vez de mero ganho de dinheiro. Considere os médicos como profissionais. Eles estão também fazendo negócios? Podemos ver o quanto a questão dos negócios e do profissionalismo se torna complexa; por um lado, com certeza estão, e por outro enfaticamente não estão. Se um médico negasse tratamento a um paciente crítico sob o pretexto de que ele não pagara uma conta anterior, seria culpado de grave violação da conduta profissional. (Se seu médico lhe confidenciasse que, na verdade, detesta medicina e só continua nela para ganhar dinheiro, você sem dúvida trocaria de médico, é possível até que antes do fim da consulta.) Se "profissional" é por vezes definido como "aquele que é pago pelo que faz", é também definido como "aquele que não faz [só] por dinheiro." Se isso nos parece paradoxal, talvez seja apenas por sermos tão afeitos a explicações de motivação em termos de "ou/ou": *ou* o sujeito trabalha por dinheiro *ou* o faz por pura devoção, *ou* uma corporação existe para maximizar lucros *ou* para promover o bem público.

Tanto profissionais quanto não-profissionais, tanto quem está nos negócios quanto quem não está "nos negócios", fazem o que fazem, em parte, pelo dinheiro. No entanto, qual é o equilíbrio correto entre interesse pessoal financeiro e serviço público? Uma vez ouvi por acaso uma conversa entre dois médicos que discutiam a "medicina socializada" (que pareciam identificar com a vida sob Stalin). Um disse, "se o governo limitasse nossos honorários, por que nos disporíamos a trabalhar tão duro?" A mesma história tem muitas variações, mas são todas ofensivas na medida em que indicam um desvio do "profissionalismo" para o puro mercantilismo — a oferta de trabalho e conselho especializado por (e *apenas* por) recompensa financeira. Será que os médicos que ouvi são profissionais, ou meros negociantes tecnicamente treinados? ("Bombeiros hidráulicos da alta classe", como diz a expressão popular.)[8] É ou deveria ser a marca não só do profissional, mas de qualquer pessoa que faz um trabalho digno, que a motivação seja algo mais que apenas "faturar algum" ou "ganhar a vida".

Profissionalismo significa serviço em troca de compensação, mas não motivado apenas pela compensação. Sem dúvida, o mercado de *commodities* está longe de ser tão seguro quanto o mercado da medicina ou da educação, e os riscos, em conseqüência, são muito maiores no âmbito de profissões que chamamos de "negócios" do que no grupo muito menor de serviços que chamamos de "profissões". Para compensar esse risco, a recompensa pode ser maior também. Em ambos os casos, porém, quer se tente vender um novo cereal para o café da manhã num mercado já saturado e inelástico quer se pratique a medicina numa cidade rural pobre e isolada, está-se trabalhando por dinheiro, mas não exclusivamente. E do outro lado da relação, nossos clientes e compradores pagam porque vale a pena, e é nisso que os negócios consistem.

Notas

1. Sem dúvida, uma longa tradição — agora incorporada tanto à estrutura de nossas universidades quanto ao vocabulário popular — designa a medicina e o direito, talvez a engenharia e a arquitetura, como profissões, e os negócios como ofício. De fato, existe há muito um movimento significativo para empurrar as escolas de administração de empresas para fora dos *campi*, exatamente por essa razão, e atribuir-lhes seu devido (e bem mais banal) lugar como escolas técnicas, ao lado das escolas de secretariado, das escolas de técnicas tecnológicas e dos institutos para bombeiros hidráulicos e eletricistas. As próprias escolas de administração de empresas contribuem para isso, fingindo ensinar a linguagem dos negócios a alunos de graduação, sem exigir deles sequer uma pitada de cultura e desembaraço em suas próprias língua e literatura (para não mencionar as línguas e as literaturas das outras culturas com que, se bem sucedidos, eles com certeza farão negócios). (Tanto as escolas de medicina quanto as de direito, em contraposição, exigem um bacharelado como pré-requisito para a admissão; por vezes é negado o *status* de profissão à engenharia por não fazer a mesma exigência; e a medicina tem sido fortemente criticada ultimamente por estimular seus estudantes a se concentrar em matérias de ciências "pré-médicas" em detrimento das humanidades.)
2. Bowie, "Business Ethics as a Discipline: The Search for Legitimacy".
3. Abraham Flexner, "Is Social Work a Profession?", citado em Bowie, ibid., p. 18.
4. Veja meu *Passion for Justice*, cap. 1.
5. Bowie, "The Profit Seeking Paradox".
6. Robert J. Samuelson, *Newsweek*, 14 de maio de 1990.
7. Esse elitismo em relação ao "serviço" (e à produção também) remonta à Antiguidade, e faríamos bem em acabar com ele. Em sua vida com os aristocratas, Aristóteles tanto exaltou quanto depreciou o serviço, louvando sua execução mas depreciando os que o executavam. Assim também, um amigo neo-zelandês diagnosticou o serviço por vezes rude nesse país, sob outros aspectos maravilhoso, evocando o passado colonial e o ressentimento residual de quem outrora foi servo, o que gerava uma confusão entre serviço, servilismo e servidão. Contudo, há orgulho na realização e no trabalho bem-feito, o que é profissionalismo — algo muito diferente de submissão. Todavia o profissionalismo pode ser encontrado entre pessoas que exercem ocupações de baixo prestígio, como garçons e frentistas de postos de gasolina (era a Texaco que se anunciava como "o profissional do seu automóvel"?), e o conceito em si não denota espírito de classe.
8. Vem-me à mente o que Molière disse sobre o ofício da escrita: é uma profissão "como a prostituição: Primeiro você faz porque gosta; depois faz para alguns amigos; por fim, faz por dinheiro" — uma seqüência instrutiva com relação à motivação do lucro.

CAPÍTULO 16 Os seis parâmetros da ética aristotélica

Afirmar, à maneira de Maquiavel, que há uma regra para os negócios e outra para a vida privada é abrir a porta para uma orgia de falta de escrúpulos diante da qual a mente recua. Afirmar que não há diferença alguma é estabelecer um princípio que poucos homens que enfrentaram a dificuldade na prática se disporão a aprovar como de aplicação invariável e, incidentalmente, é expor as idéias da própria moralidade ao descrédito, sujeitando-a a uma tensão quase insuportável.

R. H. TAWNEY, *Religion and the Rise of Capitalism*

Quero organizar minha introdução à abordagem aristotélica dos negócios sintetizando os parâmetros essenciais que circunscrevem e definem as virtudes na ética dos negócios, uma meia dúzia de preocupações em geral ignoradas nas discussões sobre ética mais abstratas e regidas por princípios que tanto dominam o campo. Juntas, elas formam uma estrutura integrativa em que o indivíduo, a corporação e a comunidade, o interesse pessoal e o bem público, o pessoal e o profissional, os negócios e as virtudes trabalham todos juntos e não uns contra os outros. Discutirei, cada um por vez, dos seis parâmetros que se seguem:

- comunidade
- excelência
- filiação
- integridade

- julgamento
- holismo

A CORPORAÇÃO COMO COMUNIDADE

> Nada há nada de mal em ser um homem de negócios. Há um espírito de confiança e cooperação aqui. Todo mundo zomba dessas coisas, mas, se os homens de negócios não confiassem uns nos outros, o país desmoronaria amanhã.
>
> WALKER PERCY, *The Moviegoer*

A abordagem aristotélica começa com a idéia de que somos, antes de tudo, membros de grupos organizados, com histórias comuns e práticas estabelecidas que governam todas as coisas, desde a alimentação e o trabalho até o culto. Não somos, como pretende nosso folclore favorito, antes de tudo, *indivíduos* — isto é, criaturas autônomas, auto-suficientes, autodefinidoras que, idealmente, pensam inteiramente por si mesmas e determinam o que são. O "*self-made man*" é uma criatura social, e ele "se faz" sendo uma parte essencial da sociedade, por mais inovador ou excêntrico que possa ser. Dizer que somos criaturas comunais é dizer que temos interesses comuns, que, mesmo na comunidade mais competitiva, nossos interesses pessoais parasitam nossos interesses mútuos e são em grande parte definidos por eles. Pensar a corporação como uma comunidade é insistir em que ela não pode, por mais cruel que seja sua política interna, ser um mero aglomerado de indivíduos movidos por interesses pessoais. Ver os negócios como uma atividade social é vê-los como uma prática que, ao mesmo tempo, prospera na competição e pressupõe uma comunidade coerente de cidadãos interessados tanto em si mesmos quanto uns pelos outros.

Não há dúvida de que, no mundo "ocidental" contemporâneo, as comunidades nada têm de homogêneas ou harmoniosas, e a heterogeneidade e a cacofonia de diferentes vozes e culturas é o que dá urgência à nossa insistência na comunidade. As corporações não são (ou não deveriam ser) "cadinhos", mas tampouco podem conter por muito tempo facções de minorias ressentidas umas com as outras.[1] Um dos ingredientes básicos do pensamento social conservador parece ser que as comunidades são e devem ser uniformes e definidas por consenso. Parece-me, no entanto, que houve poucas comunidades desse tipo de tamanho mais que tribal e que toda comunidade, desde o sul rural até o gueto do nordeste norte-americano, teve de acomodar minorias e diferenças de classe, florescendo graças a uma mistura de culturas, costumes e usos, e não apesar dela. Não sustento que poderíamos ou deveríamos retornar aos velhos e bons tempos imaginários da homogeneidade autoritária. A afirmação que estou fazendo aqui é metafísica, não nostálgica, e trata-se da afirmação de que o que chamamos "o indivíduo" é socialmente constituído e socialmente situado. "O indivíduo" hoje é o produto de uma sociedade particularmente móvel e empreendedora em que grupos naturais (em especial a família extensa ou tribo) foram substituídos por organizações artificiais como escolas e corporações. O movimento entre elas além de possível (como em geral não é entre tribos e famílias), é estimulado e até exigido. Entretanto, à medida que vínculos tradicionais são quebrados, a pessoa que seria outrora definida apenas como "a filha de Yanni" ou "o filho de Zeke" passa a ser conhecida como "a especialista de Reno" e "o novo vice-presidente". Nossos créditos e credenciais acumulam-se, tornando-nos não tanto únicos como o produto de pelo menos uma dúzia de grupos sociais e influências que se superpõem. Isso é "o indivíduo", não um átomo antológico, mas parte de um tecido social metafísico complexo e entretecido.

"O indivíduo" foi uma invenção dos séculos XI e XII na Europa, quando famílias foram separadas pela guerra e as estruturas cerradamente arranjadas do feudalismo estavam se desintegrando. O indivíduo tornou-se cada vez mais importante, em parte com o advento do capitalismo e da sociedade de consumo, mas (como tantas vezes ocorre na história excessivamente materialista da economia) sobretudo por causa da transformação de concepções religiosas durante a Reforma Protestante, com maior ênfase na fé pessoal e na salvação individual. Todavia, "o indivíduo" foi sempre uma designação relativa e dependente do contexto. Um indivíduo numa sociedade seria um sociopata em outra. ("O prego saltado é o que vai ser martelado", diz um provérbio japonês tradicional.) No entanto, o que chamamos de "o indivíduo" é também, até da perspectiva menos externa, uma concepção muito social, até mesmo conformista. Para homens que querem exibir a própria individualidade no mundo financeiro, por exemplo, pode ser imperativo usar gravatas de certas cores ou padrões que talvez não tivessem escolhido por si mesmos. Para enfatizar ainda mais a individualidade (que conota criatividade, até genialidade), um homem poderia exibir um bigode ou uma barba (embora o espectro de estilos seja circunscrito de maneira estrita). Contudo, indo além de aparências triviais, até nossos pensamentos e sentimentos são, em sua maior parte, definidos e delineados por nossa sociedade, em nossas conversas e confrontos com outras pessoas. O antropólogo de Princeton Clifford Geertz escreveu uma vez que um ser humano inteiramente só na natureza não seria um ser nobre e autônomo, mas uma criatura patética, trêmula, sem qualquer identidade e com poucas defesas ou meios de subsistência. Nossa concepção heróica do "indivíduo" — muitas vezes exemplificada pelo herói (em geral do sexo masculino) solitário — é uma expressão de antropologia ruim, mas condizente com nossos interesses. Há indivíduos excepcionais, sem dúvida, mas eles são criações sociais e se tornam excepcionais exatamente porque servem às necessidades de sua sociedade, o mais das vezes exemplificando de forma precisa as formas de excelência mais essenciais a essa sociedade.[2]

Só encontramos nossas identidades e nossos significados em comunidades, e para a maioria de nós isso significa no trabalho numa companhia ou instituição. Por mais que prefiramos pensar em nós mesmos, por mais que insistamos (com razão) na importância da família e dos amigos, por mais que possamos nos queixar de nossos empregos ou trajetórias profissionais específicas, é em grande parte por meio deles que nos definimos, ainda que, em desespero, em oposição a eles. O fato de uma pessoa gostar de seu emprego ou odiá-lo depende, em geral, de suas relações com aqueles para quem trabalha e com quem trabalha, de haver ou não respeito mútuo ou animosidade, impiedade ou indiferença. Até o empresário solitário — o joalheiro ambulante ou um bruxo das finanças — só terá sucesso se tiver talentos sociais, se gostar (ou parecer gostar) de seus fregueses ou clientes.

Os mitos filosóficos que proliferaram de maneira quase cancerosa em muitos círculos do mundo dos negócios, a idéia neo-hobbesiana de que nos negócios é "cada um por si" e a idéia darwiniana de que "é uma selva por aí", são negações diretas da concepção aristotélica de que somos todos, de forma primordial, membros de uma comunidade, e nosso interesse pessoal é em geral idêntico aos interesses mais amplos do grupo. A competição presume, ao invés de substituir, um pressuposto subjacente de interesse e cooperação mútuos. A possibilidade de prosperarmos, de gostarmos de nós mesmos, de levarmos vidas felizes e produtivas depende em grande medida das companhias em que escolhemos trabalhar. Como os gregos costumavam dizer, "para viver a boa vida é preciso viver numa cidade esplêndida". Sempre digo a meus alunos de administração de empresas que estão dispostos demais a escolher um emprego com base apenas no salário e no bônus inicial que "para viver uma vida decente, deve-se escolher a companhia certa". Na ética dos negócios, a corporação torna-se nossa comunidade imediata e, para o bem ou para o mal, a instituição que define os valores e os conflitos de valores em cujo meio vivemos grande parte de nossa vida. Uma corporação que estimula a cooperação mútua e a excelência individual como partes essenciais do trabalho de equipe é um ambiente muito diferente do de uma outra que incite uma competição do tipo "ou/ou" antagonismo e constante acotovelamento na luta por *status* ou reconhecimento. Nada há na última de mais "natural", tanto quanto o ambiente cooperativo da primeira, ela é, no mínimo, a estrutura de uma organização (seja pretendida ou não).

O primeiro princípio da ética dos negócios é que a corporação é ela própria um cidadão, um membro da comunidade maior e inconcebível sem ela. Essa é a idéia que foi defendida nas últimas décadas como o princípio da "responsabilidade social", mas os argumentos muitas vezes atenuados e distorcidos que envolveram esse conceito foram mais do que suficientes para me convencer de que a mesma idéia precisava de um fundamento diferente.[3] A noção de "responsabilidade" (uma versão da qual será, não obstante, central também para minha argumentação aqui) é em boa medida parte do individualismo atomístico que critico como inadequado, e os argumentos clássicos em defesa das "responsabilidades sociais dos negócios" caem muito rapidamente na armadilha de *partir do* pressuposto da corporação como uma entidade autônoma, e independente que deve *depois* considerar suas obrigações para com a comunidade circundante. As corporações, porém, como os indivíduos, são parte essencial das comunidades que as criaram, e as responsabilidades que lhes cabem não são produtos de debate ou de contratos implícitos, mas intrínsecas à sua própria existência como entidades sociais. Há questões importantes e por vezes delicadas concernentes a quais poderiam ser as responsabilidades sociais dos negócios ou de uma corporação específica, mas questionar se eles têm ou não tais responsabilidades não pode levar a coisa alguma, é um absurdo velado. A hoje famigerada idéia de Friedman de que "a responsabilidade social dos negócios é aumentar seus lucros" revela uma compreensão deliberadamente equivocada da própria natureza tanto da responsabilidade social quanto dos negócios. (Não surpreende que o autor dessa doutrina tenha declarado em outro texto, repelindo ao mesmo tempo seus amigos e seus críticos, que ele "não é pró-negócios e sim pró-livre empresa.")

Essas afirmações são estreitamente aparentadas às idéias encerradas na noção de *stakeholder*, o conceito ampliador da clientela corporativa que inclui uma variedade de grupos afetados (e efetivos) e toda sorte de diferentes obrigações e responsabilidades. Entretanto, como esse termo tornou-se abrangente demais, as consideráveis vantagens que fornecia em termos de amplitude estão agora até certo ponto prejudicadas pelo seu uso abusivo e acrítico. A noção de "*stakeholder*" sugere, por exemplo, grupos ou entidades discretos, quando a principal fonte de dilemas na ética dos negócios é o fato de que quase todos nós usamos (pelo menos) dois chapéus, por exemplo, como empregados e como membros da comunidade mais ampla, como consumidores e como acionistas, como administrador e como amigo, e esses papéis podem entrar em conflito uns com os outros. Como programa para a análise ética dos negócios, a lista padrão dos *stakeholders* é notoriamente incompleta no que diz respeito aos concorrentes, e não às clientelas, de uma corporação. Num sentido óbvio, ninguém é mais afetado pelos gestos de alguém (e, por vezes, ninguém é mais influente na determinação dos gestos de alguém) que seus concorrentes. "Espírito Esportivo" e *fair play* são obrigações essenciais na ética dos negócios. Parece estranho, no entanto, dizer que a concorrência de uma companhia "tem um interesse" nela. A idéia de comunidade vai, portanto, além da de responsabilidades e obrigações específicas, embora abarque o mesmo impulso rumo a um pensamento mais amplo e à cidadania endossados pela análise dos *stakeholders*.

Se consideramos as corporações fundamentalmente como comunidades — não ficções legais, não entidades monolíticas, não burocracias sem rosto, não matrizes de relações preço/ganhos, ativos e passivos brutos —, a ética dos negócios fica muito mais compreensível e muito mais humana. Os acionistas são, é claro, parte da comunidade, mas a maioria só o é marginalmente, e não, como querem algumas argumentações agora clássicas, como os únicos beneficiários de obrigações administrativas fiduciárias. O conceito de comunidade também altera nossa concepção do que faz uma corporação "funcionar" ou não. O que torna uma corporação eficiente ou ineficiente não é uma série de operações mecânicas bem lubrificadas, mas as inter-relações funcionais, a coordenação e as rivalidades, o espírito de equipe e o moral das muitas pessoas que nela trabalham e são, por sua vez, moldadas e definidas por ela. Assim também, o que move uma corporação não é uma abstração misteriosa chamada "motivação do lucro" (muito implausível mesmo como motivação pessoal, mas um total absurdo quando aplicado a uma entidade legal fictícia ou a uma burocracia). O que a move é a vontade coletiva e a ambição de seus empregados, poucos dos quais (mesmo em planos de distribuição de lucros ou em companhias pertencentes aos empregados) trabalham por lucro em qualquer sentido óbvio. Os empregados de uma corporação fazem o que devem para se adequar, para cumprir suas obrigações e merecer o respeito tanto dos outros quanto de si mesmos. Querem provar seu valor em seus empregos, procuram mostrar sua independência ou seu ressentimento, procuram agradar (ou exasperar de maneira proposital) seus superiores, querem impressionar (ou intimidar) seus subordinados, querem se sentir bem consigo mesmos ou tentam fazer o melhor de uma situação ruim. E, é claro, querem levar um salário para casa. Compreender como as corporações funcionam (e não funcionam) é compreender a psicologia social e a sociologia das comunidades, não a lógica de um fluxograma ou o funcionamento organizacional de uma máquina desajeitada.

Já comentei a grande quantidade de acusações referentes à suposta perda de competitividade, observando que o problema real é a falta de cooperação e de uma comunidade de negócios coordenada. É, portanto, no contexto de uma discussão sobre comunidade que deveríamos suscitar a série em geral limitada de questões sobre a conveniência de grande parte da atividade recente de fusões e aquisições. A principal defesa das "aquisições hostis" — articulada com freqüência por mestres da arte como T. Boone Pickens e difundidas pelo fictício mas infame Gordon Gekko, em *Wall Street* — é a necessidade de incentivar a competição, livrar-se de uma má administração e, é claro, "ser justo com os acionistas". Todavia, a competição não é o "saldo final" do sucesso corporativo, e a administração (mesmo a má) não é simplesmente extrínseca ou contingente à corporação. Com alguma razão, os administradores identificam-se de maneira típica *como* a corporação, e, no debate sobre o interesse público de fusões e aquisições hostis e a obsessão de alguns altos executivos por "pára-quedas de ouro", o que mereceu pouquíssima atenção foi o completo desastre precipitado pelo rompimento de comunidades corporativas. Não surpreende que muitas das novas entidades criadas (ou "liberadas") pela atividade de aquisição fracassem e não só por causa da montanha de dívidas em geral acumulada no processo. Que força de trabalho pode manter seu moral em face da contínua ameaça de demissões? Que administrador consegue funcionar, seja como uma autoridade ou como membro de uma equipe, quando sua autoridade é visivelmente contingente e não está claro nem sequer para que "time" está jogando? Essas ameaças podem estimular a *aparência* de trabalho árduo (e bastante esforço para tirar o seu da reta), mas não é possível que estimule dedicação ou lealdade. Em virtude da ênfase excessiva na competição em detrimento da cooperação, da desconsideração dessas características "intangíveis" da vida dos negócios como moral e coordenação da companhia em favor das quantidades mensuráveis listadas nas páginas de finanças, estamos destruindo a corporação como uma comunidade e, em conseqüência, como uma instituição humana plenamente funcional. Como um executivo japonês me disse há pouco tempo, "não precisamos competir com as companhias americanas. Elas mesmas se encarregam de se trucidar."

O que é uma comunidade corporativa? Para começar, é um conglomerado heterogêneo fadado a ser cheio de conflitos de personalidade, objetivos e metodologias concorrentes, panelinhas, rivalidades e lealdades cruzadas. O próprio fato de uma corporação requerer especialização e divisão do trabalho torna essa heterogeneidade inevitável. Dois jovens trabalhando numa garagem, somando seus recursos e seu conhecimento para produzir uma mercadoria de sucesso, podem, na ansiedade e nas palpitações do desenvolvimento e da luta, experimentar um sentimento ininterrupto de unidade que impressionaria até um budista. Contudo, uma vez que o produto é lançado e gente de *marketing* e administradores são trazidos para fazer o trabalho, aquela unidade corporativa primeva é despedaçada e, como no mais famoso caso recente desse tipo, um ou ambos os fundadores da companhia podem se ver deslocados ou até demitidos pelos assistentes que haviam trazido para ajudá-los. Há um antagonismo intrínseco — a ser explicado em termos de classe social e não de economia, e em termos de nossas mitologias do trabalho e não da natureza do próprio trabalho — entre o chão da fábrica e o escritório da administração, assim como há uma oposição óbvia (não inteiramente financeira) entre as divisões da corporação que sempre precisam gastar mais dinheiro (equipes de publicidade e de pesquisa e desenvolvimento, por exemplo) e aquelas cuja tarefa é poupá-lo. Se acrescentarmos a isso os muitos diferentes caracteres e personalidades que povoam até a companhia aparentemente mais homogênea (embora também essas diferenças já estejam preestabelecidas nos tipos e classes sociais que tendem para uma ou outra posição ou profissão), poderemos apreciar a tolice do tratamento que damos em geral às corporações como entidades monolíticas com uma única idéia e uma única motivação.

Há, entretanto, um fenômeno emergente que de fato fala com uma única voz e merece ser tratado (e não só pela lei) como uma entidade singular: "a corporação". Os grupos têm personalidades, assim como os indivíduos; grupos heterogêneos, mesmo fragmentados, podem não obstante ter um caráter singular, assim como pessoas conflitadas. É um erro falar de corporações como meros agrupamentos de indivíduos, tanto porque os "indivíduos" em questão são eles próprios as criaturas da corporação quanto porque a corporação é uma daquelas somas que são, contudo, maiores que suas muitas partes constituintes. A ética aristotélica leva a corporação e o indivíduo a sério, sem supor que qualquer dos dois é uma entidade autônoma em si mesmo. As corporações são feitas de pessoas, e as pessoas nas corporações são definidas por estas. A ética dos negócios torna-se assim uma matéria de ética corporativa, enfaticamente *não* no sentido de que o que conta é a ética da corporação, considerada com um agente autônomo, autocrático, dominando seus empregados (talvez exemplificada por seu "código corporativo"), nem no sentido mais inocente, porém ingênuo, de que a ética da corporação nada mais é do que o produto da moralidade coletiva de seus empregados. A moral dos executivos, em particular a moral exemplar dos que são mais visíveis na corporação, é uma influência importante na moralidade corporativa, mas é a natureza e o poder de instituições — especialmente aquelas em que uma pessoa passa metade de sua vida adulta desperta — moldar e sancionar a moral do indivíduo. É provável que haja (e muitas vezes há) uma lacuna ou dicotomia entre o senso de ética de uma pessoa no trabalho e seu senso de certo e errado com amigos e a família. Pode sem dúvida haver diferenças éticas reais no seio de uma companhia, em particular entre seus vários departamentos e divisões. Mesmo na diversidade e no conflito, porém, a ética de uma corporação muitas vezes logo se torna claramente visível para os mais estreitamente ligados ou filiados a ela, ou afetados por ela. As corporações podem adquirir (e muitas vezes o fazem) uma má reputação, um olho roxo institucional causado por uma minúscula percentagem de seus empregados. (Há cerca de um ano, a Hertz Rent-a-Car viu-se às voltas com um monumental escândalo ligado ao conserto de carros, que no fim das contas envolvia cerca de vinte entre 20 mil concessionários. Apesar disso, foi o nome "Hertz" que recebeu a maior carga de insultos, e os números simplesmente não foram considerados.)

Essas injustiças flagrantes, no entanto, projetam uma luz reveladora sobre uma companhia e seus padrões éticos e dão às melhores corporações uma oportunidade de mostrar sua têmpera moral. As comunidades são unidades essenciais de moralidade, e as corporações são julgadas em última análise não pelos números, mas por sua coerência e cooperação dentro das próprias paredes e com as comunidades mais amplas em que desempenham um papel social e econômico tão essencial.

EM BUSCA DA EXCELÊNCIA

> Infelizmente, você não recebe o que merece, recebe o que negocia.
>
> DR. CHESTER L. KARRASS,
> propaganda para os Karrass Seminars

A palavra "excelência" tornou-se uma espécie de clichê nos negócios, mais um termo de *marketing* do que uma definição de propósitos. Como "qualidade" (sua parente próxima), implica um valor positivo sem qualquer substância ou compromisso em particular. No entanto, tanto no plano prático quanto no filosófico, essa é uma palavra de grande significado e indica um senso de missão, um compromisso que envolve mais do que o potencial de lucro e o saldo final. É uma palavra que sugere "fazem bem" mas também "fazer o bem". É uma palavra, portanto, que sintetiza as exigências do mercado e as exigências da ética. Talvez valha a pena observar que a palavra aristotélica *arete* é traduzida ora como "virtude" ora como "excelência", e essa ambigüidade é significativa. E, nas análises que Aristóteles faz das virtudes, presume-se que o sucesso e a felicidade serão proporcionais à excelência. Na vida de negócios, o pressuposto — tão básico que raramente chega sequer a ser discutido como tal — é que a excelência (como a qualidade) vende, que a excelência é a chave do sucesso. Em outras palavras, nossa ênfase na excelência pressupõe também um senso particular de justiça, uma *meritocracia*, em que o mérito — a excelência — é recompensado no mercado.

Afirmar que o mundo dos negócios é uma meritocracia parece ser insistir no óbvio, mas a verdade é que o mérito tem um papel ambíguo e problemático no mundo dos negócios.[4] Sem dúvida um empregado espera uma recompensa por sua contribuição, e com isso em mente gostaríamos de pensar que todo o sistema funciona com base no mérito e apenas nele. Todavia, por vezes o mérito tem de ceder lugar às exigências do mercado, em especial quando severos cortes de custos exigem a demissão de empregados e administradores de inquestionável competência e eficiência. Por vezes, considerações alternativas de justiça (como necessidade) ganham precedência, por exemplo, quando um candidato desempregado mas bem-qualificado é contratado para um emprego em vez de uma pessoa um pouco mais competente, mas já bem estabelecida.[5] Na atividade empresarial e no investimento, bem como na procura de emprego e na promoção, pode haver um considerável elemento de sorte envolvido. Com efeito, em quase todo aspecto dos negócios e da vida, algumas habilidades aprendidas e vantagens herdadas darão a algumas pessoas considerável vantagem sobre outras. É raro encontrarmos um campo de jogo nivelado. Também os talentos muitas vezes não conseguem encontrar suas oportunidades. Muitas vezes, trabalho árduo não é recompensado. A sorte é com muita freqüência confundida com o mérito. Muitas vezes uma fala suave e ligações pessoais substituem a eficiência. Apesar disso, a correlação entre trabalho árduo, competência e sucesso está tão entranhada em nossa visão do mundo — e é, em conseqüência, tão convincente — que não podemos tolerar a idéia de um sistema econômico que dependeria unicamente da sorte ("maná caído do céu", segundo o filósofo Robert Nozick).[6] A prosperidade da corporação, tanto quanto a da comunidade mais ampla, requer conhecimento, habilidades e trabalho árduo por parte de seus membros. (A exceção intolerável aqui é o Estado escravocrata, defendido por Aristóteles, em que grande parte do talento e do esforço despendidos para a prosperidade da comunidade não vem em absoluto de seus membros. Entretanto, a odiosidade desse contra-exemplo destaca o quanto a noção de meritocracia é importante para nós.[7]) Dessa forma, embora possa ser verdade que algumas grandes fortunas foram feitas graças à pura sorte, e que a mera falta de jeito levou a algumas grandes descobertas e avanços tecnológicos, o cerne do sistema da livre empresa continua sendo não a sorte, mas a garra, o conhecimento, a competência e o trabalho árduo. Damos excessiva ênfase as lucros e aos resultados dos negócios bem-sucedidos, e muito pouca atenção, exceto por floreios retóricos, ao processo e aos procedimentos da prática em si. Justiça na recompensa por um bom trabalho é o elemento mais importante da prática dos negócios.

Um dos problemas críticos da vida corporativa, e do sistema do livre mercado em geral, é o patente fracasso da meritocracia, ao lado da crescente desconfiança de que o trabalho árduo não é reconhecido e de que as boas idéias têm mais chances de ser ignoradas ou roubadas do que recompensadas.[8] A posição torna-se mais importante que a capacidade ou a competência. "Lábia" e "dizer amém para se dar bem" substituem a eficiência como o caminho para o sucesso. Relações públicas pessoais e publicidade tornam-se objeto de mais cuidados do que o projeto realmente desenvolvido. Na verdade, o ideal da "via mais rápida" envolve muitas vezes o mero esboço de um projeto, desenvolvido só o bastante para demonstrar a capacidade do autor e permitir-lhe partir para outra. O projeto ainda não está implementado, mas está desenvolvido exatamente o bastante para causar considerável desordem e confusão na companhia que o autor está abandonando. E na esteira do "enxugamento" maciço e da incerteza das fusões (sejam "amigáveis" ou "hostis"), executivos e empregados perdem a fé em suas próprias capacidades de seguir em frente por seus próprios méritos. O resultado óbvio: estratégias de "sobrevivência" começam a substituir a devoção ao trabalho. Pesquisa e desenvolvimento são substituídos pela busca de resultados a curto prazo, e administradores preocupam-se menos com sua eficiência e muito mais com sua visibilidade e posição. A virtude talvez seja sua própria recompensa, mas, se não for também recompensada por seus beneficiários, pode sem dúvida transformar-se em ressentimento. Não há nada mais destrutivo para a produtividade do que o fracasso da meritocracia, e nada que gere mais ressentimento, inveja e despeito dentro dos escritórios.

Particularmente relevante aqui é a natureza peculiar do talento e da competência administrativos. As habilidades envolvidas na boa administração não são sempre tão evidentes quanto os resultados tangíveis de um ofício ou profissão, como carpintaria, programação de computadores ou contabilidade. As habilidades da administração são "habilidades com pessoas", dizem respeito a facilitação e, em sua melhor expressão, são inspiradoras e não produtivas em si. Dessa forma, um excelente administrador sabe que a excelência na administração evidencia-se muitas vezes no que deixa de acontecer ou no que acontece com pouco esforço aparente, e não em alguma atuação espetacular ou assombrosa. O melhor administrador pode ser identificado pela capacidade de evitar situações espinhosas em vez de por algum portentoso talento para apagar incêndios. E é possível que ele fique na posição aparente de observador enquanto os empregados que treinou apresentam seus produtos espetaculares ao mundo. Contudo, a inevitável insegurança que resulta disso não deveria levar à conclusão de que a "excelência" não tem lugar na vida administrativa, ou que os círculos administrativos estão, por sua própria natureza, fadados (como alguns parecem estar) a uma insistente mediocridade, uma mentalidade de "não balançai o barco". O gênio administrativo pode manifestar-se também na anarquia produtiva, e todos nós sabemos que a ausência de situações complicadas pode ser um sinal de administração incompetente e autoritária e não de previsão. O necessário é uma cúpula administrativa que saiba ver e avaliar desempenho administrativo, sem simplesmente pressupor que lampejo é substância, que silêncio é eficiência ou que caos é improdutivo. Em outras palavras, o que precisa ser examinado é a virtude administrativa, não as meras conseqüências ou produtos de curto prazo da administração.

Uma das injunções-chave da abordagem aristotélica dos negócios é incentivar e sublinhar a excelência e defender o ideal de uma "meritocracia", um sistema em que a excelência é recompensada e a mediocridade ("não balançar o barco") não. Nos círculos administrativos, a "excelência na administração" é com muito freqüência uma máscara para a mediocridade. Robert Jackall escreve:

> O que aconteceria se homens e mulheres na corporação deixassem de ver o sucesso como necessariamente ligado ao trabalho árduo? O que aconteceria com a moralidade social da corporação — as regras de uso cotidiano pelas quais as pessoas se pautam — caso fosse considerado que não há qualquer padrão de excelência fixo ou, poderíamos dizer, objetivo para explicar como e por que vencedores distinguem-se de fiascos, como e por que alguns têm sucesso e outros fracassam? Que regras as pessoas moldariam para interagir entre si caso sentissem que, em vez de capacidade, talento e serviço dedicado a uma organização, a politicagem, a lábia, a sorte, as ligações pessoais e a autopromoção é que na verdade, separam as pessoas em carneiros e cabras?[9]

É essa pergunta que define a questão para um grande número de corporações da atualidade, não necessariamente porque elas ou seus executivos foram incapazes de zelar pela qualidade e pela excelência, mas porque questões como essa permanecem meras abstrações, atributos (no melhor dos casos) do produto final, e não princípios operacionais que definem a própria natureza da corporação e de todos que nela trabalham. Ironicamente, é a virtude indiscutível do *trabalho de equipe* que dá origem ao problema administrativo da medição. Mesmo em companhias de sucesso, a medição do mérito na administração é muitas vezes extremamente difícil, e o sucesso em muitas posições administrativas é testado apenas pela ausência de qualquer perturbação evidente para os que se situam acima. Além disso, um administrador trabalha num nexo de responsabilidades pessoais interconectadas, e a contribuição de qualquer pessoa isolada, mesmo da pessoa responsável, pode ser difusa e de verificação impossível. O propósito ou *telos* de um determinado departamento poderia ser nada mais definido que "manter os custos baixos", ou "manter o chão de fábrica seguro", ou "manter a cúpula administrativa feliz", e o que conta como sucesso pode não ser em absoluto evidente (embora o fracasso seja em geral bastante óbvio). Este é, talvez, o paradoxo da excelência administrativa: o fracasso total é óbvio, mas a excelência pode ser invisível.

A idéia de que a individualidade tem de submergir em projetos e propósitos coletivos maiores gera com muito rapidez algumas confusões terríveis, não só em termos da suposta perda do *self* e da individualidade e do temido espectro do "coletivismo" (por que não chamá-lo apenas de "trabalho de equipe"?), como também em termos da perniciosa fusão de submersão individual com irresponsabilidade individual. Se um indivíduo é parte de um grupo em que suas próprias contribuições não podem ser medidas senão por referência ao esforço e sucesso globais do grupo, não quer dizer que ele deixa de ser responsável por seus próprios esforços e pelo sucesso global do grupo. Falar sobre responsabilidade coletiva não é enfraquecer ou contestar a importância da responsabilidade individual. Da mesma forma, falar sobre trabalho de equipe não acarreta conformidade ou mediocridade. Em geral, os papéis dos membros de uma equipe são complementares, não similares, e, mesmo quando são similares, cada membro visa, com suas contribuições, ao sucesso do projeto, não apenas a "se sentir parte" do grupo. De fato, essa distinção é absolutamente essencial, pois o que distingue a mediocridade da excelência reduz-se muitas vezes a essa diferença de ênfase entre trabalhar juntos tendo em mente o propósito final da empresa e apenas tentar integrar-se, não balançar o barco, escapar de ser objeto de críticas ou de ser envolvido em uma ou outra competição interna por poder e *status*. Excelência é inspiração e apoio mútuos, incluindo contradição e controvérsia, na busca de um propósito comum. Mediocridade é conformidade forçada, falta de agressividade acanhada fundada em insegurança mútua, perda de vista do próprio propósito e fuga para uma autoproteção coletiva desconfiada.

A idéia de mérito e meritocracia é muitas vezes malcompreendida na conhecida linguagem dos incentivos. A excelência merece recompensa mas, de maneira paradoxal, não é um desempenho que *busque* recompensa. Um incentivo é uma cenoura mantida na frente de um pônei, o biscoito de cachorro segurado diante de um filhote; um recurso, talvez um truque, para levá-lo a se comportar. Entretanto, um bom filhote (e, presumo, um bom pônei) fará a coisa certa independente do incentivo, e a cenoura ou o biscoito tornam-se uma agradável conseqüência (mesmo se esperados) e não a razão primeira para andar direito.[10] Essa distinção pode parecer sutil, mas qualquer pessoa que já tenha tentado chamar um cachorro indisciplinado sem um bolso cheio de biscoitos para cachorro reconhece sua importância. É claro que se o bom comportamento for recebido de forma contínua com indiferença ou coisa pior, aqueles bons traços logo se extinguirão. Assim também, a excelência nos negócios é desvirtuada, se não solapada, por aqueles que trabalham "só para ganhar a vida" e por negócios que (como inúmeros relatórios anuais insistem de maneira tão enfadonha) visam exclusivamente aumentar o valor das ações e do saldo final. É verdade que bons produtos e *marketing* inovador resultam (ou deveriam resultar) em aumento do valor das ações e do saldo final, mas eles devem ser objeto de atenção por si mesmos, e não como simples meios. Ver lucros como incentivos — exceto talvez para investidores (nem todos), para quem o "mérito" em geral não está em questão — é captar a lógica dos negócios ao contrário. A meritocracia exige que o mérito seja recompensado; com isso, ela não sugere que a motivação do mérito seja a recompensa ou que o mercado vá sempre recompensar o mérito. Na realidade, pode haver até, como alguns autores afirmaram, uma contradição fundamental entre os dois.[11]

Gostamos de pensar que o mérito e o mercado caminham de mãos dadas, que o mercado recompensa a excelência com tanta rapidez e eficiência quanto o professor primário recompensa o campeão do campeonato de ortografia da manhã. No entanto, as duas coisas são muito diferentes, e uma pequena sacudida em nossa mentalidade de mercado com relação ao tema do mérito poderia ser uma das mais importantes contribuições de uma abordagem aristotélica da ética. Acredito que a abordagem aristotélica desse assunto é muito superior a nosso próprio sistema, cada vez pior, de atribuição de recompensas — em que, por mais que falemos sobre a excelência e suas recompensas, na verdade submetemos a excelência a outrem, relegando tanto sua inspiração quanto suas recompensas à mágica do mercado, mágica não só porque ele produz milagres ocasionais, como porque a justiça num sistema de mercado é totalmente não planejada e até inesperada, inclusive no tocante às tão alardeadas recompensas pelo mérito. Todavia, a economia "não planejada" em que a livre empresa insiste é muito diferente de uma economia que recompense de maneira sistemática o tipo errado de comportamento e incentive apenas um de vários conhecimentos e talentos essenciais para os negócios. Haverá sempre alguma incerteza em qualquer empresa que dependa, como o mercado depende, do senso de oportunidade e da preferência popular, mas por trás da incerteza deve haver uma abundância de conhecimento, habilidades e esforço, além da confiança de que, o mais das vezes, a melhor idéia, produto ou serviço vencerá de fato. Recompensar apenas resultados, ignorar as virtudes envolvidas em cada esforço, é promover o aspecto de jogo e de aposta dos negócios e desestimular o orgulho e a prosperidade que de fato constituem sua justificação.

No modelo clássico de Adam Smith da oferta e demanda localizadas, talvez o mercado recompense o mérito, e a qualidade e a eficiência sejam premiadas de maneira apropriada. Contudo, nestes tempos de publicidade de massa, de artifícios e de anonimato corporativo, essa conexão clássica foi torcida e quebrada de uma dúzia de maneiras diferentes. As celebridades ganham muito mais do que merecem e produtos superpromovidos (seja qual for sua qualidade) criam sua própria demanda (por exemplo, brinquedos de "ação" para crianças anunciados pela televisão nas manhãs de domingo); os corretores não "fazem jus" a uma comissão, simplesmente a embolsam; os que operam na bolsa de valores estão numa loteria, em vez de num trabalho, por melhor que seja seu desempenho; e a injustiça parece ser endêmica à corporação, o crédito vai não para os merecedores mas para os que não merecem, os que só tratam dos próprios interesses. É verdade que muitos empregos, salários e bônus, nos Estados Unidos, têm seu valor determinado pelo mercado competitivo e não pelo mérito. Mesmo nesse caso, porém, Michael Lewis indaga com razão como é possível que os salários de Wall Street sejam tão altos quando há milhares de candidatos para cada cargo, ao mesmo tempo em que há muito poucos bons professores (uma profissão em que a eficiência é mensurada com facilidade) e, no entanto, seus salários continuam lamentavelmente baixos. Pareceria óbvio, mas deve ser dito muitas e muitas vezes: o mercado em si *não* é uma meritocracia. Os negócios, porém devem ser. O que significa apenas, em outras palavras, que o mundo dos negócios não se resume ao livre mercado. Consiste de comunidades dentro de comunidades e constitui um estilo de vida em que o mérito, tanto quanto a liberdade do mercado, é essencial.

Isso não significa — como concluímos precipitadamente — que a excelência é sempre ou necessariamente medida por meio da competição. Uma pessoa pode, é evidente, provar sua própria excelência numa competição, e a competição, por vezes (mas não sempre) a inspira a ter um desempenho melhor ou mais eficiente. Entretanto, a excelência é medida por seu *telos* ou propósito e, exceto quando o propósito explícito é vencer a competição ou "ser o melhor", esse *telos* ou propósito não precisa envolver tipo algum de competição. Com efeito, nossa obsessão cultural pela competição e por "ser o melhor" (em contraposição, por exemplo, ao lema dos escoteiros "dê o melhor de si") pode ser uma receita de *falta* de competitividade e do esquecimento de propósitos mais elevados. Com freqüência, companhias rivais competiram entre si até se destruir. Administradores rivais lutando por uma promoção, executivos competindo pela "melhor posição" e competidores predatórios (agindo ou não em nome dos acionistas) levaram muitas vezes uma companhia inteira para a ruína consigo. A competição, pelo menos no sentido americano, estimula de maneira muito fácil apenas o pensamento imediatista, é esse falso sentido de competição — às vezes usado por administradores sob outros aspectos incompetentes para "reunir as tropas" — que move tantos negócios hoje. A competição leva com freqüência à cegueira teleológica e substitui a busca de excelência por mero desespero. Vem à mente a idéia de gatos sendo afogados num saco e que, na verdade, se afogam uns aos outros em vez de, de forma coletiva, rasgar o saco com suas garras. A excelência é em primeiro lugar cooperação e competição. Representa essencialmente uma contribuição para o todo mais amplo. Não é habilidade por si mesma, não é o mero "vencer" e não é apenas uma fonte de orgulho pessoal.

Em toda atividade, prática ou profissão há, é claro, o entusiasmo da competição interna, artes e jogos cujo único propósito é pôr à prova a capacidade de seus praticantes e, nos melhores casos, de seus mestres. De fato, pouca coisa é mais inspiradora (ainda que, às vezes, só por alguns minutos) do que ver um mestre em ação, em quase qualquer esforço humano inofensivo. (Na verdade, há algo de fascinante em observar até um vigarista em ação — de preferência numa obra de ficção.) No entanto, a competição interna é secundária a certos requisitos e padrões externos que explicam, em primeiro lugar, as origens e o lugar da prática. Cirurgiões, por mais capacitados que sejam, não teriam permissão para praticar seu ofício se não salvassem de fato as vidas das pessoas. (Daí o absurdo mórbido da conhecida piada, "a operação foi um sucesso, mas o paciente morreu.") Jogos atléticos promovem a boa saúde, o espírito esportivo e a coordenação dos jogadores, além de diverti-los, e os atletas, se merecem ser vistos, devem, além de exibir habilidade, fornecer inspiração ou divertimento. Mais uma vez, a excelência deve estar associada a uma atividade. É verdade que algumas atividades parecem relativamente passivas. Por exemplo, uma pessoa pode ser um excelente ouvinte, mas pensar que ouvir é uma atividade puramente passiva é dar prova de não compreender o que é ouvir. Para ser um excelente administrador, em geral é necessário ser um bom ouvinte, mas só um tolo (ou um fracasso em matéria de administração) confundiria essa aparente passividade com ausência de esforço e atividade. Os propósitos da administração são mais bem servidos dessa maneira, por mais impressionantes (mas menos eficazes) que possam ser os surtos de atividade que muitas vezes se disfarçam de trabalho.

É a centralidade da excelência que define as virtudes nos negócios e na ética dos negócios. A excelência implica ação eficaz, e a excelência nos negócios está amarrada à produtividade. Não basta não cometer erros. "Não fazer mal conscientemente" (*Primum non nocere*) não é fim da ética dos negócios (como Peter Drucker sugere).[12] Essa é uma visão puramente negativa e de "restrição parcial" da ética, que é exatamente o contrário da visão aristotélica. Pode-se em geral não fazer mal apenas não fazendo nada, mas a virtude nos negócios significa precisamente fazer o bem, tal como medido, presumivelmente, pelo mercado. "Ética e excelência", o *slogan* nada original que usei em meu título, não visa só a fazer coro com Peters e Waterman, como um mero *slogan* administrativo popular. Excelência significa dar o melhor de si e motivar outros a darem o melhor de si também. No papel peculiar mas essencial de "mediador", que é a função do administrador, a excelência é necessariamente uma produção de grupo, por conseguinte, a virtude administrativa é ou deveria ser medida sobretudo como "facilitação", não como produção propriamente dita. Assim, muitas virtudes dos negócios são virtudes sociais —

sociabilidade, sensatez e um senso de adequação e gentileza. Algumas virtudes dos negócios, como habilidade em negociações difíceis, são mais específicas dos negócios e um tanto absurdas se levadas além de seu domínio próprio. (Ser um "negociador duro" é uma virtude nos negócios, não na atividade de babá.) O homem de negócios (agora a mulher de negócios também) que leva suas habilidades de negociar com dureza além de seus contexto próprio tornou-se uma espécie de personagem cômico em nossa sociedade. Disso não se deduz, contudo, que as virtudes dos negócios são opostas às virtudes comuns da vida civilizada — como Alfred Carr sustentou de maneira infame em sua polêmica na *Harvard Business Review*, vários anos atrás. As virtudes da ética dos negócios são virtudes dos negócios, mas não deixam por isso de ser virtudes, e seu exercício é desejável tanto para o saldo final quanto para a ética. De fato, nossa insistência aristotélica no lugar que as virtudes ocupam nos negócios visa em parte a aproximar esses conceitos, por vezes antagônicos, de "saldo final" e ética. Exceto quando sob grave ameaça, pensamos, de maneira muito indolente, sobre nossas grandes corporações e sobre o próprio mundo dos negócios como estabelecimentos permanentes que exigem apenas um mínimo de esforço e atenção para continuarem funcionando. Temos de aprender mais uma vez a pensar nos negócios como um grande experimento que só foi seriamente posto em prática há poucas centenas de anos, e o sucesso ou o fracasso do experimento dependerão da medida em que ele realmente estimula a excelência e inspira virtude em seus praticantes ou promove apenas uma corrida maluca por sobrevivência e lucros rápidos.

O INDIVÍDUO NA ORGANIZAÇÃO

> A idéia de que a vida moral é, em grande parte, uma questão de cumprir os deveres associados à nossa "posição" na sociedade pressupõe uma atitude inaceitavelmente conformista em relação a arranjos sociais estabelecidos. "My Station and its Duties" de F. H. Bradley impressiona o leitor moderno como uma obra de filosofia moral curiosamente datada.
>
> ALISTAIR M. MACLEOD

Comunidade e teleologia captam a essência da estrutura aristotélica, em que um senso de propósito coletivo e de bem-estar social define as aspirações e virtudes do indivíduo. Todavia, a imagem feliz da harmonia não apreende de maneira adequada a realidade da maior parte das instituições socioeconômicas, e mesmo as melhores corporações estão crivadas de tensões e conflitos. Há diferenças de personalidade e discordâncias acerca das prioridades e do propósito da organização. Há lutas de poder e embates de ambições. Há falhas de comunicação e incoerências, e há situações difíceis em que dois cursos de ação onerosos por igual, mas aparentemente incompatíveis, parecem ser exigidos. E, o que é o mais preocupante, há toda sorte de conflitos de lealdades e obrigações, tão sérios que se tornam dilemas éticos, contradições dentro da comunidade e concepções contrárias de responsabilidade. Os últimos quatro parâmetros, portanto, dizem respeito não tanto à estrutura básica da perspectiva aristotélica mas à condução da virtude pelas passagens por vezes tortuosas da comunidade, dos propósitos corporativos e da virtude pessoal. (Essa discussão será continuada, em grande parte, na Parte III.)

Um dos parâmetros mais vilipendiados da concepção aristotélica é o conceito de *filiação*, a idéia de que um empregado ou executivo desenvolve sua identidade pessoal em grande parte por meio das organizações em que passa a maior parte de sua vida adulta desperta. Não é difícil encontrar as origens desse preconceito: são nossa insistência no individualismo e a idéia de que cada um de nós tem sua própria identidade completa, de maneira totalmente independente de quaisquer filiações externas que possa escolher ou papéis que possa desempenhar. O fato óbvio, porém, é que o que pensamos acerca de nós mesmos e o modo como nos comportamos são moldados sob todos os aspectos pelos vários grupos e instituições de que temos sido membros, a começar por nossa família e nossas escolas e culminando, para milhões de pessoas, na corporação. Pensar a ética simplesmente em termos dos "valores pessoais" de alguém — e contrapor isso a algo citado de forma ameaçadora como "valores corporativos" — é não perceber o óbvio, que nossos valores mais pessoais são também sociais e que entramos, permanecemos e temos sucesso numa organização e não em outra porque nossos valores se ajustam a ela. Isso não significa negar as tensões e conflitos que ocorrem de maneira inevitável em qualquer organização (inclusive a família), mas apenas mostrar a má-fé envolvida na distinção usual entre "quem eu realmente sou" e a pessoa que sou no trabalho. *Identidade de papel corporativo* é identidade genuína, e negar isso é afastar-se da corporação (e, é provável, de qualquer possibilidade de sucesso ou felicidade nela).

Muito foi escrito, por exemplo, por Norman Bowie em seu bom livrinho *Business Ethics*, sobre a importância da "moralidade de papel" e "minha Posição e seu deveres".[13] É o caráter situado dos papéis corporativos que lhes confere sua pungência ética específica, o fato de um empregado ou um executivo não serem apenas pessoas que por acaso ocupam um lugar, nem serem cerceados apenas pelas proibições éticas costumeiras. Trabalhar numa companhia é aceitar um conjunto de obrigações específicas, assumir uma lealdade manifesta ao seu empregador, adotar um padrão de excelência e conscienciosidade que é em grande parte definido pelo próprio cargo. Pode haver regras éticas gerais e diretrizes que se aplicam à maior parte dos cargos, mas, à medida que se tornam mais gerais e aplicáveis de maneira mais ampla, essas regras tornam-se também quase inúteis no caso de dilemas éticos concretos. Portanto, o divertido comentário de Robert Townsend de que "se uma companhia precisa de um código de ética, usa os Dez Mandamentos" é não só irreverente, como irrelevante.[14] A abordagem aristotélica da ética nos negócios presume situações concretas, pessoas específicas e seus postos em organizações. Não há muito sentido numa ética que tenta transcender todas as particularidades desse tipo e abarcar tanto o presidente da companhia quanto um gerente intermediário, uma secretária e um operário de fábrica.

Na medida em que nos definimos (bem como nos encontramos já definidos por outros), nós o fazemos em termos de afinidades e identidades de grupo, nossos papéis em comunidades e organizações. Estes podem ser tão formais quanto uma posição designada (por exemplo, o presidente) ou tão informais quanto o "piadista da classe". Nossas identidades individuais são compostas de uma rede convergente de identidades, comparações e contrastes desse tipo — o mais engraçado, o mais alto, o mais bonito, e assim por diante. Não há praticamente situação alguma — exceto talvez aquela não-situação em que falamos sobre o conceito reducionista elementar da "alma" — em que um indivíduo seja um indivíduo sem que haja comparação e contraste (pelo menos implícitos) com outros a quem ele é associado e identificado. No contexto da corporação, nós somos os nossos papéis, as nossas posições, aquela convergência de identidades que nos é imposta pela companhia e pelas pessoas com quem trabalhamos, desde as obrigações contratuais do próprio cargo e as várias prerrogativas e responsabilidades de sua posição na hierarquia até os papéis e contrastes interpessoais informais que são parte essencial de qualquer grupo que passa muito tempo junto — o molenga do departamento, a criança prodígio da divisão, o flerte da companhia, o mandão (em contraposição a quem manda, o chefe) ou a vítima das piadas. A abordagem aristotélica dos negócios, em contraste com a abordagem clássica mais atomística, começa com a concepção corporativa de pessoas que trabalham juntas e adquirem sua identidade em grupos e não com a imagem de negociadores racionais isolados que entram em negociação, comprando e vendendo um para o outro em transações distintas. Pois o pressuposto dos negócios é que, mesmo em suas transações mais simples, eles são uma prática complexa em que a relação entre as pessoas e não apenas como parceiras de negócios é essencial. Os negócios são um sistema organizado em que "comprador" e "vendedor", bem como "empresário" e "empregado", são papéis estabelecidos.

Nossos papéis definem nossos deveres. Um funcionário financeiro tem um conjunto de deveres que consistem no controle e na administração das finanças da firma, enquanto o diretor de recursos humanos tem um conjunto de deveres que orienta todas as decisões relativas ao pessoal. O diretor de recursos humanos tem a responsabilidade de não desperdiçar dinheiro, mas esse não é exatamente um de seus deveres, e o funcionário financeiro tem uma responsabilidade para com os empregados da firma, ainda que não tenha, propriamente, um dever para com eles. Os deveres são bastante específicos, definidos pelo cargo ou posição que se ocupa (e definidores dos mesmos). Não precisam ser (e em geral não são) explicitados num contrato, mas são (ou deveriam ser) entendidos de maneira clara como um pré-requisito do cargo. (É só como piada que podemos imaginar um funcionário financeiro queixando-se, "Ah, eu não sabia que era para eu *poupar* dinheiro.") Entretanto o conceito de "dever" foi muito distorcido na ética moderna e, com ele, conceitos aparentados como "obrigação" e "responsabilidade". Em um caso muito famoso, o da filosofia de Immanuel Kant, dever (*Pflicht* em alemão) é transformado numa matéria de princípios abstratos, universais, e a idéia de deveres específicos de um papel, definidos pelo cargo, é ou descartada ou relegada a um *status* derivativo. Assim também, o conceito moral preferido de "obrigação", que parece fazer todo sentido, por exemplo, tal como especificado num contrato, perde sua significação de forma progressiva quando não há acordos explícitos ou implícitos e as circunstâncias se tornam cada vez mais impessoais e inespecíficas. "Responsabilidade" é sem dúvida a mais ampla dessas três noções, abrangendo um extenso território, mas é também em essência baseada em relações e acordos específicos. A tendência na filosofia tem sido transformar esses conceitos morais essenciais em abstrações mais pesadas no topo, baseadas em regras; o importante na ética dos negócios é vê-las, ao contrário, como aspectos básicos e específicos de papel da posição de uma pessoa na companhia e, ao mesmo tempo, de seu lugar na comunidade global.

A série de deveres pode ser tão grande quanto a variedade dos cargos e das posições. Serão diferentes em firmas de diferentes tamanhos, mais ou menos exigentes, mais ou menos flexíveis. Há certos "metadeveres", como a lealdade à companhia, que podem transcender qualquer tipo de cargo, mas continuam dependendo do contexto (por exemplo, a lealdade à companhia que paga o seu salário), e seria um erro restringir a ética dos negócios a esses deveres definidos de maneira muito geral. Quando está em questão uma atividade concreta, como produzir fisicamente um produto, os deveres de uma pessoa são em grande parte definidos pela noção de "qualidade". Quando as atividades são mais abstratas, por exemplo, contabilidade ou análise financeira, a precisão e a honestidade tendem a definir os deveres fundamentais de uma pessoa. Quando a função de alguém diz respeito sobretudo a relações interpessoais (as funções da maioria dos administradores), seus deveres tendem a ser facilitadores e francamente éticos — relacionados a tratamento justo, respeito, devida consideração e uma dose decente de compaixão. Considerável confusão e comportamento aparentemente aético emergem quando essas espécies diferentes de funções são confundidas ou misturadas, quando contadores começam a lidar com pessoas como números ou quando competências administrativas são confundidas com competências produtivas. Reconhecer o papel dos deveres na ética dos negócios é reconhecer o âmbito e a variedade dos cargos e de suas responsabilidades. Requer uma compreensão do que as pessoas fazem na realidade e não um cálculo abstrato *a priori* do que é correto.

A definição dos deveres em termos de papéis tem pelo menos duas conseqüências incômodas para a ética tradicional presa a regras. A primeira é o conhecido sentimento de desconfiança despertado por toda ética dependente do contexto, a suspeita de que isso poderia com muita facilidade vir a tornar a moral "relativa" a diferentes contextos, impossibilitando juízos absolutos de certo e errado.[15] Tenho tentado sugerir que essa não é uma conseqüência necessária, que todos os cargos partilham um contexto mais geral (por exemplo, trabalhar para alguém para produzir ou fazer alguma coisa), e todas as atividades humanas partilham um contexto ainda mais geral (viver juntos, depender uns do outros, ser criaturas vulneráveis que podem ser feridas e precisam de comida, abrigo e afeição) que dita princípios morais e virtudes que são tão gerais e universais quanto uma pessoa razoável poderia desejar.

A segunda conseqüência incômoda ganhou muito menos espaço na literatura e na mídia, mas é na verdade um problema muito mais premente e prático. Até que ponto queremos realmente nos deixar ser definidos (no trabalho) por um conjunto impessoal (mesmo que muito particular) de deveres e exigências? Em que medida queremos que nossas personalidades não só se tornem secundárias a nossos cargos, mas sejam submersas neles? (Daí as imagens desagradáveis do "burocrata sem rosto" e dos "homens cinza" nas salas da direção.) E em que medida queremos que nossas relações nos negócios fiquem restritas àquelas que são definidas apenas pelos contratos e os números? Aqui está um exemplo muito conhecido e prático, que afeta quase qualquer pessoa corporativa com alguma responsabilidade pela compra de suprimentos ou pela negociação de contratos. Vários licitantes fizeram ofertas para fornecer alguma coisa à companhia. Um dos fornecedores vem de fato abastecendo a companhia há vários anos. Seu pessoal conhece o dele e o representante vem a ser alguém por quem você sente grande simpatia. O preço deles (que é o mais baixo que podem fazer e mais ou menos o mesmo que foi durante anos) é marginalmente mais alto que vários outros. Deveria você — pode você de maneira ética, tomar sua decisão com base em seus bons sentimentos em relação à outra companhia e a seus representantes? Nem se discute que, se houvesse uma diferença enorme nas ofertas ou sua própria companhia estivesse empenhada com vigor em cortar custos, você não teria escolha. É claro também que se houvesse alguma sugestão de trapaça — por exemplo, que você se beneficiaria pessoalmente da negociação com o fornecedor passado e atual — você julgaria a decisão antiética. Não há dúvida, porém, de que a satisfação pessoal, um senso de lealdade constante e outros fatores "pessoais" — que não podem ser computados com facilidade no saldo final — fazem parte dos negócios e de suas decisões de rotina. Por outro lado, os deveres do cargo, estritamente definidos, especificam "a menor oferta". Esse tipo de caso parece-me complicado, não porque eu estimule uma abordagem mais flexível da ética, mas, ao contrário, porque acredito que a ética dos negócios é sempre mais ampla do que a definição econômica limitada de "responsabilidades fiduciárias". No entanto, como sempre, tentamos tornar casos desse tipo mais fáceis pela imposição de algum critério impessoal rígido.

Exemplos assim abundam em qualquer tipo de negócio — ou seja, na maioria dos negócios — em que as relações pessoais, além de inevitáveis, são essenciais, entre um funcionário do setor de empréstimos de um banco e seus clientes de longa data, entre qualquer varejista e seus fregueses, entre todo administrador e seus subordinados. Por exemplo, Arthur Andersen usa o vídeo de um treinamento em que o chefe de um jovem administrador lhe dá a entender, primeiro de maneira sutil, depois com crescente franqueza, que ele deveria dar uma conta para um de seus velhos amigos, embora sua oferta não seja a mais baixa. Do modo como o vídeo é dirigido, o chefe é tão cru, que somos de fato induzidos a concluir que ele está cometendo uma ação indevida e o que rapaz está imprensado entre agir mal e conservar seu emprego. Contudo, a questão é se queremos transformar todas as transações de negócios em decisões burocráticas puramente impessoais. O "favoritismo" é sempre uma coisa má? (Da mesma forma, cabe perguntar muitas e muitas vezes, sobre os tão alardeados deveres fiduciários que os administradores — e todos os empregados — têm para com os acionistas: Com que rigor eles devem ser interpretados? Em que medida se superpõem a satisfações e valores corporativos internos? Se vendendo toda a mobília — em geral luxuosa — da diretoria e fazendo os executivos sentarem-se e trabalharem em caixas de papelão e engradados de madeira, fosse possível valorizar ações em um ou dois pontos, eles seriam obrigados a fazer isso? A necessidade de uma atmosfera de trabalho amistosa e de uma relação agradável com fornecedores estaria no mesmo caso? Onde termina o "favoritismo" e começa a "corrupção"?)

Essas duas complicações não são objeções à visão aristotélica dos negócios e sim razões para ressaltar a importância das virtudes e a necessidade de manter uma perspectativa mais ampla do lugar em que se trabalha e da corporação na sociedade como um todo. O "relativismo" não é uma ameaça à ética, a menos que os vários papéis e posições em que nos encontramos sejam tomados como absolutos, sem razões adicionais — "estou apenas fazendo o meu trabalho". A idéia aristotélica é que diferenças particulares em papéis, metas e valores só fazem sentido porque todas são subordinadas a algum propósito social mais amplo que lhes dá sentido. (A divisão do trabalho e dos deveres não foi inventada no tempo de Adam Smith. Aristóteles conhecia bem a necessidade de papéis sociais e econômicos distintivos.) E, com relação à segunda complicação, o enrijecimento de regras que enfatizam padrões uniformes e incentivam a impessoalidade não é uma conseqüência do conceito de identidade de papel, mas um colapso do senso de virtude (e "julgamento", que discutiremos em breve). No lugar deles, temos regras, padrões impessoais, papéis definidos por estruturas formais e não pelas pessoas que os desempenham à luz da organização como um todo. Identidade de papel não precisa ter nada de "impessoal"; de fato, a personalidade de uma pessoa define um papel bem exercido (bem como é definida por ele). Dizer que alguém "foi feito para o cargo" é um grande elogio, não uma ofensa pessoal.

Uma outra complicação da abordagem aristotélica da ética dos negócios e sua ênfase em papéis e contextos específicos é a possibilidade de um choque de contextos, um conflito de deveres. O problema, é claro, é que nos negócios as pessoas desempenham inevitavelmente vários papéis ou usam diferentes chapéus ao mesmo tempo, e esses papéis podem se chocar entre si, assim como podem se chocar com papéis mais pessoais, baseados na família, na amizade e em obrigações pessoais. Esse é um problema onipresente na ética dos negócios. Parte da pressão em favor de princípios muito gerais, que se apliquem a todas as situações tanto nos negócios como fora deles, vem do desejo de negar a possibilidade de tais conflitos (que em alguns casos extremos são chamados de "tragédia"). Todavia, se a ética é contextual e nos encontramos em diferentes contextos (com várias funções que se sobrepõem e envolvem diferentes deveres, como estar no trabalho, sendo ao mesmo tempo um chefe de família), há sempre a possibilidade de que nossos deveres entrem em conflito e nossas virtudes solapem-se uns aos outros. Um bom coração no meio de uma batalha renhida pode ser um risco, assim como a "veia competitiva" numa situação de amizade pode vir a se tornar brutal.

As discussões sobre as virtudes foram estropiadas desde Aristóteles por uma espécie de ilusão — que não é em si uma virtude, em especial em filósofos supostamente perspicazes. A presunção, só por vezes acompanhada por discussão, era de que, pelo menos de maneira ideal, há uma *unidade das virtudes*, uma feliz harmonia de que gozará o homem virtuoso. Em termos grosseiros, a idéia é que, desde que uma pessoa tenha (verdadeiramente) uma virtude, ela terá todas elas. Em parte, isso é resultado de uma antiga necessidade de otimismo em questões morais, o ideal (sintetizado por Kant como o *summum bonum*) de que o bom é bom "em si mesmo", e que (sob pena de alguma contradição) a virtude será recompensada, a busca e o triunfo da virtude não serão frustrados pela adversidade ou, muito pior, por outras virtudes. Penso que esse é, no entanto, apenas um caso especial de nossa tendência geral, tanto nos negócios quanto na ética, de saltar para a solução única, segundo a qual trata-se apenas de um problema de negócios (ou legal), ou de uma consideração puramente moral. Em todas as reduções desse tipo, o fim é eliminar conflitos e contradições e reduzir o debate a uma única dimensão e a um único critério, "o saldo final", "o que quer que o advogado nos diga" ou "a coisa certa a qualquer preço". Entretanto, no contexto de qualquer organização de qualquer grau de complexidade (até a família) haverá conflitos muito reais e nenhum critério único. Lealdades, com freqüência, entram em conflito entre si no trabalho, em particular em qualquer companhia ou instituição politizada. (Será que isso deixa alguma de fora?) Os deveres de uma pessoa para com seus superiores podem conflitar com suas obrigações para com seus subordinados, e até na companhia mais bem organizada há sempre a possibilidade de ordens conflitantes, até contraditórias, mas igualmente impositivas dadas por dois superiores diferentes. O senso de lealdade que uma pessoa tem para com um administrador idoso e não mais produtivo, que lhe deu a oportunidade de um emprego pode se chocar com um senso mais geral de obrigação para com a companhia. A seriedade desses conflitos e choques, esse "desacordo das virtudes", é documentada em detalhe por Jackall, em seu *Moral Mazes*, embora eu pense que, em última análise, ele reduza excessivamente a questão a um conflito entre moralidade e política corporativa. Uma parte essencial da "moralidade corporativa", porém, é lealdade à organização e a nossos superiores, e nem toda política corporativa é corrupta ou contraproducente. Na verdade, tendemos a esquecer com muita facilidade que a lealdade requer política, inclusive a luta motivada pela discordância genuína, e a lealdade a nossos superiores pode exigir, ao contrário da prudência, oposição. Contudo, o que interessa é que, salvo numa organização ou sociedade perfeitas, não há qualquer unidade garantida das virtudes, nem há como estabelecer uma distinção fácil entre virtude ou moral e os deveres do cargo ou da posição que se ocupa.

As virtudes tendem a depender do contexto, mas os contextos se superpõem e se chocam uns com os outros. Em qualquer organização, há superposição de círculos concêntricos de identidade e responsabilidade, e uma virtude numa arena pode conflitar com uma virtude em outra — de fato, pode até ser um vício. Essa é uma compreensão dolorosa, e pode até instigar alguns a declarar que uma ética aristotélica é impossível. Com efeito, é muito fácil recuar em desespero para qualquer das direções, promover um falso senso de virtude dissociado ou divorciado de maneira excessiva das realidades da identidade de papel que se tem na companhia (como tantos filósofos, permanecendo do lado de fora — em suas próprias identidades seguras — são propensos a fazer), ou estimular alguém a submergir por completo em seu papel na companhia, a ponto de se tornar incapaz de ver além dele (uma estratégia favorita de administradores militaristas). Todavia, não há esse tipo de resposta fácil. Sempre usamos múltiplos papéis e temos potencialmente responsabilidades concorrentes. Não há como negar a desunião das virtudes. Mas não há tampouco como negar a importância fundamental da identidade de papel ao se estabelecer a base contextual para a virtude nos negócios.

O SIGNIFICADO DA INTEGRIDADE

> Um homem íntegro... a mais nobre obra de Deus.
>
> ALEXANDER POPE, *Essay on Man*

É por causa desses conflitos internos e do choque de lealdades que a palavra "integridade" é tão importante para a ética dos negócios. A integridade é menos uma virtude que um complexo de virtudes, as virtudes trabalhando juntas para formar um caráter coerente, uma personalidade identificável e confiável. É lamentável que "integridade" seja uma palavra, como "honra" — seu parente próximo —, que algumas vezes parece quase arcaica no mundo moderno dos negócios. Para alguns executivos, ela sugere teimosia e inflexibilidade, uma recusa a "jogar em equipe". No entanto, rejeitar a integridade e a importância da unidade do caráter, criticar empregados que insistem em traçar um limite porque podem realmente se recusar a cumprir ordens que consideram aéticas, é uma visão míope e, na melhor das hipóteses, autodestrutiva. Para cada empregado "criador de caso", haverá dez que são agradáveis e leais mas insistem em "traçar a linha em algum ponto", e são empregados como esses e seus julgamentos que impedem uma companhia de dar um passo perigoso ou desastroso além dos limites do bom gosto ou da boa cidadania. Boa administração não é impedir que empregados éticos causem problema (nem é evitar que pessoas assim sejam contratadas) mas respeitar a integridade dos outros como um guia parcial de nossas próprias ações.

A integridade é muitas vezes compreendida como honestidade. Mas a honestidade é limitada demais em relação à integridade, e pode haver ocasiões em que a integridade exija que se seja menos que franco, até mesmo que se minta. (Um exemplo padrão descreve alguém sendo interrogado pelo vilão e tentado a trair seus camaradas.) A integridade é por vezes entendida como resistência à tentação. Muitas vezes, entretanto, ela requer uma ação e um comportamento "antecipatório"; não se trata de um simples "não ceder". A integridade é com freqüência compreendida como resistência ou recusa às ordens de outrem, mas, com mais freqüência, ela requer obediência e lealdade. De uma maneira ou de outra, a integridade é essencialmente *coragem moral*, a vontade e a disposição de fazer o que se sabe que deve ser feito. A chave, é claro, é que as ordens a que obedecemos e a pessoa ou organização que têm direito à nossa lealdade devem ser compatíveis com nossos próprios valores e virtudes. Quando ingressamos voluntariamente numa organização (uma corporação), concordamos em agir em seu benefício e de acordo com seus interesse, e concordamos com suas metas e valores, a obediência e a lealdade são parte essencial da integridade. Contudo, quando passamos a discordar dessas metas e valores, a integridade passa a requerer, ao contrário, desobediência e deslealdade, pelo menos na forma de uma demissão. Parece, portanto, que "integridade" tem dois significados muito diferentes, um dos quais estimula a conformidade e a obediência, enquanto o outro encoraja uma independência beligerante. Este, porém, é um contraste enganoso. A integridade inclui tanto nosso senso de filiação e lealdade quanto nosso senso de autonomia moral. A própria palavra sugere "completude", mas, na medida em que nossa identidade não é a de um átomo isolado e sim o produto de uma molécula social mais ampla, essa inteireza inclui — em vez de excluir — outras pessoas e nossos papéis sociais. A integridade de uma pessoa no trabalho requer em geral que ela cumpra os papéis e práticas que definem sua função, em vez de se permitir ser levada por distrações e tentações contrárias. No entanto, confrontações críticas por vezes exigem uma demonstração de integridade que é de fato antitética ao papel e aos encargos que nos foram atribuídos. Este não é o lugar para analisar essa questão complexa e central, o que é preciso salientar é que considerações desse tipo estão muito distantes dos debates de dilemas que definem grande parte da ética tradicional. A questão da integridade não é uma questão de obrigação e decerto não diz respeito a utilidade. Trata-se, isto sim, da questão de quem somos nós, unida ao fato de que, no trabalho, cada um de nós é (pelo menos) duas pessoas ao mesmo tempo.

É o *self* dividido que torna a integridade tão importante para nós, tanto uma espécie de problema de coordenação como um ideal na ética. Por um lado, há uma espécie de integridade pública do tipo que esperamos de nossos colegas nos negócios e gostaríamos de encontrar nos políticos — dizer a verdade, evitar negociações duvidosas e ilícitas, permanecer leal mesmo sob pressão, recusar subornos e assim por diante. Desse ponto de vista, ter integridade significa mais ou menos a mesma coisa que ser ético, contanto que deixemos algum espaço para diferenças de opinião quanto ao que é ou não eticamente adequado (por exemplo, em matérias controversas relativas a comportamento sexual). Todavia, o que torna a questão da integridade tão importante e tão difícil é a interpretação de "inteireza" como "fidelidade a si mesmo". Em *Retrato do artista quando jovem*, James Joyce faz seu Stephen Dedalus declarar sua independência e sua integridade: "Não servirei àquilo em que não mais acredito, quer se intitule meu lar, minha pátria ou minha igreja: e tentarei me expressar em algum modo de vida ou de arte de forma tão livre e tão completa quanto puder."[16] Aqui a noção de integridade distancia-se dos padrões da ética em si (sem na realidade rejeitá-los). A integridade torna-se muito mais uma questão de nossos próprios padrões, nossa própria autoridade, e pode ocorrer, pelo menos de maneira ocasional (ou em certas situações corruptas ou opressivas), que nosso senso de fidelidade a nós mesmos permita ou até exija alguma transgressão das regras morais. Mesmo que nos atenhamos à senda da virtude, contudo, a importância dessa espécie de integridade é que não *seguimos* apenas as regras, mas as tornamos nossas.[17] Isso dá muita amplitude ao significado de integridade, tornando-a de fato tão ampla quanto a variedade de indivíduos, instituições e práticas em que a busca de "inteireza" pode ser empreendida.

O contrário de integridade — falta de integridade — pode assumir muitas formas. Deve-se notar, em primeiro lugar, que integridade é algo que uma pessoa "tem" ou "não tem", não é um ato ou uma atividade específica que se pratique ou não. Da mesma forma, embora uma única ação possa denunciar totalmente a falta de integridade, nenhuma ação isolada (ou, de fato, qualquer número de ações) pode estabelecer de maneira definitiva a integridade de uma pessoa. Essa é, talvez, a razão por que a integridade é tão fortemente protegida e por que as pessoas chegam a tais extremos para negar seus próprios desmandos e corrupção. Um único deslize pode ser fatal, ao passo que uma vida inteira de boas ações deixa em aberto a questão da retidão fundamental de uma pessoa. (Daí o sofrimento peculiar dos santos, gerado não pela culpa mas pela dúvida: poderia aquela única tentação fatal encontrar-se ainda mais adiante em seu caminho? Ou *poderiam* eles ter capitulado antes em circunstâncias diferentes?) A tenuidade da integridade explica também porque uma única falha ou fracasso leva a outros, na verdade, a um sistema de racionalizações e dissimulações que revela falta de integridade de maneira mais demonstrável que o desmando original. Por exemplo, a *hipocrisia* está em relação direta com a integridade, não por envolver necessariamente falsidade ou alguma outra violação manifesta da ética, mas por estar para o comportamento impróprio como o perjúrio está para a acusação; mesmo que uma pessoa não seja culpada do pretenso crime, torna-se culpada de uma violação da justiça em defesa desse crime (real ou apenas suspeito). Um hipócrita "não pratica o que prega", mas a falta de integridade é mais óbvia na fragmentação do *self*, a ruptura na inteireza que está presente quando se diz uma coisa e se faz outra. Entretanto, não se trata apenas de uma concordância entre ação e linguagem, como tantas vezes fazemos parecer. A linguagem já é ação, e nossas ações já são impregnadas de linguagem — de tal modo que o comportamento hipócrita envolve um logro muito complexo não só de outras pessoas, mas do próprio hipócrita. Quando o hipócrita faz o que ele mesmo proibiu, esperamos várias estratégias sofisticadas, das quais a negação cabal é apenas a mais simples. O mais das vezes, a ação em questão será redescrita numa linguagem que desvia da proibição expressa. ("Eu não estava na realidade roubando aquilo; estava apenas tomando emprestado por algum tempo." "Aquilo não foi suborno; foi um sinal de meu reconhecimento por serviços já prestados.") A hipocrisia, de forma geral, se esconde atrás da ilusão, e o hipócrita pode não reconhecer o que parece óbvio. ("Ah, sim, com certeza aquilo não significa ruptura de contrato. Afinal de contas, ele..."). Posto contra a parede, o hipócrita pode encobrir a incoerência com humor autodepreciativo, do tipo "faça o que eu digo, não o que eu faço". Contudo, isso não é desfazer a hipocrisia, é apenas desviar a atenção dela.

Dois tipos conhecidos que exemplificam a falta de integridade no ambiente corporativo são o oportunista e o "camaleão".[18] O que há de notável nos modos de corrupção dos dois é que nenhum deles precisa envolver qualquer grau de falsidade ou hipocrisia (embora, como tantos vícios, muitas vezes acolham com prazer sua companhia). Nenhum dos dois envolve qualquer incoerência óbvia, pelo menos do ponto de vista da própria pessoa. O oportunista em geral não tem quaisquer princípios facilmente reconhecíveis como éticos, não havendo portanto padrão algum a que possa ser fiel. É evidente que há uma espécie de *telos* egoísta ou meta genérica que o oportunista tende a seguir e a adotar: "Faça o que for preciso." Há também um *modus operandi*: "Fique de olhos sempre abertos e pronto para agir." Nada disso indica um comportamento baseado em princípios. Mas por que esse tipo de comportamento indica falta de integridade? Uma pessoa assim não é particularmente fiel a si mesma? De fato, toda essa flexibilidade não visa exatamente a esse propósito? Vemos aqui, porém, como os sentidos público e pessoal de integridade tendem a se unir, porque a coerência exige algo mais que fidelidade a uma meta única e egoísta. Ela envolve também coerência e respeito na relação com outras pessoas, e mesmo a declaração de independência de Stephen Dedalus não é e não pode ser interpretada como uma filosofia do "que se danem os outros". Ela requer, antes, fidelidade a si mesmo no meio dos outros e junto deles. A integridade não é engrandecida pela reclusão, e o oportunista que apenas usa os outros como seus instrumentos está na verdade num eremitério ético. No entanto, se a integridade é em parte independência (fidelidade a si mesmo), é também o absoluto contrário da utilização de outras pessoas para os próprios fins.

O "camaleão" exige uma falta de integridade semelhante em sua total ausência não só de princípios, como também de metas, a menos que queiramos aceitar "adapte-se e faça tudo o que pareça agradar aos outros" como um tipo de propósito na vida. Um camaleão, é claro, é um lagarto que tem a notável capacidade de mudar de cor dependendo do contexto, e o típico "sim-senhor" corporativo é como um lagarto, rastejando de um executivo para outro e mudando de cor segundo a conveniência. (Felizmente para o lagarto, as cores dentro de uma corporação em geral tendem a ser mais ou menos uniformes.) Todavia, quando questões de método e propósito são formuladas e vozes igualmente poderosas discordam, o camaleão fica em apuros — como ficaria a versão reptiliana ao se encontrar num pano de fundo xadrez. Assim, a frágil coerência do camaleão, cuja tênue aparência de integridade depende da uniformidade dos outros, desagrega-se em incoerência. Desse modo, é claro, distinguimos os vícios do camaleão da virtude da lealdade; a lealdade é vigorosa e (razoavelmente) inalterável. O camaleão não tem qualquer integridade porque não tem *self*, apenas um reflexo da situação social.

A falta de integridade, no entanto, pode não envolver nem a hipocrisia nem a frouxidão de princípios tão evidentes no oportunista. Talvez seja mais dolorosamente problemática e se manifeste onde menos esperamos encontrá-la. Falo da "pessoa de integridade", para quem a integridade é um distintivo consciente a ser usado em público, e para quem todo e qualquer desafio a suas opiniões (sobre qualquer assunto) é considerado um desafio moral (refletindo falta de integridade do desafiador, é claro). Talvez o pior chefe com quem se trabalhar não seja o feitor ou o tirano que se orgulha de sua dureza, mas a pessoa de integridade. Esta insiste não só em que está certa, como em que está *moralmente* certa, e você, em contraposição, está moralmente errado ou, na melhor das hipóteses, moralmente confuso. É claro que a pessoa de integridade tem princípios a que é obediente de maneira implacável, mas o curioso acerca dos princípios é que quanto mais gerais eles são, mais interpretações e exceções admitem. E na medida em que a pessoa de integridade tenha princípios para defender suas interpretações e exceções, ela permanece, como sempre, a pessoa de integridade, com quem é impossível discutir, de quem é perigoso discordar, e tão imprevisível quanto o oportunista ou o camaleão. Pois enquanto estes últimos mudam ao sabor do vento e da situação, a pessoa de integridade finge não mudar em absoluto; é antes o mundo que gira à sua volta, deixando os princípios em seu lugar e exigindo apenas uma nova aplicação ou interpretação. Pessoalmente, recomendo que se trabalhe para alguém que compreenda que ter integridade não significa ser a rocha moral ao redor da qual gira o resto da Terra.

A sugestão de que a integridade não é um eremitério e envolve outras pessoas merece ser formulada de maneira mais forte, pois a unidade que a integridade requer não é apenas unidade independente, uma unidade apesar dos outros ou contra eles. Uma maneira de ver isso é questionar as espécies de princípios unificadores que podem constituir a integridade. Não podemos, por exemplo, imaginar qualificar alguém de pessoa de integridade porque ela vive para a busca do prazer e a acumulação de riqueza.[19] O camaleão poderia ser caracterizado como alguém que vive em busca da aprovação (ou, ao menos, de evitar a reprovação), mas isso está longe de constituir um princípio unificador em prol da integridade; assim também, o oportunista tem seus "princípios" e *modus operandi*, mas estes não constituem integridade. Lynn McFall sugere que princípios desse tipo simplesmente não são *importantes* o suficiente para ser candidatos à integridade — mas, ela pergunta, "importantes para quem?"[20] A resposta não pode ser apenas pessoal. Isto é, não se tem integridade somente porque se adere a um princípio ou a uma paixão de grande importância pessoal. (Podemos pensar em todo tipo de exemplos absurdos, como o clássico do capitão Queeg em *The Caine Mutiny*.) Eliminamos candidatos que são "interesseiros, artificiais ou superficiais".[21] Reconhecemos com facilidade princípios ou condutas pessoais que dizem respeito às virtudes, por exemplo, honestidade, generosidade, confiabilidade, coragem e bondade. Esse reconhecimento da relevância das virtudes sociais indica, entretanto, que o social já está entremeado na noção aparentemente individual de integridade. Stephen Dedalus só faz sentido para nós, de fato, porque também pertencemos a uma sociedade em que a autonomia é reconhecida como essencial para a integridade, e a busca do "próprio caminho" e a insistência de que a pessoa deve ser "fiel a si mesma" fazem parte de nossa ética social tanto quanto faziam da dele. (Isso é muito diferente, eu sugiro, do conceito superficialmente semelhante de "honra", que depende de filiação a um grupo e não de individualidade.) A integridade para a maioria de nós é a busca de nosso próprio caminho no contexto de um grupo ou uma seleção de grupos e dos papéis e posições definidos por nossas ocupações, carreiras e profissões. É somente no extremo — no dia em que deixamos o emprego — que adotamos a postura desafiante do herói de Joyce e declaramos nossa independência dos usos e costumes da corporação. Contudo, é somente no outro extremo que confundimos integridade com obediência cega, pois nesse caso enfrentamos o perigo de nos tornar um mero camaleão, camuflado a seus próprios olhos pelo fato de que, aparentemente, nunca há necessidade de mudar.

O problema da integridade na vida corporativa é que, como usamos de maneira inevitável pelo menos dois chapéus e reagimos a várias demandas e princípios diferentes e por vezes contraditórios, essa imagem saudável de uma vida unificada é muitas vezes uma ilusão impossível, não é sequer um ideal.[22] Em qualquer organização ou instituição, mas em especial no contexto da corporação de nossos dias, a noção de integridade como completude não deve ser confundida com a versão unidimensional do farisaísmo intransigente a que me referi com sarcasmo como "a pessoa de integridade". A integridade requer disposição para negociar e fazer concessões tanto quanto convicção e empenho, e a idéia de que ser íntegro significa ser *fechado* a influências e tentações externas, em contraposição a ser *aberto* para outros, é um equívoco grotesco e perigoso. Seja o que mais signifique integridade para nós hoje, ela envolve a boa relação com outras pessoas e a defesa das instituições que representamos. Isso está sujeito a algumas limitações morais bastante extremas (os costumeiros exemplos de "viver na Alemanha nazista"), mas, para a maioria de nós, integridade significa cooperação, não resistência. Integridade envolve abertura, afeição e flexibilidade, e (como não é de surpreender) a organização ou corporação dotada de integridade será aquela composta por indivíduos de mente aberta e solidários. A integridade envolve princípios e linhas de ação, sem dúvida, mas também um senso prevalente de contexto social e um senso de coragem moral que significa defender outros bem como a si mesmo. De outro modo, torna-se mero farisaísmo, e não uma virtude corporativa em absoluto.

Teremos mais a dizer sobre a supervirtude da integridade na Parte III. A idéia central, porém, é que a integridade, longe de ser uma virtude especial, peculiar aos santos, é a virtude essencial para uma vida decente. É, no vernáculo recente, "conseguir integrar tudo", não ser dilacerado por conflitos e dúvidas que impeçam o gozo dos frutos do que, para a maioria de nós, é uma vida invejável. É uma ilusão pensar que uma vida ativa nos negócios poderia ser de todo livre de problemas, é claro, e é também ilusória a idéia de que a integridade é uma preventivo mágico, uma inoculação contra dilemas éticos. No entanto, um senso de nossa própria integridade é o que nos permite navegar pelas águas traiçoeiras desses dilemas, e embora a integridade não seja garantia de sucesso, não pode haver sucesso sem ela.

TOMADA DE DECISÃO E BOM JULGAMENTO

> Que faz o bom julgamento?
> A experiência.
> Que faz a experiência?
> O mau julgamento.
>
> GUILIELMO FERRARO

O fato de nossos papéis conflitarem e de tantas vezes não haver quaisquer princípios especiais para nos ajudar a decidir com relação a uma linha ética de ação desloca a ênfase de nossas faculdades de cálculo e raciocínio para uma faculdade mais antiga, com freqüência ignorada, chamada "julgamento". Contra a idéia de que a ética consiste fundamentalmente de princípios gerais que são aplicados a situações específicas, Aristóteles pensava que um "bom julgamento", ou *phronesis*, é que era da maior importância na ética. O bom julgamento (centrado na "percepção" e não na formulação e interpretação abstratas de princípios gerais) era o produto de uma boa criação, uma educação adequada. Ele é sempre situado, talvez como a noção ainda muito mencionada de Joseph Fletcher de uma "ética de situação", e confere atenção especial às peculiaridades das pessoas e circunstâncias envolvidas. Todavia, acredito que a real importância da *phronesis* não está apenas na prioridade que dá à deliberação e ao raciocínio éticos; tem a ver também com os conflitos inevitáveis tanto das preocupações quanto dos princípios que definem quase todo dilema ético. Justiça, por exemplo, pode soar (em especial em alguns filósofos) como um processo monolítico ou composto de camadas hierárquicas, quase mecânico. Entretanto, como já argumentei, uma dúzia ou mais de considerações diferentes entram na maioria das deliberações acerca de justiça, entre elas, além de direitos e obrigações anteriores e o bem público, questões de mérito (que por sua vez se fragmentam numa variedade de categorias por vezes conflitantes), responsabilidade e risco.[23] *Não* há qualquer procedimento mecânico (não-arbitrário) de decisão para resolver a maioria das disputas acerca de justiça, e o que é exigido, em cada caso específico, é a capacidade de equilibrar e sopesar interesses concorrentes e chegar a uma conclusão "justa". O que é justo, porém, não é o resultado de um ou vários princípios pré-estipulados de justiça; é um juízo, sempre discutível mas ainda assim bem ou mal feito. Aparar arestas pode ser errado, mas arredondá-las pode ser um aspecto inevitável de qualquer prática com suas regras cotidianas. Muitas vezes me ocorreu que estimular a teoria ética abstrata na verdade nos desestimula e nos desvia da necessidade de fazer julgamentos. (De fato ouvi um de meus colegas acadêmicos dizer — sem escrúpulos — que, desde que começara a estudar teoria ética, nunca mais tivera consciência alguma da ética.) E se isso soa implausível, eu recomendo que se lembre de sua última reunião de departamento ou de conselho e a relação inversa entre o elevado tom moral da conversa e o ridículo das propostas e decisões que se seguiram.

A tomada de decisão é uma das grandes artes da administração, sendo, portanto, ao mesmo tempo estranho e lamentável que tantos executivos e administradores tenham tanta dificuldade com ela, fiquem tão perturbados por ela, ou tentem evitá-la por completo. Parte do problema é que durante uma grande parcela de nossas vidas somos tratados como crianças ou como estudantes incapazes de tomar decisões ou "ainda não preparados" para tal, e depois, como não é de espantar, nos vemos sem saber muito bem como decisões importantes devem ser tomadas. Assim, tomamos decisões imprudentes, adotando a primeira opção que vem à cabeça, ou seguimos o exemplo (nem sempre bom) de nossos predecessores, ou nos baseamos na tradição, ou lançamos mão de alguma coisa só porque é nova. Na vida de negócios, os que começaram e continuaram suas carreiras na corporação viram-se avaliados não com base em seu pensamento ou tomada de decisão ousados ou originais, mas em virtude de sua obediência e, mais uma vez, quando finalmente chegaram a uma posição de grande responsabilidade, a arte de tomar decisões era-lhes em grande parte desconhecida. A tomada de decisão, como a responsabilidade em geral, requer prática. Nunca é cedo demais para começar, e não há na corporação uma posição subalterna ou insignificante para ser excluída do processo de tomada de decisão. Tomar decisões não é um talento "natural", e, com efeito, pesquisas recentes mostraram que nossas tentações naturais tendem a ser irracionais — exatamente o contrário do que ensina a super-racionalizada teoria dos jogos. Por exemplo, uma pessoa confrontada com um muitos opções — como muitos modelos novos de carros —, se o campo não for estreitado de algum modo, tenderá a, em vez de escolher o melhor, recusar-se por completo a escolher.[24] Ou, pessoas sob pressão, em especial executivos em grandes dificuldades, tenderão muitas vezes a tomar decisões de maneira precipitada, até mesmo se orgulhando de sua capacidade de tomar decisões "de estalo" ou "por palpite". Ao fazê-lo, contudo, muitas vezes seguem princípios ou diretrizes que podem não ter sido avaliados com cuidado, ignoram os dados ou os indícios, negligenciam clientelas importantes e perdem opções e alternativas atraentes. A procrastinação, levar tempo demais para tomar uma decisão e analisá-la em excesso, é, sem dúvida, uma falha corporativa grave e por vezes fatal, mas o açodamento e a falta de ponderação podem ser igualmente graves.

Talvez o bom julgamento não possa ser ensinado, exceto pela experiência. Contudo, pode e deve ser estimulado, enfatizado e praticado, não só em estudos de caso acadêmicos mas em situações da vida real, com conseqüências pessoais, queixas, e todas as outras confusões e incômodos que fazem muita gente preferir não ter de tomar decisão alguma.

Uma parte essencial de todo seminário de ética dos negócios é alguma versão de um modelo ético de tomada de decisão. Nenhum leitor deste livro ficará surpreso ao saber que a própria idéia de modelo de tomada de decisão — a análise da ponderação e da escolha corretas por meio de passos e inferências distintos — foi inventada por Aristóteles, que desenvolveu um "silogismo prático" precisamente com esse propósito.[25] Desde então, é claro, o desenvolvimento de modelos de tomada de decisão tornou-se uma pequena indústria. A forma exata varia de maneira, considerável, como variam o número de passos e as alegações feitas em seu favor. Uma coisa, no entanto, é central a todos: um modelo de tomada de decisão é um lembrete para desacelerar e ponderar, considerar as conseqüências, as clientelas, as opções. Seria tolo insistir para que as pessoas realmente se sentassem e preenchessem as lacunas para cada passo de cada decisão. Muitas decisões, em especial aquelas mais ou menos repetitivas, podem de fato ser tomadas "de estalo", e não precisamos listar todas as conseqüências ou clientelas quando estas são óbvias e conhecidas. Todavia, é muito fácil deixar passar algum indício ou opção atraente porque já se "decidiu" antes de tomar a decisão, e parte do processo de seguir um modelo é alimentar a imaginação moral e nos estimular a pensar além do conhecido e do óbvio. Com isso em mente, ofereço aqui modelos desse tipo, não com qualquer alegação arrojada sobre sua singularidade ou superioridade, e não para afirmar que seguir esses passos vai tornar o leitor rico ou sábio. O principal é a ênfase global na importância da tomada de decisão cuidadosa e ponderada, num mundo complexo de interesses e considerações emaranhados e muitas vezes conflitantes.

Um modelo ético de tomada de decisão

1. Identifique o problema

Que faz dele um problema *ético*? (Questões de direitos, obrigações, justiça, relações, integridade.)

2. Identifique os componentes

Quem foi prejudicado?
Quem poderia ser prejudicado?
Quem poderia ser ajudado?
Eles são participantes voluntários ou vítimas?
Você pode negociar com eles?

3. Diagnostique a situação

A situação vai se agravar (ou melhorar)?
De quem é a culpa? (É possível que de ninguém.)
Quem pode fazer alguma coisa agora?
O que teria podido evitar a situação? Os danos podem ser reparados agora?

4. Analise suas opções

Imagine o âmbito das possibilidades.
Limite-se às duas ou três mais viáveis. (Um número muito grande desencoraja.)
Quais são os resultados prováveis de cada uma?
Quais são os custos prováveis de cada uma?
Como você as pode pôr em prática?
O que é o mais desejado, dadas as circunstâncias?

5. Aja

Faça o que tem de fazer.
Não tenha medo de admitir erros.
Seja tão destemido ao se confrontar com o problema quanto foi ao causá-lo.

A importância da tomada de decisão e do bom julgamento nos negócios não pode ser superestimada. As regras são sempre um guia útil para a ação correta, mas segui-las nunca é o bastante e, em alguns casos excepcionais, pode ser desastroso. As regras entram em conflito umas com as outras e com nossos objetivos e metas. Não é sempre que uma regra fala mais alto que o interesse pessoal. Quando interesses enormes estão em jogo — tais como a sobrevivência da companhia ou a vida de outro empregado ou executivo —, pode ser preciso deixar de lado algumas considerações éticas de rotina. Quando a companhia enfrenta uma emergência, por exemplo, o reconhecimento e o respeito pelo direito que um funcionário ou um executivo tem de se afastar periodicamente do escritório podem de fato ser sacrificados. (Com que freqüência essas emergências justificam tal sacrifício é uma outra questão que requer bom julgamento da parte dos administradores.) Quando um empregado se depara com uma crise ou uma situação importante — como uma doença grave, uma morte na família ou o nascimento de um bebê —, considerações especiais podem com certeza se impor, ainda que entrem em conflito com as diretrizes usuais da companhia. Isso não quer dizer que emergências e desespero justifiquem o abandono da ética (na verdade, é nas emergências que a nossa têmpera ética é posta à prova).[26] Quer dizer apenas que há uma grande quantidade de exigências e princípios éticos, alguns muito mais importantes que outros, e apenas o bom julgamento, e não alguma hierarquia de regras para uso geral, nos instrui sobre a coisa certa a fazer.

Não só lealdades e obrigações podem conflitar entre si, como a própria ética tem seus conflitos internos. A manifestação mais impressionante disso são, talvez, as últimas centenas (ou milhares) de anos de teoria ética. Sem meias palavras, se pessoas comuns e administradores esperassem que os filósofos resolvessem as questões da ética antes de agir, a espécie humana teria desaparecido há muito tempo. O fato é que nem os filósofos nem mais ninguém concordam acerca da ética.[27] Se a ética fosse tão singular, como se explicaria então que as mentes mais brilhantes da tradição ocidental (no leste, o consenso não é maior) não tenham concordado acerca de um sistema ético único? Em vez disso, encontramos deontologistas defendendo seus princípios racionais absolutos (*"a priori"*), contra utilitaristas que defendem o bem maior para o maior número de pessoas, enquanto defensores das virtudes atacam ambos. Cada grupo considera que sua formulação do "princípio supremo" ou do "conceito mais básico" da ética é a correta. Na prática diária, vemos as mesmas disputas ocorrerem, causando desacordos, criando desordem, mesmo sem a sofisticação e as discussões teóricas. Um executivo insiste em que a companhia siga o figurino e cumpra as regras ao pé da letra, mesmo que a regra em questão seja de mérito duvidoso. Outro o acusa de teimosia e insiste em que a companhia deveria fazer o que é prático, seja o que for que as regras ou diretrizes ditem. Um terceiro ainda insiste em que a companhia não tem qualquer obrigação exceto fazer o melhor para si mesma e por seus acionistas. E um quarto acusa todos os demais de serem "insensíveis" e não tomarem decisões "com base nas pessoas". Os teóricos reconhecerão essas divergências mais em termos de diferenças de critério do que como mera disputa sobre o que fazer, mas a maioria dos que praticam a ética (incluindo a maior parte dos teóricos da ética, em suas discussões diárias) não reconhecerá a natureza de suas discordâncias da mesma forma. O que encontramos aqui é uma diferença de *estilos éticos*, as maneiras muito diferentes como diferentes pessoas abordam a ética e situações éticas. Cada um de nós (de maneira muito natural) considera o modo como aborda a ética *correto*. Se somos compassivos e tomamos decisão pondo-nos no lugar de outrem, esperamos que todos ajam da mesma maneira. Se nos sentimos compelidos a seguir as regras ao pé da letra, é provavel que não compreendamos os que não as respeitam dessa maneira, vendo-as meramente como princípios gerais ou como proibições cuja única sanção é o temor de se ser apanhado no ato de transgredi-las.

A idéia de que não há uma uma maneira "certa" de pensar sobre a ética, mas sim uma variedade de formas de julgamento, todas elas "éticas", torna a noção de julgamento ético ainda mais importante (junto com a virtude relacionada da integridade). A idéia de estilos éticos não significa, enfaticamente, que não existam maneiras claramente erradas de pensar sobre ética. A busca puramente egoísta pode acarretar filosofias do tipo "derrube-os se puder" e "chute-os quando estiverem caídos", que não são estilos *éticos*, seja lá o que forem. Entretanto, há diferentes estilos éticos assim como há diferentes estilos administrativos e pessoais, e compreender o papel do julgamento na ética dos negócios é reconhecer essa diversidade e compreender que nossas diferenças não refletem necessariamente pensamento aético (discutiremos os estilos éticos com mais profundidade na Parte III).

O julgamento é essencial para os negócios e para a ética nos negócios por causa da dependência em que os negócios estão do contexto e por serem tão sujeitos a tantos interesses e demandas confluentes e concorrentes. Não há um cálculo simples ou procedimento de decisão para a escolha da melhor transação de negócio, e aqueles que tentam seguir um cálculo ou procedimento desse tipo serão quase inevitavelmente enredados em sua ingenuidade — por mais sofisticado ou complicado que ele possa ser. Assim também, os que tentam reduzir a ética a um simples princípio ou regra geral acabarão por ver-se amarrados e acusados de teimosia e inflexibilidade — o que podem confundir de maneira muito facilmente com "integridade". Naqueles muitos casos em que obrigações ou lealdades entram em conflito, pode não haver resposta certa, e ao verificar as regras é provável que a pessoa descubra que elas também conflitam. Em tom pessimista, poderíamos dizer que às vezes não há meio de tomar a decisão certa. (De fato, pessimistas morais definiram um "dilema ético" justamente dessa maneira.) Bom julgamento, porém, significa apenar tomar a melhor decisão disponível, o que significa tomar a decisão da maneira correta.

HOLISMO: ALÉM DA ANÁLISE DOS *STAKEHOLDERS*

> O homem de sabedoria deleita-se com a água; o homem de humanidade deleita-se com as montanhas. O homem de sabedoria é ativo; o homem de humanidade é tranqüilo. O homem de sabedoria goza de felicidade; o homem de humanidade goza de vida longa.
>
> LAO-TSE, *Tao-te-ching*

Do que eu disse, deduz-se mais ou menos que o fim último da abordagem aristotélica dos negócios é cultivar seres humanos completos, não especialistas em combate na selva, autômatos da eficiência ou "bons soldados". No entanto, um dos problemas do pensamento tradicional sobre os negócios é nossa tendência a isolar nossos negócios ou papéis profissionais do resto de nossas vidas, um processo que Marx, à maneira de Schiller, qualificou de "alienação". A boa vida pode ter muitas facetas, mas são facetas e não mero componentes, e menos ainda aspectos isolados de uma existência fragmentada. Ouvimos cada vez mais em círculos administrativos, apesar da cansativa ênfase em técnicas de serviço e "objetivos", que a preocupação primordial e suprema de um administrador são as *pessoas*. Isso já se tornou banal, mas quando observo nossos estudantes mais ambiciosos e converso com um número crescente de administradores intermediários razoávelmente bem-sucedidos mas "estagnados", fico cada vez mais convencido de que a visão estreita da vida dos negócios estimulada pelo currículo muito acanhado dos cursos de administração e pela retórica diária da comunidade corporativa é nociva e contraproducente.[28] Bons empregados são boas pessoas, e fingir que as virtudes dos negócios permanecem isoladas das virtudes do resto de nossas vidas — e não quero com isto nem por um instante negar a especificidade de nossos papéis nos negócios ou em nossas vidas — provoca aquela conhecida tragédia em que um empregado sob pressão viola seus valores pessoais porque, do ponto de vista exclusivo dos negócios, "não tinha mesmo escolha".

Essa busca da completude em cada funcionário ou administrador estende-se à própria corporação, e aqui retornamos à noção agora familiar de um *stakeholder*, abarca a idéia de que responsabilidades e obrigações corporativas envolvem não apenas acionistas (*stockholders*), mas uma ampla variedade de grupos afetados (e influentes). A grande virtude da noção do *stakeholder*, contudo, é seu sentido de *holismo*. Holismo (não "totalismo") é preocupação com o todo e não com suas partes isoladas, uma ênfase no quadro geral em vez da análise de detalhes estreitamente circunscritos, como lucros. Temos de rejeitar todas as falsas dicotomias e falsos antagonismos, entre negócios e ética, entre lucrar e fazer o bem, entre valores e virtudes pessoais e corporativas. Se me permite apresentar mais uma vez a mais desgastada das expressões da ética dos negócios, a "responsabilidade social" dos negócios, compreendida da maneira correta, não é um número qualquer de obrigações extrínsecas aos negócios e às corporações. É o próprio sentido da existência destes. Responsabilidade social não significa sacrificar lucros para a filantropia ou espoliar os acionistas. (Milton Friedman, em um de seus momentos mais apopléticos, chegou a qualificar até os mais inocentes esforços corporativos para melhorar a vida pública de "puro roubo" e "puro socialismo".)[29] Responsabilidade social significa apenas que o propósito dos negócios é fazer o que eles sempre foram destinados a fazer: enriquecer tanto a sociedade quanto os bolsos daqueles que são responsáveis por tal enriquecimento.

Embora tenha sido cooptado por pensadores da Nova Era e místicos, o termo "holismo" merece ganhar importância para a ética e também para o pensamento administrativo. O holismo estimula e, em última instância, exige a referência ao "quadro geral", ao contexto abrangente em que uma decisão de negócios e na verdade os próprios negócios estão engajados, ao "todo", e não a apenas uma parte (o que leva, de forma previsível, a muitos equívocos). Muito de minha argumentação aqui foi um questionamento do individualismo atomista e analítico, a tentação de nos compreendermos, cada um de nós, como um todo isolado e de compreender o mundo à nossa volta fragmentando-o em pequenas partes ou pedaços distintos. Em certo sentido, somos sem dúvida "indivíduos", mas é importante reconhecer que até nossa individualidade é o produto holístico de nossa cultura e de seus conceitos. E, é claro, a compreensão se dá de fato por meio da análise, seja a análise científica, em que todos complexos são fragmentados ou dissecados em partes para se ver como funcionam e se ajustam, ou a análise estratégica, em que as complexas conseqüências possíveis de uma decisão são fragmentadas em cadeias distintas de causalidade e avaliadas uma por uma. Contudo, essa compreensão tem seus limites, e compreender como as partes se ajustam não é exatamente o mesmo que compreender a operação como um todo. Os cientistas compreendem cada vez mais sobre as partes (órgãos) de um organismo e sobre seu mútuo ajuste, falta-lhes muito, no entanto, para compreender a natureza da própria vida, e já se afirmou muitas vezes que nenhuma quantidade de análise poderá jamais fornecer a resposta para uma questão como essa. E nos negócios, esforços para teorizar em termos de componentes isolados e na verdade orgânicos, como "lucro", e a tentativa de compreender o comportamento humano em termos de economia (maximização do lucro e desejos do consumidor e sua satisfação) levam a uma incompreensão total dos negócios.

É somente abraçando o holismo que teremos uma apreensão adequada de conceitos perenes da ética dos negócios, como "responsabilidade social", que não podem ser analisados (como tantas vezes se tenta) em termos de obrigações individuais. Além disso, o caráter da própria corporação — até mesmo do mundo dos negócios — não pode ser compreendido se, como fazemos, insistimos em pensar "a corporação" como uma entidade legal fictícia (deixando em questão a identidade conceitual de todos esses prédios e pessoas) *ou* como um agrupamento de pessoas (deixando os modos como elas interagem e as estruturas da corporação como uma espécie de derivação). As corporações não são entidades abstratas nem meros agrupamentos de indivíduos. Assim, o holismo significa ver além de dicotomias contextualmente úteis, mas em última análise contraproducentes ou inadequadas, que dominaram a filosofia moderna desde as revoluções científicas do século XVII.[30] Em termos filosóficos próprios, isso significa questionar e superar dicotomias conhecidas como "razão *versus* paixão", "cultura *versus* natureza", "eu *versus* outros" e "dever *versus* interesse pessoal". Pensar sobre trabalho e administração como atividades apenas "racionais" cega-nos com muita rapidez para o que Friedrich Nietzsche chamou de o "humano-demasiado-humano" — isto é, os modos emocionais e com freqüência "irracionais" como as pessoas se comportam na realidade, em particular quando *status*, poder e dinheiro estão em jogo. Pensar no comportamento emocional como "fraqueza", contudo (por exemplo, a reação de embaraço provocada por um executivo que cai em prantos ao ser demitido do cargo que ocupou por 15 anos), indica a que extremos o mundo corporativo chegou na direção da "racionalidade" weberiana, afastando-se de nosso senso comum de propriedade e responsabilidade no tocante a situações traumáticas desse tipo.[31] Em parte, admito, isso pode ser atribuído também a uma insistência equivocada na "profissionalização", em que "profissional" é entendido por "frio e calculista" e não por "dedicado e competente". Assim também, os contrastes padrão entre "eu e outros" e "dever *versus* interesse pessoal", que definiram a filosofia e o pensamento político modernos durante séculos, apresentam dicotomias cruéis que nos aprisionam em modos de pensamento destrutivos do tipo "ou/ou". No cerne de grande parte do pensamento sobre os negócios está o pressuposto "hobbesiano" de que as pessoas são, em essência, egoístas e, dessa forma, estão em brutal competição umas com as outras.[32] Foi Hobbes que viu "o estado da natureza" como "uma guerra de todos contra todos", e seus esforços para amenizar essa conclusão apelando para um acordo contratual mítico ("o contrato social"), em que todos nós assumimos mútuas obrigações e respeitamos os direitos uns dos outros, por mais revolucionários e politicamente benéficos que tenham sido nos séculos XVII e XVIII, representaram, além de um recuo dúbio para a dicotomia "natureza *versus* cultura", uma presunção ainda mais dúbia acerca da natureza humana — a de que somos todos, por natureza, indivíduos isolados voltados para nós mesmos, e não criaturas essencialmente sociais que têm afinidades de grupo e afeições, bem como a necessidade de cooperar entranhada em nossos próprio genes.[33] Os conceitos gêmeos de obrigação e direitos são usados como uma compensação para a oposição trágica entre eu e outros, como se, estando isolados uns dos outros de maneira incurável, pudéssemos não obstante adotar um arranjo "racional" em que prometemos não nos ferirmos nem nos incomodarmos uns aos outros. Todavia, não somos criaturas desse tipo, e a oposição entre dever e interesse pessoal é tão falsa metafisicamente quanto a dicotomia entre eu e outros. A própria existência da empresa e a prosperidade e poder das corporações sugerem não o poder do egoísmo hobbesiano, mas sim a capacidade humana — natural e cultural — de cooperar e organizar, de servir aos próprios interesses servindo aos interesses de outrem. Com efeito, exceto na circunstância competitiva excepcional, é impossível distinguir uma coisa da outra.

Esse tipo de pensamento dualista permeia a vida corporativa e o pensamento sobre os negócios também de várias maneiras mais específicas. A mentalidade do "nós *versus* eles", que define tanto da competição intraindústria, e a filosofia do "cada um por si", que irrompe em tantos corredores corporativos, remete de maneira clara às questões filosóficas mais amplas que acabamos de discutir, mas as questões filosóficas são com freqüência vezes mais sutis do que isso sugere. Por exemplo, a ênfase na competição intra-indústria ignora em geral (em especial no "calor da batalha") o grau em que companhias dentro de mesma indústria são dependentes entre si, e em que um fracasso ou um êxito para uma poderia na verdade ser um fracasso ou um êxito para todas. Todas as companhias aéreas seguem de maneira meticulosa a regra de jamais mencionar o histórico de acidentes de outra, não porque seus executivos necessariamente sigam à risca as regras da competição leal, mas porque eles reconhecem uma regra básica de prudência — de que, se as pessoas tiverem medo de voar, não se sentirão mais seguras favorecendo uma companhia em detrimento de outra. A verdadeira explosão da indústria do computador de mesa propiciou um *boom* de centenas, talvez milhares de novas (e antigas) companhias, ainda que, no fim das contas, a competição intra-indústria e as fusões tenham obrigado muitas delas a deixar os negócios. Assim também, por causa de nosso individualismo intenso (e em grande parte mitológico), tendemos de maneira preciptada a manter não só uma distinção mas um antagonismo entre nosso conceito de indivíduo e nossa noção de corporação, como se a vida corporativa roubasse necessariamente a individualidade das pessoas e as transformasse em anônimos, cuja única reação adequada seria a rebelião (mesmo que isso significasse apenas usar roupa de baixo obscena ou de algum modo ultrajante, num gesto invisível de contestação.) Todos nós conhecemos, entretanto, o desastre que acontece quando empregados realmente começam a se ver como vítimas exploradas e pensar na corporação, como "esta maldita companhia". Essa é provavelmente a "desculpa" comum para o roubo praticado por funcionários (10 a 15% em muitos negócios) e sem dúvida custa muito mais ao mundo corporativo em termos de tempo desperdiçado e tarefas realizadas com uma fração da energia que o empregado dedicaria se as considerasse "suas próprias". No entanto, essa maneira de pensar desastrosa não é apenas uma invenção de empregados descontentes. A concepção do indivíduo como antagônico à corporação é muitas vezes promulgada por administradores e líderes corporativos, quando enfatizam "sacrifício" e até "dedicação" em vez de identidade e projetos compartilhados.

Embora seja com freqüência considerada piegas e batida (e, sem dúvida muitas vezes empregada de forma hipócrita), a metáfora da "família" ressalta talvez o ponto isolado mais importante tanto nos bons negócios quanto na ética dos negócios — que um senso de cooperação que não pressupõe uma visão antagonística de "indivíduo *versus* a corporação" é essencial. Sem dúvida pode haver ocasiões em que integridade significa que a pessoa deve se levantar e dizer não à corporação que a nutriu e apoiou, mas essa circunstância (muitas vezes trágica) mostra-nos apenas como corporações podem se desencaminhar. Não demonstra qualquer distinção subjacente profunda entre indivíduo e corporação.

Como a dicotomia antagonística "trabalhadores *versus* administração" foi criticada e comentada durante muitos anos e por muitos autores dedicados aos negócios, não preciso repisar o óbvio aqui. Sem dúvida, os sindicatos desempenharam e ainda desempenham um papel essencial na luta por justiça e eqüidade no mundo dos negócios, e a alegação de que reivindicações sindicais podem ser ocasionalmente "más para os negócios" revela uma visão estreita do que constituem "bons negócios". Talvez não tenha sido óbvio em décadas anteriores, mas a concorrência internacional tornou-nos sensivelmente conscientes da necessidade de ver trabalhadores e administração não como adversários mas como parceiros essenciais numa empresa produtiva. Assim também, a dicotomia antagonística "negócios *versus* governo" quase murchou na concorrência com o Japão, Inc., que deixou muito claro que o modelo econômico de "*laissez faire*" de século XVIII está praticamente morto. Sem dúvida a natureza e a extensão da regulamentação governamental dos negócios ainda são e continuarão a ser uma fonte legítima de preocupação e debate, mas estamos adquirindo agora uma consciência muito mais precisa do grau em que o governo deve fixar as regras básicas de competição para algumas indústrias — e não só aquelas politicamente sensíveis ou ligadas de maneira íntima à segurança nacional. A poluição e outros problemas ambientais só podem ser resolvidos se o governo estiver disposto a fornecer diretrizes que indústrias competitivas não podem fixar para si mesmas (o que não significa, é claro, que o governo deveria propor regulamentações impossíveis). O governo, porém, não é apenas um freio para os negócios, um estipulador de padrões e limitações. Fornece também apoio e proteção, subsídios e empréstimos (como os gigantescos empréstimos feitos à Lockheed e à Chrysler alguns anos atrás). E, idealmente, ele pode e deve fornecer impulso organizacional e fomentar tanto a cooperação quanto a competição. Contudo, novamente, é possível que a dicotomia "negócios *versus* governo" esteja ela própria fora de moda e obsoleta. À medida que as corporações crescem e se transformam em pequenos países em si mesmas, espalhando-se de maneira multinacional pelo globo, ditando políticas de governo não só aqui mas também no exterior, a distinção tradicional entre negócios e governo fica cada vez menos nítida e logo poderá se tornar impossível bem como indefensável. Ainda estamos por ver o que isso fará com a antiga retórica da "livre empresa" e com a desconfiança do "*laissez faire*" nas regulamentações governamentais, mas no emergente sentido mais holístico do mundo dos negócios, já podemos divisar um sentido mais amplo de negócios e um senso mais inclusivo e intrínseco de responsabilidade social.

Dizer que a distinção entre negócios e governo está ruindo não é negar que cada um tem seu domínio legítimo e exclusivo. É apenas rejeitar o antagonismo que é expresso em tanta retórica arcaica sobre os negócios e insistir em que um modo de pensar mais sintético e cooperativo seria muito mais produtivo nesta altura da história. O mesmo pode ser dito das outras distinções que sugeri estarem submergindo num cenário mais holístico. Todas elas — emoção e razão, eu e outros, natureza e cultura, empregado e firma, trabalhadores e administração, negócios e governo — são úteis em determinados contextos, mas só são distintas por meio de "dialética", em virtude de jogarem uma contra a outra. Distinções são úteis e necessárias, mas toda distinção deveria também ser vista com cautela. Há um ponto em que a conveniência de uma distinção transforma-se num obstáculo e ela deixa de ser um auxílio para a compreensão e o progresso. O conceito de indivíduo é, sem dúvida, um dos avanços conceituais mais importantes e benéficos da história humana, mas chegamos a um ponto em que, em vez auxiliar nossa percepção, ele a bloqueia, vedando a visão de uma sociedade mais harmônica. A metáfora dominante da "competição" também pressupõe um excesso de antagonismos hobbesianos como verdades básicas, e com isso deixa-se de perceber a estrutura subjacente, mais ampla e cooperativa que torna a competição possível. Sem dúvida uma atitude muito "moralista" em relação à luta livre dos negócios é em geral contraproducente, mas isso significa apenas que a moralidade também deve ser integrada aos negócios. De fato, a própria noção de ética dos negócios como uma disciplina especializada dentro do campo da administração de empresas está fadada a ser um desastre tanto para os negócios quanto para a ética. Os negócios são éticos em seu próprio cerne, e nossa ética, nesta sociedade, está ligada de maneira estreita a nossa idéia de práticas leais de negócio. Hoje, um jovem estudante de administração de empresas precisa de aulas especializadas em finanças e *marketing*, mas é um erro gigantesco passar da necessidade de especialização para a estreiteza atual dos estudos de administração de empresas e o conseqüente encolhimento da personalidade de negócios. O holismo, longe de ser mais uma filosofia, é apenas a insistência em que, sempre que encontramos antagonismo e conceitos concorrentes, deveríamos expandir nossa visão até ver todo o contexto. No caso dos negócios e da economia, isso significa que nossa visão deveria abranger toda a natureza humana e a sociedade, não apenas lucros, custos e benefícios e a lei da oferta e da demanda. Os negócios não são um empreendimento isolado, e insistir nisso é apenas apoiar e fortalecer o ataque dos negócios como uma atividade anti-social. A abordagem aristotélica dos negócios, em contraposição, não passa, em última instância, do reconhecimento dos negócios como parte integrante da sociedade mais ampla.

O retrato que é emoldurado por esses seis parâmetros (junto com conceitos subsidiários, como "mérito", "teleologia" e "dever") sugere uma ética definida por pessoas que trabalham e vivem juntas, não um conjunto abstrato de princípios ou exigências legais, não uma burocracia onde a impessoalidade e a eficiência são em especial importantes, não um mundo de indivíduos competitivos que trabalham uns contra os outros por um suprimento limitado de bens, não uma mediocracia em que "trabalho de equipe" é reduzido a uma mera proteção mútua baseada na desconfiança mútua. É uma concepção de ética que não é imposta "de cima" sobre os negócios (com muito pouco respeito pelas lutas reais das corporações e dos que neles trabalham), mas extraída dos negócios como uma prática contínua e bem-sucedida. E este, é claro, é o ponto básico. Os negócios são uma prática. Eles pressupõem uma sociedade (ou sociedades) organizada (em maior ou menor grau) com toda sorte de concordâncias acerca da boa vida e de como atingi-la, acerca do que é e do que não é uma troca justa, acerca de como interagir e do que deve ser, do que não deve ser, e do que não precisa ser dito. As pessoas nos negócios são éticas, portanto, não com base em algum padrão "externo", mas em virtude da própria atividade que desempenham.

Notas

1. Há aqui um problema substancial mas ignorado com freqüência com respeito à ação afirmativa e à justiça. Defendemos uma meritocracia, mas a verdade é que os entrevistadores buscam de alguém com quem gostariam de trabalhar, e em geral isso significa alguém como eles. Na corporação típica, de maioria masculina e branca, há um bloqueio natural contra mulheres, minorias e qualquer pessoa capaz de elevar o nível de desconforto. "Mérito" muitas vezes quer dizer conforto. A questão crítica aqui é como desenvolver comunidades pluralísticas, mas nem o multiculturalismo e a identidade étnica estridentes nem a igualmente obstinada retórica do sucesso assimilacionista nos ajudarão a resolvê-la.
2. Há sempre o mito de *Jornada nas estrelas*, é claro, o alienígena benigno que leva para uma civilização alguma virtude que lhe faz extrema falta e de que ela é totalmente carente (e.g., a coragem de Kirk, a racionalidade de Spock), e o mito mais genérico de Joseph Campbell, do herói que abandona sua sociedade e vaga sozinho, retornando mais tarde com virtudes novas para salvar a sociedade. Todavia, o fato de estes serem *mitos* já deveria nos dizer alguma coisa sobre seu *status* sociológico. As virtudes supostamente importadas já são celebradas em si.
3. Ed Freeman e Jeanne Liedtka desenvolveram uma argumentação quase igual com uma conclusão mais radical, a de que deveríamos abandonar por completo o desgastado conceito de "responsabilidade social", em seu "Corporate Social Responsibility: A Critical Approach".
4. Veja Norman Daniels, "Merit and Meritocracy". Sobre problemas especiais relativos a ação afirmativa e justiça, veja Lisa H. Newton, "Reverse Discrimination as Unjustified", a resposta de Sterling Harwood, "Affirmative Action is Justified".

5. É aqui que a controvérsia da ação afirmativa torna-se muito difícil, lançando necessidade, mérito e justiça compensatória uns contra os outros. Veja Robert Fullinwider, *The Reverse Discrimination Controversy*.
6. Robert Nozick, *Anarchy, State and Utopia*, p. 198.
7. A meritocracia de Aristóteles, em contraposição, dizia respeito aos méritos aristocráticos dos que governavam. A produtividade não entrava em questão, mas sim a arte de governar e as virtudes associadas ao *status* social elevado, entre elas o espírito, o encanto e a generosidade.
8. Veja Robert Jackall, *Moral Mazes*, cap. 2.
9. Ibid., 3.
10. Esta analogia tem limitações óbvias, é claro. Ver, e.g., a análise do "bom cachorrinho" da ética corporativa, reproduzida muitas vezes, em Laura Nash, "Business Ethics without the Sermon". Para obter uma descrição mais fundamentada dos "bons cachorrinhos", porém, veja Vicki Hearne, "How to Say 'Fetch'", em *Adam's Task* (Nova York: Random House, 1982).
11. Friedrich von Hayek, *The Mirage of Social Justice*.
12. Peter Drucker, *Management*, pp. 366-67.
13. Norman Bowie, *Business Ethics*, pp. 1-16.
14. Robert Townsend, *Up the Organization*.
15. Esta idéia foi muitas vezes defendida na filosofia, e críticos públicos ainda gostam de usar o monstro do "relativismo" para apavorar eleitores e conselhos escolares. Entretanto, a natureza contextual da ética das virtudes, em particular, não implica que todas as virtudes sejam meramente locais, nem tampouco universais. Veja, e.g., Martha Nussbaum, "Non-Relative Virtues", em *Ethical Theory: Virtues and Character*, P. French, T. Vehling e H. Wettstein (orgs.).
16. James Joyce, *Portrait of the Artist as a Young Man* (Nova York: Viking, 1968), citado por Lynn McFall em seu "Integrity".
17. Esta distinção entre seguir e "se apropriar" é a doutrina central de muitas filosofias existencialistas. O filósofo dinamarquês do século XIX, Søren Kierkegaard estabeleceu assim a distinção entre pertencer à "cristandade", o que envolvia obediência irrefletida a crenças e valores cristãos, e o verdadeiro tornar-se cristão, que envolvia um compromisso pessoal apaixonado. Da mesma forma, mais recentemente, Martin Heidegger, na Alemanha, e Jean-Paul Sartre, na França, insistiram em "resolução" e "autenticidade" em vez do mero cumprimento de regras. E, embora nenhum deles use a palavra como a usamos, seria de fato possível sintetizar esse aspecto de suas filosofias chamando-o "integridade".
18. Para conhecer melhor esses protótipos, veja o excelente livro de Martin Berman sobre a conciliação, *Splitting the Difference*, esp. cap. 3.
19. McFall, "Integrity", p. 9.

20. Ibid., p. 10.
21. Webster's Third International Dictionary, s.v. "integrity", citado em ibid., p. 11.
22. O filósofo britânico Bernard Williams afirmou que essa imagem da integridade (conceito que ele defende acima de tudo em sua filosofia) é, no entanto, "simplista" (*Problems of the Self*, p. 149). Assim também, mesmo um defensor tão entusiástico como Alasdair MacIntyre, que insiste em que vemos nossas vidas em termos narrativos "como um todo", expressa graves dúvidas quanto a uma noção como essa ainda nos ser possível (*After Virtue*, p. 191). Mas veja também Berman, *Splitting the Difference*, sobre o papel da conciliação e sua relação com a integridade.
23. Robert C. Solomon, *Passion for Justice*, cap.2.
24. Louis Harris, *Risk in a Complex Society* (Nova York: Marsh, 1980); Jon Elster, *Ulysses and the Sirens*.
25. Aristóteles, *Nicomachean Ethics*.
26. Veja David Norton, "Moral Minimalism", em French, *Ethical Theory*.
27. Veja, por exemplo, os argumentos com que Alasdair MacIntyre abre *After Virtue* e sua discussão das discordâncias em relação à justiça, no cap. 18.
28. Mais uma vez, veja Earl Shorris, *The Oppressed Middle*.
29. Milton Friedman, "The Social Responsibility of Business Is to Increase Its Profits".
30. Veja, e.g., Stephen Toulmin, *Cosmopolis: The Hidden Agenda of Modernity*.
31. Sobre mudanças na ética puritana no sentido da racionalidade weberiana, veja Jackall, *Moral Mazes*, cap. 1.
32. A partir de Thomas Hobbes, que divulgou a idéia em seu *Leviatã*.
33. Veja meu *Passion for Justice*, cap. 3.

PARTE III O coração da corporação: virtudes e vícios dos negócios

Afirmar, à maneira de Maquiavel, que há uma regra para os negócios e outra para a vida privada é abrir a porta a uma orgia de falta de escrúpulos diante da qual a mente recua. Afirmar que não há diferença alguma é estabelecer um princípio que poucos homens que enfrentaram a dificuldade na prática se disporão a aceitar como de aplicação invariável e, incidentalmente, é expor a própria idéia de moralidade ao descrédito sujeitando-a a uma tensão quase intolerável.

R. H. TAWNEY, *Religion and the Rise of Capitalism*

Os negócios são um empreendimento humano. Ser bom nos negócios é ser um bom ser humano. Pode-se ganhar dinheiro sem virtude, é claro, mas o sucesso requer muito mais — uma vida boa e decente, amigos e respeito, amor e um pouco de admiração. Nossas estratégias são em boa parte falsamente maquiavélicas ("melhor ser temido que amado"), ao passo que nossas fantasias insistem exatamente no oposto. A chave da boa vida não é o poder (que por sua própria natureza está sempre pronto para ser contestado e por isso é tênue), mas o respeito mútuo e um senso de solidariedade. Nos negócios, foi em virtude da satisfação de necessidades e desejos e por sua importância na comunidade, e não em virtude da riqueza apenas, que o homem de negócios tornou-se o "pilar da comunidade". (Alguns séculos atrás, ainda era mais fácil um camelo passar pelo buraco de uma agulha do que um homem de negócios de fortuna recente conseguir penetrar na alta sociedade, que dirá no céu). Na corporação, como todos sabemos, a vida pode ser um inferno por causa de apenas uma ou duas pessoas com vícios — um colega hipócrita, um supervisor injusto, um assistente não confiável, para não mencionar um chefe maldoso ou mal-agradecido. E onde a vida é um inferno, os níveis de produtividade não serão divinos, mesmo que os níveis de adrenalina subam sem dúvida ao céu. Na interpessoalidade complexa da corporação, há limites para o bem que códigos ou princípios formais podem fazer. A vida corporativa e, por conseqüência, o sucesso corporativo serão determinados pelo caráter e a personalidade dos indivíduos que os constituem, e, embora a natureza da corporação tenha muito a ver com a formação desse caráter, ele será o produto também da totalidade das personalidades que guiam e dirigem a corporação. É disso que a abordagem aristotélica trata: uma ênfase renovada no caráter das pessoas que integram o mundo dos negócios e nas estruturas e influências que moldam tal caráter.

A ênfase renovada nas virtudes na ética é um fenômeno recente, que remonta há apenas cerca de uma década. De maneira bastante curiosa, esse é mais ou menos o tempo em que a ética dos negócios esteve desenvolvendo seu novo *status*, tanto como um aspecto de ética "aplicada" quanto como uma disciplina exigida para estudantes de administração de empresas e executivos de corporações. Até agora, porém, a ética da virtude não foi aplicada à ética dos negócios, que permaneceu em grande parte presa exatamente daqueles paradigmas éticos que a ênfase renovada nas virtudes visa dissipar — uma obsessão por dilemas ou impasses éticos, em vez de comportamento ético rotineiro, uma ênfase em ações e diretrizes em detrimento das pessoas que são seus agentes e autores, uma insistência em regras universais que não fazem referência alguma a pessoas, papéis ou relações particulares e uma confiança em princípios racionais em vez de emoções e caráter.[1] Pode-se, é claro, ver essa concepção da ética como sendo ela própria "muito barulho por nada", uma fase passageira da filosofia que data apenas do final do século XVIII, ao passo que a linhagem da ética da virtude remonta a Platão e Aristóteles. Contudo, a longevidade está longe de ser o teste de validade conclusivo nessas questões, e o que conta são os benefícios que uma ética da virtude pode trazer para nossa compreensão dos negócios e as preocupações específicas da ética dos negócios.

"As virtudes" é uma maneira taquigráfica de sintetizar os ideais que definem o bom caráter. Há um grande número delas — de fato, seria uma tarefa assombrosa listá-las todas. Só para começar, temos honestidade, lealdade, sinceridade, coragem, fidedignidade, confiabilidade, benevolência, sensibilidade, prestimosidade, cooperatividade, civilidade, decência, modéstia, franqueza, jovialidade, amabilidade, tolerância, sensatez, tato, humor, graça, vivacidade, magnanimidade, persistência, prudência, iniciativa, serenidade, cordialidade e hospitalidade.[2] Cada uma dessas virtudes tem subtraços sutis e virtudes relacionadas, por exemplo, honestidade e veracidade, fidedignidade e confiabilidade, e há um grande número de virtudes de força, energia e habilidade, assim como de atratividade, encanto e apelo estético que não incluímos. Há virtudes "negativas", isto é, virtudes que especificam a ausência de algum traço desagradável ou antisocial, dizemos assim que alguém é não-negligente, não-malevolente, não-vingativo e "des-prentencioso", e há virtudes de excesso e superioridade, como superconscienciosidade e superconfiabilidade. A partir de tamanha variedade de virtudes, uma das coisas que mais impressionam todo aquele que esteja interessado na ética e na ética dos negócios é a natureza empobrecida de qualquer linguagem moral que se limite a termos como "bom" e "mau", "certo" e "errado". É verdade que, em sua maioria, as virtudes são "boas" e conduzem à ação "certa", e os vícios, ao contrário, são em sua maioria "maus" e conduzem ao "erro". Todavia, essa linguagem ética não só nos leva a ignorar a maior parte do que é significativo e sutil em nossos julgamentos éticos comuns, como tende a nos desviar exatamente do foco no caráter pessoal que é absolutamente essencial à maior parte de nossas decisões interpessoais, quer se trate de confiar num colega, fazer um novo amigo, contratar ou demitir um assistente, manifestar-se contra uma linha de ação problemática, respeitar um superior ou convidar o chefe para jantar em nossa casa. A ética não é o estudo do certo e do errado, assim como a arte e a estética não são o estudo da beleza e da feiúra.[3] A ética, como a arte e a estética, é uma apreciação variada e multifacetada e um envolvimento com outras pessoas no mundo. Na ética dos negócios, só rotulamos apenas de "errado" o crime extremo e sinistro; em geral, invocamos uma paleta de descrições imaginosas, como "sórdido" e "vil". Até mesmo a expressão "bom caráter" (ou "boa pessoa") nos parece pouco interessante e vazia; o que conta são os detalhes, não a fachada. E há muitos detalhes, qualquer dos quais poderia se tornar mais ou menos significativo em alguma situação específica.

Um dos traços mais importantes das virtudes é o fato de dependerem do contexto, de serem "relativas" a várias práticas e atividades, e isso significa não só que novas práticas produzem novas virtudes (como a nova prática do investimento nos negócios estimulada por João Calvino estimulou a virtude chamada "parcimônia"), mas que uma virtude pouco importante numa situação pode se tornar cardeal em outra ou vice-versa (como qualquer pessoa que tenha sido transferida de uma posição sensível na área de recursos humanos para uma divisão manufatureira movida a eficiência pode atestar). Uma virtude, para repetir nosso resumo simplório anterior, é um traço que é bom ter, num dado contexto e num dado tipo de situação. Existem, é claro, virtudes gerais — como honestidade e coragem —, que serão sem dúvida virtudes em quase qualquer situação ou contexto, mas mesmo estas assumem um sentido especial de acordo com as circunstâncias. Apesar da retórica militar usada na corporação, a coragem nela é muito diferente da coragem exigida no campo de batalha, e a honestidade no planejamento estratégico é muito diferente da honestidade no departamento pessoal. Isso não significa, entretanto, que as virtudes sejam "relativas" no sentido mais insidioso — que não há em última análise virtude alguma e que, em certas circunstâncias, como no mundo duro dos negócios, "vale tudo". Ao contrário, é quando os tempos são árduos e as cabeças sagazes que as virtudes se tornam mais essenciais.

Notas

1. Veja, para obter uma boa argumentação contra a "ética da perplexidade", Edmund Pincoffs, *Quandaries and Virtues.*
2. Uma taxonomia complexa de muitas virtudes está em Pincoffs, ibid., p. 84. Minha própria discussão das virtudes, resumida nos capítulos que se seguem, é tomada de *Ethics: A Short Introduction.*
3. Veja Frithjof Bergmann, "The Experience of Values", pp. 127-59.

CAPÍTULO 17 A natureza das virtudes

Se você quer compreender os ideais éticos dos gregos, não pense numa virtude como tendo a ver com o que uma pessoa faz. Pense nela como tendo a ver com o que uma pessoa é.

RICHARD TAYLOR, *Virtue Ethics*

Com demasiada freqüência, a ética dos negócios é vista como um conjunto de imposições e limitações, obstáculos ao comportamento de negócios, e não como a força que motiva esse comportamento. Se a ética é assim concebida, não é surpresa que muitas pessoas nos negócios a encarem, assim como aos eticistas com desconfiança, como antagônicos se não antitéticos a seu empreendimento. Compreendida de forma correta, porém, a ética não consiste e não deve consistir de um conjunto de princípios ou regras proibitivos, e a virtude de uma ética da virtude é ser, ao contrário, parte intrínseca e força motora de uma vida bem-sucedida e bem vivida. Sua motivação não depende de introspecção e deliberação elaboradas, mas do fluxo fácil das relações interpessoais numa companhia que respeita e honra as virtudes e condena (e demite) o vício. Na visão aristotélica, viver bem, ter êxito e ser feliz já incorporam a ética, não como um conjunto de limitações contrárias às nossas inclinações, mas como um conjunto de virtudes que, sendo parte de nosso caráter, está em fina sintonia com nossas inclinações. Os negócios são dirigidos pelas virtudes, assim como pela necessidade de obter lucro, e essas virtudes, em vez de obstáculos, são o padrão supremo nos negócios. Qualquer pessoa pode ganhar dinheiro numa sociedade em que a maioria ainda presume que os outros são honestos e se deixam levar por ilusões ("um preço inacreditável"). No entanto, o que importa é *como* se ganha dinheiro, e não se pretende em primeiro lugar ser rico, mas ser bom e respeitado. As recompensas virão, mas isso não significa que elas sejam o sentido e o propósito do empreendimento. Seria um clichê dizer que a virtude é sua própria recompensa, mas o que isso sugere não são os prazeres da decência, mas uma estratégia ótima para a felicidade que compreende suas prioridades, seus fins e seus meios.

As virtudes são essencialmente traços sociais, ainda que nossa visão de um modelo de virtude seja, muitas vezes, um homem ou uma mulher sozinhos. Uma virtude convém a pessoas num tipo específico de comunidade. Pode provocar animosidade e oposição temporárias (por exemplo, quando alguém usa sua liberdade de expressão para atacar de forma corajosa e sincera uma política pública popular mas falha ou injusta), mas é, contudo, essencial para a vida da comunidade e socialmente aprovada. David Hume e, mais tarde, Adam Smith definiram virtude como um traço especial de caráter agradável tanto para os outros quanto para nós mesmos. Pode ser que isso seja um pouco delicado demais — o produto da visão "cavalheiresca" em excesso das virtudes e do hedonismo modesto que dominava a ética em Edimburgo —, mas capta de fato o caráter essencialmente social das virtudes, que não é apenas bom para os negócios (sociabilidade, honestidade), é essencial à própria vida de negócios (confiança, fidedignidade). As virtudes estão para os que produzem e distribuem produtos como a qualidade está para tais produtos. E no seio da corporação, não precisamos e não deveríamos pensar as virtudes como traços particularmente nobres e notáveis. Elas são as formas comuns do intercurso diário, a cortesia de uma conversa casual, a confiança que está por trás de cada promessa ou garantia informais. Enfatizar a virtude não é, portanto, atribuir um valor especial ao heroísmo ou à santidade. É enfatizar o conhecido — a harmonia complexa e o respeito mútuo que tornam a companhia eficiente e bem-sucedida. O teste da virtude, assim concebida, é "manter-se em harmonia", não no sentido tímido, conformista ou apenas estratégico de "seguir juntos", mas no sentido muito mais importante de ter em mente a comunidade mais ampla e seu bem-estar. Isso não se opõe à integridade, mas é inerente a ela. Muitas vezes pensamos na integridade como a virtude que nos separa dos outros. No que se segue, quero interpretar tal "completude" precisamente em termos de sensibilidade de grupo e harmonia social, ou aquilo a que, numa metáfora mais esportiva e menos musical, costumamos chamar de "espírito de equipe". Mais uma vez, longe de ser uma argumentação contra a individualidade ou a excelência, esta é a base de ambos.

Uma virtude, segundo Aristóteles, é em si mesma uma excelência; talvez não uma habilidade ou talento muito especializados (como ser um bom carpinteiro ou um jogador de basquete), mas uma maneira exemplar de conviver com as pessoas, uma maneira de manifestar, em nossos próprios pensamentos e ações, os ideais e objetivos de toda a comunidade. Assim, a honestidade é uma virtude não por ser uma habilidade necessária para qualquer esforço específico ou por ser "a melhor política" na maioria das situações sociais, e sim porque representa o ideal de negócio limpo, obediência às regras, conhecimento comum e investigação aberta. O que é público é provavelmente lícito e o que é escondido, provavelmente perigoso. Da mesma forma, a coragem é uma virtude não só por requerer um talento especial ou porque "alguém tinha de fazer isso", mas porque todos nós acreditamos (com variados graus de compromisso) que os indivíduos devem defender o que é importante para eles. Todavia nem todas as virtudes precisam ser tão sérias ou tão centrais a nossa idéia de integridade. Aristóteles arrolou encanto, espírito e um bom senso de humor como virtudes, e acredito que provavelmente concordaríamos. Sem dúvidas, as circunstâncias em que a sociabilidade é uma virtude central ou em que a coragem torna-se cardeal serão muito diferentes, mas só uma organização perturbada exige as virtudes mais heróicas o tempo todo e não tem a segurança e o ócio relativos para desfrutar as virtudes que fazem a vida valer a pena, em vez daquelas necessárias para a mera sobrevivência. Com efeito, parte da insensatez das conhecidas metáforas militar, da máquina e da selva nos negócios é que todas elas compreendem a vida de negócios como algo ameaçador e implacável. A verdade, entretanto, (até mesmo nas forças armadas e na selva), é que há tréguas longas e por vezes relaxadas, há necessidade de brincar e de divertimento tanto quanto de diligência. A camaradagem e as virtudes do "entrosamento" são tão importantes para a sobrevivência do grupo quando a coordenação requerida pela luta conjunta. Temos razões para querer sobreviver além da pura obstinação darwiniana, e o fato de saborearmos e apreciarmos a harmonia social de nossas vidas e de nossos trabalhos é uma delas. Um dos argumentos mais poderosos, apesar de mais ignorados, contra incorporações hostis e fusões inamistosas é o desejo por parte dos membros de uma comunidade corporativa de manter aquela comunidade, e isso não é o mesmo que executivos. "Lutando para manter seus empregos."

O fato de muitas das virtudes serem virtudes de sociabilidade sugere que não deveríamos insistir na virtude como uma categoria particularmente "moral". Tampouco é óbvio que devamos traçar uma distinção nítida entre virtudes morais (como honestidade) e virtudes não-morais (como presença de espírito). Muitas virtudes (como lealdade e generosidade) parecem ambíguas em termos de moralidade, e a própria noção de "moralidade" foi tão distorcida — após ser combinada por um ou dois séculos com uma concepção de moral demasiado especializada e fundada em princípios e confundida com questões muito restritas de comportamento (em particular comportamento sexual) — que talvez tenha deixado de ser um termo útil para a compreensão das sutilezas da harmonia social. O importante é antes o lugar de uma virtude (ao lado de outras) na vivência de uma vida significativa e realizada, e o que é importante para uma virtude dos negócios é seu lugar numa vida produtiva e significativa: E isso não quer dizer simplesmente "de que modo ela contribui para o saldo final?" Quer dizer, isto sim, "de que modo ela contribui para a harmonia social da organização? Ela revela os melhores ideais da organização? Torna um empregado ou administrador 'completo' ou o divide, isolando um aspecto de sua personalidade de outro, deixando uma parte para se desculpar ou se envergonhar diante da outra?" Poderíamos especular que as virtudes mais "morais" são aquelas que, quando violadas, põem a pessoa numa posição de "desgraça" aos olhos de seus pares. (Ter um péssimo senso de humor, por outro lado, é com certeza indesejável, mas está longe de ser uma desgraça.) Esta, porém, é uma descrição em grande parte negativa do caráter, e note que a própria palavra "desgraça" sugere as origens religiosas de muito de nossa concepção de moralidade. Apesar disso, a desgraça não é um teste adequado nem mesmo para as virtudes morais, por mais essencial que possa ser para a vida moral.[1] Provavelmente seria melhor enfatizar a importância das virtudes, não de sua violação. Embora muitos moralistas insistam no contrário, parece que as virtudes da sociabilidade são tão essenciais para o bem-estar da corporação quanto as virtudes morais. Em geral, perdoamos certa dose de exagero e fabulação no interesse do humor, e reconhecemos no Falstaff de Shakespeare, por exemplo, um caso do princípio convincente de que uma exibição de humor pode por vezes ganhar prioridade sobre a bravura. Tendemos a ser absolutistas em excesso acerca de certos princípios morais, e o custo desse absolutismo é a negligência das virtudes da sociabilidade e uma conseqüente aridez tanto na vida social quanto no discurso ético.

É lamentável que, a tortuosa história da moral tenha resultado numa ambigüidade que confunde o termo "virtude". Por um lado, virtude é um traço específico do caráter de uma pessoa, como honestidade, espirituosidade, generosidade ou encanto social. Por outro, fala-se de maneira genérica e abrangente da "virtude" de uma pessoa e fala-se de "virtude" em geral, usando a palavra como sinônimo de "moralidade". (Kant, por exemplo, usa a palavra "virtude" dessa forma.) É claro que uma pessoa que tem virtudes será provavelmente virtuosa, e uma pessoa virtuosa terá sem dúvida pelo menos algumas virtudes. Ainda assim, as duas concepções são distintas. Uma pessoa pode ter muitas virtudes mas, não obstante, levar uma vida tão desregrada e anticonvencional (mesmo que não assuma qualquer i-moralidade propriamente dita), que já não seja possível chamá-la "virtuosa". Por outro lado, outra pessoa, talvez por medo de punição e inibição geral, pode levar uma vida inteiramente virtuosa no sentido moral e no entanto não passar de uma pessoa muito maçante.[2] Isso deveria nos fazer parar, pois fornece uma atraente razão para preferirmos uma ética aristotélica mais ampla, que reconhece toda a série das virtudes e não fica obcecada por uma delas em particular.

É importante não ver as virtudes como meros casos de princípios éticos mais gerais. Sem dúvida, qualquer virtude admitirá de maneira usual uma generalização ("seria bom se todos fossem tão generosos, honestos ou corajosos"), e, por sua própria natureza, uma virtude contribuirá para o bem comum. No entanto, ainda que as virtudes possam ser generalizadas e possam até exemplificar algum princípio geral, seria um erro pensar em exemplificar uma virtude como obediência a um princípio. "Seja honesto" é muito parecido com "não minta", exceto por que uma pessoa honesta de verdade provavelmente jamais sequer *pensaria* em mentir. Enquanto o conceito de moralidade (seja kantiano ou utilitarista) parece acarretar o uso de princípios gerais (seja "trate as pessoas como fins, não como meios" ou "sirva ao bem maior para o maior número"), é possível ter uma virtude e nunca pensar nela como tal, agindo "de forma espontânea" sempre que a ocasião apropriada surge. Assim também, é um erro associar as virtudes a sacrifício ou abnegação, embora com certeza algumas possam envolver esses aspectos. Na maior parte das virtudes, a oposição entre "eu" e "outros" não surge. Um traço que conta como uma virtude será desejável e agradável para os outros, presume-se, porque essa virtude os beneficia (e não os prejudica), mas seria errado pensar as virtudes como essencialmente "altruísticas". Uma pessoa generosa pode se deliciar com o bem-estar de outras, mas não tem de fazer isso, e se também sente imenso prazer no ato de dar (por um número indefinido de razões), isso não enfraquece nem reduz sua generosidade. Ela pode apenas *ser* generosa — poderíamos dizer "transbordante" — ou derivar grande orgulho do fato de sê-lo. Ser generoso é agir e ser motivado pela generosidade, sem dúvida, mas não é necessário fazer qualquer outra exigência para distinguir egoísmo, altruísmo e interesse pelos outros.

Se a prática das virtudes é muitas vezes espontânea e exige pouca reflexão, ela com certeza, dessa forma, não requer deliberação. Na verdade, um excesso de deliberação ("Devo ser generoso? Será conveniente deixar uma gorjeta de 20% ou posso deixa com menos?") indica a ausência da virtude em questão. Em geral, as virtudes (em contraposição à "moralidade") não dizem respeito a regras ou princípios abstratos. Muitas delas pareceriam bastante tolas se fossem precedidas pelos tipos de deliberação em que muitos teóricos morais insistem. ("A regra é que se deve ser generoso; portanto, devo dar mais"; ou "Deve-se ter senso de humor, portanto, *ria!*") Há sem dúvida algumas virtudes que envolvem princípios com clareza(em termos triviais, "ser uma pessoa de princípios"), e uma pessoa reflexiva pode de fato fazer generalizações acerca de suas virtudes ou formular várias "regras gerais". Contudo, o foco nas virtudes não está voltado basicamente para reflexões e diretrizes desse tipo. Ao contrário, a marca registrada de uma virtude é estar entranhada no caráter de uma pessoa e — talvez após anos de cultivo e prática — parecer perfeitamente "natural".

Mesmo as virtudes mais comuns, como a coragem e a temperança, acabam por ter significados muito diferentes em diferentes sociedades. A coragem, na Grécia de Homero, podia ser medida pelo comportamento vigoroso de uma pessoa no combate corpo a corpo. Na atualidade, mencionamos a coragem em geral no contexto da "coragem de sustentar as próprias convicções", o que é uma coisa bem diferente. O presidente John F. Kennedy escreveu outrora um livro intitulado *Profiles in Courage*, mas a coragem de muitos políticos nos nossos dias não lhes permite sequer enfrentar o risco de tentar uma reeleição. Essa não é a mesma virtude da coragem exibida por Aquiles ao enfrentar cem troianos na batalha. De fato, poderíamos até ser levados a perguntar se os dois usos da palavra "coragem" têm muito em comum. No entanto, esperamos certa concordância com relação às virtudes mesmo em sociedades muito diferentes, em parte, é claro, porque os parâmetros mais amplos da vida humana (vulnerabilidade física, a necessidade de comer, beber e dormir, necessidade do próximo, consciência da morte) são comuns a todos nós. Entretanto, podemos e devemos esperar muitas diferenças significantes e por vezes fascinantes, e isso terá especial importância para nós quando tentarmos sintetizar um conjunto de virtudes que defina a vidas de negócios. Logo mais, consideraremos uma lista extensa de virtudes que é bastante diferente da nossa própria, uma lista que, como o leitor talvez adivinhe, vem de Aristóteles. Ele canonizou para sempre as virtudes de uma sociedade ateniense muito particular, num momento muito particular de sua história. É importante ter em mente que a Atenas de Aristóteles já era a

Grécia da *Ilíada* de Homero, não mais uma tribo rude em conflito com outras tribos rudes, mas uma *polis*, uma cidade-Estado livre e sofisticada (em relação a qualquer outra sociedade na história antiga), com um governo relativamente representativo e uma rica herança de arte, de filosofia e da arte da política. A coragem na batalha ainda era uma virtude importante — com efeito, a primeira virtude que Aristóteles menciona —, mas não era em absoluto a única ou a mais importante. Aquiles e Agamenon, dois heróis da Guerra de Tróia, teriam sido considerados bárbaros na Atenas de Aristóteles.

O fato de uma virtude dever ser considerada boa no contexto de uma sociedade específica significa que as virtudes variarão de um contexto para outro, seja por servirem a alguma função prática específica (ter tino para os negócios no mundo corporativo, ou saber lidar com cobras num viveiro de cobras), seja por fazerem apelo ao ideal ou *telos* particular de uma cultura (ser devoto numa sociedade religiosa ou ser produtivo e eficiente no escritório). Ser capaz de esgrimir bem ou ser o mais rápido gatilho do Oeste deixaram de ser virtudes nos Estados Unidos do fim do século XX. No máximo, seriam habilidades lucrativas em Hollywood. Ser um exímio programador de computador é um talento que não teria sido uma virtude durante a Guerra de Tróia, e um senso de humor excelente não teria sido uma virtude num mosteiro carmelita medieval. Filósofos afirmaram muitas vezes que a moralidade é em parte definida por sua universalidade, mas poucos eticistas foram tentados a dizer o mesmo sobre as virtudes. Na realidade, o que há de mais notável com relação às virtudes é o grau em que variam de uma cultura para outra e ao longo da história. Atribuímos suprema importância ao senso de humor; temos dificuldade em admitir o fato de que há sociedades em que nossa risada por vezes estridente seria considerada, além de tola, irritante. Nós, por outro lado, reprovamos a tragédia e a preocupação exagerada com a morte, mas há muitas culturas em que atitudes e comportamento adequados em face da morte são cruciais, impregnando toda a da vida.[3] As atitudes em relação à comida e ao sexo variam uma enormidade de cultura para cultura, e o que é considerado gula e perversidade numa cultura é um comportamento normal e desejável em outra. Até a simpatia, que consideramos uma virtude, varia de maneira considerável de uma cultura para outra, pois nem toda sociedade se orgulha de ser tão "aberta" como a nossa. O que os norte-americanos chamam de "simpatia" é percebido em muitas partes do mundo como tolice, e é extremamente comum entre norte-americanos declarar outro povo "inamistoso" porque a intimidade imediata com turistas ianques pródigos não se produziu. Mesmo nesse caso, porém, apesar dos hinos de louvor muitas vezes piegas à amizade que proliferam na imprensa e nos acampamentos de fim de semana, é um dito freqüente nos negócios, como na política internacional, que não existem amigos, só interesses. Isso é, acredito, um sério erro (na política como nos negócios), mas nos lembra que não se pode simplesmente tomar a natureza das virtudes nos negócios como ponto pacífico. Seria possível, como algumas pessoas insistem em dizer, que as virtudes dos negócios não são como as do resto da vida, que exigem uma improbidade e brutalidade que em outras esferas (por exemplo, com amigos ou na vida em família) seria considerada intolerável?[4]

Para compreender a complexidade das virtudes dos negócios devemos nos lembrar desde o início que as virtudes, sendo dependentes do contexto, são determinadas não só pela prática muito geral e heterogênea dos "negócios", mas por papéis e circunstâncias específicos. Um pequeno lojista vê-se numa situação muito diferente da de um vice-presidente executivo encarregado de operações num grande banco comercial, e é tentador dizer que talvez não haja quase nada que eles partilhem e virtude alguma apropriada para ambos. Todavia, certas virtudes abrangentes ou obrigatórias, em especial a honestidade e a confiabilidade, serão, apesar de tudo, essenciais para ambos, tendo um significado bastante amplo.[5] Seria possível sugerir (com cautela) que a coragem deixou de possuir esse *status* "obrigatório", tendo passado a ser valorizada apenas em situações um tanto extraordinárias. Mesmo assim, embora valorizemos a coragem diante de ameaças calamitosas, em geral não condenamos a falta de coragem (o que é o mais das vezes reclassificado como "prudência" ou "expediente" — a "precaução" de Falstaff em vez de covardia). A coragem continua sendo uma virtude, sem dúvida, mas tornou-se uma virtude extraordinária, que depende de contextos especialmente ameaçadores. Tornou-se também uma espécie de virtude especializada, quase uma habilidade, a ser "alugada" em tempos de crise. Contudo, as virtudes, embora dependentes de contexto, não são apenas habilidades ou talentos especializados, e em adição às virtudes técnicas específicas a certos papéis e profissões (capacidade de calcular com rapidez em contabilidade, afável poder de persuasão em vendas), há virtudes genéricas que merecem ser chamadas "virtudes de negócios". Confiabilidade e integridade seriam dois bons exemplos, e, embora suas aplicações possam ser muito diferentes para nosso lojista ou nosso graduado vice-presidente, parece não haver dúvida de que as virtudes são elas mesmas apropriadas e importantes para ambos. O que torna as virtudes dos negócios problemática não é a enorme variedade e complexidade da vida de negócios, mas a confluência e o conflito tremendo existente entre tipos muito diferentes de virtudes.

Notas

1. Mais adiante nesta discussão, enfatizarei de maneira similar a importância da estranha virtude aristotélica da *vergonha*. A idéia não é que seja desejável envergonhar-se, é claro, mas que, para se ter um caráter virtuoso é preciso antes de mais nada possuir a capacidade de se envergonhar. Como diz o provérbio etíope, "Onde não há vergonha, não há honra". A diferença entre vergonha e desgraça, contudo, é significativa aqui. A desgraça sugere desonra perante Deus. A vergonha é secular e sugere antes "decepcionar" seus colegas e outros que confiavam em você.
2. Isso evoca vários personagens de Jane Austin, em especial o insuportável mas corretíssimo Mr. Collins, de *Orgulho e preconceito*.
3. Os egípcios antigos são um exemplo notável, embora distante.
4. Em especial, Alfred Carr, em seu famigerado "Is Business Bluffing Ethical?". Mas mesmo aqueles críticos que não se deixaram enganar pela argumentação canhestra e falaciosa de Carr, deixaram em aberto a possibilidade de as virtudes dos negócios se assemelharem de fato mais às do jogador de pôquer que às do pastor.
5. A classificação das virtudes morais "obrigatórias" foi tomada de Edmond Pincoffs, *Quandaries and Virtues*.

CAPÍTULO 18 Virtudes aristotélicas: o guerreiro, a moral e os negócios

> [George] Washington, praticamente desde o instante de sua morte, tornou-se uma lenda que simboliza (entre outras coisas) a "superioridade" dos líderes militares americanos sobre oficiais estrangeiros por causa de sua grande força de caráter.
>
> ERNEST GREENWOOD, "Attributes of a Profession"

Metáforas militares sugerem virtudes militares, e se a vida dos negócios for de fato o mundo brutal e heróico da *Ilíada* de Homero, e se as corporações forem tribos em conflito moral umas com as outras, seria de esperar que as virtudes dos negócios fossem aquelas associadas de forma mais estreita ao combate, não só força e proeza mas coragem, impermeabilidade à dor ou à piedade, temor (isto é, a capacidade de atemorizar outros, não de se atemorizar). Seria de esperar que o guerreiro tivesse uma personalidade apropriadamente insensível, hábitos sociais bastante canhestros e um ego enorme. Como não é de surpreender, essas são precisamente as virtudes louvadas com freqüência por altos executivos e atribuídas a eles, em geral (mal) sintetizadas numa única palavra: "combatividade". No entanto, é claro, metáforas guerreiras dependem de uma situação belicosa, e fizemos considerável esforço para rejeitar essa visão da vida dos negócios corporativos como sendo patológica e enganosa.[1] E a maioria dos diretores executivos, embora "combativos", não se enquadram em absoluto nessa imagem. Considere, em vez desta, a imagem muito diferente em que a corporação seria como uma *polis* rica e próspera, com considerável orgulho de seus produtos, sua filosofia e sua cultura corporativa. Ainda existiriam ameaças externas e alguma batalha ocasional, mas isso já não seria a preocupação rotineira da comunidade. A coragem poderia continuar sendo uma virtude importante, mas a maioria das outras virtudes de guerra e as características típicas de sua personalidade pareceriam grosseiras e estúpidas, inadequadas à maioria das situações sociais e absolutamente embaraçosas em algumas. As virtudes, numa sociedade assim, tenderiam a ser virtudes corteses, amáveis, aquelas que lubrificam uma vida social rica e agradável. E estas seriam da mesma maneira aplicáveis ao diretor executivo e ao estivador ou ao caixa do guichê de saída. Considere, com isso em mente, a lista clássica das virtudes de Aristóteles:[2]

Coragem	Simpatia
Temperança	Veracidade
Liberalidade	Espirituosidade
Magnificência	Vergonha
Orgulho	Justiça (uma virtude muito geral)
Bom Gênio	Honra (uma virtude pública)

A lista de Aristóteles não inclui as virtudes militares, exceto a coragem, que ele descreve como uma virtude ocasionalmente necessária, mas nem de longe a central. Muito mais importante é a justiça — que na mentalidade do guerreiro significa apenas "ao vitorioso, os despojos", mas na sociedade cortês envolve deliberações complexas sobre mérito, necessidade, *status*, igualdade e eqüidade. De suprema importância é a honra, que é menos uma virtude em si que a soma das virtudes, o caráter que se tem como uma pessoa virtuosa. Sem dúvida um guerreiro poderia lutar por sua honra, mas em geral entendemos por isso ele foi desafiado em sua capacidade de lutar, ou em sua disposição ou prontidão para a luta. A honra, para Aristóteles, tem muito mais a ver com a reputação que uma pessoa tem na sociedade, sendo reconhecida como justa e generosa, e em vez de como um sovina, por exemplo, e não humilhando os demais com exibições lascivas ou excesso de comida, música ou bebida. Tomando isso como uma descrição não da cidade-Estado grega, mas da corporação, podemos reconhecer aqui um grande número das virtudes atribuídas aos melhores executivos, que são sóbrios e, não raro, surpreendentemente modestos, generosos com seu tempo e dinheiro, preocupados acima de tudo com a própria reputação e a da companhia (honra) e avessos a arriscar qualquer ação que poderia ser humilhante. Da mesma maneira, virtudes como encanto, espirituosidade e simpatia são reconhecidas como muito importantes. É provável que ninguém tenha galgado um posto executivo graças apenas à espirituosidade, mas poucos chegaram lá sem ela. É necessário comandar e comandar com eficiência, é evidente, mas é mais importante comandar não como um Aquiles ou um Agamenon, investindo por conta própria em meio aos troianos em debandada, mas como um ser humano admirável e inspirador. Apesar do que dizem os *bestsellers*, Gêngis Khan e Átila, o Huno, não seriam líderes corporativos de sucesso hoje. O executivo de sucesso tampouco teria muito o que aprender com Maquiavel.

Entretanto, não estamos numa sociedade aristotélica, e a corporação não é apenas uma *polis*. O mundo homérico do guerreiro existiu três mil anos atrás e o mundo de Aristóteles há bem mais de dois mil. Desde então, muita coisa aconteceu, e assim como as circunstâncias sociais mudaram, mudou também nossa concepção das virtudes. E o que aconteceu, para condensar milhões de eventos e páginas em uma ou duas frases, foi a dominação do cristianismo e a ascensão do indivíduo. Juntando essas duas coisas (com efeito, nosso conceito de indivíduo origina-se em grande parte da concepção cristã da alma individual), obtemos, entre muitos outros aspectos do mundo moderno, a concepção singular de João Calvino da salvação individual e de sua manifestação no sucesso mundano, e a noção revolucionária de Adam Smith de que o empreendimento individual serve ao bem comum. Calvino incorporou a sua filosofia grande parte das virtudes cristãs tradicionais, embora tenha alterado a visão de mundo da religião para dar amplo espaço aos negócios. Adam Smith, é claro, também foi um bom cristão. Nos fundamentos de seu modelo da livre empresa, residia uma concepção profundamente social e solidária da natureza humana, e também ele era muito preocupado com as virtudes cristãs e com a maneira de adaptá-las à economia em rápida expansão do século

XVIII. Todavia, essas virtudes, embora apropriadamente corteses para uma burguesia escocesa cavalheiresca, já não eram virtudes aristotélicas. As virtudes de guerra haviam desaparecido por completo (a coragem era agora apenas uma virtude doméstica, mais enaltecida que observada), as virtudes da sociabilidade estavam relegadas a uma espécie de segundo plano, e o que hoje chamamos de virtudes *morais* havia passado a ser primordial. Até a combatividade, como veremos, pode ser mais bem compreendida como uma virtude moral — similar à coragem moral — do que como uma virtude de guerra.

Aristóteles usou a palavra "moral" querendo dizer simplesmente "prático". Com a tradição judaico-cristã, porém, as palavras "moral" e "moralidade" assumiram significados opressivos e até cósmicos. A moralidade era aquele código que nos foi dado (ou imposto) por Deus. Referia-se não às coisas que tornam a vida agradável ou amena, mas a um pequeno conjunto de elementos essenciais, regras que não devem ser violadas em circunstância alguma. A moralidade foi dissociada de sua base social, a *polis* presumida por Aristóteles, e tornou-se cada vez mais um interesse de Deus e do indivíduo e só secundariamente da sociedade. Assim as virtudes passaram a ser identificadas com a moralidade individual e, no final do século XVIII, cada vez mais com as regras abstratas da razão que ditavam a moralidade universal, um desdobramento natural da ética dos Dez Mandamentos. E, tal como os Dez Mandamentos, as virtudes passaram a ser uma matéria mais de abstenção do que de excelência e a dizer respeito antes ao modo de "ser uma boa pessoa" que à sociabilidade. Uma boa pessoa, dependendo da severidade de sua criação moral e religiosa, não mente, não trapaceia, não pratica desonestidades, não bebe nem come em excesso — não só para evitar a humilhação social como para não manifestar o descontrole ou a autocomplacência que são sinais seguros de uma personalidade fraca ou corrupta. Também aqui, vemos as virtudes de que se orgulham muitos dos mais graduados executivos de nossas maiores corporações.

Poderíamos insistir, apenas para solapar a argumentação que pareço desenvolver aqui, que as virtudes de guerra, as virtudes da sociabilidade (aristotélicas) e as virtudes morais são de fato perfeitamente compatíveis, não havendo razão para que um Lee Iococca, por exemplo, não possa exibir a combatividade de um guerreiro, o refinamento aristotélico e a decência cristã. De fato, este é o caso. O que proponho, porém, não é que esses três conjuntos de virtudes são incompatíveis em si, mas sim que nos apresentam três contextos bastante distintos e três estruturas éticas diferentes, e compreender a ética dos negócios é compreender a confluência, as prioridades e os conflitos potenciais entre eles. Quando se dá excessiva atenção a batalhas corporativas e às virtudes de guerra, a harmonia social no interior da corporação pode se tornar uma aliança histérica baseada no desespero, e o senso de integridade pessoal dos envolvidos pode ser ameaçado ou danificado de maneira fatal. O excesso de atenção às virtudes da sociabilidade pode de fato "amolecer" uma companhia, tornando-a menos competitiva, e um senso exagerado de decência em detrimento da sociabilidade e da competitividade pode, sem dúvida, levar uma companhia a se fragmentar em milhares de pequenos moralistas rígidos, incapazes de trabalhar juntos. Contudo, o que torna a estrutura deste livro aristotélica é precisamente a ênfase na perspectiva que o próprio Aristóteles tinha das virtudes, em que é a cooperação, e não um senso individual isolado de auto-estima, que define as virtudes mais importantes, em que as virtudes de guerra desempenham um papel essencial, apesar de reduzido, em que o bem-estar da comunidade caminha de mãos dadas com a excelência individual, não por virtude de alguma "mão invisível", mas por causa da consciência social e do espírito público de cada um dos indivíduos.

Uma das coisas dignas de nota na lista das virtudes de Aristóteles é que ela inclui tanto virtudes morais quanto virtudes da sociabilidade, enfatizando a importância de pensar sobre a ética como sendo, em essência, um interesse dependente da comunidade e interpessoal. Da mesma forma, na ética dos negócios, a visão aristotélica concebe a ética não como uma imposição de cima (da razão ou da lei divina), nem como uma questão de consciência e escrúpulo internos e individuais, mas como um conjunto de virtudes e valores formados pela prática dos negócios e cultivados (quer sejam ou não formulados) pela comunidade dos negócios. A lista de Aristóteles inclui também virtudes que em geral não veríamos como tais: orgulho, por exemplo. Somos mais propensos a ver o orgulho como um vício ou, na melhor das hipóteses, como um tipo de defesa. O mais perto que chegamos de compreender essa virtude Aristotélica é em nossa acusação: "você não tem orgulho?" No entanto, é claro que Aristóteles tem em mente mais do que a relutância de uma pessoa em se humilhar. Ser orgulhoso é ver-se em termos de suas realizações e valorizá-las. Não significa ser esnobe, presunçoso e condescendente. Conjugado a uma gratidão apropriada (com demasiada freqüência confundida com humildade), o orgulho é fundamentalmente uma virtude comunal, não apenas uma atitude individual. Na corporação, o orgulho desempenha um papel peculiar mas central nas virtudes. Orgulho do produto, orgulho da companhia, orgulho das pessoas com que se trabalha — tudo isso, além de ser aceitável, é o ideal de todo funcionário, gerente ou executivo de uma corporação.

A busca da excelência é esperada, é claro, exceto nas companhias ou departamentos perturbados que, apesar de seu *status* de livre empresa, teimam em seguir o velho modelo europeu-oriental da mediocridade mutuamente estimulada (e imposta). A busca da excelência, por sua vez, requer o reconhecimento da excelência e, no caso de nosso próprio trabalho, nosso próprio reconhecimento de um serviço bem feito. Entretanto, nesse ponto a virtude do orgulho pára de repente. Falar sobre a própria excelência ou, pior, alardeá-la é mesmo considerado um vício grave, em algumas circunstâncias, suficiente para enfraquecer qualquer reconhecimento que a pessoa teria merecido por seu feito original. Percebemos, todavia, que a humildade não consta da lista de Aristóteles, e podemos estar certos de que não teria figurado na lista de virtudes de Agamenon. Nosso senso da virtude presume uma modéstia pessoal, o que talvez explique nossa grande dificuldade em lidar com a excelência, mesmo tendo-a em tão alta conta.

Quase todas as virtudes de Aristóteles são reconhecíveis como virtudes dos negócios, e isso, é claro, não surpreendente. Os negócios são, acima de tudo, uma atividade social que envolve o trato com outras pessoas tanto em situações estressantes quanto amistosas (e a tentativa de fazer as primeiras se assemelharem às últimas). Apesar de nossa ênfase no pragmatismo e no saldo final, não valorizamos e, muitas vezes, desprezamos a avareza e enaltecemos a generosidade "magnânima". Essas virtudes, porém, podem nos enganar. Não elogiaríamos um executivo que "entregou a firma de bandeja"; ao contrário, pensaríamos que não estava em seu juízo perfeito. Contudo, as virtudes, para Aristóteles, não fazem exigências radicais a nosso comportamento, e o tipo de fanatismo, se não praticado, exaltado por muitas religiões (abrir mão de todos os nossos bens terrenos) é completamente alheio à insistência de Aristóteles na "moderação". Assim, a pessoa generosa ou "magnânima" dá apenas a quantidade de bens que elevará seu *status* na comunidade. Aqui, encontraríamos a conhecida objeção de que isso não é generosidade verdadeira, pois não envolve sacrifício pessoal algum e inclui um motivo "egoísta", a busca de engrandecimento pessoal. Aristóteles, no entanto, se recusaria a reconhecer essa oposição entre virtude e interesse pessoal esclarecido, e é por nossa conta e risco que continuamos a fazê-la. A objeção aqui é exatamente igual à objeção cética levantada contra corporações generosas quando elas contribuem para programas de arte, educação e bem-estar social: "isso não passa de relações públicas." Entretanto, neste ponto, executivos (e todos os demais) fariam bem seguindo Aristóteles e rejeitando a idéia de que a "verdadeira" generosidade é sacrifício pessoal e de que a generosidade que beneficia quem a pratica é "só relações públicas". Há ocasiões para se pedir sacrifícios pessoas, mas insistir em que tal ação tão extremada é essencial para as virtudes é negar a relevância que elas têm para a vida dos negócios e para a maioria das demais áreas.

Da mesma maneira, o que Aristóteles chama de "temperança" não tem em absoluto o sentido de abstinência que damos a essa palavra; de fato, Aristóteles e seus amigos olhariam com desprezo e veriam como um chato insuportável alguém que se recusasse em princípio a se entregar ao vinho e à música. Essas virtudes são, para Aristóteles, virtudes sociais da sociabilidade, não virtudes morais (em nosso sentido opressivo), e ser amistoso e reforçar o senso de camaradagem é muito mais desejável do que assumir uma postura moralista. O homem que bebe demais e grita nas ruas pode ser um embaraço para si mesmo e para seus amigos, mas não faz qualquer ofensa específica aos deuses (que, muito provavelmente, se divertiriam). A temperança é temperada pela camaradagem e a comunidade; não é um mandamento emanado de Deus ou um ditame absoluto da consciência. Havia, é evidente, o vício grego especial, *hubris*, que não deveria ser entendido como mera bazófia ou falta de modéstia, mas como um desafio real aos deuses. Todavia, esse era um vício orientado de maneira característica para os deuses e, portanto, muito diferente dos outros. A ética de Aristóteles se ocupa da comunidade. Onde identificaríamos vícios basicamente em termos de violações de princípios explícitos de moralidade, Aristóteles ressaltaria o fato de serem ofensas sociais e violarem a razão comum. Na ética dos negócios, esse senso é primordial. O único requisito deve sempre ser que a comunidade de negócios não é o árbitro isolado das virtudes e valores apropriados nos negócios.

Antes de seguirmos adiante para explorar a idéia de "virtudes dos negócios" propriamente dita, deveríamos tirar um momento para contestar o que pode na realidade ser uma objeção crescente na mente do leitor: toda essa ênfase na comunidade e a rejeição de valores "impostos de fora" não poderia estar levando à aceitação não-intencional, mas ainda assim inevitável, de uma comunidade patológica dentro da qual fossem perdoadas até as práticas mais vis? Com efeito, a *polis* do próprio Aristóteles parece fornecer um exemplo desse tipo. Quase metade da população de Atenas era de escravos, e a próspera economia da cidade-Estado — a vida de ócio de seus estadistas e filósofos — só era possível graças à instituição da escravidão. Não precisaríamos de padrões impostos de fora para proibir tais abominações? Suponhamos que toda a comunidade de negócios admitisse que o uso de trabalho infantil barato do Terceiro Mundo fosse uma maneira aceitável de baixar os preços de bens manufaturados. Não deveria tal prática ser universalmente condenada? Se não pela própria comunidade dos negócios, por algum agente externo?

Esse é, sem dúvida, um argumento decisivo para qualquer defesa da abordagem aristotélica, e uma das censuras feitas à própria ética dos negócios (pela esquerda) é que ela não se mantém a suficiente distância da comunidade de negócios, sendo por isso incapaz de criticar todo o mundo dos negócios e suas práticas "a partir de fora". Contudo, de onde deveria vir a crítica moral à comunidade de negócios? E para tomar o exemplo mais extremo, como poderia alguém contestar a instituição da escravidão se toda a comunidade de negócios (ou pelo menos uma grande maioria) a aprovasse?

Nossa primeira resposta, como seria de esperar, é insistir mais uma vez em que a comunidade em questão nunca é uma indústria isolada, ou uma companhia ou mesmo a comunidade de negócios. Os negócios são parte e devedores da sociedade mais ampla, e a comunidade de negócios é parte de uma comunidade maior. Há limites severos, portanto, para o grau em que as práticas de negócio podem se desviar das práticas sociais mais gerais e dos preceitos sociais básicos. É claro que os negócios, como os esportes, podem perdoar uma espécie de brutalidade que seria de todo inaceitável fora do ringue ou do campo de jogo, mas um ingrediente essencial em todas essas práticas é que todos os participantes concordaram com a brutalidade envolvida e estão preparados para ela. Isso elimina, porém, a ameaça de escravidão e de exploração do trabalho infantil, no primeiro caso porque não podemos imaginar que escravos, se pudessem escolher de verdade, concordariam eles mesmos com a escravidão, e, no segundo caso, porque crianças (e não só elas) não são adequadas ou não estão "preparadas" para as condições inclementes da manufatura — ainda que só por merecerem uma infância.[3] Além disso, como os valores da comunidade de negócios são, em sua maior parte, os valores da sociedade mais ampla, há valores "internos" que determinam a justiça de práticas desse tipo. Isso talvez não ocorresse em Atenas, mas, nos Estados Unidos, o princípio de que todos são criados iguais já foi estabelecido e muito debatido pelos formuladores da Constituição, por mais tempo que seus sucessores tenham levado para aplicá-lo aos escravos. E isso significa que a escravidão era um erro, mesmo que não fosse reconhecida como tal pelas pessoas que se envolviam em sua prática.[4] Da mesma maneira, os negócios envolvem-se às vezes em práticas exploratórias que são erradas, não apenas do ponto de vista "externo", mas em virtude da sensibilidade igualitária e do senso de eqüidade partilhado por sua própria comunidade.

Para criticar e atacar essas práticas, não é necessário, portanto, uma imposição externa de valores ou princípios. É claro que a possibilidade remanescente de toda uma sociedade, não apenas uma comunidade ou um conjunto de práticas em seu seio, tornar-se cancerosa, e embora isso não seja um problema que diga respeito de maneira específica à ética dos negócios, é uma possibilidade que não deve em absoluto ser encarada de forma leviana. Minha resposta, sem ser romântico ou utópico é que existe algo que se chama comunidade humana, e nosso comportamento tem certos fundamentos no que denominamos "natureza humana". É com referência a esses parâmetros amplos que se pode, sem humildade intelectual, criticar o fascismo e os abusos dos direitos humanos, bem como aqueles abusos cometidos pela comunidade multinacional de negócios que não parecem ser facilmente contidos nos limites de uma única sociedade.[5] O que me interessa neste livro, no entanto, não são essas questões globais, são as questões tipicamente locais. A visão aristotélica pressupõe uma estrutura mais ampla que conta com nossa aprovação geral. (Há pouco a dizer em defesa de negócios a alguém que rejeite a própria idéia de uma sociedade de negócios). E essa estrutura mais ampla tem tudo a ver com a função e os objetivos reais dos negócios na sociedade.

Notas

1. Para conhecer boas discussões da problemática virtude da combatividade em posições de liderança, recomendo William Galston, "Toughness as a Political Virtue", e Thomas Nagel, "Ruthlessness in Public Life".
2. A discussão acerca da lista de virtudes de Aristóteles que se segue é adaptada de meu *Ethics: A Short Introduction*, pt. III, com a permissão do editor.
3. Há enormes discussões, é claro, sobre as atitudes com relação à escravidão entre os escravos na América do Sul antes de 1863. Parece óbvio, porém, que a aceitação de uma instituição por não se ter recebido uma educação sobre suas opções e alternativas na vida não pode ser considerada uma "concordância" com os termos da escravidão, e embora seja possível argumentar da mesma forma (após o conveniente intervalo de dois mil anos) que os escravos de Atenas aceitavam a instituição da escravidão em suas próprias províncias e só lamentavam sua própria condição de escravos, o fato de aceitarem a escravidão não significava que concordassem de maneira implícita com a própria servidão. Em Atenas e em outros lugares, o pressuposto da escravidão é sempre força e repressão, não comunidade.

4. Apenas para evitar farisaísmo regional, lembremo-nos de que a escravidão ainda era praticada em Nova York até a década de 1820.
5. Para obter uma boa discussão acerca deste tópico espinhoso, veja Tom Donaldson, *Business Ethics in the International Marketplace* (Nova York: Oxford University Press, 1990).

CAPÍTULO 19

As virtudes básicas dos negócios: Honestidade, eqüidade, confiança e combatividade

Uma avaliação sensata das organizações econômicas deve levar em conta o fato de que, sob pena de ser paralisada por revoltas recorrentes da parte da natureza humana ultrajada, a indústria deve atender a critérios que não são puramente econômicos.

R. H. TAWNEY, *Religion and the Rise of Capitalism*

Os negócios são uma atividade social, especificamente, a atividade de trocar dinheiro, bens e serviços. Podem ser, em sua forma mais primitiva, puro escambo, ou podem envolver as sofisticadas venda e compra de ações ou de títulos de futuros na bolsa de *commodities*. Entretanto, a própria idéia de troca nos negócios trouxe consigo a exigência de acordo mútuo, a expectativa de uma contabilidade honesta e de uma troca justa. É possível, é claro, haver mútuo acordo quanto a uma troca sem que as pessoas envolvidas sejam honestas, mas, nesse caso, assiste-nos o direito de indagar (é possível que na justiça) se efetivamente a troca sequer ocorreu na realidade. Assim também, podemos ter um acordo mútuo com relação a uma troca que não é justa, mas isso é razão para justa queixa e, mais uma vez, uma causa plausível de litígio. Num certo sentido, tudo o que conta no acordo mútuo é a eqüidade, e em geral os pensadores jurídicos e políticos pressupõem que um acordo entre adultos esclarecidos, inteligentes, informados e anuentes é, por isso mesmo, eqüitativo, mesmo que (vista de fora) a troca não pareça equilibrada em absoluto, e uma pessoa esteja obtendo muito mais do que a outra. Esse acordo, é claro, pode ser comprometido por coerção, ou pelo que Hobbes chamou de "força", mas, contanto que o próprio acordo não seja extorquido ou compelido, a transação é em geral considerada válida. (Há exceções extremas, como o preço elevado da medicina prolongadora da vida para doentes terminais.) A importância do acordo mútuo nos negócios é absolutamente essencial. Ele é a primeira premissa da lógica da liberdade pessoal, sobre a qual se ergue todo o edifício da livre empresa. Quando troco furtivamente seu rádio velho por um rádio-relógio digital novo em folha que sei que você quer, não estamos envolvidos num negócio, por mais que o resultado o deixe contente. Não houve acordo mútuo. Uma transação com uma criança ou com um deficiente mental ou um "trato" com seu cachorro ou com uma vaca simpática não é um negócio, por mais bem intencionado que você esteja. Não houve acordo mútuo porque não se pode presumir que havia mútuo conhecimento ou entendimento. Uma troca com um estranho envolve toda sorte de armadilhas: suposições de mútuo conhecimento e entendimento que talvez não tenham existido. (Imagine um motorista de táxi contando o troco para um turista estrangeiro que visita pela primeira vez o país.) As virtudes dos negócios são exatamente aqueles traços de caráter que tornam possível o mútuo conhecimento ou entendimento.

Em outras palavras, a própria natureza dos negócios é serem abertos e honrados, pôr nossos bens ou serviços à disposição de outros e torná-los conhecidos pelo que são, com uma aura positiva, sem dúvida, mas ainda assim com considerável precisão. A precondição dos negócios é a virtude dos participantes. Isto não é sugerir com extraordinária ingenuidade que deveríamos confiar em todo mundo. Significa apenas que, sem uma pitada de confiança e uma prática geral de franqueza e honestidade não poderia haver trocas nem negócios. Há também numerosas virtudes adjacentes envolvidas aqui, que só chamam nossa atenção quando, subitamente, notamos sua ausência. Há o reconhecimento mútuo de igual valor, o valor de uma mercadoria ou serviço, a capacidade de reconhecer, contar e dar valor ao dinheiro (da qual as crianças carecem de uma maneira engraçada). Há habilidades de comunicação presumidas, ser capaz de falar, negociar, telefonar, escrever ou enviar um fax, e, em todas essas trocas de informação, a virtude da honestidade (e secundariamente da veracidade) é essencial. Immanuel Kant dá o exemplo de uma falsa promessa de pagar um dinheiro emprestado e reflete sobre as conseqüências, caso todos fizessem o mesmo. Ele logo conclui que tais promessas se tornariam objeto de troça consideradas palavras vãs.[1] Na verdade, não precisamos refletir sobre a idéia avassaladora (e, em última análise, absurda) de "todos fazerem isso". Seria mais do que suficiente que isso acontecesse mais do que esporadicamente. Observe a reação normal de uma pessoa ludibriada numa loja ou numa compra por reembolso postal: "Nunca mais compro deles de novo!" Ser deixado na mão uma vez por uma companhia aérea ou cobrado de maneira abusiva por uma locadora de automóveis pode ser o bastante para levar uma pessoa a mudar suas lealdades de marca para o resto da vida, e a falência de um único banco, mesmo no outro extremo do país, é suficiente para abalar a confiança dos correntistas. Em outras palavras, confiança não é um sinal de ingenuidade, mas um dos pressupostos do mundo dos negócios, e probidade não é um gesto extraordinário da parte de uma companhia, mas o critério básico para sua permanência. Neste ponto, é evidente, sempre encontramos as exceções, as companhias inescrupulosas e os "negócios de um golpe só", mas, como sustentamos em nossa discussão acerca da "teoria dos jogos" nos negócios, essas exceções não devem ser tomadas como a regra geral.

Como declarei, noções como "publicidade honesta" e "verdade ao alugar" não são apenas imposições legais sobre vida de negócios, nem ideais angélicos e irrealistas para os que estão envolvidos em negócios. São de fato as precondições dos negócios e, desse modo, as virtudes essenciais para qualquer negócio. Ao lado dessas virtudes cardeais dos negócios, situa-se uma rede de virtudes comunicativas e lógicas também, em especial exigências de relevância, coerência e regularidade, as exigências de expressão clara sem ambigüidade, a capacidade de falar e de ouvir — não apenas como um instrumento de venda, mas como um elemento essencial. A queixa ruidosa e justa contra tanta coisa que se faz em publicidade hoje em dia (em especial na publicidade política) não é que e as peças derramem falsidade, mas sim que vomitam irrelevâncias, boa parte das quais de mau gosto. A reação padrão de repulsa contra o vendedor afoito não se deve tanto ao que ele diz (ninguém o ouve mesmo), mas à maneira como se apresenta, às suas repetições e, acima de tudo, a seu objetivo claramente intencional de impedir o comprador de ter um minuto para refletir e tomar uma decisão inteligente. Não que compras (em especial as grandes e pessoais) sejam normalmente feitas com muita racionalidade ou inteligência, mas o vendedor agressivo interfere em um de nossos direitos básicos como consumidores — e, mais vez, num dos pressupostos dos negócios em si —, a saber, o direito de tomarmos nossas próprias decisões idiotas sem interferência ou uso da força por quem quer que seja.

Da mesma maneira, uma das virtudes básicas dos negócios é a noção ampla que chamamos de *eqüidade*. Teremos mais a dizer sobre eqüidade mais adiante, sob o título filosoficamente mais apropriado de "justiça". Por enquanto, basta dizer que a eqüidade é menos um ideal nos negócios do que uma expectativa básica. Ela está ligada à honestidade, à probidade e à confiança, na medida em que o acordo mútuo é, nos negócios, a marca da eqüidade. Está ligada também à noção de equivalência ou "igualdade", o igual valor do que é trocado, quer se trate de mercadorias quer de trabalho ou salários. Todavia, não é como se "preço justo", "salários justos" e "rendimentos razoáveis" fossem marcados no céu, o que mais uma vez nos leva de volta à importância do acordo mútuo, que, em ponto maior, é o que chamamos de "valor de mercado". Assim, o que deve ser considerado eqüitativo é sempre em certo sentido um julgamento subjetivo, baseado não apenas nos sentimentos e necessidades individuais dos participantes imediatos, mas também na consciência coletiva mais ampla. É notável, contudo, o vigor com que esse sentido do mercado resistiu e ainda resiste. Aristóteles e Tomás de Aquino realmente escreveram como se os preços e os salários do trabalho estivessem de algum modo inscritos na natureza das coisas, e até mesmo Adam Smith (e, depois dele, Karl Marx) tentou determinar valores "intrínsecos", acima e além dos valores de mercado, para insistir em que algumas coisas (como o trabalho humano) tinham seu valor verdadeiro, mesmo que o valor de certas mercadorias fosse relegado às vicissitudes da oferta e da demanda. Sem dúvida existe o "mercado inflacionado", mas em geral isso diz respeito não a algum valor transcendental por trás do mercado, mas ao reconhecimento de que os preços e a demanda real (em contraposição à estimulação artificial) estão em desarmonia.

Eqüidade dos negócios, em outras palavras, é um certo tipo de "harmonização", um senso de valor e uma disposição a trocar valor por valor num mercado que não fornece qualquer orientação em última análise objetiva. Significa também que as habilidades de negociação estão longe de ser tão incidentais ou especiais quanto por vezes somo levados a crer. Somos enganados, acredito, pelo fato "microeconômico" de que a maioria dos bens e serviços que compramos já nos são oferecidos com uma etiqueta de preço, como se o valor já tivesse sido fixado (o que notamos sobretudo, é claro, quando ele é fixado alto demais). Contudo, a natureza do livre mercado é que mesmo os preços mais "fixados" são o resultado de uma enorme negociação, em que muitas vezes milhares de consumidores agem como um bloco, ainda que pensem estar agindo apenas como indivíduos. Isso fica mais evidente em muitos bazares no exterior, em que a própria idéia de um preço fixo (em contraposição a um preço eqüitativo) é absurda. No entanto, novamente, o que interessa em tudo isso é que a noção de eqüidade no mercado é, em última instância, função de um acordo mútuo. As virtudes da facilitação, ou o que chamamos de virtudes da sociabilidade (as virtudes aristotélicas básicas), são virtudes essenciais da prática dos negócios.

A honestidade é a primeira virtude da vida dos negócios. Honestidade, trocando em miúdos, é dizer a verdade, ser informado sobre o que está obtendo ou, pelo menos, sobre aquilo em que está se envolvendo. A honestidade não significa, porém, "exposição completa", e toda transação tem certos aspectos que devem supostamente permanecer desconhecidos ou não revelados. Toda transação envolve um certo grau de risco e incerteza, e estes podem ser até o foco da própria negociação (como em certas formas de jogo de azar e, é claro, nas transações com valores mobiliários e *commodities*). Se alguém compra um carro usado ou uma casa velha, não é razoável que espere ser informado de todas as desvantagens que está prestes a adquirir. De fato, a prática da compra de carros usados (e em menor medida de casas velhas) já está envolta em elevadas expectativas de risco e baixas expectativas de transparência. Entretanto, há limites, é claro, e, apesar de tudo, muitas expectativas. Um vendedor pode não mencionar uma caixa de câmbio instável ou um teto com potenciais goteiras, mas tem o dever de dizer a verdade se perguntado. (O filósofo romano Cícero preocupou-se com goteiras dois mil anos atrás, e, no que diz respeito a telhados, a ética dos negócios parece não ter mudado muito desde então.) Não saber a resposta para uma pergunta direta pode às vezes ser uma desculpa para não responder, mas nem sempre. Há algumas coisas que se espera que o comprador pergunte e que ele tem o direito de saber, e isso significa que o vendedor tem, por sua vez, a obrigação a descobri-las. (O registro da quilometragem de um automóvel, por exemplo, é estritamente regulado por lei, e a inspeção das casas em busca de cupins está sendo agora incluída em acordos de compra obrigatórios na maioria dos estados dos Estados Unidos.) Cláusulas de "boa-fé" com freqüência ditam o que é relevante numa negociação, mas seria um erro concebê-las como explicitamente expressas, muito menos formuladas em lei. "Comprador, tome cuidado" pode ser agora um conselho arcaico de microeconomia, mas a importância do conhecimento geral das particularidades da prática específica de que se está participando é uma virtude essencial do lado do comprador na negociação. Há outras, é claro — pagar em dia e não com cheques voadores —, mas fazer as perguntas certas e ter o conhecimento necessário para chegar a um acordo mútuo bem informado é um complemento das virtudes básicas que são esperadas do vendedor. Com efeito, uma das questões mais frustrantes na ética dos negócios é convencer o consumidor, não só o negociante, de que ele também tem obrigações e responsabilidades, e o conhecimento — e a ação com base nesse conhecimento — é primordial entre elas.

Omitir é diferente de se recusar a revelar, e isso é, por sua vez, diferente de improbidade. Como ocorre tantas vezes em questões de ética, essas distinções são feitas em preto e branco, de modo que qualquer compreensão adequada nos é vedada.[2] O contraste entre honestidade e desonestidade não é um simples contraste em preto-e-branco entre certo e errado, eles são antes (para expandir a metáfora) dois extremos num espectro ricamente colorido, em que a presença de risco e incerteza, bem como a freqüente necessidade de não dizer tudo transformam tanto o preto quanto o branco numa superfície borrada e muitas vezes ilusória de muitas cores misturadas. Na medida em que toda transação envolve algum risco, impede também a honestidade total, mesmo na resposta aparentemente direta "eu não sei". A tolerância ao risco varia, é claro. O que o farmacêutico ou o cirurgião dizem a um paciente envolve proteções e restrições que não estão presentes para o espectador de televisão que faz uma ligação telefônica gratuita para comprar o "valor surpresa da semana". Muitas vezes, a omissão significa apenas que a pergunta certa não foi feita ("você nunca me perguntou"), mas em certas ocasiões a questão pode ser considerada ponto pacífico, mesmo que nunca tenha sido considerada ("bem, você nunca me perguntou se o carro tinha motor"). A recusa a revelar quando perguntado não é necessariamente aética, é evidente, mas com certeza altera a natureza da transação. O risco deixa então ser o uma possibilidade comum, mas marginal, e passa para o centro do palco dos negócios. Assim, Carr, ao discutir o blefe nos negócios, está falando na melhor das hipóteses sobre aquele tipo de transação que já se tornou meio azeda ou foi, desde o início, um caso especial.[3] Os negócios (como muitas outras coisas na vida) podem envolver o blefe, mas o negócio usual presume o contrário, abertura e informação franca. A presença ou a possibilidade de blefe muda o foco da transação (como no pôquer), que passa da mera mercadoria ou serviço em questão, para o desvio e o acobertamento, para a psicologia dos jogadores.

Desonestidade, por fim, não é a recusa a informar, mas a prestação de falsa informação. Isso pode ser claramente um vício — até no pôquer —, mas não necessariamente. Como todos os vícios, pode tornar-se uma virtude em circunstâncias extremas, o exemplo padrão sendo mentir sobre a presença de um amigo que está se escondendo da Gestapo, ou, nos negócios, mentir para um cliente para *desestimular* uma compra que poderia ser cara demais ou perigosa para ele. Mais ainda, a mentira pode ser virtuosa mesmo que (e não porque) possa vir a se revelar verdadeira.[4] Nas circunstâncias comuns dos negócios, porém, a desonestidade enfraquecer e invalida o acordo. Afinal, a própria natureza de um acordo pressupõe que todas as parte saibam *com que* estão concordando. Desse modo, a desonestidade anula a própria idéia de uma negociação e, apesar das acusações rotineiras de desonestidade desenfreada e generalizada no mundo dos negócios, ela só pode existir de fato em um grau relativamente pequeno, ou o mundo deixaria de funcionar por completo.

A honestidade, entretanto, não é tudo. Uma das mais estranhas complicações da honestidade e da revelação da verdade é que as pessoas com freqüência têm vícios que trabalham contra (ou a favor, dependendo do seu ponto de vista) o esforço para ser honesto. Entre esses, o que mais se destaca é a ilusão, a estranha capacidade que temos de *nos iludir*, tanto (e muitas vezes melhor) quanto de iludir outras pessoas. Quando estamos iludidos, dizemos com honestidade o que pensamos ser a verdade. Será que a falsidade que resulta disso é uma mentira? Da mesma forma, pessoas honestas são por vezes irresolutas[5] e, assim, não cumprem o que prometeram com sinceridade. E, mais uma vez, algumas pessoas mudam de idéia. Disseram a verdade quando deram sua palavra, mas agora não a dariam de novo em absoluto. Assim, a confiabilidade figura ao lado da honestidade como uma das virtudes cardeais nos negócios, em particular dado o prazo que a maioria dos negócios, por natureza, envolve. Num sistema de escambo ou de pequenas transações de mercado, as trocas podem ser simultâneas ("toma lá, da cá"). Todavia, encomendamos com freqüência produtos de antemão, até solicitamos que sejam fabricados especialmente para nós, e com o lapso de tempo entre a encomenda e a entrega, e a entrega e o pagamento, a confiabilidade faz toda a diferença. Não basta que um negócio seja bom. Ele tem de realmente se concretizar também. Muitos tolos já se deram mal com a oferta de um negócio "bom demais para ser verdade", exatamente porque ele era mesmo. O negócio era sensacional, mas o produto anunciado nunca chegou. Mais uma vez, não é difícil ver o quanto esse sistema pode ser frágil e como bastam poucas fraudes para arruinar o sistema. Um de meus alunos trabalhava em meio expediente na venda de equipamento cirúrgico por telefone, e passava a maior parte de seu tempo telefonando para o fornecedor a fim de verificar quando as mercadorias estariam disponíveis (se é que estariam algum dia) e aplacando compradores furiosos quando os produtos a preço promorcional que haviam encomendado estavam com seis a oito meses de atraso. Poderíamos discutir se semelhante negócio é desonesto bem como inconfiável, mas o resultado final é o mesmo — um paradigma daquele tipo de fraude que dá má reputação aos negócios e, em quantidade, retira uma firma dos negócios.

Finalmente, confiança não é o mesmo que ingenuidade, uma idéia em que muitas vezes é preciso insistir tanto para consumidores desconfiados quanto para um tipo de negociante que se define como pragmático. A confiança é um pressuposto funcional. Não é um princípio, muito menos um que nos imponha confiar em todo mundo. Precisamos de confiança — combinada com a experiência e o discernimento e aberta ao fato de que todos podemos ser lesados às vezes — para entrar até nas transações e atividades mais simples, na verdade, até para atravessar a rua. É a confiança que faz o sistema funcionar, a suposição fundamental de que a maioria das pessoas é honesta e digna de crédito a maior parte do tempo. Isso não significa que você não possa enganar ou ser enganado, mas a rede de expectativas comunitárias e partilhadas que tomamos como o cerne da visão aristotélica dos negócios poderia igualmente ser chamada de confiança. De fato, se Aristóteles não a mencionou como uma de suas virtudes (e ele não era em absoluto ingênuo acerca da deslealdade que impregnava a *polis* ateniense), foi antes porque a pressupunha. Nenhuma prática e nenhuma comunidade poderiam sequer começar a viver sem ela.

Isto nos traz à que talvez seja a virtude mais mal compreendida na vida de negócios, a virtude da *combatividade*. A palavra "combativo" é em geral usada como expressão de admiração, embora muitas vezes acompanhada de um meneio de cabeça e uma expressão de frustração. Por vezes, é usada como um eufemismo, substituindo ou acompanhando vários sinônimos para um ser humano asqueroso ou odioso. Não raro, significa apenas turrão, intolerável ou mesquinho. Contudo, a combatividade é em geral e de maneira genuína percebida como uma virtude, embora uma virtude muitas vezes fora do lugar e mal-entendida. Na medida em que os negócios consistem de entendimentos e transações com outras pessoas, a combatividade é essencial, e seu oposto é menos fraqueza que incompetência. Muito do que é chamado combatividade, no entanto, não é nem uma virtude nem um vício. É menos um traço de caráter que uma habilidade, seja cultivada ou "natural". Em certas práticas centrais no comércio, em especial a negociação, a combatividade é menos uma virtude pessoal que uma técnica ou conjunto de técnicas, uma maneira adquirida e uma estratégia levada a cabo, "saber quando segurá-los, saber quando dobrá-los". A combatividade inclui o conhecimento de como blefar e quando silenciar, quando ser e quando não ser cooperativo. Tal habilidade, porém, não é, ao contrário do que Carr pretende, aética ou divorciada da moral comum; é uma parte legítima de certo tipo de atividade obviamente legítima. Todavia, como uma habilidade específica ou conjunto de habilidades, a combatividade não é pessoal ou geral o suficiente para ser considerada uma virtude, o que não quer dizer, é claro, que por isso deixa de ser admirável ou necessária.

Muitas vezes, o que "combatividade" significa é simplesmente "inteligência", isto é, conhecer o negócios, conhecer seus concorrentes e transações, saber conseguir as coisas. Mais uma vez, esse é um conjunto de qualificações admirável e necessário para os negócios, mas não é em si uma virtude. Como sempre, o padrão de moderação de Aristóteles tem um papel aqui, pois existe algo chamado excesso de perseverança, que se torna depois mera obstinação ou teimosia. É claro que o que parecia obstinação aos incrédulos pode na realidade vir a ser ricamente recompensado pelos resultados, e o que era de fato perseverança saudável pode não obstante transformar-se em fracasso nas vicissitudes do mercado. Entretanto, uma medida pequena demais de tenacidade torna o sucesso praticamente impossível e a vida intolerável para os investidores, empregados e outros *stakeholders* que dependem de maneira natural de um esforço vigoroso, e não de uma tentativa pouco entusiástica. A combatividade como perseverança não significa outra coisa senão ter uma meta, um propósito, ver seu valor e persegui-lo até o fim. O que torna alguém "combativo" é o enfrentamento de reveses e obstáculo que desestimulariam seres inferiores; de fato, é somente em face do fracasso que essa combatividade é posta à prova de verdade, pois não há virtude alguma em "perseverar" quando o mercado nada lhe dá senão sucesso.

A combatividade num executivo tem também um elemento eticamente penoso. Por vezes, é necessário cometer algum erro para fazer o que é certo. Políticos poderosos, sem dúvida, enfrentam dilemas desse tipo o tempo todo, o que dá origem a uma literatura substancial sobre as virtudes controversas da combatividade e da impiedade e os domínios pretensamente opostos da moralidade pública e privada.[6] Há momentos em que, para alcançar uma meta mais elevada, é preciso fazer o que de outro modo não seria feito e nem deveria ser cogitado. Por exemplo, diante de dívidas ou deficiências que muito provavelmente levarão a companhia à derrocada, um presidente pode precisar dispensar empregados leais, trabalhadores e muito bem qualificados. Vista de maneira isolada de suas circunstâncias, a ação de demitir pessoas sem razão alguma — isto é, sem que elas mesmas apresentem quaisquer falhas — seria o cúmulo da injustiça. Contudo, se é uma questão de salvar a companhia, esse ato, injusto em outras circunstâncias, pode ser necessário. Ser combativo é ser capaz de tomar medidas como essa e dispor-se a isso. O que não significa, no entanto — e nunca é demais enfatizar isto —, que tais decisões podem ou devem ser tomadas sem culpa, pena ou desconforto. O que se fez, embora necessário, não deixa de ser errado. O diretor executivo de uma grande corporação contou-me uma vez que "enxugar" sua companhia fora a coisa mais penosa que já fizera. Sua combatividade não consistia em frieza ou indiferença, mas na disposição de fazer o que era necessário e em sua insistência em fazê-lo de forma tão humana quanto possível. Na verdade, frieza e indiferença não são sinais de combatividade, mas, ao contrário, indícios de uma forma de fraqueza que só consegue enfrentar questões morais negando-as. A combatividade é uma virtude, mas a frieza e a indiferença não, e não se deveria jamais confundi-las.

Na política, a combatividade é o fenômeno por vezes chamado de disposição de "sujar as mãos".[7] É a necessidade de fazer o que é penoso ou horrível, ou até mesmo (num quadro de referência pequeno) imoral para chegar ao que é correto ou necessário. Um diretor executivo foi perguntado de chofre por um idoso acionista de sua companhia se esta era sólida e segura. O diretor executivo, sabendo muito bem que uma redução dos dividendos seria anunciada ainda naquela semana, não pôde senão dizer uma mentira ou, pelo menos, passar ao largo da verdade.

Novamente, sua dor e culpa pessoais foram consideráveis, mas o falseamento era inevitável. Lucros apenas, é evidente, não bastam como desculpa, e isso nos permite entender o sucesso e a indignação que cercaram o filme de Michael Moore, *Roger and Me*, sobre o fechamento das fábricas da GM em Flint, Michigan. Se tivesse sido feito em prol da sobrevivência da companhia — e combinado com alguns cortes bem divulgados em posições executivas, bônus e salários —, esse fechamento com certeza não teria dado um filme. Todavia, quando lucros e vantagens são a motivação, a combatividade não é uma virtude — ou, nesse caso, a combatividade é insensibilidade.

Como quase todas as virtudes, a combatividade não é um simples interesse pessoal, mas tampouco pode ser considerada um traço de caráter altruístico ou abnegado. Ser combativo é, em última análise, ter uma visão e perseverar nos planos e estratégias de longo prazo necessários para realizá-la. Significa não se deixar dissuadir por ameaças e tentações. Não significa, porém, uma disposição a pisar em outras pessoas com facilidade, violar as regras básicas da moralidade ou sacrificar as outras virtudes básicas dos negócios. A combatividade tem seu lugar na constelação das virtudes, e eventualmente precisa ceder à compaixão ou à generosidade, à confiança ou à eqüidade. Mais uma vez, isto não é uma defesa da ingenuidade, mas combatividade certamente não significa — apesar de ser feita dessa forma com demasiada freqüência — mesquinhez e indiferença, falta de zelo e de interesse pelos outros. A combatividade é uma verdadeira virtude dos negócios, e na negociação difícil pode até emergir como a virtude capital dos negócios, mas ela não se opõe à integridade. Com efeito, seria apropriado argumentar que, em última análise, ela é equivalente à integridade. A combatividade é um senso apropriado de propósito, protegido tanto contra a cobiça quanto contra a fraqueza. Assim sendo, grande parte do que é chamado de combatividade poderia ser melhor denominado coragem moral.

Notas

1. Immanuel Kant, *Grounding of the Metaphysics of Morals*, seção II.
2. Veja, por exemplo, o ensaio de Ezra Bowen sobre "business and literacy" em *Business Ethics: The State of the Art*, R. Edward Freeman (org.), p. 186, "o fato é que a ética, ou a responsabilidade, vêm em duas cores próprias para a decoração de interiores: preto e branco". Recomendo a resposta de Joanne Ciulla, no mesmo livro.
3. Alfred Carr, "Is Business Bluffing Ethical?".
4. Jean-Paul Sartre escreveu cedo um breve conto chamado "O muro", em que um combatente da resistência mente sobre o paradeiro de um bom amigo, que será sem dúvida torturado e morto se for apanhado. Ocorre, contudo, que o amigo se mudara para o lugar mencionado na mentira e acaba sendo preso. A virtude da mentira, contudo, permanece, embora o personagem de Sartre, como nem é preciso dizer, não fique muito convencido da própria virtude diante do resultado. Veja *The Wall and Other Stories.*
5. O que Aristóteles chamou de *akrasia*, ou "incontinência".
6. Veja, por exemplo, Stuart Hampshire. (org.), *Public and Private Morality* e seu próprio *Innocence and Experience.* Veja também Bernard Williams, "Politics and Moral Character", em seu *Moral Luck* (Cambridge: Cambridge University Press, 1981), e Thomas Nagel, "Ruthlessness in Public Life", na coleção Hampshire.
7. A necessidade de fazer o mal para fazer o bem foi uma das obsessões persistentes do notável sociólogo alemão Max Weber. Veja seu "Politics as a Vocation". A expressão "mãos sujas" foi popularizada por Jean-Paul Sartre em sua peça com esse nome. Ela pode ser encontrada no volume *No Exit and Three Other Plays.* Veja também Michael Stocker sobre "The Problem of Dirty Hands".

CAPÍTULO 20

As virtudes do *self* corporativo: Simpatia, honra, lealdade e vergonha

O conceito de lealdade mudou, passando de "cego e forçoso" para "perceptivo e merecido". (...) A lealdade tende a ser obtida com mais facilidade nas organizações que têm valores definidos de maneira clara e padrões desafiantes. As pessoas tendem a ser leais a valores que conduzem a realizações notáveis em produtos, serviços e relações.

ALEXANDER B. HORNIMAN, "Whatever Happened to Loyalty"

Onde não há vergonha, não há honra.

Provérbio etíope

Aristóteles nos diz que as virtudes devem ser definidas segundo o propósito (o *telos*) de uma prática, de um povo, segundo o que é ser um ser humano. As virtudes dos negócios, em conseqüência, são um subconjunto das virtudes, aquelas específicas para a promoção do propósito e da prática dos negócios. Assim, essas virtudes são aquelas essenciais às relações interpessoais, ao reconhecimento de mútuas necessidades e desejos, e à satisfação de tais necessidades e desejos. Por isso, alguns tipos de virtudes, como a sociabilidade, terão obviamente um lugar alto na lista das virtudes. A simpatia é básica para os negócios, não importa com que freqüência o mau humor reinante no escritório do chefe possa ser objeto de queixa e de literatura. Como muitas virtudes, a simpatia é mais obviamente importante quando falha, e se ela por vezes parece um vício nos negócios, é somente porque é tão rotineira que com freqüência funciona como um "disfarce" para motivos mais sinuosos e, eventualmente, para a imoralidade. A virtude da "arte de vender", muito particular dos negócios, contém uma grande medida de simpatia, não só como uma técnica de sucesso mas como essencial para a própria atividade. (Sem simpatia, a busca hostil pela venda chama-se "extorsão".) De modo mais geral, a atmosfera de simpatia que impregna até a companhia mais cheia de tensão é essencial para o tipo de cooperação que qualquer organização requer. A estrutura de poder da maioria das corporações pode sugerir outra coisa, que hierarquia e disciplina militaristas são a maneira de assegurar cooperação. Entretanto, o número de vítimas e o grau de ansiedade gerados nas corporações que realmente praticam essas técnicas gerenciais pouco se justificam pela margem de sucesso que elas alcançam, e a muito celebrada virtude da "combatividade" só faz sentido e tem êxito num contexto definido de forma mais ampla por sua simpatia. Mesmo as companhias de mentalidade mais militar tendem a enfatizar o entusiasmo da competição, e não as ameaças opressivas da hierarquia. Segundo um porta-voz de pessoal da Pepsico, citado em 1983, "a maioria de nossos rapazes está se divertindo. Eles são o tipo de gente que gostaria mais de servir nos Fuzileiros Navais do que no Exército".[1]

A simpatia é uma das mais celebradas entre as virtudes de Aristóteles, mas deveríamos ser cautelosos ao identificar a virtude de Aristóteles com o traço que é valorizado na comunidade dos negócios corporativa. A virtude de Aristóteles não tem em absoluto o sentido do tapinha-nas-costas-do-estranho que damos à simpatia. Simpatia, para Aristóteles, refere-se mais a *ser* um amigo do que a qualquer sentimento ou expressão amistosa superficial. Com certeza não significa ser amigo de todo mundo. É seletiva, até mesmo esnobe, e não aquela sociabilidade geral que se espera que todo empregado de uma companhia manifeste durante o expediente. Em si, a amizade (mais propriamente do que "simpatia") permanece um valor pessoal para nós, mas é muito diferente da simpatia esperada na corporação, sendo alheia a ela. Trabalhando tão duramente como fazem e por tantas horas, não é de surpreender que muitas pessoas formem suas relações mais estreitas com colegas de escritório. Essas amizades, porém, não são enfaticamente essenciais às nossas responsabilidades corporativas nem são parte delas — mesmo no caso de um instrutor designado ou de uma relação de "camaradas" —, e, por mais desejáveis que sejam, também não são parte da prática corporativa. Na verdade, uma amizade estreita demais no trabalho pode até ser um incômodo ou um convite à injustiça, algo semelhante a um romance no escritório.

O aspecto interpessoal dos negócios determina várias das outras virtudes óbvias, entre as quais eqüidade (ou "justiça") no nosso trato com as pessoas, em especial nossos subordinados, compaixão e solidariedade no trato com seus problemas, gratidão e reconhecimento do valor em resposta a suas realizações. É bastante curioso o quanto essas virtudes tornaram-se negligenciadas no ambiente corporativo, provocando uma avalanche de livros, como *O gerente-minuto*, que exaltam a arte do elogio fortuito como se isso fosse um avanço administrativo espetacular. As virtudes das relações interpessoais também incluem as virtudes voltadas para cima, como o respeito e a obediência para com nossos superiores, a importantíssima virtude corporativa da lealdade e a enorme variedade de virtudes (incluindo todas as que acabamos de destacar) no trato com clientes, fornecedores, reguladores e a comunidade circundante. As virtudes das relações interpessoais incluem até mesmo virtudes muito notadas, apesar de não reconhecidas, como o cuidado em se vestir e se arrumar, não por uma questão de moda (embora ser atualizado seja sem dúvida uma parte importante da imagem de um negócio), mas porque isso espelha por sua vez outras virtudes, inclusive a ordem (embora a correlação entre ordem mental e ordem do vestuário esteja longe de ter sido estabelecida), conformidade aos padrões da companhia e auto-respeito. Uma virtude corporativa-chave, é claro, é nossa habilidade e disposição para "jogar em equipe", o que, mesmo sem a metáfora esportiva, sugere cooperação e várias outras virtudes de caráter grupal. O sentido de tudo isso é sublinhar nossa visão dos negócios como sendo primordialmente uma prática muito humana, envolvida de maneira fundamental com relações interpessoais, em vez de apenas com "ganho de dinheiro". Os negócios incluem tanto sistemas simples de troca e escambo quanto corporações voltadas para o lucro, e envolvem o anseio por entusiasmo partilhado e auto-expressão criativa por meio do empreendimento e o desejo das recompensas que acompanham o sucesso empresarial.

A virtude da abordagem aristotélica da ética dos negócios, como afirmei, é focalizar as virtudes e o caráter do indivíduo. No entanto, muito pouca coisa é tão central ao caráter do indivíduo como suas emoções, uma característica do *self* que é tratada com muita freqüência, em especial em círculos administrativos, como um tópico tabu, uma fonte de embaraço e de comportamento incompatível com os negócios, em vez de como a própria essência do ser humano. Todavia, as emoções não são, como muitas vezes somos levados a acreditar, independentes, meros distúrbios "internos" que nos distanciam do mundo e nos empurram para dentro de nós mesmos. Ao contrário, nossas emoções formam nossos vínculos com o mundo, especialmente as afeições de amor e familiares, mas também as várias emoções que nos conduzem a uma ampliação de nosso *self*. Defendi a idéia de que somos — mesmo como indivíduos — inteiramente sociais, não seres isolados, autônomos ou egoístas cujos lugares na sociedade são negociáveis segundo interesses pessoais mútuos. A abordagem aristotélica deve ser compreendida, portanto, em termos de um certo conceito de *self* "expandido", que é constituído pela comunidade mais ampla, ou sociedade, e se identifica com ela. Esse *self* é definido, antes de mais nada, por seus vínculos e afeições: as pessoas e coisas com que nos importamos, as pessoas e instituições cujos ideais, julgamentos e opiniões determinam, além de nosso sucesso, a própria idéia que temos de nós mesmos. Tudo isso forma o contexto pessoal mais amplo em que a atividade dos negócios é motivada e o sucesso nos negócios é determinado. A "motivação do lucro" é de fato derivada de várias exigências interpessoais e institucionais, só em parte determinadas pelo mercado, e determinadas de maneira muito mais poderosa pelas pessoas que constituem o mercado e por uma rede de doutrinas sociais, culturais, políticas e religiosas referentes à natureza do indivíduo e a seu lugar na boa sociedade. Contudo, uma maneira alternativa e mais pessoal de pensar sobre isso é conceber o *self* como sendo, fundamentalmente, uma questão de emoções, definido, como sugeri, por seus vínculos e afeições. Neste ponto, entretanto, confrontamo-nos com o dogma mais sombrio do pensamento tradicional sobre os negócios: a idéia empobrecida do *Homo economicus*, que não tem outros vínculos e afeições se não o puro interesse pessoal e a capacidade de calcular como satisfazer esse interesse *vis-à-vis* outras pessoas. É esse sentido do *self* que a visão aristotélica dedica-se por inteiro a destruir, para sugerir em seu lugar um sentido mais amplo do *self*, que deve ser caracterizado por um conjunto especial de emoções não inteiramente absorvidas no interesse pessoal. Essas emoções incluem, desde o início, sentimentos como zelo, compaixão, solidariedade e devoção. E, na corporação, elas passam a incluir virtudes organizacionais, como a lealdade. Com demasiada freqüência, presume-se, sem argumentação ou discussão, que as emoções são meramente pessoais, quer isso signifique que são apenas subjetivas, do interesse exclusivo de quem as experimenta, quer signifique que são apenas físicas e sem qualquer importância real. As emoções, porém, podem dizer respeito a toda espécie de coisas, e algumas delas não só dizem respeito à sociedade, mas a envolvem na própria identidade de sua matéria. São emoções que seriam ininteligíveis sem esse sentido mais amplo do *self*.

De especial interesse aqui é um conjunto misto de emoções que — com a ascensão do individualismo radical, a perda do sentido da virtude aristotélica, a ênfase em diretrizes e princípios e a negligência da pessoa — foi praticamente excluído da ética dos negócios. Ele inclui *lealdade*, *honra* e um sentido de *vergonha*. (A culpa aqui é o contraste, e não faz parte do conjunto.) A lealdade é uma espécie de integridade, não no interior de uma pessoa (concebida como um todo integral e auto-suficiente), mas sim numa pessoa vista como parte de um *self* mais amplo, um grupo, uma comunidade, uma organização ou instituição. A ética dos negócios tende a ignorar a lealdade em favor do conceito mais abstrato e universal de direitos. Contanto que respeitemos contratos — podemos imaginar a discussão terminando —, que sentido faz uma emoção supérflua e talvez infantil como a lealdade? É claro que a lealdade (como o patriotismo, uma variante especial dela) pode ser um refúgio da responsabilidade ou um fórum de farisaísmo venal, mas a partir disso não se deduz — como muita gente supõe — que se trata de uma emoção que perdeu seu lugar no mundo corporativo, e que nossas lealdades deveriam ser sempre e antes de mais nada para conosco mesmos, para com nossa própria consciência, ou para com algum conjunto de padrões "mais elevados". Todo empregador quer a lealdade dos empregados, mas a objeção a essa lealdade é que, com ela, os empregados perdem de vista seus melhores interesses, para se ver, talvez, presos a planos ou diretrizes que eles próprios consideram aéticos ou até ilegais. O argumento aqui, no entanto, não é contra a lealdade, mas sim em favor da necessidade de consciência crítica nas próprias lealdades. Não é um argumento contra a lealdade, da mesma maneira como lembrar os perigos do amor não é argumentar contra o amor. (Não seria errado compreender a lealdade como uma variedade de amor, apropriado tanto a indivíduos quanto a grupos e instituições.) Contra a recente abordagem do tipo "trabalho-por-salário" das relações empregador-empregado, afirmo que a ênfase aristotélica na lealdade — e isso significa lealdade em *ambas* as direções — tem a oferecer à ética dos negócios muito coisa que costuma ser rejeitada em nome das histórias usuais de lealdade acrítica e flagrante mau procedimento corporativo.[2]

A honra é a segunda emoção nobre do *self* aristotélico, e outra emoção ameaçada de extinção no pensamento individualista radical. A honra, nas raras ocasiões em que usamos o termo, significa em geral "orgulho" — uma emoção muito diferente — ou até "vaidade" — uma emoção muito diferente e de fato bem pouco lisonjeira. (A "paz com honra" do presidente Nixon no Vietnã significava "evitar humilhação política", não "fazer o que é honroso".) Todavia, o orgulho é uma emoção muito individual; tem a ver (como Hume sustentou em seu *Tratado*) com senso de realização pessoal e seu principal foco é o *self* individual. Claro que é possível ter orgulho de outra pessoa graças a uma noção ligeiramente ampliada de *self* — temos, assim, orgulho de nossos filhos, de nossos pais ou de nosso time —, mas o orgulho é demasiado pessoal e demasiado relacionado com a realização. A honra, em contraposição, não precisa envolver realização alguma (embora possa fazê-lo e muitas vezes o faça) e faz muito pouco sentido como uma noção puramente pessoal. (É por isso que, quando as pessoas dizem que estão defendendo sua honra, mas estão acalentando de maneira óbvia seu orgulho, esse comportamento nos parece tolo e pretensioso.) A honra requer, antes de mais nada, um senso de filiação, um sentir-se membro, um senso de *self* que é inseparável de nossa identidade de grupo. A honra envolve corresponder às expectativas do grupo, sejam estas expressas na forma de um código de honra ou de um conjunto de regras morais, ou estejam simplesmente implícitas nas práticas e metas do grupo. (Não é, contudo, a obediência a regras morais que torna uma pessoa honrada; é a obediência às regras por serem do grupo a que se pertence — muito pouco kantiano.) A honra da pessoa, em outras palavras, nunca é apenas sua honra. É a honra da comunidade que ela representa; defender a própria honra acarreta necessariamente defendê-la como um representante daquela comunidade. Na ética dos negócios, esse senso de honra ajuda a elucidar o papel tanto do empregado quanto do executivo na corporação e, o que é ainda mais importante, o papel do indivíduo e da corporação na sociedade. (A tragédia na ética dos negócios, poderíamos acrescentar, não consiste em geral de um conflito de interesses, mas de um senso conflitante de honra, o dilaceramento entre uma filiação e outra — como empregado da companhia, como amigo do supervisor imediato, ou como membro da comunidade mais ampla.)

A honra não deve ser pensada como um conjunto de restrições definidas pelo fato de se pertencer a um grupo. A noção de "restrições" é mais apropriada a um grupo a que não se pertence ou, talvez, a que se pertence apenas por acaso ou com relutância. Nosso senso de honra é, se não voluntário, pelo menos aceitável, parte integrante de nosso *self*. É nosso orgulho pela identificação reflexiva com o grupo, e orgulho por suas realizações (tenhamos ou não contribuído realmente para elas). É, nesse sentido, uma espécie de mérito, mas aqui isso é muito diferente de qualquer senso de merecimento do que conquistamos. O mérito no contexto da honra tem a ver com quem somos — a saber, membros bem situados do grupo — e não particularmente com algo que tenhamos feito (ou deixado de fazer), exceto na medida em que tais atos sejam parte da filiação ao grupo. Da mesma maneira, há uma afinidade natural entre honra e auto-estima; nossa auto-estima depende de nosso senso de honra (embora não vice-versa), e nossa posição no grupo torna-se o critério da auto-estima. Ninguém pode se sentir muito "membro" se, tendo um sólido senso de valor próprio, puder ser humilhado no grupo. Assim também, a idéia contemporânea de que o maior objetivo que se tem após a uma humilhação pública é recuperar-se do golpe torna impossível qualquer senso de honra, que pressupõe que não se deve simplesmente "sacudir a poeira". Poderíamos observar que um sintoma de nossa perda coletiva da honra é o fato de que ninguém mais parece acreditar na idéia de uma "vida arruinada". O que se faz é apenas mudar para outra cidade, arranjar outro emprego ou fundar uma outra companhia e "começar de novo". Em termos práticos, o que isso significa é que a comunidade de negócios é deficiente de maneira notória no que diz respeito a impor suas próprias regras e punir mesmo os que as violam da maneira mais flagrante. O fracasso nos negócios não é adequado nem confiável o suficiente como uma medida ou uma punição para práticas aéticas de negócios. É o senso de honra de uma pessoa que deve ser posto em jogo, e, para os que não compreendem essa noção ou zombam dela, a velha prática tribal do exílio (prisões federais de segurança mínima já bastam) desempenha uma função extremamente necessária na sobrevivência da comunidade de negócios.

O oposto de honra é *vergonha*. Aristóteles lista, com algum desconforto, a vergonha como uma das virtudes, não porque seja bom envergonhar-se, mas sim porque, como diz o provérbio etíope, "onde não há vergonha, não há honra". Assim, John Rawls não está de todo errado quando insiste em que a vergonha é o oposto da auto-estima, pois a honra pode ser o critério para a auto-estima.[3] Nem todas as sociedades, porém, são sociedades da honra, e nem todo mundo tem sua auto-estima presa a seu senso de honra. Entretanto, a vergonha não é, como diz Rawls, deixar de realizar o próprio potencial; é, de forma muito mais específica, deixar de corresponder aos padrões do grupo por meio dos quais se adquire o próprio senso de identidade. Naturalmente, segundo a abordagem aristotélica da ética dos negócios, não fazer jus ao próprio potencial pode mesmo ser equivalente a deixar de corresponder aos padrões do grupo, talvez por se ter estabelecido um compromisso impossível ou fixado uma meta inatingível. A realização e o fracasso pessoais, no entanto, não são essenciais e muitas vezes não são relevantes para a honra e a vergonha. O que não se consegue *ser* é aceitável para o grupo e, assim, aceitável em termos do nosso próprio senso essencial de identidade. Sentir vergonha (não exatamente o mesmo que "envergonhar-se") é, de maneira absolutamente literal, desepcionar-se consigo mesmo, mas apenas no contexto de seu *self* mais amplo.[4]

É nesse sentido que a vergonha se contrapõe à culpa, e é a culpa, não a vergonha, que define a atitude apropriada em nossa sociedade não regida pela honra. A vergonha é sempre definida num contexto de grupo; a culpa é gerada por uma pessoa só. Mais uma vez, isso é sugestivo das origens religiosas de muito do que dizemos sobre moralidade (em que a culpa e o pecado desempenham um grande papel) e da estrutura naturalmente mais secular da ética dos negócios (e da ética aristotélica). Não é de surpreender que as Escrituras falem de pecado e culpa sobretudo quanto tratam dos erros de um indivíduo perante Deus. A culpa é uma emoção que permeia o *self* pessoal, e outras pessoas, nossos pares, não desempenham um papel claro em sua ação. Sentimo-nos culpados, não com vergonha, por não ter conseguido alcançar nossas metas e padrões. Sentimo-nos culpados, não com vergonha, por transgredir as regras ou cometer um deslize moral. A culpa é apropriada a indivíduos isolados; a vergonha só é possível em grupos. A culpa enquadra-se muito bem ao conceito tradicional de alma individual; a vergonha é essencialmente uma emoção tribal. Já foi dito muitas vezes (mais notoriamente por Nietzsche e Freud) que há culpa demais em nossa sociedade. Eu gostaria de sugerir que, embora seja provável que isso seja verdade, não há nem de longe vergonha o suficiente. Com efeito, nos dias de hoje, nos Estados Unidos, a humilhação pública, em vez de levar a arrependimento, desculpas e punição, parece resultar em polpudos adiantamentos por um livro e lucrativas aparições públicas. Talvez tenhamos mais culpa do que deveríamos, mas isso talvez se deva em parte ao fato de não termos espaço bastante para a honra — ou para a vergonha.

A idéia resultante de tudo isso é que a ética dos negócios é ao mesmo tempo mais pessoal e mais social do que em geral se supõe. Não basta ensinar princípios e diretrizes, muito menos as teorias dos grandes filósofos mortos, em sua maioria homens e brancos. A ética dos negócios exige o cultivo das virtudes cívicas, algo que não é possível num curso isolado sobre o tema — quanto a isto, pelo menos, os críticos estão certos —, sendo no entanto, como o próprio Aristóteles teria com certeza sustentado, absolutamente necessário para a saúde e o bem-estar do próprio mundo dos negócios. O que a ética dos negócios faz, e o que cursos de ética dos negócios fazem não é "ensinar" ética a administradores e estudantes de administração, mas nos lembrar a todos que há nos negócios padrões e virtudes sem os quais a empresa não sobrevirá e não merece sobreviver.

Notas

1. Citado em Solomon e Hanson, *Above the Bottom Line*, p. 119.
2. Para conhecer uma boa discussão filosófica acerca da lealdade, veja Andrew Oldenquist, "Loyalties". Veja também Josiah Royce, *The Philosophy of Loyalty.* Discuti a natureza das emoções da honra, lealdade e vergonha de maneira mais extensa em meu *Passion for Justice*, cap. 6.
3. John Rawls, *A Theory of Justice*, pt. 3.
4. Por outro lado, *não* sentir vergonha pode ser o indício mais ofensivo de atitudes aéticas e de falta de virtude. Ano passado, um acordo de cem milhões de dólares foi negado à Exxon por um juiz que suspeitou corretamente que tal quantia não passaria do "custo de estar nos negócios" usual para a gigantesca companhia petroleira. De fato, na semana anterior o presidente Lawrence Rawl anunciara para os acionistas: "Isso não terá um efeito significativo sobre nossos ganhos." Após a ação do juiz, a *Newsweek* comentou: "A Exxon pode ser a maior companhia petroleira do mundo, mas pode aprender um ou dois truques com um criminoso comum de rua: se há uma coisa que um juiz quer ver quando um patife responde a uma acusação, é remorso" (6 de maio de 1991, p. 54).

CAPÍTULO 21 Competição, zelo e compaixão

Nenhum homem é desprovido de um coração sensível ao sofrimento alheio... Todo aquele a que falta um coração compassivo não é humano.

MÊNCIO

Por mais egoísta que o homem possa ser considerado, é evidente que há em sua natureza alguns princípios que o fazem interessar-se pelo destino de outrem e tornam a felicidade de outrem necessária para ele, ainda que com ela nada ganhe, salvo o prazer de vê-la. Dessa espécie é a piedade ou compaixão, a emoção que sentimos pelo infortúnio de outrem... O maior facínora, o mais empedernido transgressor das leis da sociedade, não é de todo desprovido dela.

ADAM SMITH, *A teoria dos sentimentos morais*

A competição, estamos sempre ouvindo, é o combustível da livre empresa. Segundo a abordagem aristotélica dos negócios que venho defendendo, o que move e motiva os negócios é a cooperação, não a competição, o desejo de excelência e não meramente a necessidade ou desejo de vencer. As pessoas agem no intuito de impressionar seus pares e ganhar seu respeito, não apenas para "derrotá-los". Podem ver com bons olhos um desafio, mas nem todos os desafios são competitivos e quase todas as competições pressupõem uma base de aceitação e respeito mútuos. Ademais, como a atividade de negócios na vida corporativa é, por definição, cooperativa, o pressuposto de aceitação e respeito mútuos (em contraposição a aceitação relutante da necessidade) é essencial à própria natureza da corporação. Todavia, as melhores corporações não param aí. O respeito mútuo é uma afeição mínima que pode ser apropriada a estranhos mas é inadequada para colegas e pessoas que trabalham juntas até cinqüenta ou sessenta horas por semana. A aceitação mútua é importante para companheiros temporários de equipe, mas está longe de ser adequada para pessoas que trabalham juntas durante cinco, dez, vinte e até quarenta anos ou mais. A competição pode ser importante na escolha dos executivos mais promissores e, dentro da organização, para determinar quem tem os melhores desempenhos para fins de promoção. Contudo, a liga que mantém a corporação coesa e impede que ela se fragmente em bolsões incubados de medo, inveja e ressentimento é um sentimento mais profundo de afeição que costuma ser expressado (por vezes de maneira hipócrita) por meio da idéia de que a corporação é uma "família". Essa liga é o *zelo*, um sentimento genuíno de ligação que dá a empregados e administradores um senso firme de segurança e filiação, e por conseqüência, uma razão muito real para permanecer leal à companhia e zelar por seu bem-estar em troca.

"Zelo" não é uma palavra que faça corações executivos baterem mais depressa ou com mais força. Não faz a adrenalina fluir ou os músculos tensionaram como fazem a "competição" e a "motivação do lucro". Longe disso, evoca imagens muito pouco corporativas de creche e hospital e, para os obcecados por custos, sugere de imediato enormes aumentos dos benefícios de saúde e aposentadoria. Com certeza não sugere uma organização que requeira trabalho árduo e autoridade hierárquica. Entretanto, muitas das imagens pouco inspiradoras ligadas a zelo têm a ver com as metáforas excessivamente militares e sob outros aspectos machistas que tanto dominaram o pensamento sobre negócios no século XX. E zelo, é claro, não é sequer incompatível com esse pensamento, pois sem dúvida uma das marcas de um comandante militar de sucesso é zelar por seus soldados. E, no pensamento darwinista, um dos aspectos com freqüência relegados da seleção natural é o imenso valor evolucionário do zelo entre as espécies (sobretudo mamíferos e aves) que criam alguns filhotes de maneira zelosa, em vez de gerar dezenas de milhares de crias cuja maior parte é logo devorada (como alguns anfíbios e a maioria dos insetos). Com efeito, quando pensamos nas imagens da "sobrevivência do mais apto" aplicadas à corporação, torna-se óbvio que a corporação mais ajustada será aquela que zela por seus empregados e administradores e os cultiva, e não a que os deixa se engalfinhar entre si. Apesar disso, pensa-se com demasiada freqüência que o zelo é "suave" demais para ser bom para os negócios, ao passo que as brigas internas, por mais destrutivas que sejam, são de certo modo aceitas como um sinal de saúde e força. Nada poderia estar mais longe da verdade, ou ser tão mau para os negócios.

O zelo na corporação consiste de uma atitude fundamental. Trata-se de uma atitude de mútua afeição e comprometimento. Isso não significa um sentimento piegas, e não sugere que o melhor executivo é o que trata seus empregados como crianças. Significa, isto sim, que reconhecer e tratar os próprios empregados como pessoas, cheias de medos e ciúmes e outras emoções pouco compatíveis com os negócios, é essencial para a formação da trama de ligações estreitas que a vida corporativa requer. Envolve o reconhecimento de que um empregado ressentido é um empregado minimamente cooperativo e potencialmente destrutivo, e que um empregado temeroso — em especial se seu medo for o de perder o emprego — é um empregado de quem não se pode esperar, apesar dos esforços e aparências em contrário, que seja leal e dedicado. Quando seu vínculo com o próprio emprego torna-se evidentemente contingente, a devoção do empregado ao trabalho torna-se cautelosa, calculada e apenas contingente também. E quando um empregado é atormentado por medos — do futuro, da possibilidade de uma doença ou da ruína financeira —, não podemos esperar dele o foco adequado no presente ou no trabalho imediato. Executivos que vêem os benefícios de saúde e aposentadoria com o simples "bônus" ou, pior, como um gasto supérfluo, apesar de infelizmente necessário, a ser pago no futuro a pessoas que já não serão empregados produtivos, estão muito equivocados. Zelo não é mera caridade e não é representado por generosidade abnegada. Zelo é a união e a saúde de uma organização permanente. É a dinâmica do presente bem como um investimento no futuro.

Há limites para o zelo. Ele é uma emoção relativamente íntima, apropriada para os que pertencem à família ou à comunidade, mas tênue quando estendido ao mundo em geral. É verdade e importante que podemos ter zelo (de maneira mais óbvia) por estranhos, mas a uma certa distância torna-se mais apropriado falar sobre uma emoção menos íntima, o sentimento da *compaixão*. Compaixão significa literalmente "sentir com", e por isso é muitas vezes confundida com empatia ou "pôr-se no lugar do outro". A empatia, porém, é com freqüência interpretada de maneira excessiva, como um elaborado exercício de imaginação moral. A compaixão é um senso muito mais direto de urgência partilhada. Difere da piedade exatamente por ser assim direta; a piedade envolve uma distância, um desprendimento (talvez até uma censura moral) que a compaixão não tem. A compaixão requer compreensão, mas seria um erro pensar que essa necessidade envolve alguma penetração psicológica notável ou requer necessariamente tolerância excessiva. Não é preciso ser um grande gênio psicológico para reconhecer que uma outra pessoa está sofrendo ou em dificuldade, e não precisamos aprovar (ou nos abster de reprovar) o comportamento que ocasionou o sofrimento ou a dificuldade. Dentro da corporação, a compaixão é muitas vezes exigida — uma vez que levantemos os olhos dos livros de contabilidade ou os desviemos da tela do computador — por um empregado que está com a mulher ou um filho doente, um administrador que acabou de receber um relatório médico ameaçador, um colega que manifesta sinais de uma depressão grave ou de um problema de alcoolismo. A compaixão, é claro, pode ser onerosa — dispensar do trabalho, pagar despesas médicas ou um aconselhamento, deixar de lado o próprio trabalho para expressar preocupação —, mas o que é menos óbvio é o enorme custo de não ter ou não expressar compaixão, na forma de mais tempo perdido, da perturbação emocional que advém do ter de enfrentar sozinho o sofrimento e da insegurança e conseqüente falta de devoção não apenas do empregado em questão mas de todos à sua volta, num ressentimento fervente. A compaixão, como o zelo, não é um mero adorno humanizador na vida da corporação, sob outros aspectos desprovida de emoções. Ela é essencial à própria vida dessa corporação como uma comunidade humana.

O zelo, como a solidariedade dos teóricos do sentimento moral, abrange quase todas as emoções, na medida em que temos de sentir zelo pelo mundo para sentir qualquer outra coisa acerca dele. Podemos restringir nossa caracterização do zelo, contudo, para incluir apenas um certo conjunto de sentimentos "positivos" sobre um outro ser (ou sobre qualquer número de outros seres), de tal modo que desejemos seu bem-estar e sejamos movidos a agir (quando possível) em seu favor. Note-se, no entanto, que "ser movido" não é o mesmo que agir, e podemos muitas vezes ter zelo por alguém cujo destino escapa por completo a nossas mãos. Um bom executivo zela por seus empregados mesmo quando não há nada a ser feito com relação a eles. Tais sentimentos "positivos" por uma pessoa não são uma garantia de amabilidade permanente; o zelo sempre estabelece a possibilidade de ingratidão e traição, e embora os limites da tolerância possam por vezes ser alargados de maneira notável (tanto entre empregador e empregado como entre pais e seus filhos pequenos), essa possibilidade está sempre presente. De fato, poderíamos formular a hipótese de que quanto mais intenso é o zelo, e quanto mais alargados são os limites da tolerância, mais violenta será a reação se esses limites forem violados. O ato de zelar por alguém ou por alguma coisa estabelece uma zona de perigos e ameaças que promove um comportamento agressivo de defesa e hostilidade. Não acreditaríamos por muito tempo que um empregador zelasse por seus empregados se ele não fizesse esforço algum para salvá-los de um processo legal ou da prisão por cumprirem as ordens de seu superior. Zelar por uma pessoa é estar disposto a lutar por ela. (A doce imagem padrão das mulheres zelando pelo mundo da maneira como as mães sempre zelaram pelos filhos deveria ser justaposta à imagem não tão doce de uma mãe defendendo seus filhos dos perigos e da agressividade do mundo exterior. Campistas e mochileiros sabem que nada há de mais cruel ou perigoso na natureza do que uma fêmea protegendo seus filhotes.) "Zelar por" alguém significa, em última análise, preocupar-se com ele, talvez "ajudá-lo a crescer e realizar-se".[1]

A compaixão, por outro lado, é uma emoção mais específica do que o zelo, e por isso pode ser muito mais fácil defini-la e delimitá-la. O traço específico mais óbvio da compaixão ("sofrer com") é que o objeto de nossa preocupação está sofrendo de algum modo. Não sentimos compaixão por um amigo que acaba de ganhar na loteria local (exceto, é claro, num conjunto muito inusitado de circunstâncias). Podemos sem dúvida sentir compaixão por um amigo que se está divorciando, mas seria no mínimo inadequado sentir compaixão por um que está se casando. (Mais uma vez, excluímos o caso inusitado e lamentável.) Sugere-se muitas vezes que (como o prefixo poderia indicar), na compaixão, *sofremos com* o outro, mas não precisamos realmente sentir sua dor em aspecto algum; na verdade, a compaixão sugere que de alguma maneira situamo-nos seguramente "acima" da desgraça do outro, dando-nos ao luxo da comiseração. Um aluno que acaba de se sair mal em suas provas não sente compaixão por um colega que também se saiu mal nas suas. Eles apenas se sentem infelizes juntos. O aluno que passou de forma brilhante nos exames, este sim está em condições de sentir compaixão pelos outros dois, mesmo que a vertigem de seu próprio sucesso torne difícil fazer isso. A compaixão, essa capacidade de sentir pelos menos afortunados do que nós, compõe o tipo de paixão que é a pedra angular de nosso senso de justiça.

Faz sentido, mas pode ser profundamente enganoso, dizer que compaixão, piedade e solidariedade são "sentimentos". Elas são sem dúvida aspectos da consciência, e não ação ou atividades, mas são também envolvimentos no mundo, casos em que nos envolvemos, se não nos identificamos, com as circunstâncias e os sofrimentos de outros seres. A compaixão e seus parentes são, acima de tudo, *motivações*: movem-nos a agir (seja ou não evidente o que deveríamos fazer). Não são apenas sensações fechadas em si mesmas, como uma dor de cabeça ou uma unha encravada, que centralizam nossa atenção em nós mesmos e a retiram do mundo. A compaixão e suas emoções aparentadas centram nossa atenção no mundo, na pessoa ou animal que está sofrendo. Compaixão, piedade e solidariedade são sentimentos, mas não "meros" sentimentos. Ademais, não são, como John Rawls por vezes parece dizer, uma disposição para comprovar uma teoria ou um princípio de justiça. Isso é uma inversão. Podemos ser impelidos a aceitar uma teoria ou um princípio de justiça com base em fortes sentimentos de compaixão a que o princípio ou a teoria parece dizer respeito. O sentimento de compaixão pode ser expresso de maneira elegante, como em algumas das melhores poesias socialmente conscientes e na prosa jornalística, mas pode também ser "mudo" e apenas sentido. De fato, não tenho quaisquer reservas a atribuir compaixão a animais não-falantes e crianças muito pequenas, embora eles possam muitas vezes ficar confusos ou não entender exatamente o que está se passando. O que não quero admitir é que a compaixão e emoções relacionadas sejam ou relegadas como "meros sentimentos" ou cooptadas por uma explicação intelectualizada em excesso, de modo a se tornarem nada mais que crenças abstratas aplicadas. Dizer que elas são sentimento as torna vulneráveis ao primeiro perigo, mas as salva claramente do segundo. Todavia, enquanto tivermos em mente um quadro cognitivo saudável das paixões, não nos sentiremos tentados a minimizar a significação de nossos sentimentos.

Um dos traços mais perturbadores da filosofia social popular de nosso tempo é esse desprezo confiante e generalizado por "filantropos", um desprezo que é muitas vezes confundido com "combatividade". O que poderia haver de errado numa emoção benévola e nas ações que a acompanham, cujo objetivo é somente ajudar outras pessoas? O problema é que a compaixão, por si mesma, é muitas vezes mal-informada, estúpida, dirigida de maneira vaga e interesseira (embora pretenda ser o oposto). É verdade que a compaixão em geral estimula a ação bondosa. (Inspira também a busca de maneiras de ajudar onde antes não havia nenhuma evidência.) Entretanto, a compaixão muitas vezes estimula uma ação precipitada, ou torna mais difícil o tipo de comportamento frio e profissional que pode ser necessário (por exemplo, numa emergência médica). Larry Blum mostra que a compaixão pode tornar uma situação desesperada ainda pior e pode ferir seus destinatários por se concentrar demais em [sua] situação difícil.[2] A compaxão pode ser "equivocada, baseada numa compreensão superficial da situação". Na verdade, todos nós podemos lembrar de casos em que deixar-se envolver demais numa tragédia nos torna menos e não mais capazes de enfrentá-la, e de outros casos em que a "compreensão superficial" do apuro de outra pessoa nos levou a interferir quando não éramos bem-vindos, a intervir quando não éramos competentes, a nos metermos quando não éramos desejados. As limitações da compaixão, porém, nem de longe enfraquecem sua virtude ou a utilidade global das ações compassivas. Blum conclui de maneira correta que, "por envolver um interesse ativo e objetivo no bem-estar de outra pessoa, a compaixão é de forma característica um estímulo a uma compreensão mais profunda do que a racionalidade sozinha poderia assegurar. Uma pessoa compassiva por caráter está em princípio comprometida com uma linha de ação tão racional e tão inteligente quanto possível." Compaixão sem inteligência não é virtude, e inteligência sem compaixão não é boa administração — com efeito, pode não ser administração em absoluto (talvez seja, engenharia). E, por fim, zelo e compaixão não são antitéticos da administração pragmática, nem incompatíveis com a "combatividade"; são antes as precondições daquela combatividade que é respeitada e reconhecida como vigorosa e não apenas mesquinha (como em "quem ama castiga"). Meu objetivo é colocar esses nobres sentimentos de volta no lugar a que pertencem, no cerne de nosso senso de ética e de nossa vida de negócios.

Notas

1. Milton Mayeroff, *On Caring*. Veja também Neli Noddings, *Caring*. O principal defensor do zelo e da compaixão, no entanto, é com certeza Adam Smith, que defendeu a centralidade do que chamou "solidariedade" em sua *Teoria dos sentimentos morais*, 16 anos antes de escrever *Riqueza das nações*.
2. Laurence A. Blum, "Compassion".

CAPÍTULO 22 Justiça: A virtude suprema da vida corporativa

A justiça é a primeira virtude das instituições sociais, como a verdade é a dos sistemas de pensamento.

JOHN RAWLS, *A Theory of Justice*

Eqüidade, justiça, como quer que você a chame — é essencial e falta a muitas companhias.

ROBERT TOWNSEND, *Up the Organization*

A justiça integra a lista de Aristóteles como uma de suas virtudes básicas — na verdade, ele por vezes sugere (como Platão) que ela é *a* virtude básica.[1] Na corporação, a justiça não é apenas uma virtude. É uma necessidade absoluta. A justiça, como a "eqüidade", mantém a instituição coesa. Também como a eqüidade, ela é o fato e a percepção de que todos os membros da organização e todas as pessoas ligadas a ela estão "recebendo o que lhes é devido". Em particular, isso significa que as pessoas são reconhecidas pelo que fazem e são recompensadas de maneira apropriada com elogios, bônus e promoções, que as pessoas são contratadas para as posições que merecem e recebem obrigações compatíveis com suas capacidades e salário, que são tratadas em momentos de crise da mesma maneira que seus pares e, é claro, que são pagas e pagas com pontualidade. O vínculo entre o indivíduo e a organização não pode ser mantido com base apenas na afeição nem pode ser compreendido como uma estipulação meramente contratual. É um vínculo que envolve a própria identidade da pessoa (bem como a da corporação) e inclui, portanto, uma miríade de expectativas e demandas tão variadas que não é possível reduzi-las a zelo apenas ou sintetizá-las num contrato, por mais complexo que seja. A justiça é a exigência de que uma pessoa seja reconhecida e respeitada pelo que é, de que não seja desprezada ou sobrecarregada e de que não seja explorada nem maltratada. Justiça é o sentimento de que se está sendo tratado com eqüidade, e isso requer a devida diligência da parte da corporação, pois esteja ela ou não atenta a isso, pode-se ter certeza de que o empregado ou o administrador estarão. Nada fomenta o ressentimento mais depressa do que a percepção de que recebemos um salário menor ou menos reconhecimento por nossas realizações do que uma outra pessoa, e nada estimula a competição negativa com mais rapidez do que a percepção de que uma outra pessoa está obtendo as recompensas que nós mesmos merecemos.

Embora as dimensões da justiça sejam muitas e complexas, a primeira regra da justiça na ética dos negócios deve ser "trabalho igual, remuneração igual". Contudo, isso é mais fácil de dizer do que de implementar, não só por causa das pressões políticas e sociais que influenciam toda decisão financeira na corporação, como por causa de tradições que são tudo menos igualitárias (por exemplo, a gigantesca diferença entre os salários dos executivos mais graduados e dos empregados, às vezes de trinta para um em algumas indústrias) e de preconceitos que julgaríamos pertencentes estritamente ao passado (o diferencial ainda chocante de 40% entre salários de homens e mulheres para a mesma função e com a mesma experiência). Há preocupações mais sutis também, é claro. A mais evidente é a difícil determinação do que vem a ser "trabalho igual", ou a medida e a avaliação de ocupações que são claramente desiguais. Mesmo no caso mais simples surgem questões, como saber se o que conta mais é o trabalho árduo ou os resultados alcançados, que recompensa dar ao potencial em contraposição à produção efetiva (de que outra maneira mestres em administração de empresas recém-saídos da escola mereceriam bônus?), em que medida fatores "pessoais" devem ser levados em consideração, e como os vários membros de uma equipe (em que não se pode presumir esforço igual) devem ser reconhecidos e recompensados.

Isso significa que cada ato e decisão que envolvem justiça envolvem também um *julgamento* pessoal sofisticado, não a aplicação rotineira de alguma fórmula ou procedimento de decisão. E é isso que torna a justiça não só essencial, mas ao mesmo tempo difícil e central para qualquer concepção de virtude corporativa.

No contexto da corporação e nos negócios em geral, a justiça é parte de uma tradição que precede em muitos séculos a vida de negócios tal como a conhecemos. Ela remonta à antiga concepção aristotélica e medieval de "salário justo" e de "preço justo" e à mais abstrata "teoria do valor baseada no trabalho", adotada tanto por Adam Smith como por Karl Marx. A idéia básica é que justiça tem muito a ver com mérito — dar a cada estudante o que ele *merece* com base no esforço e na produção. A insistência no mérito é, em parte, a insistência na responsabilidade pessoal, e a exigência de que os fatores irrelevantes para a tarefa e acima do controle de uma pessoa não sejam levados em consideração está incorporada em todo sistema de mérito. Assim, capacidade e desempenho administrativos, trabalho árduo e inteligência são relevantes para a avaliação de uma pessoa, mas cabelo, sexo, cor da pele e fortuna familiar, não. Nesse contexto de mérito, porém, há considerável margem para discordância. O afinco no trabalho deve ser recompensado independente do desempenho real? O que dizer dos serviços de escritório e administrativos rotineiros, mas necessários, que não permitem qualquer exibição de brilhantismo, mas que simplesmente têm de ser feitos? O brilhantismo deve ser recompensado mesmo que não requeira esforço? O que dizer do jovem talentosíssimo que passa o dia jogando conversa fora perto da máquina de café, distraindo outros empregados, mas produzindo de maneira infalível uma boa idéia a cada semana? Uma pessoa que se sai bem numa fase de expansão dos negócios deve ser mais recompensada do que outra que consegue se manter à tona numa época de desastre econômico? Não há respostas fáceis para essas questões, e elas são apropriadamente deixadas ao julgamento profissional do administrador judicioso. Julgamentos relativos à justiça são quase sempre assim, ao invés de aplicações de uma fórmula abstrata a casos concretos, um envolvimento cuidadosamente considerado e sentido com a situação e com as pessoas nela envolvidas, em que critérios e interesses conflitantes são arranjados e por vezes escolhidos.

A justiça comporta *dimensões*, e a adequação delas depende do contexto. Quanto mais específico e bem definido for o contexto, mais confiantes e espontâneos serão nossos julgamentos. Não é que a situação seja simples; é que a experiência já terá digerido e sintetizado os vários interesses e considerações concorrentes. Na maioria dos jogos estabelecidos, por exemplo, os limites, as fronteiras e a esfera do *fair play* tornaram-se nítidos e praticamente naturais para o administrador tarimbado. No domínio da lei, o acúmulo de precedentes serve a um propósito muito semelhante, de modo que conflitos legais diários são quase sempre bem definidos e enquadrados com clareza numa estrutura em que uma miríade de considerações já foi codificada. (As decisões da Suprema Corte e da Corte Internacional de Justiça, em contraposição, dizem respeito àqueles casos que não estão tão bem-definidos ou enquadrados com tanta clareza. O mesmo ocorre com as decisões que chegam à mesa do advogado da corporação ou do diretor executivo.) No entanto, a razão por que temos juízes, magistrados e árbitros, e não meramente computadores pessoais nos tribunais ou nas linhas laterais, é que a justiça, mesmo tão bem definida, requer sensibilidade e julgamento experimentado, em vez do mero acionamento mecânico de um processo de decisão preestabelecido.

Isto não quer dizer que a justiça seja simplesmente relativa ou subjetiva, ou que não haja, em absoluto, acordo algum que nos leve de um caso para outro. Desde Platão, parece haver uma concordância quase universal acerca de pelo menos três pontos:

1. A justiça não é apenas uma matéria de "o poder tem sempre razão". Força e poder podem ser essenciais para a defesa da justiça, mas não a constituem. O fato de um de seus empregados ter ameaçado arrebentar-lhe se não obtiver um grande bônus não é um argumento em favor dele.

2. Considerações *irrelevantes* não devem entrar em nossas considerações. Por exemplo, o fato de um empregado ser uma mulher e outro um homem, ou de um ser *chicano* e o outro chinês, é irrelevante para a questão do tamanho do bônus que cada um deveria receber. Todavia, é claro que responder à pergunta "O que é relevante?" pode ser tão difícil quan-

to responder à pergunta "O que é justo?" — na verdade, trata-se em grande parte da mesma pergunta. O fato de uma pessoa trabalhar com mais afinco é uma consideração relevante? (Provavelmente não em um negócio sob alta pressão em que só os resultados contam.) O que dizer do fato de um ser mais inteligente do que outro? Ou do fato de um estar na companhia há um tempo cinco vezes maior? O fato de um ser encantador e de aparência agradável, enquanto o outro é um perpétuo mal-humorado e desleixado? O fato de um estar bastante endividado? E, talvez o mais difícil de tudo, o fato de você *gostar* mais de um do que do outro? Tratar empregados de maneiras diferentes sem razão alguma é obviamente injusto, mas tratá-los de maneiras diferentes pela razão errada é também injusto, assim como tratá-los de maneiras semelhantes desconsiderando diferenças relevantes.

3. A maneira mais óbvia de conciliar a exigência de tratamento igual com a atenção às diferenças é insistir em *padrões iguais*. Entretanto, aqui, é claro, a idéia das dimensões da justiça torna-se mais problemática. Que padrões usar, e são ele os apropriados? Poderíamos avaliar o desempenho atlético de Joe Namath e de Wilt Chamberlain ao longo de suas vidas comparando o total de pontos obtidos por cada um para seus respectivos times, mas isso estaria longe de ser uma medida justa e apropriada, ainda que estivéssemos usando o mesmo padrão para os dois. Uma companhia poderia avaliar todos os seus administradores medindo suas várias contribuições para o saldo final, mas uma medida como essa seria dúbia em relação a alguns dos departamentos mais essenciais da corporação.

Entre as várias dimensões da justiça, as duas considerações mais básicas são mérito e igualdade. Na corporação, consideramos a motivação, o esforço e a produção de um empregado ou administrador e perguntamos se ele *merece* nossa atenção ou apoio. Em termos de mérito, todas as pessoas são manifestamente diferentes, e é quase impossível imaginar o que seria para todos — mesmo nos serviços mais rotineiros — ter capacidade iguais, ser igualmente produtivos e dar contribuições iguais. Por outro lado, o pressuposto de nossas avaliações de mérito parece ser o princípio da igualdade, de tal modo que, se duas pessoas fazem o mesmo trabalho, empenham o mesmo esforço e obtêm resultados semelhantes, elas merecem tratamento igual, e na medida em que duas pessoas devem ser recompensadas de maneiras diferentes, é a *diferença* entre elas que é essencial. Dessa forma, Aristóteles considera a exigência fundamental e irrefutável da justiça que "iguais devam ser tratados como iguais; desiguais como desiguais". É evidente, contudo, que de alguma forma todo mundo é igual a todo mundo, no sentido mais inocente e acrítico: "Somos tomos seres humanos." Todos temos sentimentos. Todos temos *necessidades*. Todos temos interesses, temores e afeições. Assim, há o conhecido argumento de que as necessidades e os interesses de todas as pessoas devem ser levados a sério da mesma maneira, sejam quais forem suas capacidades ou realizações. Nesse sentido, são nossas semelhanças, e não nossas diferenças, que estão em questão, e os interesses e inquietações de uma pessoa têm o mesmo peso que os de qualquer outra. É aqui que a demanda de igualdade se contrapõe ao reconhecimento do mérito, e muitas das decisões pessoalmente mais difíceis que os administradores devem tomar envolvem casos em que as necessidades pessoais de um empregado são enormes (por causa de doença grave ou problemas de família, por exemplo) mas sua produção é mínima (em parte é natural, por causa daqueles problemas).

A idéia de que a justiça tem dimensões — que não é uma medida única — não é de todo nova. Resistimos, porém, a admitir que essas várias dimensões não possam ser reduzidas a uma, ou pesadas e comparadas numa única fórmula geral que será suficiente em todas as circunstâncias. Desse modo, a história das idéias sobre a justiça, desde o tempo de Platão e Aristóteles até a teoria atual de John Rawls, está cheia de esforços para reduzir a uma única fórmula o atordoante número de considerações atinentes à justiça. No entanto, além da igualdade e do mérito, há muitas outras considerações. Já mencionamos a presença de *necessidades* especiais, em particular a situação difícil das pessoas doentes e com deficiências, para as quais um tratamento apenas igual é insuficiente. Há também a noção de *titularidade* — aquilo a que uma pessoa tem *direito*, independente de questões de igualdade, mérito ou necessidade. O exemplo mais simples de tal direito é o resultado de um contrato explícito; um agente da corporação prometeu a Jones (por escrito) que a companhia lhe pagaria 20 mil dólares para reprojetar a sala do conselho corporativo. Jones fez o trabalho e agora tem direito ao pagamento. Não importa que, mais tarde, algum alto executivo não goste do projeto ou pense que o preço foi alto demais ou conclua que simplesmente não gosta de Jones. Da mesma maneira, existem as garantias sociais e legais que chamamos de "direitos civis", que são o resultado de uma espécie de "promessa" feita pela sociedade como um todo, por fim canonizada em lei ou na constituição. Muito mais abstratos, mas claramente centrais para nosso pensamento sobre a justiça, são os "direitos humanos", que podem ou não ser formulados de forma explícita, mas de toda maneira suplantam os costumes e até as leis de qualquer sociedade ou cultura particular, fornecendo os limites mais básicos para qualquer discussão corporativa de justiça. Não podemos sequer conceber a justiça hoje sem a noção desses direitos, apesar do pequeno papel que eles desempenhavam no pensamento social apenas poucos séculos atrás. A liberdade de expressão política, por exemplo, é um desses direitos humanos fundamentais que precedem a promessa de qualquer governo específico ou carta constitucional de um Estado e permanece um direito básico para qualquer empregado ou administrador. Assim empregados e administradores muitas vezes reconhecem uma profunda injustiça quando a companhia extrai deles contribuições para causas políticas ou candidatos que eles mesmos não apóiam. De fato, verifiquei que o ressentimento que acompanha essas medidas corporativas é muitas vezes mais profundo do que o provocado por uma desconsideração pessoal ou por queixas relativas a salários. Nem toda expressão é protegida pelo direito à livre expressão política, é claro; passar adiante segredos da companhia está longe de ser um exercício dos direitos garantidos pela Primeira Emenda (da Constituição norte-americana) e detratar a companhia confere apenas um direito muito discutível a proteção. (Aqui ingressamos num território difícil, porque o que parece detratação da companhia aos olhos da cúpula administrativa pode, sem dúvida, ser visto por observadores de fora e colegas solidários como uma denúncia, um ato de integridade e não de desrespeito.) A liberdade de expressão, estão sempre nos lembrando os noticiários, é um direito incrustado num contexto que a qualifica e ocasionalmente a contradiz.

Um dos direitos centrais em nossa concepção capitalista de justiça é o de ter e conservar propriedade privada. É parte de nosso senso de justiça que temos o direito de nos aferrar a toda riqueza e bens materiais de que temos posse, não importa como tenham sido (legalmente) adquiridos e quer os mereçamos em algum sentido quer não. A noção de direito é apresentada com freqüência como a marca do igualitarismo, mas a ênfase nos direitos de propriedade se opõe de maneira direta à idéia de igualdade. Do mesmo modo, o mérito se opõe à igualdade (se presumirmos que os talentos e realizações das pessoas não são iguais), e não podemos defender de todo o primeiro sem violar a segunda. E assim, apesar de nossa ênfase geral em direitos, igualdade e mérito, é importante compreender o quanto nosso senso de justiça é marcado pela *desigualdade*. Podemos acreditar que todo mundo, em algum sentido abstrato (e não apenas perante a lei), é igual; mas acreditamos também que as pessoas precisam, merecem e têm direito a porções desiguais das recompensas do mundo.[2]

Uma dimensão muito diferente da justiça entra em nossas considerações com a instituição extraordinária a que chamamos de "o mercado" — esse sistema desorganizado de negociação que define não só o capitalismo, mas também grande parte de nosso senso de eqüidade. Ao ouvir os defensores mais eloqüentes do livre mercado, pensaríamos que ele é só uma medida de mérito, porque trabalho árduo, eficiência e inventividade quase sempre ganharão na competição por dinheiro, respeito e a admiração que acompanham o sucesso. Vez por outra, é claro, o mercado e o mérito cooperam inteiramente, e para fomentar a ilusão de sua total compatibilidade damos ouvidos a histórias sobre o empresário jovem, inteligente e trabalhador que inventou um produto de enorme valor e enriqueceu como recompensa. Mais uma vez, contudo, há aqueles outros inventores de produtos de igual valor, que trabalharam com igual afinco e com inspiração similar, e colheram por seus esforços apenas um honorário nominal, ou absolutamente nada, quando um conglomerado se apoderou da patente e faturou uma fortuna ao comercializá-lo. É verdade que os inventores originais podem ter sido incompetentes como empresários e talvez nunca tivessem conseguido comercializar seus produtos com tanto sucesso. Todavia, a situação nos parece uma injustiça flagrante, e temos de reconhecer que o pensamento de mercado mantém-se distinto tanto da igualdade quanto do mérito.

Uma consideração que não pode ser descartada de qualquer discussão sobre a justiça é "o bem público". Com efeito, já definimos senso de justiça como sendo, em parte, interesse pelo bem-estar de toda a comunidade. Como não é de surpreender, os igualitários afirmam que uma sociedade de iguais tende a ser menos dilacerada pela inveja e pela discórdia, e os defensores do mérito argumentam ao estimular as pessoas a darem o melhor de si, garante-se uma sociedade melhor para todos. Os defensores do mercado livre e não-regulado, baseiam sua defesa quase sempre na afirmação (historicamente contingente) de que a liberdade no mercado produz de maneira quase inevitável, prosperidade para todos. De fato, sem essa defesa, nossa crença na desejabilidade de uma economia de mercado ficaria muito abalada, apesar da "liberdade" empresarial de um pequeno número de indivíduos opulentos. Entretanto, o bem público nem sempre é mais bem servido pela igualdade, pelo mérito ou pelo mercado, e há aqueles poucos casos notórios em que o bem de uma sociedade como um todo depende da pior injustiça contra um ou mais de seus membros. Os antigos rituais de sacrifício humano deixavam isso bastante evidente, mas nosso sistema moderno de celebridades e bodes expiatórios pode de fato funcionar de maneira muito parecida. Dificilmente podemos falar de justiça sem levar em conta o bem de todos, mas isso também não pode ser, em si mesmo, a chave da justiça.

A noção de "dimensões da justiça" não é de fácil aceitação, pois, além de significar que nosso senso de justiça é complexo, significa que ele está eivado de contradições e conflitos. Quase todos concordamos que um igual respeito pelas pessoas como seres humanos é em certo sentido imperativo, mas quando casos mais específicos estão em pauta, não fica claro o que isso deveria significar. Todos tendemos a concordar que as pessoas deveriam obter o que merecem, mas logo que essa fórmula é retirada de seu modo puramente formal e aplicada a pessoas reais que diferem de todas as maneiras em termos de seus talentos, suas ambições, seus sensos responsabilidade, suas realizações e suas contribuições, já não concordamos em absoluto quanto ao modo como essas diferentes considerações devem ser ponderadas, ou quanto ao modo como devem ser contrabalançadas com necessidades, ou quanto à medida em que deveríamos simplesmente deixar essas decisões difíceis à impessoalidade do "mercado", em que a habilidade de comerciar de repente assume prioridade máxima e os necessitados, que nada têm para vender, são prejudicados de forma sistemática. (O prêmio Nobel de economia em geral vai para o acadêmico que consegue esconder esse fato óbvio sob a conometria de uma teoria formal.)

Consideremos uma questão corriqueira de justiça que envolve a maioria de nós de uma maneira ou de outra: a distribuição do dinheiro relativo ao "mérito" pelo trabalho que fizemos. Imagine-se na posição de um supervisor de dois empregados, tendo um bônus estipulado de mil dólares para dividir entre eles. Quais são as considerações, as dimensões da justiça, que você deve levar em conta, eliminando considerações *irrelevantes* como o fato de um dos empregados ser uma mulher e o outro um homem, ou de um ser *chicano* e o outro chinês? É presumível que devêssemos insistir num padrão igual — isto é, seja o que for que decidamos considerar relevante para a avaliação em questão, deveríamos usar o mesmo critério para ambos os empregados. No entanto, como em nossa decisão em relação ao que é relevante, o difícil é decidir se os dois casos são similares o suficiente para justificar o uso de um mesmo padrão. Está longe de ser óbvio que é justo avaliá-los da mesma maneira. Na verdade, podemos arrolar pelo menos uma meia dúzia de considerações que podem ser incluídas nessa decisão aparentemente simples:

Igualdade. Ignore todas as diferença, dê 500 dólares para cada um, divida no meio. (A ilusão é que essas divisões iguais não provocam ressentimentos e não exigem justificação.)

Mérito (resultados). Quem produziu mais na realidade? (Claro que decidir como medir a produção já é metade do problema.)

Mérito (esforço). Quem trabalhou com mais afinco? Como todo empregador imparcial sabe muito bem, resultados são importantes, mas nem sempre refletem o verdadeiro mérito. Charlotte pode receber o crédito por uma descoberta cujo trabalho de base foi realizado em 95% por Carl.

Capacidade. Quanto de "promessa" cada um representa? (Quanto tempo se tem para ser "promissor" antes que só resultados passem a contar? É realmente justo recompensar a promessa em si?)

Necessidade. O fato de um ter dois filhos doentes e outro na faculdade, enquanto o outro é solteiro e tem investimentos substanciais entra de alguma maneira em nossas deliberações? A justiça no trabalho deve ser sempre relacionada ao trabalho?

Direitos. Há quaisquer acordos ainda em vigor ou expectativas legítimas que obriguem você a pagar um determinado bônus a um ou outro? (Pode-se ter direito a um "bônus"?)

O bem público ("utilidade"). Que decisão produziria os melhores efeitos para o maior número de pessoas, para o resto dos empregados, para a companhia, para a comunidade mais ampla?

Deveres e responsabilidades. Por que "fardo" nós os estamos recompensando? (Por que um diretor ganha tão mais do que seus empregados mais diligentes? Há uma questão psicológica envolvida nisso? Em que medida é uma questão de tradição?)

Valor de mercado. Um deles poderia conseguir outro emprego com melhor remuneração? É melhor pagar o necessário para segurá-los. Mas se um dos dois for especialmente leal à companhia e incapaz de pensar em arranjar outro emprego, mesmo por um salário mais alto, isso será justo?

Risco e incerteza. Pagamos mais por um trabalho perigoso, requeira ele ou não maior habilidade e represente ou não uma contribuição maior do que uma função segura. Recompensamos investidores que arriscam seu dinheiro sem fazer qualquer pergunta sobre o tempo e o esforço que despendem e as habilidades que possam ter. Marx estava sem dúvida errado ao insistir em que os frutos de uma empresa pertencem com exclusividade àqueles que fazem de fato o trabalho físico. (É claro que *quanto* se ganha pelo risco é uma questão de sério debate.)

Antiguidade. Por quanto tempo uma pessoa esteve na companhia? Isso, deve por si só, lhe dar-lhe um *status* especial, à parte de competência e produção?

Lealdade. Não é o mesmo que antiguidade (embora a antiguidade possa ser um sinal de lealdade). Vale a pena notar a recente dificuldade que envolve o conceito de lealdade, à medida que mais e mais jovens executivos tomam o caminho mais curto e pulam de companhia em companhia, e à medida que mais e mais companhias demitem seus funcionário mais antigo (muitas vezes, apenas alguns meses antes de fazerem jus a pacotes de benefícios), em vez dos mais recentes. Contudo, isso, sugiro, é um sintoma de um problema muito mais profundo, que é o próprio modo como tendemos a nos ver, tanto em nossos empregos e instituições quanto na sociedade como um todo, como prestadores de serviços individuais em vez de como membros participantes.

Virtude moral. Por vezes pensamos que vale a pena recompensar pessoas por sua simples confiabilidade ou honestidade, mesmo quando isso não beneficia necessariamente a companhia (como a lealdade faz). A "sociabilidade" é muitas vezes incluída nessa categoria, mas o mesmo ocorre com considerações mais dúbias, como nossa afeição por pessoas, o fato de "gostarmos" delas. Considerações pessoais desse tipo são justas? A própria virtude é uma consideração pessoal?

Tradição. Por fim, nenhuma instituição existe num vácuo histórico, e decerto é relevante para as expectativas das pessoas o fato de o dinheiro do bônus ter sido sempre distribuído de determinada maneira, seja esta estritamente igualitária ou sempre desigual (digamos 750:250), e nesse caso em favor do empregado mais antigo ou do mais novo, do trabalhador mais diligente ou do mais produtivo, do mais necessitado dos dois ou do mais demonstravelmente virtuoso. Pode-se contrariar a tradição, mas isso requer por si só alguma justificação especial de acordo com uma (ou mais) das considerações precedentes.

Há outras considerações, mesmo nesse caso doméstico e simplificado de justiça. O objetivo, porém, foi mostrar que, mesmo no caso mais simples, a justiça não é simples. Requer julgamento, em vez de um processo de decisão, e envolve uma ampla esfera de considerações. Ao tentar dividir o bônus de mil dólares de maneira justa entre nossos dois empregados, tentamos aplicar algum padrão justo e coerente e levar em conta as contribuições muito diferentes (e, talvez, contribuições de *tipo* muito diferente) de ambos para a companhia: o afinco com que trabalham, suas capacidades, suas necessidades pessoais, os deveres e as responsabilidades que assumem e seus direitos. Levamos em conta o tempo em que trabalharam para a companhia, sua lealdade a ela, sua virtude e, de maneira muito simples (injusta?), o quanto gostamos deles. Tentamos fazer um balanço dessas várias considerações, e na maior parte das vezes nosso julgamento é justo e razoável. Todavia, o importante é que não há fórmula possível ou, em conseqüência, teoria possível, que possam nos dizer como julgar casos como esse. A justiça é contextual e envolve, quase sempre, considerações conflitantes — dimensões diferentes da justiça, qualquer das quais pode, por sua vez, envolver também contradições e conflitos internos.

Naturalmente, poderíamos também usar o bônus para enviar uma mensagem — para advertir, para recompensar, para punir, para elogiar —, mas poderíamos também usá-lo para corrigir uma iniqüidade prévia ou para admitir algum erro anterior cometido por nós mesmos. Entretanto, o importante não é que a justiça seja uma espécie de ensopado com muitíssimos ingredientes e temperos, muito menos uma colisão incompreensível de reivindicações e demandas contraditórias. Um empregador que se afligisse com a "simples" distribuição de um bônus de mil dólares não seria virtuosamente consciencioso ou filosófico, mas incompetente e indeciso. O fato é que as várias dimensões da justiça se ordenam com rapidez, não por causa de uma teoria da justiça (que o mais das vezes distorce bastante tais decisões), mas por causa da prática e da participação no contexto e na instituição em questão. Portanto, o decisivo é nosso *senso* de justiça, tanto adquirido quanto natural, e é somente em casos especiais — em geral chamados de tragédias — que duas ou mais dimensões da justiça se chocam ou se contradizem uma à outra de uma maneira tão séria e inusitada que somos obrigados a recorrer a deliberações e negociações extraordinárias. Os conhecidos recursos à incomensurabilidade, incoerência e indeterminabilidade são em geral rejeições da sabedoria de nosso senso pré-teórico de julgamento, quando não sofismas em defesa de alguma ideologia possivelmente viciosa.

Sugeriu-se recentemente que o que falta nas análises e teorias-padrão da justiça é um sentimento adequado de zelo e compaixão. Isso é, acredito, verdadeiro e importante. Mesmo uma figura tão central quanto John

Rawls, cujas credenciais liberais e sentimento de compaixão não estão em questão, considera necessário vestir seus sentimentos com o traje formal de uma dedução impessoal de princípios racionais, e a maior parte da literatura que o acompanhou mostrou muito mais entusiasmo por sua forma do que por seus sentimentos. (Talvez seja por isso que tanto da filosofia social da atualidade se assemelha mais a um debate sobre teoria dos jogos do que a uma expressão de preocupação pelo sofrimento humano, mesmo que "os necessitados" e "os menos favorecidos" com freqüência apareçam como jogadores.) A justiça é, antes de mais nada, um sentimento de compaixão. Não se trata, no entanto, de um "ou/ou" kierkegaardiano, uma justiça impessoal *ou* um interesse pessoal. Os sentimentos benévolos representados pelo zelo e pela compaixão não bastam para explicar a enorme esfera ou a grande profundidade das paixões que constituem nosso senso de justiça, inclusive nosso muitas vezes veemente e nada benévolo senso de injustiça. Sentimentos po si só não podem resolver ou explicar as grandes questões de linha de ação que são (ou deveriam ser) a preocupação suprema das teorias da justiça, mas qualquer senso de justiça começa com o zelo — por nós mesmos e nossas reputações, por aqueles de quem e para quem trabalhamos, por aqueles de quem nos sentimos próximos e por quem nos sentimos responsáveis, pelo mundo. Sem esse zelo e esse interesse, não poderia haver senso de justiça. Por que outra razão qualquer dessas coisas importaria para nós — o bem-estar da companhia, a distribuição de recompensas, tratamento eqüitativo e igual? A justiça começa com nosso engajamento emocional e o pressupõe. E a justiça na corporação não pode ser separada das virtudes pessoais do zelo e da compaixão, da lealdade e de nosso senso de honra — e, é claro, dos seis parâmetros da perspectiva aristotélica, um senso de comunidade, uma demanda de excelência, um senso de filiação e responsabilidade, um agudo senso da própria integridade, um pendor para o bom julgamento e uma visão do todo em vez de um foco estreito em nosso próprio mundinho e em nossos interesses.

Notas

1. A discussão da justiça neste capítulo é adaptada do cap. 4 de meu *Passion for Justice*, com a gentil permissão de Addison-Wesley, Inc.
2. Para obter uma boa discussão das concepções comparativa e não-comparativa da justiça, veja Joel Feinberg, "The Nature and Value of Rights".

CAPÍTULO 23 Inveja e ressentimento: veneno corporativo

[O homem de *ressentimento*] gosta de esconderijos, caminhos secretos e portas dos fundos, tudo o que é oculto o seduz como sendo seu mundo, sua segurança, seu refrigério; ele compreende, como calar, como não esquecer, como esperar, como temporariamente subestimar-se e ser humilde.

FRIEDRICH NIETZSCHE,
sobre *Genealogia da moral*

As salas dos executivos de milhares de corporações nos Estados Unidos estão cheias de homens que se tornaram eunucos profissionais. A energia e a potência que outrora possuíam foi gasta... passam seus dias fazendo coisas que muitas vezes parecem sem sentido.

O. WILLIAM BATTAGLIA e JOHN J. TARRANT,
The Corporate Eunuch

Nenhuma discussão sobre as virtudes aristotélicas seria completa sem alguma discussão sobre os vícios, em particular a noção de "cobiça abstrata" e o antigo distúrbio de personalidade chamado a "motivação do lucro" — conhecido pelos antigos e medievais como o pecado da avareza. Contudo, Aristóteles condenou toda atividade comercial, sendo, na melhor das hipóteses, um guia incerto para as virtudes e vícios dos negócios, já que pensava que eles consistiam de praticamente todos os vícios. Aplicando Aristóteles ao conceito de corporação como comunidade, porém, podemos nos beneficiar muito de sua perspectiva. Tudo o que torna uma comunidade mais harmoniosa e produtiva é uma virtude; o que enfraquece seus vínculos e lança uma pessoa contra outra é um vício. Se a justiça é a virtude capital da corporação, é a injustiça que se provará o vício mais cruel. Pois os produtos da injustiça percebida são os detestáveis sentimentos gêmeos da *inveja* e do *ressentimento*, duas emoções que agem como corrosivos em quaisquer empreendimento ou organização conjuntos.

Inveja e ressentimento são veneno corporativo. Afetam a saúde da organização da maneira como um veneno de ação lenta afeta um indivíduo, penetrando em suas veias e corroendo os tecidos que fornecem cooperação, lealdade e bom sentimento. A inveja e o ressentimento envolvem ambos a idéia de que se foi desconsiderado ou privado do que lhe era devido. A diferença entre eles é que a inveja deseja o que não tem — em geral poder, posição ou bens materiais —, ao passo que o ressentimento é voltado para a pessoa, o processo, a justiça da questão. Desse modo, o ressentimento é profundamente condenatório, não só por causa de um senso de privação, mas por causa de um senso de ultraje. A inveja, por outro lado, não envolve ultraje, apenas cobiça. De fato, a inveja volta-se em geral para cargos e gratificações que não obteve, que pode até saber que não merece. O ressentimento, em contraposição, envolve a crença de ter sido lesado, de que o jogo é manipulado ou injusto sob outros aspectos. Enquanto a inveja inclui concupiscência e maquinação, o ressentimento nos incita a cavar muito mais fundo, e condena, cria uma situação, fingindo cooperação, mas na verdade espalhando as sementes da desordem. Assim, a inveja, embora talvez o maior vício pessoal (por não ser baseada em reivindicação legítima alguma), é o menor perigo. Com efeito, chegou-se até a sugerir (de forma errada, na minha opinião) que a inveja é um incentivo, uma fonte de motivação boa e saudável para a corporação e o capitalismo em geral.[1] A inveja, todavia, não é apenas cúpida: é também maliciosa e destrutiva em potencial. Ela não estimula a cooperação (exceto por meio de uma estratégia provisória) e seu próprio desejo tende a cegá-la para o bem dos outros e as necessidades da organização. O ressentimento, no entanto, é pior que a não-cooperação. É subversivo. Enquanto a inveja é interesseira, o ressentimento é muitas vezes ideológico e nos incita a destruir a pessoa ou organização que vemos como o ofensor. O ressentimento é o veneno corporativo máximo, e sua fonte é quase sempre a presença da injustiça — mesmo que ligeira. Assim, ele pode e deve ser evitado, mas, para que a corporação não sofra danos duradouros, o antídoto deve ser fornecido cedo.

O ressentimento nasce com freqüência do medo. Corporações que sofrem repetidos "enxugamentos", tornados mais traumáticos por garantias anteriores de que isso não aconteceria (de novo), são meios de cultura para o ressentimento. Isso enfraquece a solidariedade nessas corporações exatamente no momento em que elas mais precisam de esforço e dedicação de equipe. É claro que o medo é também um motivador poderoso, mas é ilusão pensar que o tipo de energia que se manifesta como resultado do medo é a devoção, ou que uma sensação de contingência ameaçadora conduz à lealdade ou é compatível com ela. Os sobreviventes de um enxugamento drástico podem a princípio sentir-se aliviados, até mesmo gratos, mas esses sentimentos pós-traumáticos são em geral substituídos por reconsiderações, acerca de colegas que não estão mais lá e de tarefas adicionais, e por uma sensação de desorientação, uma nostalgia da calma e da ordem relativas da "antiga" organização. Isso leva, por sua vez, a um sentimento de privação, uma lembrança de que se pode ser o próximo a sair, de que a companhia continua com problemas, de que aqueles que sofreram não tinham, afinal, culpa alguma, de que uma injustiça generalizada foi perpetrada com a própria pessoa e seus colegas. O resultado não é uma união, um sentimento partilhado de urgência, mas uma dispersão, um "cada um por si", a diligente preparação de currículos durante o expediente, sérias conversas na hora do almoço com contatos e recrutadores externos. Quando o medo se transforma em ressentimento, o resultado pode ser também sabotagem sutil, tão infantil quanto o roubo de algum equipamento de escritório ou um *voucher* de despesa superfaturado, ou tão sério quanto o afastamento de clientes e a perda de contas.

O caso comum de envenenamento por ressentimento, porém, não requer algo tão dramático quanto um trauma corporativo. É antes parte essencial das operações rotineiras, uma pequena negligência aqui, uma promoção omitida ali, a falta de um elogio por um bom trabalho, uma promoção errônea segundo as futricas departamentais. Ele surge porque os administradores deixaram de ter um senso de missão ou propósito, porque lhes parece que gastam seu tempo numa atividade sem sentido. Mesmo quando isso não é verdade, a falha, por sua vez, é de seus próprios administradores, que deixaram de informá-los sobre a importância de suas incumbências. O ressentimento surge porque alguém se sente paralisado numa posição, não-valorizado e sem esperança. Na realidade, é mais a falta de esperança do que o medo que engendra o ressentimento mais cruel, porque este ainda procura se salvar, enquanto aquela age como se nada tivesse a perder. O ressentimento surge sob uma forma malévola em particular quando a delegação de responsabilidade não é acompanhada de autoridade adequada para levar o trabalho a cabo, uma situação verdadeiramente desesperançada que é a ruína do trabalho de muitos administradores. Por outro lado, a sensação de que os próprios talentos são desperdiçados ou ignorados também é um meio de cultura para o ressentimento. Um empregado aborrecido ou um administrador subempregado canalizarão muito provavelmente suas energias não utilizadas para o pensamento ressentido e para atos subversivos de compensação e desforra.

As causas da inveja são em geral simples e diretas: uma exibição muito exuberante de privilégios e poder na cúpula, excesso de promessas vazias, muito pouca satisfação com o que se tem e se merece na realidade. Já as causas do ressentimento são tão variadas quanto as possibilidades de injustiça, mas muitas delas envolvem um único tema, que não é a ação supostamente injusta em si mesma, mas uma falha de comunicação — ou pior, puro fingimento ou fraude. Decisões delicadas são tomadas, com demasiada freqüência, sem explicação adequada, e ameaças e traumas são muitas vezes minimizados antes e depois do fato, apesar de seus óbvios resultados para os empregados e a administração da companhia. Uma companhia alardeia sua meritocracia e, em seguida, promove apenas os administradores que causam menos "problemas" (isto é, não discordam do chefe). Uma companhia divulga sua preocupação com qualidade, mas deixa de recompensar os responsáveis pelo produto, dando todos os prêmios para a equipe de vendas e *marketing*. Uma companhia se vangloria de seu zelo, mas isola e abandona um administrador que está em dificuldades por ter imposto as regras da companhia. Uma companhia insiste em melhorar a qualidade, mas não fornece os recursos para que isso seja feito, ou estimula um melhor trabalho em equipe, mas, ao fazê-lo, implementa um sistema de maior competição entre os empregados. Uma companhia dá bônus aos seus altos executivos enquanto empregados e administradores são demitidos. Ou uma companhia convida seus empregados e administradores a dar sugestões sobre como as coisas podem ser melhoradas, e as ignora de maneira sistematica. E em todos os casos, o sentimento de ofensa começa a se espalhar, primeiro entre os afetados de forma direta, depois por boca a boca, por fim como um boato que pode durar anos, até muito depois de a situação ter sido corrigida, muito depois até de todos os empregados originalmente afetados terem partido. É provável que o ressentimento cause mais dano à corporação do que a competição mais malévola, no entanto, a maior parte das companhias parece aceitá-lo como a hostilidade "natural" de um pequeno número de empregados. O ressentimento é muito contagioso e só pode ser detido pelo estancamento de suas fontes. A virtude da justiça — e a eliminação das injustiças — é o único meio de evitar o envenenamento corporativo.

Nota

1. Helmut Schoeck, *Envy: A Theory of Social Behaviour.*

CAPÍTULO 24 As virtudes carismáticas: santos, heróis, palhaços e malandros

> Quero um herói, desejo invulgar, quando cada ano e mês lançam ao mundo mais um.
>
> GEORGE BYRON, *Don Juan*

A maior parte das virtudes que discutimos são virtudes da "sociabilidade", que têm a ver com o modo como as pessoas convivem umas com as outras, que auxiliam a cooperação e o esforço de equipe, que minimizam o interesse pessoal antagonista e enfatizam o zelo e o interesse pelos outros e pela organização. Entretanto, há um conjunto de virtudes corporativas que faz muito mais, que fornecem a uma companhia não apenas cidadãos bons e produtivos, mas líderes e modelos. Há também virtudes que fornecem energia criativa, excentricidade e — o que não deve ser negligenciado — a virtude aristotélica do senso de humor. As virtudes que enfatizamos modificam o individualismo de modo a dar lugar a um senso dedicado de comunidade e de propósito comum, mas a individualidade extrema também tem lugar e é necessária em toda corporação. O erro é pensar que essas virtudes são necessárias a todos na organização — "todo mundo um empresário" ou "cada administrador um líder". A verdade é que tal uniformidade da individualidade tornaria a organização e a cooperação impossíveis. Para considerar apenas um exemplo leve, afirmo nesta seção, que pessoas que merecem propriamente a função oficiosa de "palhaços" são essenciais para todo grupo ou instituição, mas não precisamos estender muito nossa imaginação para ter uma idéia do que seria uma organização toda composta de palhaços. (O grupo de comediantes ingleses *Monty Python* apresentou uma vez um esquete intitulado "The Village Idiots' Convention".) Da mesma maneira, uma organização toda composta de heróis, de santos ou de excêntricos criativos logo já não seria organização alguma. O personagem que costumava ser chamado (numa linguagem machista agora fora de moda) "o homem da companhia" é absolutamente essencial para o funcionamento de qualquer instituição, mesmo pouco complexa. Ele é a fonte da solidez, da organização e da cooperação. Contudo, assim como uma companhia não seria bem uma companhia se fosse composta apenas por cidadãos sólidos desse tipo, não seria em absoluto uma companhia sem eles.

Muito do que se discute sob o título de "moralidade" tem a ver com o cumprimento de obrigações, com o fazer o que nos compete — o que *devemos* fazer. O que moralmente devemos fazer, porém, é muitas vezes limitado, e boa parte da moralidade consiste em proibições e não em recomendações positivas ou ideais para a ação. Já comentamos o problema de uma concepção de moralidade que exige apenas a obediência a regras do tipo "não farás": uma pessoa perfeitamente boa pode ser um chato consumado, um puritano cujo comportamento não beneficia nem inspira pessoa alguma. A conseqüência dessa concepção é que a moralidade se torna uma matéria árida, bastante aborrecida e tediosa. Assim, o "antimoralista" Nietzsche sugere que a moralidade é essencialmente um dispositivo "nivelador", destinado a aparar os picos da excelência bem como a erguer a "horda" a uma forma mais "elevada" de comportamento. Nessa concepção, o comportamento extraordinário, ações heróicas e santas, seria ignorado, e, de fato, teóricos da moral no molde kantiano tiveram grande dificuldade para explicar de maneira adequada aqueles que vão muito além de seus deveres morais para manifestar um comportamento extraordinário desse tipo. Um termo especial foi criado para tal comportamento, que vai "além da exigência do dever": *supere-rogatório*. Todavia, em ética, qualquer palavra com sete sílabas é suspeita; esta converte os atos e as pessoas exemplares que compõem o cerne da ética num conjunto curioso e problemático de exceções. Seria muito sábio aceitar o conselho "antimoral" de Nietzsche, não a fim de errar de forma deliberada, mas a fim de saltar além dos grilhões da mera obediência para fazer algo ousado e criativo, a fim de ser líderes em vez de seguidores. De fato, pensei certa vez em intitular todo este projeto uma introdução à "Administração nietzschiana", mas dada a grande, mas imerecida, reputação de "destruidor" e "anticristo" de que goza Nietzsche, pareceu-me que seria mais prudente reservar seu nome para as páginas finais. Na verdade, no entanto, as instigações de Nietzsche têm muito em comum com as de Aristóteles, como sugeri muitas vezes em outros textos.[1]

O que Nietzsche tem em comum com Aristóteles é o conceito crítico de *excelência*. Podemos compreender a natureza desses exemplos inspiradores melhor nos termos da ética da virtude do que nos termos da moralidade e da obediência a princípios. Com efeito, é o dado primário da ética, não um conjunto de exceções, que certas pessoas vão muito além das regras, não as violando, mas excedendo de longe suas exigências. O homem bom, para Aristóteles, não é apenas aquele que obedece às regras; ele também se supera no que faz. Isso não quer dizer que desobedece às regras e às leis da sociedade ateniense; ele apenas não pensa muito nelas — já se tornaram naturais para ele. É em superar-se que ele se concentra. Dele se espera não só que não fuja da batalha; espera-se que lute com toda sua capacidade. Não se espera apenas que não minta (o que é bastante fácil se você se cala); espera-se também que seja espirituoso, inteligente e informativo, se não tão brilhante quanto Sócrates. Desde a Antiguidade, tivemos os heróis da *Ilíada*; a Bíblia está cheia de heróis. Somos inundados todo dia (na televisão, pelo menos) por exemplos de excelência pessoal e virtude excepcional em que a declaração de princípios desempenha apenas um papel pequeno. Esses exemplos podem ser muito mais pessoais e poderosos do que abstrações de moralidade, e podemos de fato tender a concordar com a idéia de Nietzsche de que a ética do heroísmo é muito mais inspiradora do que o mundo trivial da moralidade. A ética, em outras palavras, não precisa ser confinada à mediocridade obediente. Ela é também a exigência de excelência — e mais. Na corporação, é a exigência de integridade e liderança.[2]

Em lugar algum a idéia de ir *além* da moralidade, além da "exigência do dever", é mais evidente do que nas pessoas especiais que chamamos de *santos* e *heróis*. Tentei minimizar a referência a esses personagens especiais nas páginas anteriores porque queria evitar a impressão de que a ética aristotélica ou da virtude não é parte da vida comum, para gente comum. No entanto, uma virtude é também um ideal, e tem representantes ideais e tipos ideais. Um santo não é apenas alguém perfeitamente bom no sentido fácil de não pecar (talvez por falta de oportunidade); um santo é extraordinariamente bom, resistindo a tentações a que não conseguiríamos nos imaginar resistindo e fazendo boas ações que vão muito além das exigências do dever ou da caridade. De maneira semelhante, um herói é uma pessoa que não faz apenas o que lhe é ordenado, mas realmente muito mais, muito mais do que qualquer um teria esperado. Não podemos ordenar santidade ou heroísmo, e não é dever de ninguém ser santo ou herói. Apesar disso, nossa ética seria empobrecida sem esses conceitos e se não aspirássemos *ser* tais pessoas. Essa aspiração inspira o que há de melhor em nós e no que chamamos de nossa moral. A abstenção de um ato proibido por medo de castigo ou antecipação de culpa ainda pode contar como "moral", mas não é, e nem de longe parece ser, a mesma coisa que Nietzsche chama de "nobreza", e que motiva nossas melhores ações. A ação movida pelo senso de dever pode ser motivada e acompanhada por um sentimento confortador de correção, mas isso ainda não é nem o começo da santidade ou do heroísmo, pois é típico do santo e do herói nem sequer pensarem nesses termos sobre o que estão fazendo. De fato, é em parte essa ingenuidade, essa confiança em si e essa falta de reflexão que fazem deles santos e heróis.

Santos e heróis têm as virtudes apropriadas a suas culturas; é óbvio que estas não serão todas iguais. Os santos cristãos tinham virtudes diferentes dos santos do budismo, e Francisco de Assis tinha virtudes muito diferentes das de Maomé. Aquiles e Alexandre, o Grande, tinham virtudes muito diferentes das de Gandhi e Martin Luther King, e Einstein, que foi um herói popular nos Estados Unidos, tinha um conjunto de virtudes diferentes das de Giordano Bruno, que foi queimado na fogueira em 1600 por causa de suas especulações científicas. Entretanto, as virtudes dos santos e heróis não são apenas as virtudes comuns que fazem uma "boa pessoa" — honestidade, confiabilidade, senso de humor; na verdade, suas virtudes podem chegar a se sobrepor por completo a algumas das virtudes mais comuns e domesticadas, em especial em tempos de confusão moral, quando santos e heróis são particularmente prevalentes. O fato de Agostinho ter sido muito devotado é de longe mais importante para sua santidade do que o de ter tido senso de humor, e é muito mais importante para o heroísmo de Beowulf que ele fosse capaz de matar monstros aterrorizantes do que ter sido um bom rapaz.

A contradição ocasional entre virtudes e regras morais, entre as próprias virtudes e, em particular, entre as virtudes mais comuns e as virtudes extraordinárias dos santos e heróis ajuda a explicar nosso fascínio pelo personagem que chamamos de "malandro". Os malandros são heróis e heroínas muito conhecidos na literatura e na cultura americana contemporâneas, mesmo que ainda não tenham feito uma aparição digna de nota na ética em si. O malandro é quase sempre uma figura simpática, muitas vezes representado no cinema por atores charmosos, como Burt Reynolds, Richard Pryor e Goldie Hawn. Nos filmes, o personagem malandro viola a lei, ou pelo menos tem problemas com ela, tendo assaltado um banco ou seguido algum esquema tortuoso e desesperado que na maioria das vezes inclui violar nada menos do que dúzias de leis de trânsito numa cena de perseguição de dez minutos. Na crítica literária, esse personagem é muitas vezes chamado de "anti-herói", um termo que expressa alguma confusão ética quanto ao fato de a pessoa ter o *status*, mas não a moral de um herói. Na corporação, não se esperam infratores da lei, mas existe um personagem norte-americano conhecido que chamamos de "rebelde", que pode estar dentro dos limites da legalidade apesar de ainda assim mostrar o quanto os limites da adequação podem ser contestados de modo criativo.[3]

Por que tal personagem deve ser mencionado em ética, exceto talvez como um lamentável exemplo popular de imoralidade desenfreada? Porque, em primeiro lugar, goste-se ou não disto, são esses os "heróis" e "heroínas" que hoje fornecem exemplos morais para milhões de crianças norte-americanas (Burt Reynolds foi eleito o homem mais popular e mais admirado dos Estados Unidos, em várias pesquisas de opinião feitas junto a jovens nos últimos anos — não Reynolds o indivíduo, é claro, mas Reynolds a *persona* do "bandido" dos filmes.) Em segundo lugar, exemplos como esses ilustram de maneira muito clara a complexidade de nossa moral efetiva e de nossas concepções morais, que não estão limitadas a regras universais e obediência, mas, muito ao contrário, incluem uma admiração característica pelos que ousam ser diferentes — contanto que sejam também charmosos e atraentes. Em terceiro lugar, mostram o enorme alcance do conceito de "caráter" na ética, que não está restrito ao tradicional "homem (ou mulher) de caráter" dos romances vitorianos — uma pessoa honrada, confiável e um bom companheiro; inclui também excêntricos e malandros que podem não ser "morais" no sentido estrito e tradicional.

Seria enganoso, contudo, deixar o exemplo do malandro nas mãos dos diretores de cinema norte-americanos, como se a única ocupação desses personagens fosse perpetrar crimes financeiramente compensadores.[4] Há uma história muito mais honrosa de malandragem, em que as virtudes compensadoras vão além do encanto e da beleza superficiais e fornecem recompensas à sociedade por várias gerações. Segundo a história, muitos dos grandes artistas dos séculos passados foram pessoas notoriamente complicadas e também imorais. (Se tinham de ser assim para ser grandes artistas, ou ficaram assim porque eram grandes artistas, são hipóteses muito celebradas, mas dúbias, que não precisamos explorar aqui.) Beethoven, por exemplo, escandalizava a maior parte da sociedade vienense com sua falta de maneiras e por não ser digno de confiança. O grande autor francês Balzac motivava-se para escrever atolando-se em dívidas para levar uma vida de luxos. As excentricidades morais de Picasso foram muito divulgadas nos últimos anos, mas seu comportamento não é muito diferente do de um grande número de artistas famosos — homens e mulheres —, na cultura boêmia em que as artes floresceram no século XIX, aproximadamente. Na esfera do intelecto, Freud e Jung foram muitas vezes acusados de comportamento desatencioso, se não imoral, para com seus colegas psicanalistas. E no mundo nos negócios, os heróis mais conhecidos destacaram-se com freqüência por seu autoritarismo, sua grosseria, até por sua sovinice, mas ainda assim seu *status* de malandros e heróis (raramente de santos) sobrevive aos mexericos e às calúnias que os envolvem. A importância desses personagens é também nos lembrar que atos de criatividade e coragem consistem muitas vezes em seguir nosso próprio senso de integridade, em vez de obedecer de maneira cega, e inspirar outras pessoas, em vez de segui-las. Hoje, o herói é raramente o lutador é mais feroz; é mais provável que seja o pensador persistente e original, que persegue uma idéia até sua realização.

Por fim, é preciso dizer uma palavra sobre o palhaço. Todo escritório tem um (ou precisa de um). Como o malandro, o palhaço libera tensão e com freqüência aponta fraquezas reais na companhia e nas personalidades que a comandam. (Uma imitação espirituosa do chefe pode contribuir mais para uma reforma departamental do que mil queixas e memorandos.) O palhaço é, sem dúvida, uma fonte de ineficiência num escritório, e talvez essa seja sua maior virtude. Quanto mais funcionar como a máquina proverbial, menos humana será a companhia e menos inspirados serão os seres humanos que nela estiverem. O palhaço, como o malandro, nos lembra a todos o lugar que nosso trabalho ocupa em nossas vidas, e o lugar que nosso negócio ocupa no mundo, algo que o humor — até a tolice — pode fazer melhor do que qualquer sermão ou livro sobre ética dos negócios. Algumas das virtudes mais valorizadas em nossa sociedade — independência, humor, iniciativa e um tipo de coragem — são com demasiada freqüência deixadas de fora dos livros de administração que tratam de eficiência e eficácia, dos livros de planejamento estratégico e dos relatórios corporativos. Pensar no malandro empresarial como simplesmente "imoral" ou no palhaço corporativo como simplesmente tolo é deixar de compreender uma questão ética muito importante e propornos um retrato falacioso tanto dos negócios quanto da ética.

Notas

1. E.g., em meu ensaio, "A More Severe Morality: Nietzsche's Affirmative Ethics", em *From Hegel to Existentialism* (Nova York: Oxford University Press, 1987). Algumas

das argumentações deste capítulo foram adaptadas desse ensaio e da parte III de meu *Ethics: A Short Introduction*.

2. Em *Corporate Cultures*, A. Kennedy e T. Deal dizem que "O heroísmo é um componente da liderança quase esquecido pela administração moderna. Desde a década de 1920, o mundo corporativo foi movido por administradores racionalistas, que fazem planejamento estratégico, escrevem memorandos e elaboram fluxogramas(...) Administradores dirigem instituições; heróis criam-nas."
3. "Talvez nenhum outro herói situacional inflame mais a imaginação de empregados do que o rebelde ou o independente: Billy the Kid, Patton, bandoleiros com coração de ouro. Esse herói é importante quando a companhia precisa de algum grau de criatividade para a contestação de valores existentes. Rebeldes podem simbolizar o lado mais obscuro de uma organização, mas seu comportamento extravagante liberará a tensão reprimida que todos sentem" (T. Deal e A. Kennedy, *Corporate Cultures)*.
4. De fato, o papel dos homens de negócios foi muitas vezes documentado e mostrado na mídia de maneira, no mínimo, pouco lisonjeira. Um estudo de vários anos atrás mostrou que cerca de 80% dos executivos representativos eram retratados na televisão como tolos, escroques e tiranos pomposos. Em geral, quando um homem de negócios escapa desse modelo para se tornar um herói ou um malandro, livra-se de seu papel nos negócios também (The Media Institute, 1981).

CAPÍTULO 25 Teorias na prática: Estilos éticos

Os que tiveram um desempenho excepcional não exibiam apenas um estilo executivo diferente, [eram] discordantes em estilo pessoal. Paradoxalmente, realizadores bem-sucedidos têm muitos estilos. São regularmente discordantes.

W. SKINNER E W. SASSER, *Harvard Business Review*

A variedade das virtudes e a natureza contextual de tão grande parte da ética dos negócios suscitam de maneira muito rápida o espectro apavorante (mas inocente) do "relativismo" ou, pior, da completa impossibilidade de decidir. No contexto voltado para a solução de conflitos dos problemas práticos, disputas com 25 séculos de idade não parecem promissoras, e, mesmo quando são apresentadas como um princípio aceito de forma geral, ainda que seja banal, a aplicação prática é muitas vezes difícil ou, pelo menos, discutível. Como não é de surpreender, muitas das pessoas a quem nossas teorias éticas são aplicadas refugiam-se, em nome da eficiência, no dogmatismo ou no existencialismo; nas palavras bastante práticas de um filme clássico de gângsteres, "você escolhe e arca com as conseqüências". Todavia, no domínio da prática, o ponto em que nossa tradição mais nos falha no domínio da prática talvez se ligue à nossa antiqüíssima convicção de que deve haver um maneira "certa" (se não "verdadeira") de pensar sobre ética, em vez de uma variedade de maneiras, todas elas "éticas". Ainda somos fascinados pela imagem de Moisés descendo o Monte Sinai com os Dez Mandamentos, um conjunto único de imperativos éticos. Ou, de forma mais filosófica, somos enamorados da imagem platônica de um único Bem supremo, inscrito no céu e passível de ser descoberto, apenas como uma possibilidade, por meio da razão humana. O que tendemos a negar é que as pessoas são diferentes, ainda que numa mesma organização e aparentando ter os mesmos valores, projetos e propósitos. Em outras palavras, poderíamos dizer que há diferentes *estilos éticos*, assim como há diferentes estilos de administração.

"Estilos éticos" é uma expressão e uma idéia que teria sido inteiramente inaceitável até poucos anos atrás — exceto, talvez, para Nietzsche e Oscar Wilde. Cheira a um relativismo de um tipo odioso. Sugere não só subjetivismo (que pelo menos pode ser "profundo" e sustentado por amplas razões e reflexão), como superficialidade — ética e comportamento ético como sendo moda, uma questão de personalidade ou pior, uma indumentária de pensamentos e ações que pode ser despida com tanta facilidade quanto vestida. É claro que estilos éticos diferentes teriam vantagens e desvantagens muito diferentes, e é bem possível que um estilo ético não seja mais facilmente alterável do que outros traços de caráter que perduram a vida toda, como consideração, imprudência ou generosidade espontânea. Contudo, a idéia de que o utilitarista de regra e o deontologista kantiano estão apenas expressando diferenças pessoais e não tentando demonstrar — de uma vez por todas — o que é "certo" de verdade, entra em conflito com nossas sensibilidades filosóficas. Afinal, o imperativo categórico é realmente apenas uma maneira kantiana, talvez típica de certos tipos de personalidade, e não a chave da "moralidade"?

O fato, porém, é que os defensores da ética aplicada foram obrigados a reconhecer estilos éticos, ainda que contrariando muito seu próprio julgamento filosófico. Isso é evidente, por exemplo, na grande maioria dos livros-texto de ética aplicada, que começam enumerando mais uma vez — mas provavelmente pela primeira vez para os futuros executivos, médicos, engenheiros ou advogados na sala de aula — as veneráveis discussões entre utilitaristas, deontologistas e, talvez, libertários, com menção a um ou outro teórico metaético para completar. Com considerável embaraço, o eticista empenhado em aplicar essas teorias vai sugerir: "Agora um utilitarista de ato diria que..." O contexto "aplicado" não é o lugar para se discutir a superioridade absoluta de uma ou outra escola ética, para mostrar que argumentos regidos por regras (ou deontológicos) envolvem de fato considerações utilitárias, ou que o utilitarismo, apesar de todas as restrições engenhosas, não pode lidar de forma adequada com a questão da justiça em exemplos de ilha deserta ou do sádico satisfeito. O problema em si requer discussão — seja a responsabilidade das companhias farmacêuticas em deter o abuso de drogas nas ruas, a eutanásia para os doentes terminais, trapaças em jogos de bridge, ou a inviolabilidade das confidências do cliente criminoso. A platéia quer uma solução, e que a perene discussão filosófica, muito francamente, se dane. E então eles ouvem: "Bem, um libertário sem dúvida veria isto da seguinte maneira..."

No contexto da longa tradição clássica na ética, cuja origem situamos de maneira conveniente, mas um tanto arbitrária, em Sócrates, esse tipo de resposta é na realidade inadequado e embaraçoso. No contexto aplicado, por outro lado, ele é, num sentido igualmente embaraçoso, necessário. Discussões entre utilitaristas e deontologistas não se restringem à filosofia profissional. São uma parte muito real das discussões que ocorrem todos os dias em escritórios e salas de conselho por todos os Estados Unidos. Na verdade, filósofos lançados em contextos práticos com freqüência surpreendem-se — com sentimentos confusos — ao ver quão bem os "não-filósofos" arregimentaram dados e argumentos para suas posições. Por vezes, parece que tudo o que resta para o filósofo é dar a tais posições seus nomes apropriados — um exercício de importância prática duvidosa, mas, de todo modo, muito aquém do que a visão tradicional da filosofia como sendo um pacificador conceitual prescreveria.

Entretanto, o reconhecimento dessas grandes diferenças éticas pode ser de enorme importância prática, mesmo na ausência de um argumento arrasador em favor de uma posição ética e contra todas as demais. Os filósofos podem sentir-se frustrados com a falta de solução para as disputas clássicas, mas ficam pelo menos bem informados sobre o que está em discussão e experientes na arte de elucidar o que está em jogo nessa ou naquela posição. O fato é que um grande número de discussões práticas, em que os dados relevantes foram postos à disposição e os argumentos relevantes formulados e esgotados, revelam-se idênticas às discussões filosóficas clássicas (mesmo que um pouco mais toscas e menos cheias de jargão). No enatanto, o filósofo que espera pela solução final em ética não estará numa posição invejável para solucionar disputas práticas que envolvam as mesmas questões filosóficas irresolvidas. Na prática, se não na teoria, tudo o que existe são estilos.

Em disputas práticas, não fica claro para os participantes como diferenças de estilo ético devem ser tratadas, em parte porque, de forma geral, não há o reconhecimento de que a disputa é, em certa medida, um conflito de estilos éticos. Uma vez explicadas, contudo, as diferenças passam a ser tratadas como opções ou como possibilidades a serem resolvidas por meio de negociação. Muito pior, todavia, é quando a discussão toma o mesmo rumo que a maioria dos debates filosóficos e só pára com a conclusão inaceitável de que "é uma questão complicada". Por mais gratificante que possa ser do ponto de vista filosófico, essa conclusão é a pior possível, se nossa experiência em ética dos negócios é um bom indicador. Ela ensina não a resolução de conflitos, mas a importância de ignorar a filosofia.

O conflito clássico e mais conhecido de estilos éticos é o que opõe, de maneira aparentemente insolúvel, o deontologista subordinado a regras e o utilitarista. Vale a pena repetir, mas em termos voltados para estilo, o que a natureza desse conflito tende a ser na prática. O deontologista acredita na letra da lei, e, é muito provável que no escritório ou na sala do conselho citará as regras da instituição ou princípios de um manual profissional. Pode não importar que a regra em questão seja ultrapassada ou impraticável. Pode não importar que ela tenha se tornado uma matéria de lei ou norma sob outra administração, agora afastada. Pode não importar que a regra sem dúvida será alterada algum dia. O deontologista acredita que se deve obedecer às regras, leis, regulamentos e diretrizes, sejam quais forem suas origens e sejam quais forem suas conseqüências. Qualquer outra maneira de pensar, de seu ponto de vista, é amoral.

O utilitarista, por outro lado, é conscientemente prático. Regras servem a propósitos e devem ser obedecidas exatamente porque — e apenas porque — servem a esses propósitos. Uma regra que se prova impraticável deixa de merecer nosso respeito ou obediência. Uma regra formulada sob circunstâncias muito diferentes ou estipulada por uma administração diferente deve ser examinada de maneira cuidadosa e não deve receber muito peso. O utilitarista toma suas decisões com base unicamente no fato de que determinado curso de ação tem as melhores conseqüências para todos os envolvidos. Se isso corresponde às regras (como em geral ocorre), tanto melhor. Se não corresponde, então tanto pior para as regras — e tanto pior também para o deontologista, que por pura teimosia ou talvez por alguma razão pessoal incompreensível, se recusa a entender o que está em questão.

Sabemos como essa pequena situação tende a evoluir, a partir de reuniões departamentais, quando não de discussões no campo da ética: o deontologista considera o utilitarista um oportunista, um pervertido moral, um homem que não respeita a autoridade e as regras. O utilitarista considera o deontologista completamente insensato e desprovido de senso prático, se não neurótico e "intolerável". Quando a utilidade geral entra em conflito com uma norma estabelecida, o utilitarista e o deontologista com certeza não se compreendem. Não pode haver qualquer comprometimento porque cada um deles considera a própria posição acima de negociação e nenhum dos dois consegue entender o outro, exceto, talvez, em termos de patologia moral.

Algumas disputas práticas ficam mais refinadas; não é difícil encontrar discussões entre deontologistas e entre diferentes tipos de utilitaristas. É claro que nem toda atitude em ética constitui um estilo ético. Há, entretanto, muitas maneiras de ser ético. Mencionamos as duas mais comuns, a deontológica e a utilitária. Algumas outras são variantes destas; algumas são argutas, outras degeneradas. Com mais freqüência do que alguns filósofos supõem, teorias "metaéticas" aparecem como estilos éticos, em geral também definindo conteúdo normativo. O mais importante, porém, é que todas elas merecem ser chamadas de abordagens "éticas" e talvez "morais" para problemas práticos, embora difiram de maneira considerável e tenham diferentes vantagens e desvantagens em termos de simplicidade, clareza, aplicabilidade e abrangência. Delineei aqui sete diferentes estilos éticos de pensamento e ação, embora sem qualquer pretensão de esgotá-los, para dar uma idéia dos tipos de atitudes e abordagens que parecem predominar em situações práticas (sem dúvida, seria possível imaginar muitos outros *a priori*):

1. *Orientado para regras*: pensamento e ação com base em regras e princípios, com atenção apenas secundária às circunstâncias ou exceções.
2. *Utilitário*: ponderação das conseqüências prováveis, tanto para a companhia quanto para o profissional e para o bem-estar público. Os princípios são importantes apenas como norteadores gerais. "O maior bem para o maior número de pessoas" é o teste supremo para qualquer ação ou decisão.
3. *Lealista*: todas as decisões são avaliadas primeiro em termos de benefício para a profissão, a instituição, a companhia e sua reputação. Nos negócios, é o "homem da companhia".
4. *Prudente*: interesse pessoal a longo prazo por meio de identificação com a profissão e a instituição, a companhia ou o bem social mais amplo, mas sempre consciente do vínculo apenas contingente entre o interesse pessoal e os interesses mais vastos a que se serve.
5. *Virtuoso:* cada ação é medida de acordo com seu reflexo sobre o caráter do autor (ou sobre a profissão, a instituição ou a reputação da companhia), sem preocupação imediata com as conseqüências e muitas vezes sem muita atenção a princípios gerais.
6. *Intuitivo*: decisões são tomadas com base na "consciência" e sem reflexão, discussão ou razões. Pensadores intuitivos tendem a ser muito impacientes com tipos deontológicos e utilitaristas mais ponderados. É um estilo que floresce no topo da hierarquia da tomada de decisões, ainda que só por causa de um histórico óbvio de seleção natural. (Erros de intuição, em contraste com erros de reflexão e de cálculo, não podem ser explicados ou racionalizados com facilidade.)
7. *Empático*: seguem-se os próprios sentimentos de solidariedade e compaixão. "Pôr-se no lugar do outro" é o *modus operandi* do estilo empático, quer o "outro" seja um concorrente ("O que sentiríamos se ele...") quer seja um cliente ("posso imaginar facilmente com seria...").

Tendo essa lista como base, talvez valha a pena mencionar alguns estilos degenerados que não são variações incumuns destes:

1. *Orientado para regras* (forma degenerada) *compulsivo*: ficar tão preso a princípios que até o sentido dos princípios é perdido de vista.
2. *Utilitário* (forma degenerada) *liberal perplexo*: encontrar tantas conseqüência e complicações possíveis que a ação se torna impossível e a inação ("investigação pendente") se forma o único curso moral. A fonte da maioria dos comitês.
3. *Lealista* (forma degenerada) *hominóide*: em circunstâncias de escritório, o "sim, senhor", o técnico que perdeu todo senso de contexto social e até mesmo de seu próprio bem-estar.
4. *Prudente* (forma degenerada) *jogador*: concebe uma profissão apenas em termos de autopromoção e trata todas as regras e princípios — inclusive princípios morais — como meros limites para a ação. A retórica da "livre empresa" nos negócios adota muitas vezes essa postura. Os problemas éticos para o jogador são sobretudo obstáculos, oportunidades, desafios. Não incomum na ética jurídica, reprovado na medicina.
5. *Virtuoso* (forma degenerada) *heróico*: em que cada ação é conscientemente um reflexo de virtudes e capacidades extraordinárias e em que toda linha de ação rotineira ou comum não deve ser considerada com seriedade.
6. *Intuitivo* (forma degenerada) *místico*: tomar decisões com base em intuições invariavelmente cósmicas, muitas vezes com referências nebulosas à "terra inteira" ou à "harmonia cósmica", sem maior justificação e com tão pouca referência à realidade prática quanto possível. A excentricidade é vista como virtude (intuições prosaicas são um sinal de pura heteronomia).
7. *Empático* (forma degenerada) *sentimental* ou *piegas*: tem-se tanta solidariedade que se torna impossível cuidar dos próprios interesses, ou dos de sua profissão (de sua instituição, de sua companhia). Um excessiva comiseração e uma carreira muito curta nos negócios ou no direito, um colapso nervoso na medicina. (Na imprensa, usado muitas vezes como um conflito entre profissionais empedernidos e a ética e a sensibilidade.)

Estilos éticos perfeitamente corretos também podem desandar. Por exemplo, por inadequação. Seja qual for o estilo de pensamento preferido por uma pessoa, há contextos em que alguns estilos são claramente apropriados, outros em que são claramente impróprios. Por exemplo, usar um estilo prudente ou utilitário com um grupo religioso será um desastre. Numa reunião de vendas ou num grupo de cirurgiões, por outro lado, um estilo deontológico soará abstrato, pomposo e irrelevante. Os filósofos às vezes falam como se considerações morais (da variedade deontológica) fossem sempre apropriadas, em qualquer contexto prático. O que de fato ocorre é que estilos éticos — e qualquer tipo de estilo — dependem do contexto. A idéia de que alguns estilos peculiarmente enfadonhos são apropriados em toda parte levou muitos filósofos a serem excluídos da lista de convidados. (A popularidade de Kant como convidado em jantares em Königsberg faz pensar.) Haja ou não uma teoria ética "verdadeira", há sempre um lugar — ou nenhum lugar — para certos estilos éticos.

A discussão de estilos éticos não pretende ser parte das discussões e debates éticos tradicionais — muito menos substituí-los. No entanto, para o filósofo que tenta aplicar a ética e para quem isso significa algo mais do que lavar nossa roupa suja em seminários de profissões diferentes da nossa, é um conceito de considerável valor. Falar sobre estilos éticos é, em primeiro lugar, dizer que muitas das posições e argumentos que definiram a história da ética definem também posições práticas e argumentos usados por pessoas que nunca fizeram um curso de filosofia, nem pensaram nisso, e, em segundo lugar, enfatizar a importância do respeito às diferenças éticas — que podem nos parecer óbvias, mas que não são reconhecidas com facilidade pela maioria das pessoas no meio de uma discussão. É em momentos de conflito ou crise que as diferenças em estilos éticos se destacam, e é nesses momentos que se deve compreender e transpor essas diferenças em vez de — como tantas vezes ocorre — deixar que transformem uma situação ruim numa situação ainda mais explosiva.

CAPÍTULO 26 Labirintos morais, coragem moral e o problema da integridade

> O que é certo na corporação não é o que é certo na casa de um homem ou em sua igreja. O que é certo na corporação é aquilo que o sujeito que está acima de você quer de você. Isso é que é moralidade na corporação.
>
> ROBERT JACKALL, *Moral Mazes*

A estrutura aristotélica da virtude comunitária e pessoal é, acredito, exatamente o que falta à maioria das corporações nestes dias difíceis. A nova ênfase em combatividade e competição pode ser saudável, mas somente sob a condição de que a combatividade seja compreendida de maneira apropriada e não oposta à integridade, e de que a competição, do mesmo modo, não seja contraposta à cooperação. Contudo, não quero defender a abordagem aristotélica dos negócios como se ela fosse a resposta para encerrar todas as perguntas na ética corporativa. As comunidades podem ser caóticas e degradantes, sufocantes e até perigosas, bem como cooperativas, produtivas e satisfatórias. As virtudes pessoais murcharão ou se tornarão prejudiciais se não cultivadas num clima que reconheça e recompense a virtude e seja ele próprio virtuoso. Mesmo a busca de excelência pode levar tanto a qualidade e trabalho de equipe quanto a arrogância e elitismo. Mais ainda, a presença de estilos éticos alternativos sugere que, mesmo nas melhores corporações e com as melhores pessoas, a dissensão interna será a regra e não a exceção.[1] Todavia, é no meio da comoção cooperativa e criativa (também conhecida como "caos") que as virtudes revelam sua essência. Sem um senso de comunidade e cooperação não haverá corporação. Sem virtude tanto individual quanto corporativa, todo sucesso — se for sucesso — será vazio. Entretanto, isso significa que a ética dos negócios não pode ser limitada a uma descrição e uma celebração das virtudes; ela deve também participar de seu cultivo — e da criação dos tipos de organização em que tais virtudes florescem.

As discussões acerca das virtudes foram estropiadas desde Aristóteles por uma espécie de fantasia e uma certa estreiteza mental chauvinista. O chauvinismo é a pressuposição de que nossa própria comunidade e nossa própria cultura representam o ideal, imperfeitas, talvez, mas na trilha certa — em contraposição a todos aqueles filisteus e bárbaros "lá fora". A fantasia é a presunção não avaliada de que nossas próprias comunidade e cultura são coerentes, havendo, portanto, uma unidade das virtudes, uma feliz harmonia de que o homem virtuoso desfrutará. Assim, o que falta de maneira notória em Aristóteles, é um impulso reformista, uma tentativa de ver sua comunidade e sua cultura como possivelmente imperfeitas e até profundamente defeituosas. Em retrospecto, é claro, podemos abominar, com razão, o fato de que a prosperidade de Atenas era um fardo pesado sobre os ombros de sua população escrava, por mais compreensão histórica que possamos inserir nessa perspectiva. De uma maneira mais branda, podemos criticar a visão limitada que Aristóteles teve do papel do comércio e especular, sem muita dificuldade, que uma Atenas não-modernizada, apesar de toda sua sofisticação, seria hoje uma civilização basicamente subdesenvolvida. No entanto, para retornar a nossas próprias comunidades e culturas corporativas, presumimos com demasiada facilidade que estamos na trilha certa, ainda que sejamos imperfeitos, e que nossas instituições são coerentes. A verdade é que todo o nosso sistema corporativo está sendo forçado atualmente a se reexaminar e talvez até a se reinventar.[2] Não está claro em absoluto que estejamos na trilha certa ou em qualquer trilha definida, talvez sejamos obrigados a abrir uma picada desconhecida. Tampouco é evidente, de maneira alguma, que haja, na expressão de Aristóteles, uma "unidade das virtudes". É por isso que os negócios e a ética dos negócios têm de se ocupar tanto de dissensão interna e dilemas éticos. Com muita freqüência, agir de forma correta é equivalente a pôr em risco o próprio emprego, e com muita freqüência o que se espera que façamos também é agir errado.

A tese aristotélica da unidade das virtudes é, trocando em miúdos, a de que se uma pessoa tem (de verdade) uma virtude, terá todas elas. As virtudes não são conflitantes e não entrarão em conflito. Acredito que a experiência prova que isso é simplesmente falso, e uma das descobertas mais óbvias de qualquer ética da virtude de orientação empírica ou prática é que com freqüência ocorre um conflito de virtudes, um choque de lealdades, uma desarmonia entre virtudes igualmente valorizadas. Posso facilmente ouvir um gerente de vendas afirmar que confiabilidade demais e honestidade a toda prova podem atrapalhar as habilidades de negociação de uma pessoa e, num certo sentido, a própria empresa. Num recente filme de Dudley Moore, um executivo publicitário decide que sua agência dirá apenas a verdade. O caos que se segue é previsível e instrutivo sob esse aspecto. É claro que lealdades muitas vezes entram em conflito no trabalho, em particular numa companhia ou instituição politizada — é provável que ninguém esteja livre disso. Nosso dever para com nossos superiores pode muito bem entrar em conflito com nossas obrigações para com nossos subordinados e, exceto nas companhias mais organizadas, há sempre a possibilidade de ordens conflitantes, até mesmo contraditórias, mas igualmente compulsórias, serem dadas por dois superiores diferentes. Nosso senso de lealdade para com um administrador idoso e não mais influente, mas que foi o primeiro a nos acenar com a possibilidade de um emprego, pode colidir com um senso mais geral de obrigação para com a companhia. Não há unidade entre as virtudes, e, como Nietzsche em particular afirmou — contra Aristóteles —, o exercício de uma virtude pode de fato se sobrepor a outras virtudes ou, até mesmo, invalidá-las.[3] O exercício da excelência nos negócios pressiona a comunidade corporativa ao mesmo tempo em que consolida sua missão, e o exercício da integridade pessoal muitas vezes vai de encontro a um muro corporativo de resistência quando propósitos corporativos contradizem valores pessoais ou outros valores da companhia.

A seriedade desses conflitos e choques é documentada em detalhe por Robert Jackall, em seu *Moral Mazes*.[4] Penso que ele, em última análise, exagera o choque entre moralidade e política corporativa e deixa de reconhecer o enorme número de estilos éticos e a maior importância da conciliação do que da pureza na ética.[5] Como disse Tom Peters, um aristotélico notável, "uma postura ética 'pura' em face da linha administrativa da maioria das firmas o porá rapidamente no olho da rua... a linha entre pureza ética e excentricidade arrogante é muito tênue".[6] Salvo na organização ou na sociedade perfeitas, não haverá qualquer garantia de unidade das virtudes, por maior que seja a sua integridade, e não haverá uma distinção fácil entre virtude e os deveres de suas obrigações ou de seu cargo. As virtudes dependem do contexto, e os contextos se sobrepõem e se chocam entre si. Em qualquer organização, há círculos sobrepostos e concêntricos de identidade e responsabilidade, e uma virtude em uma arena pode entrar em conflito com uma virtude em outra — na verdade, pode mesmo ser um vício. Essa é uma compreensão penosa, que pode até nos tentar declarar que uma ética aristotélica é impossível. Minha resposta, porém, é que até Aristóteles compreendeu que a busca de um mundo perfeito era vã, que fazíamos o melhor com o que tínhamos disponível, e que os ideais éticos não deixavam por isso de ser essenciais. Não só as instituições como as pessoas eram imperfeitas por natureza. Do que tratavam, afinal, todas aquelas tragédias gregas?[7] Contudo, isso não significa que deveríamos recuar em desespero, simular um falso senso de integridade desconectado ou divorciado em excesso das realidades da identidade de nosso papel na companhia — como filósofos e teóricos dos negócios, que estão do lado de fora, tendem demais a fazer — ou estimular uma total absorção em nosso papel na companhia ou na comunidade, de modo a tornarmo-nos incapazes de ver além dele (tendência do próprio Aristóteles e uma estratégia favorita de administradores autoritários). Entretanto, não há uma resposta fácil desse tipo. Sempre usamos diversos chapéus e temos responsabilidades potencialmente concorrentes. Assim, à guisa de conclusão, devemos voltar a enfatizar a importância do julgamento e da integridade, o que significa, entre outras coisas, ter em mente o quadro geral. Todavia, não se trata apenas de uma questão de visão; trata-se também de uma virtude cultivada, composta de um jogo de equilíbrio e de um senso de diplomacia corporativa e pessoal que poderiam sem dúvida ser comparados a um malabarismo.

Essa metáfora do jogo de equilíbrio e do malabarismo confere um caráter especial ao problema da desunião das virtudes que é, penso eu, muito mais construtivo do que a imagem, em última análise desesperançada, dos "labirintos morais" que emerge do detalhado estudo de Jackall. Não se trata tanto de estarmos perdidos ou aprisionados, mas de estarmos em posições de crescente complexidade em que manter tudo junto — e outras palavras, integridade — é o que conta no final. Jackall, no entanto, identificou corretamente o que é sem dúvida a maior ameaça a essa integridade, trata-se do problema da *imersão*. As pessoas ficam imersas em seus cargos, suas posições na companhia, e têm dificuldade em ver além das pressões que ali enfrentam. O resultado, porém, é um problema muito parecido com o que diagnosticamos em nosso caso de abertura sobre o corretor de títulos excessivamente zeloso. É um tipo de cegueira, de perda da visão mais ampla. A ética dos negócios implica olhar além das paredes do próprio departamento ou da companhia e além (ou acima) do "saldo final". Infelizmente, essa é uma perspectiva fácil de incentivar, mas difícil de adotar quando estamos no meio de uma crise na companhia, e raros executivos ou administradores são capazes de ver o quadro mais amplo no meio dessas circunstâncias. Todos já vimos corporações sacrificarem suas melhores pessoas diante de um declínio financeiro, e todos trabalhamos com os "sobreviventes" que, embora contribuam muito pouco (e muitas vezes tornem as coisas mais lentas), conseguem permanecer na companhia em meio às reduções mais drásticas. O segredo de seu sucesso, ao que parece, é sua imersão, o fato de se terem insinuado num bolso protegido sob algum patrono ou guardião, que pode também efetuar com sucesso uma imersão semelhante. Os que são demitidos, por outro lado, podem ter essa sorte justamente por serem demasiado visíveis e não imersos o suficiente, a despeito (ou por causa) do que realizam. Eles cometem o erro de servir ao propósito da prática, em vez de, na expressão vulgar, "tirar o seu da reta". De fato, como expressa Robert Jackall (sintetizando Thorsten Veblen): "Não há quaisquer conexões intrínsecas entre o bem de uma determinada corporação, o bem de um administrador individual e o bem comum."[8]

Robert Jackall descreveu o problema da imersão em detalhes deprimentes, mostrando como executivos e empregados de diversas corporações sacrificam seu senso de valores pessoais e de deferência aos caprichos políticos, por vezes manipuladores e até mesmo sádicos, de seus superiores. Alguns têm a esperança de um dia poder ser também manipuladores, caprichosos e sádicos em relação a outros. A maioria quer apenas seguir em frente, fazer a sua parte, sobreviver à próxima convulsão da companhia ou da divisão e manter seu emprego e seu salário. Ele mostra como eles imergem no sistema, ficando emparedados nele, sem uma vista, ou pior, cegando-se para o óbvio em nome da "realidade" e adotando a lealdade e apenas a lealdade como sua missão. "O que é certo na corporação é aquilo que o sujeito que está acima de você quer de você." Não fica claro em absoluto de que modo um empregado ou um administrador imerso na corporação pode fazer mais do que dar conta de seu serviço bem e de forma adequada.

Fizemos uma distinção mais cedo (com consideráveis restrições) entre os propósitos de uma prática e suas metas e regras intrínsecas. A ética de uma prática, sugeri, consistiria não somente em honrar as regras e perseguir suas metas, mas em tentar realizar o propósito final da prática, que no caso dos negócios é a prosperidade geral e uma versão de justiça distributiva, recompensa de acordo com mérito. Contudo, há um desvio inevitável dos propósitos finais para as metas internas, e o perigo é que tarefas e deveres específicos se sobreponham por completo aos propósitos globais dos negócios. O mais das vezes, é claro, isso não é um problema ético, pois as tarefas e deveres de um cargo numa corporação bem organizada já terão sido sintonizados com a realização da missão e dos ideais corporativos. Todavia, numa corporação desleixada, fazer suas tarefas e cumprir seus deveres com certeza não é o bastante. Meu aluno que abandonou seu emprego como "telemarqueteiro" para a companhia que vendia equipamento cirúrgico inexistente é um exemplo apropriado e comum. Ele não precisou de uma grande sensibilidade ética para perceber a violação da ética e ver que era errado fazer suas tarefas e cumprir seus deveres num caso assim, mas precisou de certa medida de sacrifício e coragem. "Mas eu precisava muito do emprego", queixou-se meu aluno. E todos precisamos. A cumplicidade entre nossas próprias tarefas e nossos próprios deveres e o comportamento corporativo menos obviamente aético, no entanto, é sempre uma questão aberta, e por isso é sempre essencial que a pessoa veja seu serviço e seu papel específicos numa organização no contexto ético mais amplo, mesmo (e em especial) quando "precisa muito do emprego".

Se a vida corporativa fosse (como muitas vezes proclama) uma questão de mérito, se o sucesso fosse mesmo o resultado natural da inovação, do trabalho árduo e de bons resultados, a imersão seria, na pior das hipóteses, uma obsessão e, com mais freqüência e muito melhor, uma camaradagem bem-vinda por meio da qual realizar projetos conjuntos e buscar metas e interesses partilhados. Entretanto, em muitos, se não na maioria, dos cargos administrativos, as realizações de uma pessoa são inteiramente dependentes das ações de outras, inclusive daquelas que ela não supervisiona e sobre as quais não tem controle algum. Assim, a pessoa desespera-se, buscando medidas enganosas e uma falsa segurança, e perde de vista — ou seu chefe o faz — as metas e propósitos finais da organização. Quando a visão fica turva, a idéia de excelência perde seu sentido, para ser substituída por um sentido mais rígido e muitas vezes patológico de comunidade — "trabalho de equipe" no sentido cínico que todo administrador reconhece como "colabora ou cai fora". Em outras palavras, cale a boca e guarde sua ética para si. Daí a tendência desastrosa a medir resultados pelo "saldo final" a ética por custos e benefícios, a pressão para que acomodemos não só nossos valores pessoais, mas também os valores promovidos pela companhia, e a tentação inevitável da politicagem.

Qual é a resposta para o retrato horripilante e tão real que Jackall traça de muitas corporações em dificuldades? A cooperação, nesse caso, é parte do problema, e a integridade, em face dos conflitos das virtudes, é o desafio e não a resposta. A resposta, em duas palavras, é *coragem moral*. Contudo, essa virtude tão exaltada tem sido em geral mal compreendida e mal utilizada. A coragem moral não é apenas mais uma virtude de guerra, transposta do campo de batalha para o reino mais civilizado da corporação. Ela não é o mesmo que combatividade, embora esta possa ser, como observamos antes, uma forma de coragem moral. A coragem moral não é abnegação; na verdade, essa tendência a confundir as virtudes com altruísmo e abnegação é uma das confusões que combatemos nos últimos capítulos. A coragem moral não é obstinação moralista e não se opõe de todo à conciliação. De fato, ela consiste com mais freqüência na disposição para chegar a um acordo do que na recusa a fazê-lo.

Em seu *Vanguard Management*, O'Toole chama a coragem moral de "o *sine qua non* da grandeza".[9] Todavia, o que ele parece ter em mente não é em absoluto coragem moral, mas sim uma preocupação geral com que chama, de maneira ambígua, de interesse "conservador" por (citando John Adams) "uma paixão pelo bem público". A filantropia, porém, por mais nobre e virtuosa que possa ser, não é coragem, e a tendência de O'Toole a jogar todas as virtudes num grande saco indiferenciado é no mínimo perturbadora. No entanto, ainda que nunca pareça ter clareza sobre seu assunto, O'Toole está correto em seu pronunciamento nominal. A coragem moral é o *sine qua non* não só da grandeza, como da integridade comum. De fato, ela *é* integridade, provando-se sob circunstâncias adversas. A coragem moral inclui uma compreensão do quadro mais amplo, dos propósitos da organização e dos meios pelos quais a organização ou alguma parte dela frustra suas melhores intenções. Ela significa aferrar-se a essas melhores intenções, estar atento a uma lealdade mais elevada do que aos próprios superiores imediatos ou, por vezes, mesmo ao diretor executivo. O preço pode ser alto, mas a celebração usual do triste caso do funcionário que denuncia o erro e do mártir da companhia é muitas vezes exagerada neste ponto. A verdade, como O'Toole mostra com seus exemplos, é que a coragem moral é também muitas vezes bem-sucedida. Contudo, ela não é, como sugere ele, apenas uma virtude para líderes e para a liderança. É, sob pressão, a virtude que põe os demais à prova. Coragem moral é integridade sob ataque.

Se o diagnóstico de Jackall fosse verdadeiro de forma geral, as conseqüências para a ética dos negócios seriam sinistras. O prognóstico da sobrevivência dos negócios norte-americanos — ou pelo menos da sobrevivência da corporação — seria sombrio. Para que os negócios exercitem seus propósitos, para que o mercado forneça algum tipo de meritocracia, eles devem preservar mais do que a ilusão de que o trabalho árduo e a contribuição são recompensados. Uma vez que a prática desmorone e deixe de servir a seu propósito, uma vez que os objetivos de uma prática se tornem puramente autoprotetores, esses valores subjacentes essenciais de eqüidade e cooperação começam a ruir. Num mundo em que só a política, e não a produtividade, conta, a política, e não a produtividade, de fato dominará. Num mundo em que o sucesso é medido *apenas* por meio de quem conhecemos e agradamos, e as metas são definidas *unicamente* por meio de referência à hierarquia interna, nosso senso de integridade e propósito começa de fato a desintegrar-se. Jackall pergunta de maneira retórica: "Como pode alguém agir num mundo como esse e conservar um senso de integridade pessoal?"[10] Pois ele deixa muito claro que não há integridade num mundo corporativo impregnado de mediocridade, sem qualquer critério estabelecido de mérito, com uma obsessão pelo "trabalho de equipe" (em vez de trabalho apenas) e uma preferência por soluções de curto prazo que escondem os problemas em vez de reconhecê-los e resolvê-los.

Entretanto, mesmo nesses períodos momentâneos (mas muito penosos) de transição, que muitas vezes precedem a falência da organização, há sempre forças externas que acabam por lembrar a mais corrupta corporação de seus propósitos finais e suas responsabilidades sociais.[11] Seja ou não "soberano", o consumidor ainda tem muito poder e sejam quais forem as sublevações e batalhas políticas que ocorram na corporação, o saldo final continua lá fora, no mercado. Alguém tem de estar produzindo e vendendo alguma coisa. Com efeito, a crueldade das batalhas políticas corporativas muitas vezes não se deve a uma crise financeira ou a uma "luta por um pedaço menor da torta", mas ao sucesso permanente. Ninguém luta para ser o capitão de um navio que está afundando. O caráter abusivo e intrusivo da politicagem de escritório tem seus limites, e esses limites são fixados pela necessidade de produzir e obter lucro. Em poucas palavras, se não houvesse mercado não haveria nada por que lutar. A verdade óbvia é que há (e deve haver) uma considerável correlação entre cooperação corporativa e contribuição no mercado. Integridade nos negócios consiste, portanto, em prestar atenção nos poderes fundamentais do mercado e não apenas nas pressões imediatas da própria situação de emprego. É assim que integridade e sucesso são menos opostos do que mutuamente reforçadores. A organização saudável é aquela que reconhece isso e assegura que isso permeie cada nível e seja buscado e cultivado por cada membro da instituição.

O que Jackall descreve, em *Moral Mazes*, é o lado obscuro da ética corporativa: "A profunda ansiedade criada por sublevações organizacionais que confundem planos de carreira, ou a perturbadora animosidade gerada por rivalidades intensas que jogam administradores uns contra os outros em lutas por prestígio e poder de decisão, ou a aridez emocional gerada pelo contínuo aperfeiçoamento em fazer escolhas difíceis com resultados ambíguos."[12] Meu objetivo neste livro foi fornecer um antídoto para essas ansiedades e pressões. Se o problema com os operadores de Michael Lewis era terem perdido de vista o quadro mais amplo e o propósito dos negócios por terem se embriagado tanto com o próprio sucesso, o problema para o administrador corporativo comum é ter perdido qualquer senso seguro de como ele se encaixa nesse quadro mais geral. De certo modo, os dois casos são exatamente o oposto um do outro: o operador usufrui de metas bem definidas e *feedback* imediato, ao passo que o administrador típico sofre da falta de ambas as coisas. Para nossos propósitos aqui, no entanto, as diferenças são menos importantes do que as similaridades: um isolamento conceitual que bloqueia nossa visão, destrói qualquer senso de propósito final e de comunidade mais ampla e torna a integridade impossível.

Jackall pergunta retoricamente: "Como pode uma pessoa agir num mundo como esse e conservar um senso de integridade pessoal?"[13] Todavia, as coisas não são sempre, ou mesmo de maneira geral, tão más como a corporação em crise que Jackall descreve, e a vida corporativa não é o inferno, mesmo que não seja um convite para o céu (à maneira da ética puritana e da "economia da salvação" de Jackall). Na verdade, a vida numa organização degradada ameaça a integridade de uma pessoa, e pode corrompê-la, mas as más corporações são muito mais raras do que acreditam os pessimistas, e há muito mais integridade do que os críticos dos negócios admitem. De fato, quando o primeiro século inteiro de negócios corporativos aproxima-se do fim, gostaríamos de pensar que há pelo menos tantas causas para esperança quanto para desespero, que na competição pela sobrevivência corporativa que sacudirá muitas indústrias nos próximos anos, um dos ingredientes mais importantes para o sucesso, bem como para a sobrevivência serão as virtudes aristotélicas — um senso de comunidade e cooperação e não a ficção legalista da corporação como uma máquina competitiva de fabricar dinheiro, a busca da excelência e não de meros lucros a curto prazo, a importância da integridade tanto no indivíduo quando na companhia e no quadro mais amplo, o qual, apesar das referências ainda rotineiras a Adam Smith, parece ter sido perdido de vista. Acredito que ele também esteja sendo redescoberto. A corporação não é mais (se é que foi algum dia) o monolito destruidor da alma que elimina toda individualidade e liquida a integridade pessoal. Há uma nova geração de cidadãos corporativos, não mais afeitos às vias mais rápidas ditadas pela cobiça dos anos 1980 e não mais dispostos a tolerar a obediência cega que era esperada nos anos 1950. Além disso há os sobreviventes, nos anos 1990, que se viram traídos e assistiram à derrocada das velhas regras. Eles compreendem o guru extremamente aristotélico Tom Peters quando ele diz: "Cada um de nós está em última análise sozinho. No fim, depende de cada um de nós, e apenas de cada um de nós, descobrir quem somos e quem não somos e agir de maneira mais ou menos coerente com essas conclusões."[14] Juntos, estamos reinventando a corporação e tentando criar um mundo dos negócios que seja, além de próspero e produtivo, pessoal e espiritualmente compensador. Ética e excelência, comunidade e integridade, não são meros meios para a eficiência e a eficácia. São os fins sem os quais a corporação terá perdido a sua alma.

Notas

1. Veja em especial Stuart Hampshire, *Morality and Conflict.*
2. John Naisbett, *Re-inventing the corporation.*

3. Nietzsche, *Thus Spoken Zarathustra*, Livro I. Veja também Lester Hunt, *Nietzsche and the Virtues.*
4. Jackall, *Moral Mazes,* pp. 191-92: "A burocracia dissocia a posse de bens de seu controle, a independência social da ocupação, a substância das aparências, a ação da responsabilidade, a obrigação da culpa, a linguagem dos significados e as noções de verdade da realidade." No lugar da moralidade e do mérito, "a burocracia faz de suas próprias regras internas e de seu contexto social os estalões de princípio moral para a ação".
5. Jackall sugere um fosso intransponível entre moralidade e burocracia e afirma que uma ética "burocrática" passa a substituir a velha ética do trabalho, nossa "economia da salvação" perdida, outrora rica de significados religiosos e simbólicos. Por fim, desistindo da fachada da neutralidade das ciências sociais que manteve ao longo dos capítulos anteriores, Jackall prega que nos encontramos num "mundo calvinista sem um Deus calvinista" (ibid., p. 193). "Em tal mundo, noções de justiça ou eqüidade que administradores poderiam sustentar privadamente, como medidas para avaliar o valor de seu próprio trabalho, tornam-se meramente antiquadas" (198). Em última análise, ele conclui, é "uma sociedade em que a moralidade se torna indistinguível da busca da própria sobrevivência e vantagem" (p. 204).
6. Tom Peters, "The Ethics Debate", *Ethics Digest* (dez. 1989), pp. 1-2.
7. A teoria do "defeito trágico" de Aristóteles encontra-se em sua *Poética*, mas, para conhecer uma exposição embriagadora do esforço de Aristóteles para negar em última análise a tragédia em prol de uma concepção idealista de integridade, veja Martha Nussbaum, *The Fragility of Goodness.*
8. Jackall, *Moral Mazes,* p. 198.
9. James O'Toole, *Vanguard Management*, cap. 12. Particularmente notável no capítulo de O'Toole, no entanto, é que, apesar da afirmação audaciosa feita no título, como uma bandeira a ser desfraldada, ele não diz praticamente nada sobre coragem moral. Na verdade, nem mesmo volta a empregar a expressão até a penúltima página do capítulo, e o que discute ali não é nada mais específico do que o sortimento costumeiro das virtudes que recai sob o título já surrado de "responsabilidade social".
10. Jackall, *Moral Mazes*, p. 194.
11. É muito lamentável que um dos motes atuais de parte do pensamento sobre administração é que essas "convulsões" são saudáveis e trazem à tona o que as pessoas têm de melhor. Sem dúvida, uma nova organização "enxuta" pode ser mais competitiva num mercado em rápida mudança, mas os resultados de convulsões contínuas são em geral precisamente a patologia que Jackall descreve tão bem. A maior parte das organizações, contudo, não passa a maior parte do tempo em convulsões, nem poderia. É precisamente o pressuposto da estabilidade que permite às grandes orga-

nizações operar e às pessoas dentro delas identificarem a si mesmas e às suas metas com a organização. Como todo bom patologista, Jackall tem um olhar sensível para a doença mas por isso mesmo tende a procurá-la, ignorando o organismo saudável.

12. Ibid., p. 4.
13. Ibid., p. 194.
14. Tom Peters, "The Ethics Debate", p. 2.

Bibliografia

ABRAHAMSSON, Bengt. *Military Professionalism and Political Power.* Beverly Hills: Sage, 1972.

ACKERMAN, B. A. *Social justice in the Liberal State.* New Haven: Yale University Press, 1980.

ANDREWS, Kenneth R. "Can the Best Corporations Be Made Moral?". *Harvard Business Review*, mai.-jun. 1973.

——. "Ethics in Practice". *Harvard Business Review*, set.-out. 1989.

ANDREWS, Kenneth R.; CHRISTENSEN, C. Roland. *Business Policy: Texts and Cases.* 6 ed. Homewood: Irwin, 1987.

ARISTÓTELES. *Nichomachean Ethics.* In: *The Works of Aristotle.* Trad. T. Irwin. Indianapolis: Hackett, 1985.

——. *Politics.* Trad. B. Jowett. Nova York: Modern Library, 1943.

ARROW, Kenneth. *Social Choice and Individual Values.* New Haven: Yale University Press, 1970.

AXELROD, Robert. *The Evolution of Cooperation.* Nova York: Basic Books, 1984.

BAIER, Annette. *A Progress of Sentiments: Reflections on Hume's Treatise.* Cambridge: Cambridge University Press, 1991.

BARTH, John. *Giles Goat-Boy.* Nova York: Fawcett, 1974.

BATTAGLIA, O. William; TARRANT, John J. *The Corporate Eunuch.* Nova York: Crowell, 1973.

BEAUCHAMP, T.; e BOWIE, N. (orgs.). *Ethical Theory and Business.* Engelwood Cliffs: Prentice-Hall, 1983.

BELLAH, Robert, et al. *Habits of the Heart.* Berkeley: University of California, 1985.

BENTHAM, Jeremy. *Introduction to the Principles of Morals and Legislation.* Oxford: Oxford University Press, 1948.

BERGMAN, Frithjof. "The Experience of Values". In: HAUERWAS, S.; e MACINTYRE, A. (orgs.). Revisions. Notre Dame: University of Notre Dame Press, 1983.

BERMAN, Martin. *Splitting the Difference.* Lawrence: University Press of Kansas, 1990.

BLUM, Lawrence A. "Compassion". In: RORTY, Amelie (org.) RORTY. *Explaining Emotions*, Berkeley: University of California Press, 1980.

——. *Friendship, Altruism and Morality.* Londres: Routledge and Kegan Paul, 1980.

BONEVAC, Daniel; e SEUNG, Thomas. "Conflicts of Values". *Philosophical Studies*, (1988).

BOWIE, Norman. *Business Ethics.* Engelwood Cliffs: Prentice-Hall, 1982.

——. "Business Ethics as a Discipline: The Search for Legitimacy". In: org. FREEMAN R. Edward (org.), *Business Ethics: The State of the Art,* Nova York: Oxford University Press, 1990.

——. "The Profit Seeking Paradox". In: WRIGHT, N. Dale (org.). *Ethics of Administration.* Provo: Brigham Young University Press, 1988.

BRANDEIS, Louis, juiz. "Competition". *American Legal News* 44, jan. 1913.

BRANDT, R. B. *A Theory of the Good and the Right.* Oxford: Oxford University Press, 1979.

BRICKMAN, Philip. "Models of Helping and Coping". *American Psychologist* 37, nº 4, abril 1982, pp.368-84.

BURROUGH, B. *Barbarians at the Gate.* Nova York: Harper Collins, 1990.

CALHOUN, Cheryl H. *Feeling and Value.* Dissertação de Ph.D., University of Texas, 1981.

CALHOUN, Cheshire. "Justice, Care and Gender Bias". *Journal of Philosophy* 83, Set. 1988.

CAMPBELL, Joseph. *The Power of Myth.* Org. Betty Sue Flowers. Nova York: Doubleday, 1988.

CARNEGIE, Andrew. "Wealth". *North American Review*, junho 1889. Reproduzido em DONALDSON T., e WERHANE, P., *Ethical Issues in Business.* Engelwood Cliffs: Prentice-Hall, 1983.

CARR, Alfred. "Is Business Bluffing Ethical?". *Harvard Business Review*, jan.-fev. 1968.

CÍCERO. *De Officiis.* Nova York: Macmillan, 1913.

CIULLA, Joanne. "Casuistry and the Case for Business Ethics". In: FREEMAN, E. (org.) *Business and the Humanities.* 1989 Ruffin Lectures. Nova York: Oxford University Press, 1990.

——. *Honest Work.* Nova York: Random House, 1992.

COLEMAN, Jules L. "Market Contractarianism and the Unanimity Rule". In: *Ethics and Economics, Social Philosophy and Policy* 2, nº. 2, primavera 1985.

——. *Markets, Morals and the Law.* Cambridge: Cambridge University Press, 1988.

COLLARD, David. *Altruism and Economics.* Oxford: Oxford University Press, 1978.

COLLINS, Denis. "Aristotle and Business". *Journal of Business Ethics* 6, 1987, pp. 567-72.

COOPER, John. *Reason and Human Good in Aristotle.* Indianapolis: Hackett, 1977.

COPP, David. "Morality, Reason and Management Science: The Rationale of Cost-Benefit Analysis". *Ethics and Economics, Social Philosophy and Policy* 2, nº. 2, primavera 1985.

CROPSEY, Joseph. *Polity and Economy.* Westport: Greenwood Press, 1957.

DANIELS, Norman. "Merit and Meritocracy". *Philosophy and Public Affairs* 7, 1978, pp. 206-23.

DAVIDSON, Greg, DAVIDSON, Paul. *Economics for a Civilized Society.* Nova York: Norton, 1989.

DEGEORGE, Richard. *Business Ethics.* Nova York: Macmillan, 1982.

——. *Ethics, Free Enterprise and Public Policy.* Nova York: Oxford University Press, 1978.

——. "The Status of Business Ethics: Past and Future". *Journal of Business Ethics* 6, nº. 3, abril 1987.

DERRY, Robbin. *Moral Reasoning in Organizations: A Study of Men and Women Managers.* Ann Arbor: University Microfilms, 1987.

DION, Michael. "Corporate Ethics and Human Values". Artigo apresentado na Conferência de Ética Aplicada da Universidade de British Columbia, jun. 1990.

DONALDSON, T.; Werhane, P. *Ethical Issues in Business.* Engelwood Cliffs: Prentice-Hall, 1983.

DONALDSON, Thomas. *Corporations and Morality.* Engelwood Cliffs: Prentice Hall, 1982.

——. *International Business Theory.* Nova York: Oxford University Press, 1990.

——. "The Third Wave", *Ethics Digest* 6, março 1989.

DOUGLAS, Mary. *How Institutions Think.* Syracuse: Syracuse University Press, 1986.

DOWNIE, R. S. *Roles and Values.* Londres: Methuen, 1971.

DRUCKER, Peter. "Ethical Chic". *Forbes,* 14 de setembro de 1981, pp. 160-73.

——. *Management.* Nova York: Harper and Row, 1974.

——. "What is business Ethics?". *The Public Interest* 63, primavera 1981.

DUNFEE, Thomas. "Business Ethics and Extant Social Contracts". *Business Ethics Quarterly,* jan. 1991.

ELSTER, John. *The Cement of Society: A Study of Social Order.* Cambridge: Cambridge University Press, 1990.

——. *Solomonic Judgments.* Cambridge: Cambridge University Press, 1990.

——. *Ulysses and the Sirens: Studies in Rationality and Irrationality.* Cambridge: Cambridge University Press, 1989.

ELSTER, John. (org.). *Rational Choice.* Oxford: Blackwell, 1986.

EPSTEIN, Edwin M. "The Corporate Social Policy Process". *California Management Review* 29, nº. 3, primavera 1987.

ETZIONI, Amitai. *The Moral Dimension: Toward a New Economics.* Nova York: Free Press, 1989.

FANNING, Deirdre. "Will Boilermakers Replace M.B.A.s?" *International Herald Tribune,* 5 de março de 1990.

FEINBERG, Joel. "The Nature and Value of Rights". *Journal of Value Inquiry* 4, 1970.

——. *Social Philosophy*. Engelwood Cliffs: Prentice-Hall, 1973.

FIRTH, Roderick. "Ethical Absolutism and the Ideal Observer". *Philosophy and Phenomenological Research* 12, 1952, pp. 317-45.

FLEW, Anthony. *The Politics of Procrustes*. Buffalo: Prometheus, 1981.

——. "The Profit Motive". *Ethics* 86, jul. 1976, pp. 312-22.

FLORES, Carlos F. *Management and Communication in the Office of the Future*. Berkeley: Logonet, 1982.

FRANK, Robert H. *Passions within Reason: The Strategic Role of the Emotions*. Nova York: Norton, 1989.

FREEMAN, R. Edward. (org.). *Business Ethics: The State of the Art*. Nova York: Oxford University Press, 1991.

FREEMAN, R. Edward; GILBERT, D. *Corporate Strategy and the Search for Ethics*. Engelwood Cliffs: Prentice-Hall, 1988.

FREEMAN, R. Edward; LIEDTKA, Jeanne. "Corporate Social Responsibility: A Critical Approach". *International Association for Business and Society Proceedings*, 1991.

FREEMAN, R. Edward. *Ethics Digest*, vol. 1, 1989.

FRENCH, Peter A. *Collective and Corporate Responsibility*. Nova York: Columbia University Press, 1984.

——. "The Corporation as a Moral Person". *American Philosophical Quarterly* 16, nº. 3, 1979.

——. "Responsibility and the Moral Role of Corporate Entities". In: FREEMAN, R. Edward (org.) *Ruffin Lectures* II, Nova York: Oxford University Press, 1992.

FRENCH, Peter A., (org.). *The Spectrum of Responsibility*. Nova York: Martin's, 1990.

FRENCH, P; UEHLING, T.; WETTSTEIN, H. (orgs.). "Ethical Theory: Character and Virtue." *Midwest Studies in Philosophy* 13. Minneapolis: University of Minnesota Press, 1988.

——. "Social and Political Philosophy". *Midwest Studies in Philosophy* 7. Minneapolis: University of Minnesota Press, 1982.

FRIEDMAN, Milton. "Adam Smith's Relevance for 1976". In: *Selected Papers of the University of Chicago Graduate School of Business*, nº. 50. Chicago: University of Chicago Graduate School of Business, 1977.

——. "The Social Responsibility of Business Is to Increase Its Profits". *New York Times*, 13 de setembro de 1970.

FRIEDMAN, Milton; e FRIEDMAN Rose. *Free to Choose*. Nova York: Harcourt Brace Jovanovitch, 1979.

FULLINWIDER, Robert K. *The Reverse Discrimination Controversy*. Totowa: Rowman and Littlefield, 1980.

GALSTON, William. "Equal Opportunity and Liberal Theory". In: LUCASCH, F. (org.). *Justice and Equality: Here and Now*. Ithaca: Cornell University Press, 1986, pp. 89-107.

——. "Toughness as a Political Virtue". *Journal of Social Philosophy: Virtues in Social Theory*, verão 1991.

GAUTIER, David. *Morals by Agreement*. Nova York: Oxford, 1986.

GEERTZ, Clifford. *The Interpretation of Cultures*. Nova York: Basic Books, 1975.

GELLERMAN, Saul. "Why 'Good' Managers Make Bad Ethical Choices". *Harvard Business Review*, jul.-ago. 1986.

GIBBARD, Allan. *Wise Choices, Apt Feelings: A Theory of Normative Judgment*. Cambridge: Harvard University Press, 1990.

GILLESPIE, Norman C. "The Business of Ethics". In: CALLAHAN, J. (org.).*Ethical Issues in Profissional Life*. Nova York: Oxford University Press, 1988.

GILLIGAN, Carol. *A Different Voice*. Cambridge: Harvard University Press, 1982.

GOODPASTER, Kenneth, MATTHEWS, John. "Can a Corporation Have a Conscience?". *Harvard Business Review*, jan.-fev. 1982.

GOODPASTER, Kenneth. "Ethical Imperatives and Corporate Leadership". In: FREEMAN, R. Eduard (org.). *Business Ethics: The State of the Art*. Nova York: Oxford University Press, 1991.

GREENWOOD, Ernest. "Attributes of a Profession". In: NOSOW, S.; FORM, W. (org.). *Man, Work and Society*. Nova York: Basic Books, 1962.

GRISWOLD, Charles L. "Adam Smith of Virtue and Self-Interest". Artigo lido na American Philosophical Association, dez. 1989.

HADREAS, Peter. "Money: A Speech Act Analysis". *Journal of Social Philosophy* 20, nº. 3, inverno 1989, pp. 115-29.

HAMPSHIRE, Stuart. *Innocence and Experience*. Cambridge: Harvard University Press, 1989.

——. *Morality and Conflict*. Cambridge: Harvard University Press, 1983.

——. (org.). *Public and Private Morality*. Cambridge: Cambridge University Press, 1978.

HARTLE, Anthony E. *Moral Issues in Military Decision-Making*. Lawrence: University Press of Kansas, 1989.

HARTMAN, Edwin. "Virtues and Rules: A Reply to Robert Solomon". In: FREEMAN, R. Eduard (org.). *Ruffin Lectures II*. Nova York: Oxford University Press,1992.

HARWOOD, Sterling. "Affirmative Action Is justified". Artigo lido na American Philosophical Association, 1990.

HEGEL, G. W. F. *The Phenomenology of Spirit*. Trad. A. V. Miller. Oxford: Oxford University Press, 1977.

——. *The Philosophy of Right*. Trad. T. Knox. Oxford: Oxford University Press, 1967.

HENNIG, M., e Anne Jardin. *The Managerial Woman*. Nova York: Doubleday, 1977.

HOBBES, Thomas. *Leviathan.* Nova York: Hafner, 1926.

HOFFMAN, Martin L. "Empathetic Emotions and Justice in Society". *Social Justice Research* 3, nº. 4, Dez. 1989.

HOMIMAN, Alexander B. "Whatever Happened to Loyalty?". *Ethics Digest,* 1989.

HUME, David. *A Treatise of Human Nature.* Oxford: Oxford University Press, 1978.

HUNT, Lester. *Nietzsche and the Virtues.* Nova York: Routledge, 1990.

JACKALL, Robert. *Moral Mazes.* Nova York: Oxford University Press, 1988.

KANT, Immanuel. *Grounding of the Metaphysics of Morals.* Trad. J. Ellington. Indianapolis: Hackett, 1981.

——. *The Metaphysics Elements of Justice.* Trad. J. Ladd. Indianapolis: Bobbs-Merrill, 1965.

——. *The Philosophy of Law.* trad. W. Hastie. Edinburgh: Clark, 1889.

KEELEY, Michael. *A Social Contract Theory of Organizations.* Notre Dame: University of Notre Dame Press, 1988.

KENNEDY, A., e T. Deal. *Corporate Cultures.* Reading: Addison-Wesley, 1982.

KINSLEY, Michael. "Stock Response". *New Republic,* 20 de agosto de 1990.

——. "Two Japanese Myths". *New Republic,* 29 de janeiro de 1990.

KOESTENBAUM, Peter. *The Heart of Business.* Dallas: Saybrook, 1987.

KOHN, Alfie. *Beyond Selfishness.* Nova York: Basic Books, 1990.

KRISTOL, Irving. "Ethics Anyone? Or Morals?". *Wall Street Journal,* 15 de setembro de 1987.

——. *Two Cheers for Capitalism.* Nova York: Basic Books, 1978.

LADD, John. "Morality and the Ideal of Rationality in Formal Organizations". *The Monist,* out. 1970.

LAKOFF, George; JOHNSON, Mark. *Metaphors We Live By.* Chicago: University of Chicago, 1980.

LEVIN, Michael. "Ethics Courses Are Useless". *New York Times,* 27 de novembro de 1989.

LEWIS, Michael. *Liar's Poker.* Nova York: Norton, 1989.

LINDHOLM, Charles. *Charisma.* Oxford: Blackwell, 1991.

LONGNECKER, J.; PRINGLE, C. *Management.* 5 ed. Columbus: Merrill, 1981.

LUCE, R. D; RAIFFA, Howard. *Games and Decisions.* Nova York: Wiley, 1957.

MACCOBY, Michael. *The Gamesman.* Nova York: Pocket Books, 1975.

MACDONALD, John. *The Game of Business.* Nova York: Doubleday, 1977.

MACHIAVELLI, Niccolo. *The Prince.* Trad. C. Detmold. Nova York: Airmont, 1965.

MACINTYRE, Alasdair. *After Virtue.* Notre Dame: University of Notre Dame, 1981.

——. *Whose justice: Which Rationality?* Notre Dame: University of Notre Dame, 1988.

——. "Why Are the Problems of Business Ethics Insoluble?" In: *Proceedings of the First National Coflerence on Business Ethics.* Waltham: Bendey College, 1977.

MARX, Karl. *Selected Writings*. Org. David McClellan. Oxford: Oxford University Press, 1977.

MAYEROFF, Milton. *On Caring*. Nova York: Harper and Row, 1971.

MCCLENNEN, Edward F. "Justice and the Problem of Stability". *Philosophy and Public Affairs*. 1988.

——. "Morality as a Public Good". Artigo lido na *Society for Business Ethics*, dez. 1988.

MCFALL, Lynne. "Integrity". *Ethics* 98, out. 1987.

MCGREGOR, Douglas A. *The Human Side of Enterprise*. Nova York: McGraw-Hill, 1960.

——. "The Human Side of Enterprise". *Management Review*, nov. 1957.

MÊNCIO. *Mencius on the Mind*. Trad. P. Lau. Nova York: Penguin, 1970.

MENKEN, Daniel L. *Faith, Hope, and the Corporation*. St. Paul: Phrontisterian, 1988.

MERTZGER, "What is a Profession?". *Seminar Reports* 3, nº. 1. Nova York: Columbia University Press, 1975.

MILL, John Stuart. *On Liberty*. Indianapolis: Hackett, 1978.

——. *Utilitarianism*. Indianapolis: Hackett, 1981.

MILLER, David. *Social Justice*. Oxford: Oxford University Press, 1976.

MINTZBERG, Henry. "The Manager's Job: Folklore and Fact". *Harvard Business Review*, jul.-ago. 1975.

MOYERS, Bill. *The World of Ideas*, v. 1 e 2. Nova York: Doubleday, 1989, 1991.

NAGEL, Thomas. "Ruthlessness in Public Life". In: HAMPSHIRE, Stuart (org.). *Public and Private Morality*. Cambridge: Cambridge University Press, 1978.

NAIPUL, V. S. *A Bend in the River*. Nova York: Vintage, 1989.

NAISBETT, John. *Re-inventing the Corporation*. Nova York: Bantam, 1983.

NASH, Laura. "Business Ethics without the Sermon", *Harvard Business Review*, nov.-dec. 1981.

NEWTON, Lisa H. "Reverse Discrimination as Unjustified". *Ethics* 83, 1973.

NIETZSCHE, Friedrich. *Beyond Good and Evil*. Trad. W. Kaufmann. Nova York: Random House, 1967.

——. *Genealogy of Morals*. Trad. W. Kaufmann. Nova York: Random House, 1967.

——. *Thus Spoke Zarathustra*. Trans. W. Kaufman. Nova York: Viking, 1954.

NODDINGS, Nell. *Caring*. Los Angeles: University of California Press, 1984.

NOZICK, Robert. *Anarchy, State and Utopia*. Nova York: Basic Books, 1974.

NUSSBAUM, Martha. *The Fragility of Goodness*. Cambridge: Cambridge University Press, 1989.

O'TOOLE, James. *Vanguard Management*. Nova York: Doubleday, 1985.

OLDENQUIST, Andrew. "Loyalties". *Journal of Philosophy* 79, nº. 4, abr. 1982.

OUCHI, William. *Theory Z*. Nova York: Avon, 1986.

PAINE, Lynne Sharp. "Ethics as Character Development". Em *Business Ethics: The State of the Art*, org. R. Edward Freeman. Nova York: Oxford University Press, 1990.

—— "Ideals of Competition and Today's Marketplace". In: WALTON, Clarence (org.). *Enriching Business Ethics*. Nova York: Plenum, 1990.

——. "Utilitarianism and the Goodness of Persons". In: ROUNER, L. (org.). *Foundations of Morality*. Notre-Dame, Ind.: University of Notre-Dame Press, 1983.

PASTIN, Mark. *The Hard Problems of Management*. San Francisco: Jossey-Bass, 1986

PETERS, Tom. *In Search of Excellence*. Nova York: Harper and Row, 1982.

PINCOFFS, Edmund. *Quandaries and Virtues*. Lawrence: University Press of Kansas, 1986.

PLATÃO, *Republic*. Trad. C. Grube. Indianapolis: Hackett, 1974.

RAPAPORT, Anatole. "Escape from Paradox". *Scientific American* 217, 1967.

RAWLS, John. "Justice as Fairness". *Philosophical Review* 62, 1963.

——. *A Theory of* Justice. Cambridge: Harvard University Press, 1971.

RESCHER, Nicholas. *Unselfishness*. Pittsburgh: University of Pittsburgh Press, 1975.

RORTY, Amelie. *Explaining Emotions*. Berkeley: University of California Press, 1980.

ROYCE, Josiah. *The Philosophy of Loyalty*. Nova York: Macmillan, 1908.

SAMUELSON, Robert J. "Competition: Tried and True". *Newsweek*, 11 de junho de 1990.

——. "The End of Economics". *Newsweek*, 24 de julho de 1989.

SANDEL, Michael. *Liberalism and the Limits of Justice*. Cambridge: Cambridge University Press, 1982.

SARTRE, Jean-Paul. *Being and Nothingness*. Nova York: Philosophical Library, 1956.

——. *Dirty Hands*. In: *No Exit and Three Other Plays*. Nova York: Vintage, 1946.

——. "The Wall". In: *The Wall and Other Stories*. Nova York: New Directions, 1948.

SCHELER, Max. *The Nature of Sympathy*. Trad. P. Heath. Londres: Routledge, 1954.

SCHELLING. T. C. *The Strategy of Conflict*. Cambridge: Harvard University Press, 1960.

SCHLICK, Moritz. *Problems of Ethics*. Trad. D. Rynin. Nova York: 1939.

SCHOECK, Helmut. *Envy: A Theory of Social Behaviour*. Trad. M. Glenny e B.Ross. Nova York: Harcourt Brace and World, 1970.

SCHOPENHAUER, Arthur. *The Basis of Morality*. Trad. Payne. Indianapolis: Bobbs Merrill, 1841.

SCHWARTZ, Barry. *The Battle for Human Nature*. Nova York: Norton, 1989.

SEN, Amartya. "The Moral Standing of the Market". *Ethics and Economics, Social Philosophy and Policy* 2, nº. 2, primavera de 1985.

——. *On Ethics and Economics*. Oxford: Blackwell, 1989.

SHEAFFER, Robert. *Resentment against Achievement*. Nova York: Libertarian Books, 1987.

SHORRIS, Earl. *The Oppressed Middle*. Nova York: Doubleday, 1976.

SILK, Leonard; VOGEL, David *Ethics and Profits*. Nova York: Simon and Schuster, 1976.

SINGER, Peter. *Practical Ethics.* Cambridge: Cambridge University Press, 1979.
SMITH, Adam. *An Inquiry into the Nature and Causes of the Wealth of Nations.* Nova York: Hafner, 1948.
——. *The Theory of Moral Sentiments.* Londres: George Bell, 1990.
SOLOMON, Robert C. "The Emotions of Justice". *Social Justice Research,* 3, nº. 4, dez. 1989.
——. *Ethics: A Short Introduction.* Madison: Brown and Benchmark, 1992.
——. "Ethics and Economics". *Business and Society Review* 46, verão 1983.
——. *Passion for Justice.* Reading: Addison-Wesley, 1990.
——. *The Passions.* Nova York: Doubleday, 1976.
SOLOMON, Robert C.; HANSON, K. *Above lhe Bottom Line.* Nova York: Harcourt Brace Jovanovitch, 1983.
SOLOMON, Robert C. (com K. Hanson). *It's Good Business.* Nova York: Atheneum, 1985. Reimpresso, Harper and Row, 1987.
STOCKER, Michael. "Aristotle on Teleology". In: RORTY, Amelie (org.). *Essays on Aristotle's Ethics.* Berkeley: University of California Press, 1980.
——. "The Problem of Dirty Hands". In: *Plural and Conflicting Values.* Oxford: Oxford University Press, 1990.
STONE, Christopher. *Where the Law Ends: The Social Control of Corporate Behavior.* Nova York: Harper and Row, 1975.
STONE, Oliver. *Wall Street*-poder e cobiça (Twentieth Century-Fox, 1987).
SUITS, Bernard. *The Grasshopper.* Toronto: University of Toronto Press, 1978.
TAWNEY, R. H. *Religion and the Rise of Capitalism.* Nova York: Harper and Row, 1952.
TAYLOR, Gabriele. *Pride, Shame, and Guilt.* Oxford: Clarendon, 1985.
THOMAS, Laurence. *On Being Moral.* Filadélfia: Temple University Press, 1989.
——. "Morals, the Self and Our Natural Sentiments". In: MYERS, G.; IRANI, P. (orgs) *Emotion.* Nova York: Haven, 1983, pp. 144-63.
THUROW, Lester. *The Zero-Sum Society.* Nova York: Basic Books, 1980.
TOCQUEVILLE, Alexis de. *Democracy in America.* Nova York: Knopf, 1945.
TOULMIN, Stephen. *Cosmopolis: The Hidden Agenda of Modernity.* Nova York: Free Press, 1989.
TOWNSEND, Robert. *Up the Organization.* Nova York: Knopf, 1970.
TURNBULL, Colin. *The Mountain People.* Nova York: Simon & Schuster, 1974.
UNGAR, Robert. *Passion: An Essay on Personality.* Nova York: Free Press, 1984.
URMSON, J. D. "The Interpretation of the Moral Philosophy of J.S. Mill". In: FOOT, P. (org.). *Theories of Ethics.* Oxford: Oxford University Press, 1967.
VELASQUEZ, Manuel G. *Business Ethics.* Engelwood Cliffs: Prentice-Hall, 1982.
VON HAYEK, Friedrich. *Mirage of Social Justice.* Londres: Routledge and Kegan Paul, 1976.

VON NEUMANN, John; MORGENSTERN, Oscar. *Theory of Games and Economic Behavior.* Princeton: Princeton University Press, 1944.

WALTON, Clarence C. *The Moral Manager.* Cambridge: Ballinger, 1988.

WALZER, Michael. *Spheres of Justice.* Nova York: Harper and Row, 1983.

WEBER, Max. "Politics as a Vocation". In: GERTH, H.; MILLS, C. (org.). *From Max Weber: Essays in Sociology.* Nova York: Oxford University Press, 1946.

WEBER, Max. *The Spirit of Protestantism and the Rise of Capitalism.* Nova York: Macmillan, 1977.

WERHANE, Patricia. *Ethics and Economics: The Legacy of Adam Smith for Modern Capitalism.* Oxford: Oxford University Press, 1991.

——. "Moral Character and Moral Reasoning". In: FREEMAN, R. Eduard (org.). *Ruffin Lectures II.* Nova York: Oxford, 1992.

WILLIAMS, Bernard. *Ethics and the Limits of Philosophy.* Cambridge: Cambridge University Press, 1985.

——. *Morality.* Nova York: Harper and Row, 1972.

——. "Politics and Moral Character". In: *Moral Luck.* Cambridge: Cambridge University Press, 1981.

——. *Problems of the Self.* Cambridge: Cambridge University Press, 1973.

WOLFE, Art. "Game Metaphors". *Business Horizons*, 1989.

WOLFE, Tom. *Bonfire of the Vanities.* Nova York: Farrar Strauss and Giroux, 1987.

WOLGAST, Elizabeth. *A Grammar of Justice.* Ithaca: Cornell University Press, 1988.

YEO, Michael. "The Myth of Amoral Business Ethics". Artigo lido na University of British Columbia Applied Ethics Conference, jun. 1990.

Índice

O texto deste livro foi composto em Sabon, desenho tipográfico de Jan Tschichold de 1964 baseado nos estudos de Claude Garamond e Jacques Sabon no século XVI, em corpo 11/15. Para títulos e destaques, foi utilizada a tipografia Frutiger, desenhada por Adrian Frutiger em 1975.

A impressão se deu sobre papel off-white 80g/m² pelo Sistema Cameron da Divisão Gráfica da Distribuidora Record.